U0617977

集 刊 名：法律史评论
主办单位：四川大学法学院　四川大学近代法文化研究所
主　　编：里　赞　刘昕杰

LEGAL HISTORY REVIEW Vol.17, 2021 No.2

投稿邮箱：legalhistoryreview@163.com

2021年第2卷 · 总第17卷

集刊序列号：PIJ-2018-263
中国集刊网：www.jikan.com.cn
集刊投约稿平台：www.iedol.cn

中文社会科学引文索引（CSSCI）来源集刊

法律史评论

LEGAL HISTORY REVIEW Vol.17 2021 No.2

（2021 年第 2 卷 · 总第 17 卷）

目录
CONTENTS

主题：革命根据地法制与新中国法制史研究

陕甘宁边区基层刑事司法实践与经验探析*

韩　伟**

摘　要：延安时期，中国共产党领导的根据地政权开始新型司法制度建设，基层司法开始了转型。基于陕甘宁边区区县司法档案，发现陕甘宁边区基层刑事司法以党的政策法令为主要依据，有限度地融入国民政府法律及社会情理，体现了一定的程序性；注重专业人员的意见，照顾但又不盲从民意，并且较好地做到情理法结合，实现了人民群众可理解的"公正"。边区司法的这些特质，塑造着中国特色的司法模式，成为马克思主义法治理论中国化的生动实践。

关键词：人民司法；教育感化刑；审判委员会；陕甘宁边区；马克思主义法治理论

当代中国的司法审判制度，体现党的领导和人民参与，具有社会主义特色，其渊源多认为来自延安,[①] 或"华北",[②] 被概括为人民司法。但在精英主义或"专业主义"司法观看来，这种诉诸人格型权威和大众意愿的司法方法，难以实现现代公正司法的要求。[③] 既有研究多限于陕甘宁边区高等法院、审判委员会，或者民事案件,[④] 缺乏对基层司法的细致梳理，也影响着对中国司法之属性或特质的理解。县以下刑事司法往往牵涉当事人、政府侦诉各方，更能全面展示革命时期尤其是延安时期司法的面相，因而具有更大的价值。就刑事案件的审理而言，延安的边区高等法院处理的多数是重大案件及上诉案件，大量的一般刑事案件由基层司法机关审理，因此，基于区县级司法档案，检视刑事案件在基层司法机关的运作过程，更能反映边区刑事司法的常态，并有助于揭示中国共产党领导之下的人民司法如何运行并实现公正。

一　边区基层司法模式

1937 年陕甘宁边区政府成立后，很快开始了司法机构的创建。由于边区政府是国

---

* 本文系陕西省"三秦学者"创新团队支持计划"西北政法大学基层社会法律治理研究团队"的阶段性研究成果。

** 韩伟，西北工业大学法学系副教授。

① 参见汪世荣等《新中国司法制度的基石——陕甘宁边区高等法院（1937—1949）》，商务印书馆，2011。

② 参见刘忠《"从华北走向全国"——当代司法制度传承的重新书写》，《北大法律评论》2010 年第 1 期。

③ 参见陈洪杰《人民司法的历史面相——陕甘宁边区司法传统及其意义符号生产之"祛魅"》，《清华法学》2014 年第 1 期。

④ 参见刘全娥《陕甘宁边区司法改革与"政法传统"的形成》，人民出版社，2016；胡永恒《陕甘宁边区的民事法源》，社会科学文献出版社，2012。

民政府的“特区”，故按照当时的司法模式，准备设立“三级三审制”，即县司法处为第一审，边区高等法院为第二审，南京国民政府最高法院为第三审。但由于边区法律地位的特殊性，上诉至国民政府最高法院事实上不可能。为了保障当事人的上诉权，边区司法领导人曾设想多种方案，如建立“高等法院分院”等，但最终未能施行。1942年，李木庵代理边区高等法院院长后，向林伯渠提出了建立边区政府审判委员会作为第三审司法机关的建议，边区政府依据《施政纲领》和《保障人权财权条例》的精神，予以通过。[①] 不久后，因逐级上诉时间长、花费大，造成民众诉讼不便，1944年2月，边区政府发布新的命令，“边区司法审判改为二级制，准此，本府审判委员会着即取消。以后，凡民刑诉讼均以高等法院为终审机关”。[②] 这一命令，初步确定了边区刑事审判的基本模式。

在县级以下，边区大多采用了行政兼理司法的模式。县一级不单独设法院，而在政府下设司法处，由县长兼任司法处处长，司法处设专职审判与辅助人员，一般称推事或审判员、裁判员。如1942年2月，边区盐池县司法处成立，编制二人，裁判员兼行审判、检察职责，书记员办理文牍记录等；4月，按照边区政府司法改革指示，司法处设处长，由该县县长兼任，裁判员改称审判员，协助办理审判事务。[③] 1943年3月，边区政府颁布了《县司法处组织条例草案》，明确了县司法处的组织设置。县司法处设处长、审判员、书记员各一名，司法处处长由县长兼任，处长、审判员都由高等法院呈请边区政府任命；司法处受理民刑案件。[④] 边区高等法院院长雷经天介绍说：“县上有一个裁判员是直接由县长领导，县上由裁判员、县长、县委书记、保安科长、保安大队长五人组成裁判委员会，由裁判员负责召开会议。在区乡是调解委员会，由区长、区委书记、自卫军连长组成。后来区上的调解委员会改为裁判委员会，乡上的改为人民仲裁委员会，是有（由）群众选出有能力的、办事公正的人组成的。”[⑤] 无论是县长兼任司法处处长，还是裁判委员会的设置，都反映了当时司法不是独立的机构，而具有较强的行政色彩。

以司法处的形式实现行政兼理司法，并不是边区的独创，它实际上是民国以来较为常见的基层司法模式。民国时期的司法处制度又称为兼理司法县政府制度，它经由明清州县审断的模式改造而来，旨在实现一定程度的司法独立。1936年，南京国民政府颁布《县司法处组织条例》，规定凡未设法院各县的司法事务，暂于县政府设立县司

① 参见杨永华、方克勤《陕甘宁边区法制史稿（诉讼狱政篇）》，法律出版社，1987，第36页。

② 陕西省档案馆、陕西省社会科学院合编《陕甘宁边区政府文件选编》第8辑，档案出版社，1988，第124页。

③《陕甘宁边区时期的盐池档案史料汇编》，宁夏人民出版社，2016，第1273页。

④ 陕西省档案馆、陕西省社会科学院合编《陕甘宁边区政府文件选编》第7辑，档案出版社，1988，第164页。

⑤《关于司法工作的检讨记录》（1943年12月），陕西省档案馆藏，档案号：15-96。

法处处理。县司法处配备一至二名审判官，独立行使司法审判职权。县司法处负责“民事刑事第一审诉讼案件”。[①] 检察事务由县长兼理，但司法处的审判官独立行使审判职权，“独立审理案件，不受县长的干涉”。[②]

比较而言，边区基层司法模式既受到国民政府司法处制度的一些影响，同时又具有自己的特点。两者都属于行政兼理司法，但边区由县长直接主理司法处，审判员、检察员受其领导。裁判委员会或审判委员会的设置，又便于党政参与，实现党的领导；而按照国民政府的司法处制度，县长主管检察，司法处审判官享有一定的独立审判权，尽管这一权力的实现未必理想。

二　边区刑事侦查程序

刑事罪案发生后，多数要进行侦查，缉捕犯罪嫌疑人，获取相关口供、证据。在分区及县一级，边区设置有保安处或保安科，在各区配备保安助理员，负责治安及侦查犯罪等工作。

在 1945 年马宝禄庸医致命案中，绥德分区保安处负责案件的侦查。该处对马宝禄进行了详细讯问，全面了解了他的家庭情况、个人历史、社会关系，以及给被害人治病经过等，并提出了初步的处理意见，被害人“虽不是他治死，但要马宝禄负责”。[③]

在很多案件中，县政府“三科”担负侦查缉捕的职责，但需要相关治安组织的配合，诸如乡村自卫军等。如贾应东土匪案中，贾应东抢劫后，“区自卫军及八路清乡军队捕获，罗、胡二人带枪逃走南路去了，我被捕送来”。[④] 此案判决书正文是“办事处三科转来”，但案卷封面写“保安科转来”，类似情形不少，这说明至少在该县，“三科”就是保安科，负治安、侦查之责。

保安机关捕获犯罪嫌疑人后，一般先进行“预审”。预审的任务，包括验证所有侦查材料及犯罪证据，对犯罪嫌疑人进行说服教育和感化工作，分清案情是非轻重，总结犯罪事实、确定罪状，提出处理意见。[⑤] 在钟恩亮藏匿土匪案中，保安机关预审后给司法处呈送口供及初步罪刑意见，“根据现在预审之材料，我提出处理意见是：他负乡长时即窝匪，并未给区府报告，还把乡府的公章拓印在空白纸上，给了土匪做路条，

---

① 中国法规刊行社编审委员会编《民国丛书·第三编·六法全书》(28)，上海书店出版社，1991，第 467 页。

② 刘清生：《中国近代检察权制度研究》，湘潭大学出版社，2010，第 164 页。

③ 《马宝禄庸医致命案》(1945 年)，子洲县人民法院藏，档案号：6-42。

④ 《贾应东土匪案》(1943 年)，子洲县人民法院藏，档案号：4-95。

⑤ 参见于树斌《简述新民主主义革命时期根据地预审制度的建立与发展（二）》，《公安大学学报》1996 年第2 期。

故我意徒刑七月到一年”。[①] 当然，预审意见只是供司法处审判参考，司法处判决仍要综合罪行、证据等独立作出。

在基层行政兼理司法的混合体制下，对一些重大、疑难案件，司法处审理人员仍有可能再作刑事侦查，或主动勘验相关证据。如陇东分区曲子县的苏发云案，初审被定罪，陇东分庭庭长马锡五巡视时，发现案件疑点，他带领司法处干部，多次深入当地群众调查，进行现场勘查，最终排除了苏家兄弟的杀人嫌疑。[②] 由此可见，基层司法中侦查、起诉与审理有时未必被清晰区分，各机关及其职责呈现混合杂糅的特点，这也是由战时法制的背景决定的。

三　边区刑事诉讼提起的两种方式

边区刑事诉讼立法较为粗疏分散，对犯罪提起诉讼，未严格区分各种犯罪类型。从基层刑事司法实践来看，可以大致分为当事人或亲属自诉和保安科等政府机关公诉两类。

（一）当事人或亲属自诉

家庭或邻里纠纷等一些轻微刑事案件，一般是由当事人自诉。如申元由盗窃案，“当经姜姓告发，元由决不承认，经（司法）处押禁、审讯调查、劝道，元由始承认”。[③] 又如曹子厚因债务之命案，系由其父亲曹思贵起诉。再如苏润华被控伤妻案，系由被害人杜氏之父杜俊树提起自诉，称苏润华与其女于 1943 年经媒人介绍成婚，初结婚时感情尚好，妯娌关系也好，因“压油”与婆母苏田氏吵嘴争执后，又与苏润华斗殴至夜半，最终被苏润华及其兄苏润枝“殴打致死”，要求从严惩办凶手。

值得注意的是，司法处在询问杜俊树时，初步给出了对几个犯罪嫌疑人的量刑意见，“苏润枝无罪释放，苏润华判有期徒刑二年，苏田氏判有期徒刑三年，另由苏润华给你出小米一石以资帮助”。询问他是否同意，但杜俊树的回答是，“我不同意求要上诉”。[④] 由于边区存在刑事和解制度，这里的执意“上诉”，实际上是不同意和解，而要以诉讼方式解决。

在类似案例中，当事人起诉用语不一，有的是“呈”，有的是“上诉”，甚至还有当事人口头控诉，但均为被害人或近亲属单独起诉，而没有政府机关参与，因此可以看作当事人的自诉。

---

① 《钟恩亮藏匿土匪案》（1943 年），子洲县人民法院藏，档案号：4-94。

② 参见侯欣一《从司法为民到人民司法——陕甘宁边区大众化司法制度研究》，中国政法大学出版社，2007，第 219 页。

③ 《司法处五月份工作报告》（1946 年），米脂县档案馆藏，档案号：0031-3。该案系由司法处侦查、审讯。

④ 《苏润华为打伤而致死案》（1945 年），子洲县人民法院藏，档案号：6-43。

（二）政府机关公诉

边区区县大多未设置专门检察机关，从早期司法档案所见，除了当事人或亲属自诉外，一般由县政府“第三科”负责公诉。例如在马甫青参加特务组织案中，判决书明确“公诉人三科查明起诉”，即由县政府三科作为公诉人起诉。张玉海抢劫案由该县“第三科检查（察）起诉”。1944 年傅绍汉土匪案，由“县政府三科查明起诉”；1943 年薛本固破坏边区案，同样是“公诉人办事处三科查明起诉”。[①] 按照陕甘宁边区的县级政府设置，1944 年，第三科“专管各该县文化教育工作”。[②] 在基层政府，三科还负责侦查、起诉等工作，如傅绍汉土匪案中，三科不仅负责起诉，“经县政府三科查获送至本处经审讯判决”，亦负责侦查、缉捕，即具有双重职能。

负责侦查的保安机关有时也作为公诉人出现，如马宝禄庸医致命案中，分区保安处在移送侦查材料后，提出了类似“公诉”的意见，“该犯治死黄光耀同志，而不是毒药害死，而是他的医术不高。黄光耀同志虽不是他治死，但要马宝禄负责”。

由负责侦查的保安机关提起公诉，得到了边区高等法院的认可。1943 年司法会议中，雷经天明确反对单独设立检察处，认为检察制度是资产阶级的干涉制度，还是“由各级保安科代理检查（检察）”。[③] 1948 年边区高等法院院长马锡五给盐池县司法处的信中写道：对投敌叛变的政治犯、敌伪分子案件，“这些人犯经保安机关侦讯提出公诉”。[④] 还有些案件是区乡政府提起公诉，如李万桂案中，“由乡区政府提起公诉”。这说明，至少在 1947 年之前，独立的检察人员在县级司法中还不多见，而由保安机关提起公诉，在基层刑事审判中已经成为惯例，但由于基层诉讼程序规范性不足，也存在其他主体提起“公诉”的情况。

到 1946 年 10 月，《陕甘宁边区暂行检察条例》颁布，检察职权与公诉才逐步规范化。该条例规定，地方法院、县司法处设检察员、书记员，负责提起公诉，或协助自诉，有检阅有关机关之文书、簿记、证物，“与有关人接谈”[⑤] 等权限。此后，公安、检察、司法各司其职的制度才逐渐成形。但是，各地司法实际情形不一，如绥德分区米脂县，1946 年初仍援引边区文件，“边区没有检查（检察）制度之设立，一切检查（检察）职务，由公安机关及各级政府代替，当人民权利受到非法侵害时，各级政府公

---

① 《薛本固破坏边区案》（1943 年），子洲县人民法院藏，档案号：4-4。

② 《陕甘宁边区命令——为令各县增设第三科掌管教育》（1944 年 10 月），载关保英主编《陕甘宁边区行政组织法典汇编》，山东人民出版社，2016，第 292 页。

③ 《关于司法工作的检讨记录》（1943 年 12 月），陕西省档案馆藏，档案号：15-96。

④ 《陕甘宁边区高等法院批答盐池司法工作》（1948 年 11 月），《陕甘宁边区时期的盐池档案史料汇编》，第 550 页。

⑤ 闵钐编《中国检察史资料选编》，中国检察出版社，2008，第 237 页。

安机关均有检举及提起公诉之权”。[1] 当时该县未见检察机构或检察员之设，但在同年的司法参考资料中，似乎有所筹备，“各县设检查（检察）员一人，各级检察员直接受高院检察处领导”。[2] 这表明，制度设想与司法实践仍存在落差，究其原因，很大可归于战时环境，1947 年胡宗南进攻延安，“接下来解放全国的战争，影响了检察制度的正常运行”，[3] 正规检察及公诉制度建设因此迟滞了。

四 边区刑事审级流转

除了短期实行过的“三级三审制”，陕甘宁边区刑事审判一般为两审制，县级司法机关为第一审，边区高等法院或者分庭为第二审。究其主要原因，按照雷经天的解释，是为了在战争环境下替群众考虑，“边区现在不是完全的和平环境，是战争的环境，不过是战争的后方，替群众解决问题是需要的，为了慎重是需要两级两审，但不需要三级”。[4] 故两级审判，也是一种符合当时实际的制度。县一级的司法处主要受理轻罪案件，包括徒刑在一年以下的刑事案件，“同时有权签署拘留票，派遣法警逮捕一切刑事犯罪者”。[5]

由于边区实行行政兼理司法制，故案件的初审中，也常有主管行政机关的参与。据 1943 年《县司法处组织条例草案》，刑事案件中之案情重要者，“经过侦讯调查后，须将案情提交县政府委员会或县政务会议讨论再行判决”。在傅绍汉土匪案中，该县政务会决定，“傅绍汉徒刑三年，李树成徒刑二年，师俊明行保人释放，胡生银徒刑一年”。[6] 最终，傅绍汉等人的量刑，遵照了县政务会的决定。

苏润华被控伤妻案中，司法处初步审讯后，案件被提交给该县政务会，会议决定：“苏润华打伤致死他妻，应判有期徒刑二年，苏田氏先于苏润华之妻开始斗殴引起此事，所以该田氏是起事的发起者，应判有期徒刑三年，外苏姓给杜姓帮损失路费小米一石。”[7]

该案之所以被提交县政务会，与其复杂性有关。苏润华案发后，苏家四邻、杜家沟村民等分别呈词，恳请政府辨明是非，释放苏润华。该案还惊动了县参议员。司法处审判员收到信函说：“关于苏家之事，昨天县参议员王显林、王秉义、张文花请来胡乡祖给过调解。”就是说，苏润华被控后，受到了社会各界的关注，而该案本身也是因家庭矛盾而生，刑事责任更需要仔细分辨，因此提交县政务会讨论，也可以显示出对

---

① 《边区司法制度与组织概况》（1946 年），米脂县档案馆藏，档案号：0031-3。

② 《米脂县司法处关于司法工作参考材料》（1946 年 3 月 2 日），米脂县档案馆藏，档案号：0031-3。

③ 巩富文主编《陕甘宁边区的人民检察制度》，中国检察出版社，2014，第 182 页。

④ 《关于司法工作的检讨记录》（1943 年 12 月），陕西省档案馆藏，档案号：15-96。

⑤ 榆林地区中级人民法院编《榆林地区审判志》，陕西人民出版社，1999，第 22 页。

⑥ 《傅绍汉土匪案》，子洲县人民法院藏，档案号：5-8。

⑦ 《苏润华案审讯人处理意见》（1944 年 12 月），子洲县人民法院藏，档案号：6-43。

案件处理的慎重。

在个别案件中，基层政府的行政决定直接体现在判决理由中。如 1945 年拓聚才兄弟命案中，“骗财虽为拓聚云所为，拓聚才参加，起决定因素，特拓聚才虽为无知农民，然其罪恶殊难免，经第一百十四次政务会讨论，特此判决如主文”。该判决未援引法律依据，而政务会讨论结果被作为裁判的主要理由。

尽管基层司法的行政色彩较重，边区仍然重视审判一定的独立性。绥德分区的一份司法文件引用了保护人权的边区施政纲领后指出：“司法处长暂由县长兼任，县司法机关与县府分立司法处，不是县政府的组成部分，县长领导司法处，应依处长资格出面，而不以县长之名指导，司法处为正式审级之初审机关，为第一审，高院和绥德分庭为第二审。”① 就是说，县长对司法处也不是直接的行政领导，而是需要在司法审级之下，尊重司法自有的程序。

这种旨在保障公正的诉讼程序，就包含了被告人的上诉权。在 1944 年姚汉章杀人案中，子洲县司法处初审判决“十年有期徒刑”，姚汉章不服提出上诉，边区高等法院审查了案件相关材料，回函称：“你处判决尚无不合，故将上诉驳回，原卷退还，希即查收执行。”

在有可能被判处死刑的案件中，上诉和复审得到了严格的执行。在姚汉章杀人案中，因涉及死刑之议，且被告人不服上诉，案件进入第二审，边区高等法院绥德分庭审理后认为：

> 姚犯有预谋害死张氏之决心，判处死刑罪情当有未合，张氏过去与姚汉章离婚涉讼后，判有赡养土地十二垧，张氏并知姚之为人很坏，不当再行回去马虎同居。子洲县拟判处姚犯死刑或徒刑十年，本院同意该县判处姚犯十年有期徒刑之拟议，依照批示宣判后连同报告及该犯解送高院可也。②

如确须判决死刑，不仅高等法院分庭需要向延安的高等法院报送，甚至还需要报经边区政府审委会核准。如 1943 年薛本裕涉嫌投毒谋杀公务人员案，因破坏边区安全，县司法处拟判薛本裕死刑，报送至边区高等法院分庭，仍未能确定。

> 你处八月廿六日呈报破坏边区及预谋毒杀公务人员罪犯薛本裕拟具判处死刑一案，当即呈高等法院转边府审委会核准后再加执行，因事关重犯未敢擅专批准。

① 《米脂县司法处关于司法工作参考材料》（1946 年 3 月 2 日），米脂县档案馆藏，档案号：0031-3。

② 《姚汉章杀人案》（1944 年），子洲县人民法院藏，档案号：6-45。

边区成立之初，死刑案件一般由各县审判后，报请边区高等法院批准。1942年边区司法改革之后，边区政府审委会是边区第三审司法机关，死刑复核权就由边区政府审委会行使。检视1943年的薛本裕案，完全遵循了边区司法审判的原则。该案再经报边区政府复核，根据复核结果，绥德分庭拟具命令：

> 用毒药谋杀公务人员未遂犯薛本裕应处死刑一案，经本院审核后，将原卷材料转请边府鉴核批示在案，兹系第四二一号批示："子洲薛本裕投毒谋杀公务人员案，本应处以极刑，特念谋杀未遂，且该犯系特务组织之一员，值此坦白运动中，如处以死刑，将发生消极影响，故以改处徒刑，刑期多寡由高院商同分庭决定可也。"查本件事由载明为徒刑八年，本院亦同意八年刑期，惟该犯在守犯期间表现如何，该庭根据该犯表现在八年刑期内核定增减或指示刑期判决报院凭核。本此复经本庭核，薛本裕可按一般特务案件处理，如已彻底坦白，并表现改悔，可以具保释放，否则判二三年徒刑即可。[①]

此案复核关系甚大，改变了罪名，量刑也由死刑变为"二三年徒刑"。其中缘由，是复核未机械地适用法律条文，而是考虑了谋杀未遂，并运用了边区坦白运动中教育感化的政策，根据其坦白和改悔情况予以从轻处罚。

五　边区刑事审判法源

边区基层刑事审判虽然面临人员不足等诸多困难，但就判决书来看，大多遵循了基本的法律原则，诉诸特定的法律渊源，体现了一定的规范性。检视所见基层刑事判决，其审理法源主要是边区政府刑事政策法令、中华民国刑法，以及一般社会习惯或情理。

（一）边区政府刑事政策法令

边区的刑事实体法十分有限，仅有惩治汉奸、盗匪等几部单行条例。基层刑事审判中，边区的刑事法得到了优先适用。如1943年田清哉土匪案中，"依据陕甘宁边区惩治盗匪暂行办法第四条第一款之规定，判决如主文"。1944年傅绍汉土匪案中，司法处判决理由援引了边区法令，"按陕甘宁边区惩治盗匪条例第二条之第一、二款之规定判有期徒刑三年"。1944年胡生银土匪案中，司法处"依陕甘宁边区抗战时期惩治盗匪条例第二条之第二款之规定，因该犯被人诱惑属从犯，从轻判处，判有期徒刑一年"。同年的李树成土匪案中，司法处"依照陕甘宁边区惩治盗匪条例第二条第二款、

① 《薛本裕谋杀公务人员案》（1943年），子洲县人民法院藏，档案号：5-11。

第十一款之规定判处有期徒刑二年”。与之同案的高明先，因系主犯，“依照惩治土匪治罪条例，为安定民生建设边区巩固人民利益，维护社会秩序坚持抗战胜利，将该高明先处以死刑”。

上述几案判决所引条例名称不一，实际上是同一部条例，即1939年颁布的《陕甘宁边区抗战时期惩治盗匪条例（草案）》。该条例第二条为盗匪的罪状，第一款是“聚众持械抢劫者”，第二款是“以暴力抢夺他人财物者”，第十一款为“抢夺军队或自卫武器者”。第三条规定了量刑，“视情节轻重判处以徒刑或死刑，并没收本犯之全部财产或罚金”。[①] 可见，边区这部条例成为这类犯罪的重要裁判依据。

（二）中华民国刑法

陕甘宁边区政府是国共第二次合作的产物，被作为国民政府之下合法成立的特区。在法理上，国民政府的法律同样适用于边区。薛本裕投毒谋杀公务人员案中，初审“依刑法第二百七十一条第一项、第二项之款处死刑，褫夺公权终身”，而绥德分区向边区政府的呈文中，亦提及“并希依刑法第廿二章，提出意见”。边区尚未正式颁行刑法典，查1935年《中华民国刑法》，第271条为“杀人罪”，恰为分则第二十二章，该条第1款为“杀人者，处死刑、无期徒刑或十年以上有期徒刑”，第2款为“前项之未遂犯罚之”。[②] 也就是说，该判决援引了《中华民国刑法》，并依照顶格予以量刑。而该刑法的总则部分，规定未遂犯之处罚，“得按既遂犯之刑减轻之”。该犯薛本裕已经投毒，欲谋杀政府公务人员，但因被及时发现，故未酿成严重后果。但县司法处初审仍拟处以死刑，理由是“危害边区，行为实属重大”，故未予以减轻。

在贺治才特务组织案中，司法处“援引刑法第一百条之规定着判处有期徒刑三年”，查1935年《中华民国刑法》，第100条属于分则第一章之内乱罪，其中第1款规定，“意图破坏国体、窃据国土，或以非法之方法变更国宪、颠覆政府，而着手实行者，处七年以上有期徒刑；首谋者，处无期徒刑”。第2款规定，“预备或阴谋犯前项之罪者，处六月以上、五年以下有期徒刑”。该犯贺治才参加特务组织，暗害公务人员未遂，属于“企图颠覆政府破坏边区”，因此依据刑法该条款第二款予以定罪量刑。与此类似，马甫青参加特务组织破坏边区案中，司法处“依刑法第一百条之规定判处有期徒刑四年”，同样是援引了该条款。

此外，《中华民国刑法》第三十章之“抢夺强盗及海盗罪”也被多次援用。在张玉海为匪抢劫案中，司法处“援引刑法第三百二十七条之规定，判处有期徒刑五年”。

---

① 陕西省档案馆、陕西省社会科学院合编《陕甘宁边区政府文件选编》第1辑，档案出版社，1986，第486~487页。

② 《中华民国法规大全》第1册，商务印书馆，1936，第150页。后文援用该法皆出自此书。

查该法第 327 条，规定以第 325 条之罪为常业者，“处三年以上、十年以下有期徒刑”，而第 325 条为，“意图为自己或第三人不法之所有，而抢夺他人之动产者”，也就是说，因该犯张玉海常年为匪，前后抢劫客商八次，该判决隐含援用了第 325 条之罪状，再依据第 327 条，最终确定了有期徒刑五年。与之类似的张海桂土匪案，因张海桂抢劫次数较少，司法处“援引刑法第三百二十五条之规定，着判处有期徒刑二年”，[①] 该条的量刑是“六个月以上、五年以下”，故判决完全在法定量刑幅度之内。

在 1943 年贾应东抢劫掳掠妇女一案中，司法处“援引刑法第二百二十六条之规定判处有期徒刑五年，以资着重于长期教育争取转变”。查该条属于分则第十六章妨害风化罪，包括对妇女以强暴、胁迫等方法而强奸罪，第 226 条规定，犯前述罪而致被害人于死者，“处无期徒刑或七年以上有期徒刑；致重伤者，处七年以上有期徒刑”。该犯贾应东扰乱治安，抢劫村民，致“一老年妇女过几日因伤重而死”。因此，司法处裁判虽然援用了该条文，却未严格依照条文量刑，而是结合了边区教育宽大的刑事政策，最终确定有期徒刑五年。

（三）一般社会情理或习惯

由于边区司法审判中民事刑事区分不是特别清楚，很多刑事犯罪案件也是由婚姻、债务等民事纠纷引起，其起因与责任也牵涉民俗习惯。因此，在少量刑事判决中，有效法源不足，也能看到一般社会情理或民事习惯发挥说理的作用。在 1947 年刘汉民迫死人命案中，司法处综合考量了社会习惯与情理，其判决理由是：

> 一往至今习惯，盐主应负盐地一切用器，佃户仅以劳动，按股分利，而刘汉民见盐地有利即享，有关负担置之不理，曹子厚明不自动置买所需，即停手无职，供其妻子女不受饥断炊，再加该时盐价低落，所需物质（炭等）高胀，盐地盈利尚不足开销费用，可是冬炭、绳、钉锅侯立，连连催要欠债，曹子厚家无法垫付，刘汉民更毫不理会，因之迫于无奈，遂落井而死，依此确属事实，该刘汉民于理于法，实属罪无可逭。[②]

陕北之盐地经营，素有社会习惯可供遵循。盐地所有者刘汉民未遵守习惯，导致曹子厚之死，于理于法皆不能逃避其责任。因此，该判决兼顾了刑事责任与民事赔偿，“除负责将死者曹子厚埋葬外，给死者家属出恤养谷米二石七斗，炭六驮，并判徒刑一年半”。徒刑是其刑事责任，赔给亡者及其家属埋葬费、抚恤金则是出于人情常理。

---

① 《张海桂土匪案》（1943 年 9 月），子洲县人民法院藏，档案号：4-87。

② 《刘汉民迫死人命案》，子洲县人民法院藏，档案号：8-27。

就刑事裁判法源而言，基层司法总体上是倾向于边区政府的政策法令，不少案件判决并不援引具体法条，而仅依据边区政策法令。如高芝兰婚姻纠纷案，“既属买卖与包办，又系早婚，且其关系已经破裂极度，故判决离婚，罗海明策谋行凶判处七天苦役”。而王祖祺土匪案中，判决指其作恶多端，“王祖祺罪孽深重，但在宽大政策之下，应教育改造，俟其改过自新”。[①] 均在实质意义上引用了边区的政策法令，甚至如贾应东案，即便是引用了《中华民国刑法》，仍然按照边区的宽大政策予以调整。对此，雷经天有过解释，边区成文法不足时可以参考，但应适合边区的历史环境、抗战的需要、民主政治与群众利益，[②] 也就是要符合抗战时期党的新民主主义政策，这也成为边区司法的特色。

六　基层刑事判决的执行

判决的执行是基层刑事司法的重要组成部分，其贯彻的精神与边区的刑事政策具有一致性，即惩治犯罪与教育感化的结合。对重大典型案件，边区刑事审判之特殊性在于判决后很多要公开执行，以震慑潜在犯罪分子，同时教育一般群众。如薛本裕案判决后，张贴了布告，以备周知。

> 查本处成立瞬经年余，秉承边区之施政纲领，厉行民主政治，以巩固抗日模范民主地区。唯查有不肖之徒藉施政纲领之宽大处，建立特务组织，并组织暗杀队，用各种卑鄙方式进行其破坏边区之活动，于本年四月间特务组织派遣其忠实党徒潜伏政府周围，藉请客机会于饭中施放毒药，图谋毒杀公务人员（贺治国、朱明孝等），虽经救生，但其罪恶重大，殊难宽宥……望我军民共喻此意，合极布告俾众周知。此布。[③]

在惩罚与教育结合的刑事政策下，已决犯刑罚的执行也避免机械，而是会适时调整。徒刑的执行一般采用劳动教育的方法，其实际刑期较为灵活，如傅绍汉执行一年后，因其家庭变故，即予以变更。

> 傅绍汉违犯法令被政府禁闭监狱一年有余，幸喜边府实行宽大政策以后，而该傅绍汉竟将徒刑减轻宽赦出狱，帮助政府做生产事业，实为万幸，更蒙裁判员

① 《王祖祺土匪案》，子洲县人民法院藏，档案号：9-3。

② 参见《关于司法工作的检讨记录》（1943 年 12 月），陕西省档案馆藏，档案号：15-96。

③ 《薛本裕谋杀公务人员案》（1943 年），子洲县人民法院藏，档案号：5-11。

> 大发慈心，姑念该傅绍汉家庭贫寒，上下无靠，不忍让他妻子娃娃挨饿受苦，特给一月假期叫他在外生产，将所赚之钱养育妻子，渡过那一时之苦难。①

在马甫青参加特务组织破坏边区一案中，原审判决有期徒刑四年，执行中马甫青因中风申请养病，其呈书写道：

> 经政府再三审讯，民始直言不讳，蒙政府宽大处理，判决徒刑，不料于五月十六日，偶得中风左瘫之疾，又蒙政府令民出外养病，刻下已有百日之久，手臂虽稍能举动，而左腿寸步难行，似此情形，百日不愈，此病终又难痊，永远成了废人。民在外养病非常困难，民连年莫有生产，家中又不能接济，民日夜思想，边区政府对人民如此宽大，民已经屡蒙体恤，何敢再来要求，继思民旧时完全受了吴天昌、杜聿谦等坏子子的大害，民今年近五旬，又带重病，情愿诚恳坦白，改过自新。②

县政府给司法处批示说："你再和他谈一下，复兴社组织问题，认清后可以叫回去养病，不知可以否，由你决定去。"案卷中虽然没有司法处裁判员的最终决定，但从此批示中，可推知司法处的此项权限。当然，此项权力是有界限的。1944 年 2 月边区清理监所、改善司法的指示中，对一般轻微刑事犯，残余刑期一年以下的，由县政府直接处理；一年以上至两年的，须呈专署分庭批准；两年以上的重刑犯，"须呈报高等法院批准"。③ 这也体现了规范性在逐步加强。

由于基层监所条件所限，加之抗战时期的宽大政策，类似的刑期变更较多。或者说，依照边区对犯罪与刑罚的认识，刑事惩罚本就是为了对犯罪者进行教育感化，如果其在劳动生产中，通过学习教育，认识了自身的错误，就实现了刑罚的目的，可以予以释放。

七 边区基层刑事司法经验

边区基层司法机关很不健全，又缺乏专业法律人才，造成刑事司法规范性不足，诸如侦查、起诉和审判的职能界限不清，刑事自诉和公诉区分缺乏明确依据，刑事辩护制度缺失，司法程序与行政决定杂糅，等等。但是，若从当时司法的现实条件及效

---

① 《傅绍汉土匪案》，子洲县人民法院藏，档案号：5-8。

② 《马甫青破坏边区案》（1943 年），子洲县人民法院藏，档案号：4-10。

③ 陕西省档案馆、陕西省社会科学院合编《陕甘宁边区政府文件选编》第 8 辑，第 125 页。

果出发作客观评价，它仍留下不少有益的经验。

（一）遵照刑事司法程序，体现了一定的程序正义

尽管边区诉讼审级几经变化，审转制度不够明晰，基层刑事审判仍然严格地遵循了审级制度，较好地保障了当事人尤其是犯罪嫌疑人的上诉权。如姚汉章一案中，案件已经县、分区两级审理，姚汉章仍向边区高等法院提出上诉，虽然没能改变裁判结果，但其上诉权无疑是得到保障的。在马国运等与马绍祖斗殴一案中，“马国运一方有马子范来庭上诉”,[①] 高等法院分庭予以受理，确保其上诉权的实现。

独立、无偏倚是司法公正的前提。尽管边区基层行政、司法难以清晰区分，但刑事司法仍保持一定的独立性，并较好地运用了司法审级制度，特别是在死刑等重罪中，通过上诉、复核等程序确保公正。如薛本裕一案中，薛本裕投毒谋杀公务人员未遂，原判量刑较重，甚至考虑判处死刑。该案经分庭、边区高等法院两级复审后，最终以边区刑事政策及未遂情节，仅判处二至三年有期徒刑，无疑使罪刑更为相当。由此，司法公正得以在正当程序中实现。

（二）定罪量刑中专家意见发挥重要作用

刑事裁判中，犯罪行为与结果的因果关系，有时涉及专业知识，此时能否避免主观臆断，听取专业人士的意见，对司法公正极为重要。如马宝禄案中，基于被害人家属等方面的压力，当地保安机关力主严惩该犯，而司法处聘请了群众医院医生李化南等，从医学角度研究，给出被害人是否被毒药害死的意见。

> 马宝禄主要是庸医误人，自己在治疗过程中也摸不清是什么病，把斑疹伤寒当成感冒治，而使病人沉疴。在黄光耀病入最严重时期不应再洗肠了，“他的洗肠，目的是清火想把病能诊好的话可多挣几个钱，落个好名誉”。但结果相反，提早了病人的死亡期。根据以上论断，所有黄光耀老婆在黄光耀死后找抗大医生验尸而证明马宝禄用升汞毒灌肠而身亡的结论可以否定之。[②]

在该意见给出后，司法处再度讯问了马宝禄，他承认自己“治病误人”，最终并未采纳投毒杀人的指控，而是以医疗事故处理，马宝禄被判处一年半徒刑。就是说，尽管有保安机关严词指控，有被害人家属鸣冤叫屈，但司法机关仍保持相对的独立性，以客观事实为依据，全面地考察口供、物证，以及医疗专家意见，最终得出了较为合

① 《马国亮杀人未遂案》(1946年)，子洲县人民法院藏，档案号：7-30。

② 《我们从医学观点上研究黄光耀是否被马宝禄毒药暗害身死的意见书》(1945年5月31日)，《马宝禄庸医致命案》，子洲县人民法院藏，档案号：6-42。

理的量刑结论。

（三）司法机关重视群众意见，但不盲从众意

抗战以来，边区实行了抗日民主制度，民主在边区具有重要的意义，也成为边区司法的重要价值取向。司法机关旨在保护人民权利，“凡人民权利遭受非法侵害时，而被害人即可自该机关申诉，司法机关就要给犯者治罪”。[①] 人民司法也意味着，司法也要体现民主、照顾民意。“司法机关审判案件时，须切实照顾边区人民的实际生活，切实调查研究案情的具体情况，分别其是非轻重，审判人员须具备充分的群众观点与对敌观点。”[②] 因此，司法不能完全依据法条裁判，而是需要对当地群众的舆论压力有所回应，“寻求政府与乡村间的和谐关系”。[③] 在刑事司法中，从调查取证到最终裁断，民意都发挥着重要的作用。如马开望害死小孩一案中，“我们详细调查庙合沟村民，共认谋害事实，对此极感愤慨”。[④] 又如王钟氏逼迫人命案中，判决理由引用了群众意见，“村中邻友异口同声说：王钟化老婆太坏哩”。[⑤] 这些意见，成为司法机关定罪量刑的重要参考依据。

但是，尽管刑事司法受到民意的制约，却并非盲从民意，而是体现了一定的独立性、专业性。如姚汉章一案中，当地姚家砭等村民代表联名具禀，历陈姚的种种罪状，要求政府接受人民意见严惩凶犯，可以说是民意汹汹。但司法机关仍进行了详尽的调查取证，经过初审复审程序，澄清了村民的一些不实指控，最终否定了原来判死刑的意见，判处姚汉章十年有期徒刑。

（四）定罪量刑中充分考量情理法的融合

边区虽然是革命根据地，但处在社会转型中，民众深受传统文化的影响，故审断与刑罚不能不考虑民众的接受程度。在苏润华一案中，苏家亲友联名上书，担保苏润枝平素为人大方，对村庄老小“无骄傲态度”，未参与斗殴，“民等想政府是人民的保障，人民就依赖的政府，但处一事定要有确实证明才能决定是否，况该家十数口人全赖润滋（按：润枝）生活，今忽然被押十数日，家中老少的生活定发生障碍”。同时，因被告人涉及年逾五旬的苏母，牵涉“孝”之伦理，故苏润华恳切上书，“念在母亲年老又为残疾，故愿报生身之恩，替母受徒刑三年，连本人之徒刑二年算上，一并五年，甘愿忠诚守法到底”，并请司法处“俯念下情，批准替母徒刑，实为法德两便”。[⑥] 尽

① 《米脂县司法处四月份工作报告》（1946年），米脂县档案馆藏，档案号：0031-3。

② 《边区政府一年工作总结·关于改善司法工作》，《解放日报》1944年2月8日，第2版。

③ Xiaoping Cong, Marriage, *Law and Gender in Revolutionary China, 1940-1960*, Cambridge University Press, 2016, p. 191.

④ 《马开望害死小孩一案》（1947年），子洲县人民法院藏，档案号：8-22。

⑤ 《王钟氏逼迫人命案》（1946年），子洲县人民法院藏，档案号：7-28。

⑥ 《苏润华为伤害致死案》（1945年），子洲县人民法院藏，档案号：6-43。

管该要求于法不合，但该县司法处仍慎重地考虑了苏润华的意见，在草拟判决书时反复斟酌，将“应判”改为“事主犯殴”，即起事者。虽然最终没能减轻刑罚，但量刑考量了苏家各种因素，并且将苏润华之兄苏润枝无罪释放。这样裁判结合了法理与情理，不仅较好地实现了公正，还使这种公正扎根于中华文化和人民群众的理解认同中。

八 余论

基于陕甘宁边区基层司法档案，我们可以对陕甘宁边区司法的一些“定见”予以重新认识。如1943年边区召开会议检讨司法工作，主张司法专业化的李木庵遭批评去职，带来的后果是国民政府“六法全书”的援用成为敏感问题。胡永恒认为“整风”运动后，对“六法全书”的援用即停止；[①] 侯欣一在《从司法为民到人民司法》一书初版中认为，“这种做法在突出法律阶级性的大环境下事实上也成了一种禁忌”，[②] 到该书修订再版时，更明确指出：“李木庵去职后，援用国民政府法律的做法在事实上处于停止状态。”[③] 实际上，上述判断恐怕主要基于边区高等法院的考察。我们看边区基层司法实践，一直到1946年甚至更晚还在频繁地援用国民政府的法律，作为一种或许无奈的现实需要，并不因某个人的去职就彻底变化。

当然，变化仍是有的，主要反映在司法人员的思想观念中。所选上述案例大多集中在1943~1946年，[④] 刚好是延安“整风”运动与边区司法正规化改革之后，前者使知识分子改变了主观教条的作风，正如去职边区高等法院院长的李木庵反思说：“法院现在办案子比较周到了，他现在也肯研究、肯讨论了，也了解了本地情形。过去是不了解本地的风俗习惯，是主观主义的教条主义的去办。”[⑤] 后者则使得司法审判克服了经验主义的弊端，开始逐步走向程序化、正规化。大众化抑或正规化，这两种趋向尽管不无矛盾，但其潜在影响都得以延续，在人民司法制度中得以辩证地统一。正是由于边区司法始终在党的领导下，有效地平衡了法律形式理性与地方文化之间的张力，在注重法律程序的同时，照顾到民众的意愿，人民司法实现了更接地气的“公正”。边区基层刑事司法的这一转变，也正与马克思主义法治及司法理论中国化若合符节。

---

① 参见胡永恒《陕甘宁边区的民事法源》，第49页。

② 侯欣一：《从司法为民到人民司法——陕甘宁边区大众化司法制度研究》，第206页。

③ 侯欣一：《从司法为民到大众司法：陕甘宁边区大众化司法制度研究（1937—1949）》（增订版），三联书店，2020，第338页。

④ 陕甘宁边区地域广阔，由于案例来源所限，分析只能是一个区域的时间断面。但是，由于处在“整风”至抗战胜利这个特殊的时期，这些案件的裁判也能很大程度地反映边区基层刑事司法的实际。

⑤ 《李（木庵）老的发言》（1943年），陕西省档案馆藏，档案号：15-96。

从农村到城市：革命政权公共卫生法制的探索与创制*

宋　鋆**

摘　要： 革命政权时期的公共卫生法制，是中国共产党在新民主主义革命过程中，为保障群众生命健康和提高军队战斗力，根据不同时期的客观条件和现实需要，制定的一系列涉及公共卫生与防疫工作的法律法规。工农民主政权时期是公共卫生法制的初创阶段，中央苏区多以“防疫的卫生运动”为主；抗日民主政权时期，边区公共卫生宣传逐渐深入，并根据军民需要，设置了边区的三类医院；解放区人民民主政权时期，在中国共产党解放的第一个大城市哈尔滨市，民主政权开始了大规模流行腺鼠疫的防治工作和城市公共卫生制度的建设。革命政权从农村到城市的公共卫生法制探索与创制，一以贯之地以群众路线为指导思想，在立法技术方面，实现了从临时性举措向公共卫生法规的转变；在制度效果方面，提高了军队战斗力，保障了群众的生命健康；在法制建设经验方面，为后来解放的城市乃至新中国提供了制度经验与借鉴。

关键词： 革命根据地；公共卫生；制度

革命政权的公共卫生法制在从农村到城市的发展过程中，成为整个革命政权法制的有机组成部分。目前对革命政权立法、司法及其他领域已有比较多的研究，但公共卫生法制研究尚不多见。因此，本文以革命历史档案史料为线索，对革命政权从农村根据地到城市解放区的进程进行分析考察，试图从中挖掘中国共产党领导的革命政权对公共卫生法制的探索创制过程，期望能对我国公共卫生法制的渊源予以充分重视，并为当今公共卫生法制建设与重大疫情的应对提供一种参考。

一　工农民主政权时期：军内卫生法制的惠民医疗实践

工农民主政权时期，卫生问题是广大苏区比较突出的社会问题，关系到军队战斗力和劳动生产力。此时中央苏区的卫生条件十分落后，自然条件恶劣，群众生疮

---

* 本文为国家社会科学基金项目“中国革命法制‘从农村到城市’的重大转折研究”（12BFX021）的阶段性研究成果，黑龙江大学研究生创新科研项目“哈尔滨解放区地方法院研究”（YJSCX2019-001HLJU）的阶段性研究成果。本文系在导师孙光妍教授的指导下完成，在此表示衷心感谢。

** 宋鋆，黑龙江大学法学院博士研究生。

害病。工农民主政权无法在如此恶劣的自然与社会条件下进行精细完善的公共卫生立法，只能通过训令等形式，发动广大群众进行卫生防疫运动。毛泽东在第二次全国工农兵代表大会上指出：“组织革命战争，改良群众生活，这是我们的两大任务。”①

（一）苏区卫生状况：“不求清洁”“生疮害病”

苏区群众普遍存在卫生习惯“不求清洁”的问题。用水、如厕等设施欠缺，洗食同源、人畜混居导致农村疾病频发。农人穷于生计、无暇顾及卫生情况，一旦发病又无力承担治疗费用，形成恶性循环。1932 年，湘赣苏区省委向中央局汇报了苏区疫病情况主要是“打摆子、烂脚、秋痢”，萍乡、攸县等地的群众“病了十分之八九”。②此外，苏区多地闷热潮湿，有利于细菌病毒的滋生与传播，加之群众缺乏卫生常识，在遇到疫病时又易受封建迷信思想和“生疮是真革命”等反常识口号的干扰，这些都增加了工农民主政权抗击疫病的难度。

当时红军内部“生疮害病”极其严重。毛泽东曾于 1928 年在《中国的红色政权为什么能够存在》中指出红军的卫生健康问题在于“营养不足，病的甚多，医院伤兵，其苦更甚”。③ 南昌起义后，军内卫生问题不断凸显，风餐露宿和疲劳作战等原因导致疫病多发，而部队医疗设施与组织皆不健全，无法满足不断增加的医疗要求。1932 年，湘赣苏区省委向中央局汇报了苏区疫病情况。

> 计算在后方烂脚的士兵有七八百名。全省红军及地方武装中烂脚的总在两千以上，医药又缺乏，几个月不能治好。我们一方面进行防疫，一方面设法采取各种药材。但这些办法，还没有收到很大的效果，各地的病还是继续发生。④

苏区医疗卫生设施的匮缺使卫生状况雪上加霜。一方面表现为红军部队医疗卫生保障不足。工农武装力量初创时期，除战事之外最棘手的问题便是伤病员的医疗问题，部队缺乏良好的医疗与救护组织，导致伤病员得不到及时治疗，“有的寄养在群众家中，有的病势沉重的，就牺牲在路旁”。⑤ 另一方面表现为群众的医疗卫生设施缺乏。广大农村地区的群众生活困难，吃穿亦难以保障，鲜有求医问药者。

---

① 《毛泽东选集》第 1 卷，人民出版社，1991，第 139 页。

② 《湘赣革命根据地》党史资料征集协作小组编《湘赣革命根据地》（上册），中共党史资料出版社，1991，第 387 页。

③ 《毛泽东选集》第 1 卷，第 53 页。

④ 《湘赣革命根据地》党史资料征集协作小组编《湘赣革命根据地》（上册），第 387 页。

⑤ 高显恩编著《中国工农红军卫生工作历史简编》，人民军医出版社，1987，第 3 页。

（二）卫生宣传："污秽与疾病"之战

工农民主政权卫生宣传的目标是让群众明白"疾病的来源"和"卫生的方法"。如《卫生运动指导员工作纲领》普及了苏区传染病的来源及其危害性，提倡"通光、通气、通水、煮熟饮食、除去污秽、剿灭苍蝇、隔离病人"的预防疾病方法。又如《中共赣东北省代表大会关于苏维埃工作决议案》对苏区盛行的"生疮是真革命"和"无产阶级要龌龊"等口号提出批判，主张让大众注意个人和公众的卫生，减少疾病和死亡。

在宣传节奏方面，苏维埃政府提出"向全苏区一切污秽和疾病做斗争，同工农群众自己头脑里残留着的顽固守旧迷信邋遢的思想习惯做斗争"，并且"十分必需，一天也不可缓"。于是，在苏维埃政府的主导下，逐步构建了政府指导、群众共同参与的卫生宣传机制，旨在让苏区群众了解到公共卫生运动"完全是广大群众的，不花钱能医病的，要天天做、月月做、年年做、家家做、村村做、乡乡做、个个圩场做、个个城市做"。[①]

宣传的对象是苏区每一个群众。如《卫生运动指导员工作纲领》提出卫生委员要深入群众的家里，进行入户宣传。又如《卫生运动纲要》指出，苏区若有一个工人害病，不但是害病工人的切身痛苦，而且是苏区的战斗团体中的一名战斗员退下了火线。工农民主政权将每一个苏区群众视为"战斗员"，让公共卫生宣传深入苏区各户。

（三）卫生法规：卫生运动的制度跟进

工农民主政权时期公共卫生制度以"解决工农群众一切切身的痛苦问题"为指导思想。1933 年《卫生运动纲要》就指出："苏维埃政府是工农自己的政府，他要注意解决工农群众一切切身的痛苦问题，污秽和疾病就是他们要解决的一个大问题。"[②] 本着这一指导思想，工农民主政权在广大中央苏区开始了卫生运动和卫生制度的实践。1932 年 1 月 13 日，苏维埃政府副主席项英在《红色中华》第 5 期头版发表《大家起来做防疫的卫生运动》社论，要求各级政府、红军、群众团体参加这一运动，运动内容为研究防疫的方法和药品，向群众做卫生宣传工作。同年 3 月，卫生运动的第一个法令性文件《中华苏维埃共和国人民委员会训令（第二号）》颁布，提出"要使工农群众热烈的举行防疫的卫生运动"。[③] 在军队内，每个单位设立卫生委员会，每个战斗连设置一名专门卫生员，负责卫生防疫和卫生宣传教育工作，以及防疫、消毒等工作的具体落实，卫生竞赛、卫生检查活动的推行，营房环境的净化，等等。1933 年颁布的《卫生员工作大纲》规定了军队内的卫生竞赛，"优者登红榜等鼓励之"。[④] 这类制度可

---

① 刘善玖、钟继润主编《中央苏区卫生工作史料汇编》，解放军出版社，2012，第 362 页。

② 高显恩、高良、陈锦石编《新中国预防医学历史资料选编》，人民军医出版社，1986，第 70 页。

③ 刘善玖、钟继润主编《中央苏区卫生工作史料汇编》，第 362 页。

④ 参见张莉芳、李媛、钟继润《浅析中央苏区卫生法制建设的特点》，《赣南医学院学报》2015 年第 5 期，第 739 页。

谓军队内的营养剂，有力保障了军队的活力与战斗力。

工农民主政权时期公共卫生制度的立法机构相对分散。如中央革命军事委员会总卫生部、中央苏区政府内务部、中央革命军事委员会、中国工农红军总司令部等都是这一时期的公共卫生制度的立法机构。主要受战争时局影响，且卫生运动多由军队内部发起，逐步向苏区群众形成卫生制度的辐射，故有此种“政出多门”的现象。

卫生组织机构方面，“医疗卫生领导机构和行政管理，依军队和政府两个系统分别设置和运作”。[①] 1931 年中央革命军事委员会总军医处成立，次年改称红军总卫生部，并在团、连内分别设卫生队和卫生员。中央革命根据地建立后，开始了地方各级卫生机构的建设。省、县、区三级各成立卫生部、科，城市设立卫生运动委员会。随后，“工农医院”、“群众医院”、“贫民看病所”和“红色药店”等医药组织单位陆续建立，苏区广大群众的就医需求有了基本保障。[②] 此外，中央苏区还建立了医护人员培训机构，如 1931 年 11 月建立的江西瑞金中国工农红军卫生学校，即今日哈尔滨医科大学的前身。

作为卫生运动的制度跟进，中国共产党和苏维埃政府制定颁布了一系列公共卫生法律法令。如 1933 年《卫生防疫条例》和《卫生运动纲要》等，对卫生运动的各个方面作了明文规定。如表 1 所示。

表 1　工农民主政权时期公共卫生制度部分规定

法规名称	制度内容
1932 年《卫生运动指导员工作纲领》	每月统计一次本地病症及死亡人数
1932 年《苏维埃区域暂行防疫条例》	传染病人必须与家人隔离；发病严重的地方在方圆 5~6 里之间进行交通隔绝；死亡后禁止拥抱哭泣；尸体深埋七尺以上，建议火葬
1932 年《防疫简则》	被褥洗晒、修剪指甲头发，不吃鲜活鱼虾、病死禽肉，不喝生水
1933 年《卫生运动纲要》	向着污秽和疾病、顽固守旧邋遢的思想习惯，发起普遍的卫生运动

注：系笔者根据刘善玖、钟继润主编《中央苏区卫生工作史料汇编》中的相关资料制作。

通过表 1 可见：其一，工农民主政权制定的公共卫生制度基本覆盖了广大苏区人民的公共卫生生活。这一系列内容以疫情报告登记、隔离消杀、个人卫生防疫和卫生运动为主，旨在规范卫生运动，改变苏区群众的卫生习惯。其二，这些制度体现了鲜

① 余伯流、凌步机：《中央苏区史》，江西人民出版社，2001，第 849 页。

② 参见曾新华、李明《中央苏区公共健康核心伦理问题探讨》，《赣南医学院学报》2019 年第 12 期，第 1924 页。

明的农村根据地特色，多涉及广大农村群众的日常饮食、鼠蚤蚊蝇扑杀、水源保护、传染病死者抬埋等卫生问题，适宜在农村根据地推广实施。其制度类型如图 1 所示。

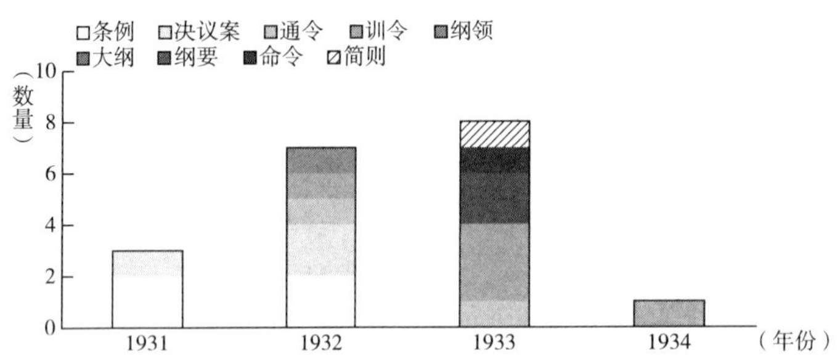

图 1　工农民主政权时期公共卫生制度类型统计

注：系笔者根据刘善玖、钟继润主编《中央苏区卫生工作史料汇编》中的相关资料绘制。

通过图 1 可见：其一，工农民主政权时期的公共卫生制度类型较为多样，包括条例、决议案、训令等，与当时轰轰烈烈的卫生运动相适应。其二，制度类型以训令为最多，与军队内部发起、向群众辐射的卫生制度走势相对应。

此时的公共卫生制度已具雏形。当然，受到政治经济条件制约及战争时局影响，其立法存在技术粗糙、实施困难等问题。如 1932 年 12 月，中央革命军事委员会发布训令指出此前的卫生训令“仍没有提起全体指挥员、战斗员充分注意，病兵的现象一直到现在不能减轻”。[①] 以兴国县长岗乡为例，“虽规定五天大扫除一次，实际七天一次的多，十天的也有。要督促，‘不督促记不到，工夫又多’”。[②] 但这些制度作为苏区法制建设的重要组成部分，有力规范了苏区的卫生秩序，保障了苏区群众的生命健康。

工农民主政权时期是革命政权公共卫生制度建设的起始阶段。革命政权的首次卫生运动、首个卫生管理机构、首部卫生管理制度皆在此时期产生。这一时期的公共卫生制度规定了惠民的医疗政策。如各区乡政府的公共看病所的医生由政府聘请，不收医疗费，对无亲属的孤儿和老弱病残，由政府设法给养。这与国民党统治的白色区域要求病人“有的是钱”“请医生讲究又讲究”[③] 形成鲜明对比，在医疗中体现了群众路线，有利于红色政权在极端恶劣的环境下为群众所拥护。当时的苏区人民将家中的粮食提供给伤病员，让伤病员分散居住在自己家中，帮助转移伤病员。即使在最艰苦的时期，群众也相信红军必然胜利。

① 高显恩、高良、陈锦石编《新中国预防医学历史资料选编》，第 64 页。

② 《毛泽东文集》第 1 卷，人民出版社，1993，第 309 页。

③ 高显恩、高良、陈锦石编《新中国预防医学历史资料选编》，第 456 页。

二　抗日民主政权时期：农村根据地公共卫生法制“统一战线”的构建

抗日民主政权时期，以陕甘宁边区为主的广大根据地开展了深入的卫生宣传，并进行了以预防为主的公共卫生制度创设，建立了多所边区医院，清除了巫神治病的旧风气，改变了群众的卫生习惯。

（一）陕甘宁边区环境：“一切传染病”发生

陕甘宁边区卫生环境不良由来已久，主要原因在于边区人民卫生意识缺乏及封建迷信盛行。中国共产党进行边区建设以前，根据地人民生活艰难，无暇顾及卫生状况。边区卫生条件差，水源不洁，加之苍蝇、跳蚤等大量繁衍，导致天花、猩红热、伤寒、疟疾等疫病流行。1941 年 3~4 月，传染病以甘泉、富县和志丹三处最为严重。甘泉三区传染病人 876 名，死亡 186 名。1942 年定边县各乡 5~8 月发生伤寒、斑疹等疾病，“共计死亡 377 名”。[①]“几乎一切可能有的传染病在边区都发生了。”[②] 此外，封建迷信活动加剧了疫病的传播。边区不少群众遇到疾病时请“巫神”治病，遇有疾病或是女人不孕，便要饮食忌口或者佩戴布符。毛泽东曾评价：“在一百五十万人口的陕甘宁边区内，还有一百多万文盲，两千个巫神，迷信思想还在影响广大的群众。”[③] 封建迷信导致疫病医治延误，进而引发更多人感染。众巫神“招摇撞骗，为害甚烈”。[④] 边区群众受封建迷信和不卫生习惯的坑害，难以保障生命健康权益。

医疗资源缺乏是边区疫病防治的重大困难。抗日战争爆发以前，陕甘宁边区几乎没有一所正规医院。以延安为例，因传染病死亡的人口每年超过 500 人，占年死亡人数的 47%。1941 年 3 月延安北区发生猩红热，十岁以下儿童死亡数十名，“发病占该区 50%，发病后死亡者占 20%”。[⑤] 而延安城内仅有少量中医坐堂的诊所。在农村，群众则更难寻医问药，较大的城镇才有中药铺，乡村只有郎中、专职种牛痘的“花儿匠”和“卖药先生”，边区人民的疾病难以得到及时治疗。

（二）破“巫神”、讲卫生的宣传

抗日民主政权打破了“巫神进家”的迷信医病陋习，开展了反巫神运动。《解放日

---

① 参见陈松友、杜君《抗战时期陕甘宁边区的疫病防治工作》，《中共党史研究》2011 年第 6 期，第 81 页。

② 李庸：《目前防治传染病在边区流行问题》，《解放日报》1941 年 4 月 27 日。转引自陈松友、杜君《抗战时期陕甘宁边区的疫病防治工作》，《中共党史研究》2011 年第 6 期，第 82 页。

③ 《毛泽东选集》第 3 卷，人民出版社，1991，第 1011 页。

④ 李维汉：《陕甘宁边区政府工作回顾》，转引自西北五省区编纂领导小组、中央档案馆《陕甘宁边区抗日民主根据地》（回忆录卷），中央党史资料出版社，1990，第 430 页。

⑤ 武衡主编《抗日战争时期解放区科学技术发展史资料》第 5 辑，中国学术出版社，1986，第 340 页。

报》曾刊登过针对延安巫神的调查，在 200 余名巫神中择取 59 名进行调查，即治死 278 人。[①] 抗日民主政权提出加强卫生防疫宣传教育，取缔巫神治病等愚昧落后的观念。毛泽东曾指出群众迷信的主要原因是“没有旁的方法战胜疾病、死亡的威胁，只有相信神仙”，主张“现在应该把医药卫生的知识和工作大大推广一下”。[②] 为转变边区群众卫生意识，边区政府开展了反巫神运动，采取了多种灵活方式。如陕甘宁边区发行的《绘图新三字经》图文并茂地提出“不迷信，自吉利”“信医药，病好了，信巫神，命丢掉”，直到解放战争时期，《绘图新三字经》仍在解放区作为民校教材使用，[③] 发挥着反封建迷信的宣传作用。

抗日民主政权主张和推广“两种医生要合作”。针对边区中西医合作不充分的问题，毛泽东曾指出“这两种医生历来就不大讲统一战线”，并组织研究中西医的统一战线问题，提出“不管是中医还是西医，作用都是要治好病……能把娃娃养大，把生病的人治好，中医我们奖励，西医我们也奖励。我们提出这样的口号：这两种医生要合作”。[④] 1941 年 6 月，延安医科大学与当地药厂联合组建了中西医研究室，共同研究医药制造，并收到较好效果。边区中西医组成的统一战线，有力推动了边区卫生防疫运动的开展，提高了边区医疗水平。

抗日民主政权以抓典型、选模范的方式宣传公共卫生常识。如阜平县高街村合作社在大生产开始后，增设卫生委员，提出了“四净”的口号，即屋院净、锅头桌碗净、手脸衣服净、街道净。此外，组织领导群众开展了清洁卫生工作，还与妇女工作结合，举办卫生突击旬，发动当地学生，逐户检查，以出黑板报、编歌谣的形式来进行表扬与批评，选出卫生模范户，对被称为“肮脏鬼”的进行改造，[⑤] 取得了较好的效果。

（三）“预防重于治疗”的公共卫生法制设计

抗日民主政权的公共卫生制度确立了保障人民健康，中西医相结合，预防为主、医药为辅的三大指导思想。1939 年 1 月，陕甘宁边区第一届参议会通过了建立边区卫生工作、保障人民健康的提议案。毛泽东提出只要能治好群众的病，中医西医都奖励；边区总卫生部提出“预防重于治疗”。[⑥] 抗日民主政权本着该指导思想制定了一批法律法令，规范了边区医药卫生组织，建立了边区医院系统，明确了传染病的分类，采取

① 《巫神罪恶小统计》，《解放日报》1944 年 8 月 11 日。转引自王楠《抗战时期陕甘宁边区疫病防治工作的研究》，博士学位论文，吉林大学，2019，第 23 页。

② 《毛泽东文集》第 3 卷，人民出版社，1996，第 119 页。

③ 中国革命博物馆编写组编《新民主主义革命时期工农兵三字经选》，文物出版社，1975，第 33 页。

④ 《毛泽东文集》第 3 卷，第 154 页。

⑤ 魏宏运主编《抗日战争时期晋察冀边区财政经济史资料选编》，南开大学出版社，1984，第 945 页。

⑥ 刘景范：《陕甘宁边区防疫委员会五个月来的工作报告》，《解放日报》1942 年 10 月 29 日。转引自王楠《抗战时期陕甘宁边区疫病防治工作的研究》，博士学位论文，吉林大学，2019，第 36 页。

中西医结合的方式推进边区医疗工作。

立法机构方面，抗日民主政权公共卫生制度立法机构相对集中，以边区政府机构为主，如边区政府、边区保健委员会、边区办公厅等。公共卫生立法机构经过工农民主政权时期“政出多门”的探索，到了抗战时期，总体上纳入了行政轨道，由边区政府和各机关单位先后颁布了一系列法规、条例、章程等。

卫生组织机构方面，边区卫生系统得以初步建立，即军委卫生系统、中央总卫生处系统和政府卫生系统，并建立了一批医院，如中央医院、白求恩国际和平医院、野战医院等。这些医院极大地解决了边区群众的医疗困难问题。抗日民主政权边区卫生防疫工作深入基层，形成了以延安为中心，辐射整个陕甘宁边区的卫生防疫体系。其典型成就便是建立了分属于军委卫生系统、中央总卫生处系统和政府卫生系统的三类医院，解决了边区群众基本的医疗问题。针对医院建立后医务人员不足的问题，毛泽东提出在边区推广医药卫生知识，并在每一个分区训练一些医药人才，各分区人员到延安学习或延安派专人去分区培训，以此来充实边区的医疗队伍。针对乡村医疗资源不足的问题，抗日民主政权还培训并输送了大批助产员和民间卫生工作者，充实到乡村医务所中，让群众病患在革命政权下的卫生防疫系统中得到及时救治。

抗日民主政权的公共卫生制度较重视疫病的预防。1944 年 11 月，陕甘宁边区文教大会《关于开展群众卫生医药工作的决议》提出“预防为主，治疗为辅”的方针，要利用一切机会和方法对人民进行卫生教育。此后各级党政机关积极地宣传和组织群众开展清洁卫生运动，一些县的卫生防疫委员会还制定了公共卫生计划或卫生公约。预防为主的工作方针为抗日民主政权节约了大量医疗资源，让边区卫生工作得到快速推进，有力地保障了人民群众的健康。这些制度使边区医药卫生防疫工作有章可循、有法可依，如表 2 所示。

表 2　抗日民主政权时期公共卫生制度部分规定

法规名称	制度内容
1939 年《陕甘宁边区卫生行政系统大纲》	边区医疗卫生事业，概属于边区政府民政厅管理，卫生处执行边区卫生计划
1939 年《陕甘宁边区保健药社暂行章程》	发展地方医药卫生事业，以利保健工作
1940 年《陕甘宁边区国医研究会简章》	团结与提高边区国医人才，研究国医国药之改造
1942 年《陕甘宁边区预防管理传染病条例》	传染病分为两类，其一为鼠疫、天花、霍乱，该类别的传染病须诊断后 24 小时内报告防疫委员会；其二为伤寒、回归热、赤痢、白喉、猩红热等，每周报告至防疫委员会

注：系笔者根据卢希谦、李忠全主编《陕甘宁边区医药卫生史稿》中的相关资料制作。

通过表2可见：其一，抗日民主政权制定的公共卫生制度讲究中西医相结合，在公共卫生领域建立了国医与西医的“统一战线”，以服务抗战、保障群众健康。其二，预防为主的制度设计也在侧面体现了农村根据地医疗资源的极度匮乏，因此抗日民主政权开始了长期的医疗卫生事业建设和医护人才培养。此时的制度类型如图2所示。

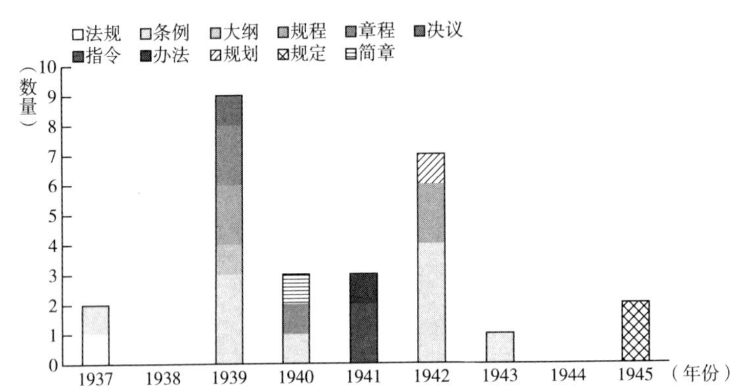

图2　抗日民主政权时期公共卫生制度类型统计

注：系笔者根据卢希谦、李忠全主编《陕甘宁边区医药卫生史稿》中的相关资料绘制。

通过图2可见：其一，抗日民主政权时期公共卫生制度类型较工农民主政权时期，章程、规程等新的制度类型出现，多系针对当时医疗系统、保健药社的建立而制定。其二，制度类型以条例为最多，如《陕甘宁边区卫生委员会组织条例》《陕甘宁边区预防管理传染病条例》等，体现了预防、防疫工作的规范性。

抗日民主政权的公共卫生制度本着服务群众的方针把边区卫生防疫工作深入基层，形成了以延安为中心，辐射整个陕甘宁边区的卫生防疫体系；以中西医结合的指导思想推进了卫生领域的统一战线；预防为主的制度设计和宣传改变了群众的卫生习惯，使之逐步养成了“圈牲畜、多植树”“窑开窗、空气新”① 的卫生意识。

三　解放区人民民主政权时期：突发疫情背景下的城市公共卫生法制建设

1946年，人民军队解放了全国第一个大城市哈尔滨，标志着革命政权从农村进入城市。革命政权接管了各级医院与诊所，同年8月，哈尔滨市霍乱暴发，9月腺鼠疫暴发，革命政权开始了城市重大疫情的治理与公共卫生制度的创制。

（一）哈尔滨解放区卫生环境：霍乱、鼠疫蔓延

哈尔滨是一个颇具国际性的大城市，人员流动频繁。霍乱与鼠疫几乎同时暴发，

① 中国革命博物馆编写组编《新民主主义革命时期工农兵三字经选》，第33页。

过去在农村根据地的卫生防疫经验不足以应对城市重大疫情问题，大城市的公共卫生环境给革命政权提出了极大挑战。

1946 年哈尔滨市暴发了严重的霍乱与腺鼠疫疫情。1946 年 7 月 21 日，哈尔滨太平桥发现第一例疑似霍乱患者，8 月 9 日被确诊为霍乱。此后的 55 天内，哈尔滨市共收容霍乱病人 167 人、治愈 72 人、死亡 95 人。同年 9 月初，农妇刘佟氏在毁坏的日军 731 部队细菌工厂旧址捡拾废品时被跳蚤叮咬，几日后，农妇与其夫皆死亡。9 月 16 日，哈尔滨市卫生局判定夫妻二人死于真性腺鼠疫。此时该夫妇所属的平房地区发现真性腺鼠疫患者 37 人，死亡 36 人。[①] 这对刚刚成立四个月的人民政府来说是一场严峻的考验。哈尔滨市"交通咫尺"，人员流动频繁。市民阶层包括"工人、职员、独立小生产者、知识分子、学生、工商业者、少数民族、市郊农民、贫民"等多个不同群体，[②] 城市中工商业者比重最大，占市民人口 60%以上。此外，哈尔滨市还有大量的外侨。大量的工商业者和外侨人员在哈尔滨市生产生活，为卫生管理和疫病防治带来了困难。

然与此同时，革命政权对哈尔滨市卫生防疫系统的接管为公共卫生和防疫工作提供了一定的便利和经验。哈尔滨市在解放之前已具备一定的疫情防控经验，有了成形的城市卫生系统。在疫情防控方面，哈尔滨在解放之前已发生过两次流行性鼠疫，分别暴发于 1910 年与 1920 年。其中 1910 年哈尔滨大型鼠疫为人们所熟知，当时的总医官伍连德博士发明了"伍氏口罩"。在卫生系统方面，城市卫生传统为革命政权提供的铺垫主要有三。其一为原有的医疗资源，如医院、药店和医务工作者；其二为市民的卫生秩序与传统，与农村根据地相比，哈尔滨市在解放前已形成了一定的卫生秩序；其三为疫病防治经验，哈尔滨市曾暴发过多次鼠疫，有了可供参考的防治经验积累。这些为革命政权卫生防疫工作提供了一级台阶。革命政权借由这一级城市旧台阶结合根据地老传统，开始了防疫工作。

（二）防疫宣传：谣言治理与卫生知识普及

城市解放区防疫宣传工作以谣言治理、卫生知识普及为主。疫病暴发后，市民关切的问题主要是鼠疫治理、疫苗是否有害健康等。为治理谣言、普及卫生知识，革命政权利用报刊宣传安定民心，出版了一批涉疫读物并以此普及卫生知识，以街区为单位进行宣传。

第一，以报刊宣传安定民心。革命政权在哈尔滨解放区利用报刊这一媒介进行宣

① 参见杨彦君《1946 年哈尔滨鼠疫流行、防治及其影响》，《学理论》2008 年第 12 期，第 66 页。

② 《松江省主席冯仲云致词》，哈尔滨市档案馆藏革命历史档案，全宗号 3，目录号 1，案卷号 9。转引自孙光妍、隋丽丽《新民主主义民主政治的可贵探索——以哈尔滨解放区 1946 年参议员选举制度为例》，《法学家》2007 年第 4 期，第 41 页。

传，以避免疫情引发恐慌。哈尔滨是当时东北的政治与文化中心城市，其报刊发行较农村根据地来说有着鲜明的优势。当时的《哈尔滨日报》《东北日报》发布了《预防鼠疫，王爷庙、安广等地已发现》[①]《哈市防委会决定严密封锁市外交通，检查市内注射证书》[②] 等新闻稿。这些报刊宣传的主要作用有二。一是澄清谣言、安定民心。重大疫情往往导致群众恐慌，恐慌多来自未知。因此，当群众对疫苗成分等问题不甚了解的时候，谣言便开始蔓延，甚至有群众因为恐惧而用嘴吸出疫苗。革命政权通过报刊发布辟谣消息，让群众相信政府、打消顾虑。二是发布公共卫生消息。疫情期间，城市群众密切关注感染人数、感染途径、收治医院、交通管制等问题，革命政权通过报刊媒介来实现对市民关切问题的应答。报刊在城市解放区起到了立竿见影的“传声筒”作用。

第二，以书籍阐述疫病原理，普及卫生防疫知识。譬如《鼠疫预防工作须知》等读物系统介绍了鼠疫临床症状、治疗方法、防疫队更衣消毒处的设置与消杀方法等。[③] 特别是施行于哈尔滨解放区的防疫人员更衣消毒流程，已与现行消杀流程较为接近。此外，哈尔滨特别市防疫委员会出版发行了《鼠疫预防工作手册》，东北行政委员会、卫生委员会出版发行了《鼠疫学》等，[④] 都是当时的重要工具书及科普读物。

第三，以街区为单位进行精准的卫生防疫工作。如疫苗注射、防疫突击运动、卫生清洁运动等，都是以街道为单位展开。以疫苗注射为例，大批医务工作者按户检诊并实行生菌预防注射，遇到群众不愿注射，或注射完毕即往外挤出疫苗时，医务人员要耐心说服。这些宣传工作对象缩小至街区，实现了精准宣传，避免了群众遗漏卫生消息的现象。

（三）制度探索：应急、暂时与战时公共卫生之法

哈尔滨解放后，为解决突发腺鼠疫和霍乱问题，满足城市人民公共卫生需求，革命政权以保障人民健康和支援前线为指导思想，进行了应急、暂时与战时的公共卫生制度建设。1946年，东北行政委员会提出“一切为了防疫服务”，已经发生疫情的地区，“应视防疫为当前工作之中心内容”。[⑤]

立法机构方面，革命政权进入城市后，公共卫生制度的立法机构呈现明显的集中趋势。以哈尔滨解放区为例，30项公共卫生制度出自三个立法机构，即哈尔滨市政府、东北行政委员会和哈尔滨特别市防疫委员会。集中的立法机构可有效避免制度之间的

---

① 《预防鼠疫，王爷庙、安广等地已发现》，《哈尔滨日报》1947年7月27日。

② 《哈市防委会决定严密封锁市外交通，检查市内注射证书》，《东北日报》1947年10月3日。

③ 参见哈尔滨特别市防疫委员会主编《鼠疫预防工作须知》，1948，吉林省图书馆藏。

④ 参见东北行政委员会、卫生委员会主编《鼠疫学》，1948，黑龙江省图书馆藏。

⑤ 朱建华主编《东北解放区财政经济史稿》，黑龙江人民出版社，1987，第595页。

冲突，有利于公共卫生法制的施行。

卫生组织机构方面，革命政权建立并规范了城市的卫生防疫组织。哈尔滨解放区革命政权针对腺鼠疫疫情，于 1946 年 9 月 24 日成立了鼠疫防疫部，由医务、行政和警察三部分人员组成。鼠疫防疫部的作用是发动哈尔滨市的医师、药剂师、护士等医务人员供政府随时调用，协助防疫。同时，广泛动员了哈尔滨市各医院的大量医护人员，组成防疫队。后期将鼠疫防疫部改组为防疫委员会，提出将防疫工作作为中心工作，指出防疫工作直接影响着前线战争。

革命政权在农村根据地的公共卫生法制建设可谓从无到有的探索，而在哈尔滨解放区，革命政权的公共卫生法制建设可谓从一到若干的创制。经过农村根据地的制度建设积累和城市解放区的防疫经验，哈尔滨解放区公共卫生法制除战时、应急特征外，还具备鲜明的城市特色。如疫情发生后划定疫区，禁止行人往来，断绝交通，建立隔离医院，统一收治，封闭治疗，避免传播。又如大面积注射生菌疫苗，对已注射者发放注射证，对逃避疫苗注射者进行通行限制，如未打防疫针者，一律补打防疫针，否则以疑似患者处理，送隔离医院两星期。再如关闭大型人员聚集场所，暂免握手礼，佩戴口罩，对死于鼠疫者进行及时火化或掩埋。严格的隔离措施有力阻止了疫病的传播。哈尔滨解放区公共卫生制度建设如表 3 所示。

表 3　哈尔滨解放区公共卫生制度部分规定

法规名称	制度内容
1946 年哈尔滨市政府卫防字第三二号布告	为防止霍乱传染蔓延，禁止贩卖生冷饮食物品
1946 年《松哈地区鼠疫联合防疫委员会哈尔滨市防疫组织章程》	设总务处、防疫队、隔离医院、细菌所四部门
1946 年《补充防疫办法》	封锁地区内戏院、电影院、饭馆、咖啡馆、理发、澡堂等业；在防疫期间市民交际暂免行握手礼；凡到公共娱乐场所或市场等处均应佩戴口罩
1948 年《传染病预防暂行条例》	根据情势轻重执行：封锁交通、隔离、检诊、消毒、预防注射等

注：系笔者查阅哈尔滨市档案馆藏革命历史档案、《哈尔滨日报》、《东北日报》后绘制。

通过表 3 可见：其一，革命政权公共卫生法制已体现了农村向城市的转折，尤其是在防疫措施方面，公共场所佩戴口罩、关闭人员聚集的店铺等措施体现了鲜明的城市特征。其二，城市的卫生防疫基础优势明显，在交通封锁、疫苗注射等方面已有相关经验作为前期积淀。此时的制度类型如图 3 所示。

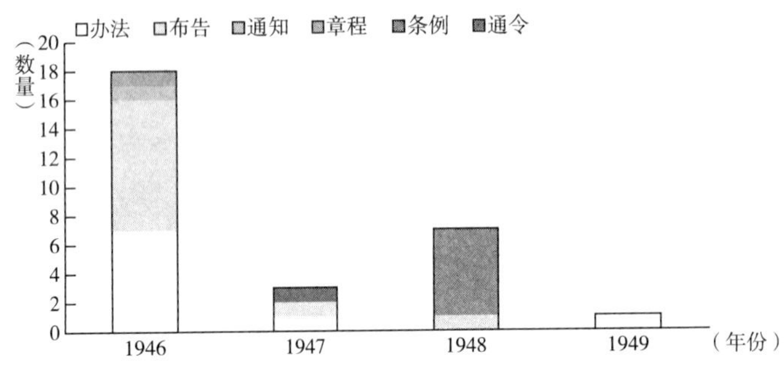

图 3　哈尔滨解放区公共卫生制度类型统计

注：系笔者查阅哈尔滨市档案馆藏革命历史档案、《哈尔滨日报》、《东北日报》后绘制。

通过图 3 可见，与过去农村根据地以运动、预防宣传为主的卫生防疫工作不同，革命政权在哈尔滨解放区以立法为主规范了公共卫生和疫情防控。这些制度与工农民主政权和抗日民主政权时期相比，存在鲜明的差异。

其一，立法数量以 1946 年居多，暂时和战时特征明显。此时哈尔滨刚刚解放，疫情暴发，前线战事紧张，革命政权在此种环境下制定了上述公共卫生制度，多具应急性、暂行性特征。其二，立法技术趋于成熟。革命政权经历了在农村根据地的公共卫生制度探索后，在哈尔滨解放区开始了相对成熟的城市公共卫生法制创制，制定和发布了一批布告、办法、条例及章程，让公共卫生管理和疫病防治有章可循。其三，城市解放区的公共卫生法制创制呈现较强的规范性和针对性。在防治疫病方面，革命政权在制度的规范下，较好地完成了城市解放区的重大疫病治疗、阻断与预防等工作，及时保障了广大群众的生命健康安全。

四　结论

革命政权的公共卫生法制探索与创制，本着群众路线的指导思想，在从农村到城市的进程中，实现了从临时性举措向公共卫生法规的转变，提高了军队战斗力，保障了群众健康，为后解放的城市乃至新中国提供了经验借鉴。

第一，革命政权从农村到城市的公共卫生法制建设始终遵循群众路线这一圭臬。中国共产党代表最广大人民群众的根本利益。工农民主政权时期，惠民的公共卫生政策将群众广泛动员起来，协助处理医疗杂务，帮助转移伤病人员，采摘草药等。抗日民主政权时期，边区中西医也结成了统一战线，解决群众的医疗问题。哈尔滨解放后，革命政权制定了一系列涉及公共卫生与疫病防治的制度，解决市内蔓延的霍乱与腺鼠疫等问题，并为市民提供了普遍注射的生菌疫苗。各时期制度内容虽有不同，但都是连接革命政权与人民群众的公共卫生制度纽带。

第二，革命政权在农村根据地的卫生防疫多以临时性举措为主，进入城市主要依靠公共卫生制度来规范相关工作。具体表现在卫生防疫布告、办法、条例、章程等法律文件的规范，立法语言严谨和精准，减少了过去以口号和运动为主的公共卫生管理方式，注重以制度来保障卫生防疫的有序开展。同过去农村根据地相对粗糙的立法技术相比，产生了技术上的长足进益。

第三，革命政权的公共卫生法制不论在农村还是城市，其立法作用主要为保障群众健康，提高军队战斗力。群众健康与军队战斗力系并列又互动循环的关系。革命战争离不开群众的支援，保障群众健康就是保障军队战斗力；群众卫生条件改善又依赖革命政权的建章立制，支援前线亦是守护群众。

第四，革命政权在农村根据地和城市解放区积累了宝贵的公共卫生法制建设经验，为后解放的城市乃至新中国提供了借鉴。革命政权的卫生防疫伴随着革命进程开始了从农村到城市、从无到一、从一到若干的探索。不论是根据地讲卫生、反巫神的运动，还是城市解放区的重大霍乱、腺鼠疫疫情防治，都是革命政权在公共卫生制度探索创制领域的坚实脚印。特别是哈尔滨解放区建章立制频繁，制度分工细化，为新中国的卫生制度建设奠定了基础。

革命政权在公共卫生制度的探索与创制历程中，远观可见从农村到城市，近看可见从卫生运动到规范立法、从民间歌谣到报刊书籍、从反对巫神到大面积注射疫苗等镜头。而不论任何时期，革命政权始终紧紧依靠群众，保障人民群众的生命健康。这对当下不忘初心牢记使命主题教育学习与实践，尤为重要。

延安时期李木庵恢复性司法观及其历史价值*

薛永毅**

摘　要： 李木庵是延安时期恢复性司法的倡导者、实践者。探索新型司法制度的迫切追求、司法干部不能满足政权建设的现实需要以及陕甘宁边区艰苦、恶劣的生存环境，是李木庵恢复性司法观形成的时代背景。围绕建立恢复性司法，李木庵提出了一系列观点：在刑事立法上，对刑法保护对象进行“公益”“私益”二元划分；在刑事司法上，普通轻微刑事案件允许当事人和解；在刑罚执行上，注重对犯人的教育感化及人本化管理。李木庵恢复性司法观服务了抗战中心工作，推动了“马锡五审判方式”的形成，是马克思主义法学中国化的重要成果。李木庵恢复性司法观的历史实践，证成了陕甘宁边区的刑事和解是世界意义上恢复性司法的源头，为今天构建中国特色社会主义刑事司法制度提供了有益借鉴。

关键词： 陕甘宁边区；李木庵；刑事和解；半干涉主义；恢复性司法

目前多数学者认为，以寻求被害者、加害方及社区三者关系的修复为主旨的修复式司法，[①] 最早源于加拿大、澳大利亚等西方国家，自20世纪70年代后，成为西方刑事司法和犯罪学界的重要课题。但稍稍回顾历史就会发现，在中国优秀传统法律文化中，恢复性正义的观念和实践可谓源远流长，“无讼”“和合”“恤刑”等理念和精神始终贯穿其中。尤其是在延安局部执政时期，中国共产党人就已经着手对旧有的刑事司法理念、司法制度进行本土化改造与革新，并有了旨在修复被害者、加害方关系，促进社会和谐的恢复性司法制度和实践。应该说，延安时期恢复性司法的倡导和推行，在巩固革命政权、扩大抗日统一战线、参与边区社会治理中发挥了独特的作用。

在这一重大法制建设革新中，曾先后担任陕甘宁边区高等法院检察处检察长、边区高等法院代院长的著名法学家李木庵，无疑是该时期恢复性司法当之无愧的倡导者、改革者和实践者。围绕恢复性司法理念和制度的确立和适用，李木庵在刑事立法、刑事司法以及刑罚执行等方面进行了一系列本土化再造，对丰富、发展新民主主义刑事

* 本文系陕西省“三秦学者”创新团队支持计划“西北政法大学基层社会法律治理研究团队”、陕西高校青年创新团队“陕甘宁边区法制史与中国特色社会主义法治研究”的阶段性研究成果。

** 薛永毅，西安交通大学法学院博士研究生。

① 英文表述为 Restorative Justice，我国学者一般多译成“恢复性司法”。

司法产生了极为深远的影响。然而，受制于司法档案开放利用程度和学者的研究旨趣，到目前为止，学界对李木庵司法思想尤其是恢复性司法观并未给予足够重视，鲜有较为系统、深入的研究。[①] 这与李木庵在中国革命法制史建设中的地位和作用是极不相称的。鉴于此，作者尝试在革命根据地法制史发展的视野下，对延安时期李木庵恢复性司法观的形成背景、提出过程、主要内容、历史价值等问题进行系统梳理，以期为还原这一本土刑事司法实践和经验，进而实现其创造性转化提供参考。

一　李木庵恢复性司法观形成的历史背景

在法制初创的延安时期，李木庵恢复性司法观的形成背景极为复杂。这其中既有专业司法人员匮乏、诉讼案件积压的客观现实，又有探索新型司法制度的迫切追求。同时，与陕甘宁边区艰苦、恶劣的生存和生活环境也密不可分。

（一）探索新型司法制度的迫切追求

在陕甘宁边区政府时期的司法工作领导人中，系统接受过现代法学知识熏陶和训练或者研究过现代法律制度，甚至对法律问题真正感兴趣的人不多。[②] 而李木庵恰恰是个例外。综观李木庵的一生，其政法工作经历可谓丰富而曲折。15 岁考中秀才，后赴长沙岳麓书院就读，探索研究诸子百家、经史子集。尔后，赴京师国子监太学进修。维新运动兴起后，考入京师法政学堂并于 1909 年毕业，成为中国最早一批接受过现代法学正规教育的专业人士之一。在此期间，李木庵批阅各种法典，研究中西法治，系统地掌握了现代法学知识，也奠定了其一生的法治理想。京师法政学堂毕业后留校担任讲席，从事法学教育。辛亥革命后，抱着以己所长服务国家和社会的愿望，李木庵转行从事法律实务，先后出任广州地方检察厅检察长、闽侯地方检察厅检察长，并在北京、天津担任律师，筹建两地律师工会，培养储备司法人才。[③]

1940 年 11 月，李木庵辗转至陕甘宁边区首府延安。已年近花甲（时年已 56 岁）的他，对延安充满了新鲜和信任的感情，对置身边区司法实践、施展才华抱负、服务边区人民充满期待。这从其所作的《杨家岭》一诗中可窥见一二："边地风光迥不同，延山西至水流东。杨家岭上云深护，气象葱茏有卧龙。"[④] 李木庵名气大、资格老，又有着深厚的法学理论和丰富的司法工作经验。所以，来延安后不久，他便担任陕甘宁边区高等法院检察处检察长，后代理边区高等法院院长一职，开始执掌革命首府最高司法机关。

---

① 主要成果如薛永毅《李木庵与延安时期的刑事和解》，《人民法院报》2017 年 11 月 17 日，第 5 版。

② 参见侯欣一《谢觉哉司法思想新论》，《北方法学》2009 年第 1 期。

③ 参见薛永毅《李木庵与延安时期的刑事和解》，《人民法院报》2017 年 11 月 17 日，第 5 版。

④ 周健：《"怀安诗社"和"怀安"诗》，《西北大学学报》（哲学社会科学版）1980 年第 3 期。

面对陕甘宁边区法制初创和制定法缺失的现状，李木庵来延安后不久，便开始思考“如何建立适合边区的司法制度”。其实，早在1941年1月6日，由他与张曙时、鲁佛民、朱婴等人发起成立的延安新法学会，[①] 就是这一抱负的尝试。自1942年6月9日起，李木庵开始代理边区高等法院院长一职，这也使得他探索新型司法制度的努力从幕后转向台前。此间，李木庵除负责边区高等法院日常工作外，还主持和参与了《陕甘宁边区保障人权财权条例》《陕甘宁边区刑事诉讼条例》《陕甘宁边区民刑事件调解条例》等诸多法律文件的起草，不仅为创建边区法律制度做了大量工作，并且引发了一场以司法人员专业化、司法程序规范化等为主要内容的司法改革。对此，李木庵在一份写给边区政府的报告中作了阐述：提高边区的法治精神；切实执行边区的法律；使边区人民获得法律保障；建立适合边区的司法制度。[②] 这其中，出于改进边区司法作风、减少人民诉累、修复人际关系的需要，李木庵在边区大力推行包括刑事和解在内的调解制度，并积极构建恢复性司法。由此可见，这种革命者的创新意识和探索新型司法制度的迫切愿望，是李木庵敢于探索和创建恢复性司法的思想根基。

（二）司法干部不能完全适应政权建设需要

毋庸置疑，司法任务的完成，有赖于一支数量适当且具有一定政治素质和专业技能的司法干部队伍。然而，在各民主抗日根据地，囿于当时的主客观条件，显然很难达致上述要求。陕甘宁边区也不例外。

在干部普遍短缺的背景下，司法干部编制偏少并不意外。以陕甘宁边区高等法院为例，成立时没有专门的审判人员。1937年底以后，才设置了推事1人。在1938年2月15日的边区高等法院编制表中，审判人员仅有庭长1人、推事1人。[③] 在李木庵代理院长初期，将推事增加到4人，书记员增加到9人。[④] 1949年8月7日，边区人民法院人员名册中民庭有15人、刑庭有18人，成为边区历史上审判人员规模最大的时期。[⑤] 陕甘宁边区高等法院尚是如此，边区地方法院、县司法处的司法干部配备更少。对此，雷经天在《两年半来陕甘宁边区的司法工作》（1939—1941）中指出：

① 参见侯欣一《法学的中国学派：原因、方法及后果——以延安新法学会为中心的考察》，《政法论坛（中国政法大学学报）》2006年第6期。

② 参见《陕甘宁边区高等法院1942年3月—9月工作报告》（1942年10月），陕西省档案馆藏，卷号15-187。转引自侯欣一《陕甘宁边区高等法院司法制度改革研究》，《法学研究》2004年第5期。

③ 延安市中级人民法院审判志编委会编《延安地区审判志》，陕西人民出版社，2002，第45页。

④ 参见汪世荣等《新中国司法制度的基石——陕甘宁边区高等法院（1937—1949）》，商务印书馆，2011，第49页。

⑤ 《边区人民法院人员名册及调宁夏、陕北、甘肃司法干部名册》，全宗15-140。转引自汪世荣等《新中国司法制度的基石——陕甘宁边区高等法院（1937—1949）》，第49页。

我们现在因为司法人员的缺少，以致就这现有的组织内人员还非常不充实，例如各县的司法人员太不健全，甚至有好几个县连裁判员也没有，工作只得由县政府来承担，一些县份连书记员也没有，至于检察员更谈不上。[①]

针对司法干部极度匮乏的现状，边区高等法院要求增加人手的呼声一直未断。1942 年 1 月，边区高等法院院长雷经天就绥德地方法院整编及增加推事、书记员向边区政府呈文“请求增加推事及书记员二人”。[②] 然而，此类增加司法干部的报告，在战时人力短缺的背景下，边区政府的答复几乎都是“难以照准”。

即使如此，原本十分匮乏的司法干部，还时常被边区各级政府抽调，参与选举、征粮等其他一些中心工作。也就是说，即使司法干部编制数满员，仍可能存在“有名无实”的问题。合水县裁判员赵生英在给边区高等法院李木庵的报告中就称：“查本县裁判处只有二人，司法书记员唐廷壁同志已于 7 月参加选举工作……现征粮工作开始，经县委扩大会议决议，裁判员亦参加征粮，赴乡帮助工作。”而该县前任裁判员史文秀在给边区政府之两年工作报告中亦称，“在这两年中间，有一半以上时间，常在乡村做行政动员工作”。[③] 边区司法人员缺乏，最直接的后果就是导致案件审理期限拖延，造成大量案件积压。诉讼效率低下，解决成本高昂，自然也引起了边区群众对司法工作的不满。为此，在司法干部普遍短缺的背景下，如何以便捷、迅速的方式解决纠纷，成为边区司法面对的难题。

（三）艰苦恶劣的生活、生存环境

法治是特定时空下的法治，不仅应关注人的生活现实的具体场景以及人的需求，尊重其历史、传统与习俗，还应关注法治存在和运作的具体社会环境，包括社会经济、政治、文化生活、宪政的制度安排以及法律环境。[④] 考察李木庵恢复性司法观形成的历史背景，同样也离不开对陕甘宁边区自然与社会环境等背景的关注与分析。

应当说，经济发展落后，教育文化薄弱，财政收入困难，这几乎是各民主抗日根据地所面临的共同困境。拿陕甘宁边区来说，其地跨陕西、甘肃、宁夏三省，交通闭塞，经济落后，教育和文化基础相当薄弱。此外，边区还经常面临各种自然灾害及疾疫侵扰，民间有“十年九灾”的说法。据陕甘宁边区民政厅 1940 年统计，当年边区受

① 艾绍润编著《陕甘宁边区审判史》，陕西人民出版社，2007，第 241 页。

② 参见陕西省档案馆、陕西省社会科学院合编《陕甘宁边区政府文件选编》第 5 辑，档案出版社，1988，第 163～164 页。

③ 陕西省档案馆、陕西省社会科学院合编《陕甘宁边区政府文件选编》第 6 辑，档案出版社，1988，第 393～394 页。

④ 参见姚建宗《法治的生态环境》，山东人民出版社，2003，第 15 页。

灾区达22个县及延安市；延安县全境及环县、淳耀、延川、延长、安定各县一部，均发生过瘟疫，仅盘龙一个区就死人500余。[①]

边区的财政历来也是很困难的，因为地广人稀，交通不便，生产落后，加之大量人口的涌入，战争物资的需求，经济建设的任务十分繁重。“皖南事变以前四年财政开支中有51.6%到85.79%依靠外援，皖南事变后即完全自力更生，财政收入完全变成地方性。”[②] 对此，毛泽东曾说：“最大的一次困难，是在一九四〇年和一九四一年，国民党的两次反共摩擦，都在这一时期。我们曾经弄到几乎没有衣穿，没有油吃，没有纸，没有菜，战士没有鞋袜，工作人员在冬天没有被盖。国民党用停发经费和经济封锁来对待我们，企图把我们困死，我们的困难真是大极了。”[③]

相比较其他民主抗日根据地而言，陕甘宁边区尽管处于后方，有着相对稳定的局面，但战争对边区带来的影响仍不可忽视。1941年11月，边区政府主席林伯渠在边区第二届参议会第一次大会报告政府工作时说道：

> 边区是抗日民主的根据地，是全边区人民共同的家庭，也是西北的保障。敌人想要进攻西北，要想灭亡我中国，当然要用尽一切的力量和方法，进攻边区，乃至摧毁此抗日民主的堡垒。无论在任何情况下，敌人从未放松过这个计划，三年来日寇曾一再企图渡河，并不断的轰炸边区的城市。[④]

显然，在这样艰苦、恶劣的生存环境下，“革命”或者说“救亡图存”，成为这一时期中国共产党人最核心的政治任务，也是最紧迫的历史使命。围绕“革命”“救亡图存”，作为边区政权重要组成部分的司法权，也必然在司法功能的发挥、司法组织的架构、司法制度的确立乃至司法理念的形成等方面配合这一中心工作，从而深深地烙下“革命”的印迹。

二 李木庵恢复性司法观的提出

在笔者所见文献中，尚未看到李木庵对于恢复性司法集中、明确的论述。但我们通过对李木庵法律思想、司法实践及其主持或参与制定的有关法律文件的审视，李木

① 陕西省档案馆、陕西省社会科学院合编《陕甘宁边区政府文件选编》第2辑，档案出版社，1987，第566页。

② 中国财政科学研究院主编《抗日战争时期陕甘宁边区财政经济史料摘编》（第六编·财政），长江文艺出版社，2016，第3页。

③ 《毛泽东选集》第3卷，人民出版社，1991，第892页。

④ 《陕甘宁边区政权建设》编辑组编《陕甘宁边区参议会》（资料选辑），中共中央党校科研办公室，1985，第244页。

庵恢复性司法观的雏形初见端倪，且集中体现在其关于刑事和解制度的建构上。

李木庵恢复性司法观的雏形在其《论刑篇》中已经显现，他写道："余久执刑名法术之业，默念新旧社会之不同，执刑宗旨也当有异其趣处。旧社会法意，概言之为报复主义，犯罪者反坐，加之于人者，也必施之于己。新民主主义社会之法意，对一般犯罪以教育为主，盖顾及社会、经济、教育诸因素不完善原因。"① 李木庵认为，作为司法人员，不能以听断为能，而应以"平气息争""解决问题"为目的。因此，边区司法审判应努力革故鼎新，发挥创造精神，抛弃刑事中的恐吓主义，而采取半干涉主义，在刑事政策上试行和解制度。②

正是基于此考虑，在1941年10月召开的陕甘宁边区第一届司法会议上，李木庵提交了"为改进刑事政策，刑事案件允许人们调解息讼，维护社会和平，减少诉讼"一案，第一次提出了调解刑事案件的问题。③ 同年11月，在边区第二届参议会上，李木庵再次与何思敬等法学家联名提交"为改进刑事政策，制定刑事调解条例，减少人民诉讼痛苦，请公决案"提案（编号第二七案）。后经大会审查，与雷经天等提交的提案及何思敬等提交的提案共三案合并通过，交参议会常驻议会与政府商酌办理，④ 从而也使得刑事和解的立法提上议事日程。

李木庵在就任边区高等法院代理院长后，即开始着手推动制定边区的重要法规、条例，并为此付出很大心血，刑事和解制度也由此进入实质性发展阶段。1942年后，由其主持或参与起草的《陕甘宁边区刑法总、分则草案》《陕甘宁边区刑事诉讼条例草案》《陕甘宁边区民事诉讼条例草案》等相继出台，恢复性司法首次得到立法层面的支持和认可。⑤ 例如，《陕甘宁边区刑法总、分则草案》第54条规定："本法分则第二章关于妨害私人利益之罪，除强抢杀人各条规定之罪外，其他各罪如得被害人之同意得许调解。"⑥《陕甘宁边区刑事诉讼条例草案》总则部分第2条也有类似规定："刑事案件其受害主体除属于国家者外，其他属于私人者得许其调解。另以条文定之。"⑦ 这些规定以刑事基本法律的形式，为刑事和解单行条例的出台奠定了基础。

---

① 李木庵编著《窑台诗话》，湖南人民出版社，1984，第31页。

② 参见刘全娥《陕甘宁边区司法改革与"政法传统"的形成》，人民出版社，2016，第90页。

③ 参见杨永华、方克勤《陕甘宁边区法制史稿（诉讼狱政篇）》，法律出版社，1987，第195页。

④ 参见中国社会科学院近代史研究所、《近代史资料》编译室主编《陕甘宁边区参议会文献汇辑》，知识产权出版社，2013，第139页。

⑤ 受边区参议会委托，李木庵依据《陕甘宁边区施政纲领》和《陕甘宁边区保障人权财权条例》所确立的诉讼原则，总结几年边区司法的经验，结合边区实际，起草了《陕甘宁边区刑事诉讼条例草案》和《陕甘宁边区民事诉讼条例草案》。两条例草成后，边区政府决定先在内部试行，不得公开引用，发现问题随时进行修改，待成熟后再正式颁行。

⑥ 艾绍润、高海深主编《陕甘宁边区法律法规汇编》，陕西人民出版社，2007，第110页。

⑦ 艾绍润、高海深主编《陕甘宁边区法律法规汇编》，第61页。

1942年11月、12月，在延安市地方法院试行刑事案件的和解和倡导民事案件的调解，开始打破了边区对刑事案件单纯判决的传统，并取得初步成效。① 在总结了延安市地方法院试行刑民案件调解经验的基础上，1943年6月8日，李木庵签发《陕甘宁边区高等法院指示信》。6月10日，陕甘宁边区政府发布战字第七五六号命令，颁布了由李木庵主持制定的《陕甘宁边区民刑事件调解条例》，民事调解和刑事和解一并被纳入该条例。至此，陕甘宁边区刑事和解进入实质化、规范化推行阶段。

1944年7月，李木庵在由其主持编纂的《陕甘宁边区判例汇编》例言部分开宗明义指出："中国的法律，摸索了这么几十年了，但搞出来的东西，多半不是洋教条便是老八股，能够真正适合于中国国情的东西，还是很少见的。"他继而指出："民事案件，我们是采取调解的，就是刑事案件，除汉奸、反革命比较严重者外，我们也是采取调解的办法。理论上的根据，可以一言蔽之曰：为了减少诉讼，利于生产，团结各阶级，利于争取抗日战争的胜利，另有专文可参考，这里不再多说。要提到的，是这一政策在许多实践中，是收获了很大的成就。"② 显然，刑事和解制度尊重了当事人的意愿，是一种以协商形式恢复被加害方破坏的原有秩序的刑事案件解决方式。此举既有利于保护被害者的利益，又有利于使犯罪者改过自新、顺利回归社会，这在陕甘宁边区司法史上不啻一种革新和创举。

概言之，陕甘宁边区的民事调解、刑事和解，指向"平气息争"的纠纷解决，旨在恢复受损害的人际、社会关系，构成了李木庵恢复性司法观的核心内容。同时，它鲜明地反映了新民主主义司法"为民""便民"的价值取向，是"人民司法"优良传统的重要组成部分和集中体现。

三　李木庵恢复性司法观的主要内涵

李木庵恢复性司法观内涵丰富，概言之，可以归纳为三个方面：在刑事立法上，对刑法保护对象进行"公益""私益"二元划分；在刑事司法上，普通轻微刑事案件允许当事人和解；在刑罚执行上，注重对犯人的教育感化及人本化管理。这三个方面，构成了李木庵恢复性司法观的核心要义。

（一）刑事立法：刑法保护对象"公益""私益"二元划分

承担着惩办刑事犯罪、巩固革命政权任务的刑事司法工作，集中承载了中国共产党人对旧有司法制度的革新。这种思想变革，突出表现在李木庵所主持起草的《陕甘宁边区刑法总、分则草案》（以下简称《刑法总、分则草案》）中。《刑法总、分则草

① 参见刘全娥《陕甘宁边区司法改革与"政法传统"的形成》，第118页。

② 陕甘宁边区高等法院：《陕甘宁边区判例汇编》，陕西省档案馆，全宗15-260。

案》共 18 章 200 余条。其中，总则部分共 16 章，分则部分共 2 章，[①] 可谓陕甘宁边区条款最多的立法草案成果。

相比现代刑法所强调的刑事犯罪国家绝对干涉主义，《刑法总、分则草案》首先将“敌我矛盾”的政治案件和“人民内部矛盾”的普通刑事案件进行区分，继而将犯罪分为“妨害国家利益之罪”和“妨害私人利益之罪”两大类。相较“妨害国家利益之罪”而言，“妨害私人利益之罪”是针对个人权益被严重侵害而设置的犯罪类型，具体包括妨害个人生命罪、妨害私人身体罪、妨害私人自由罪、妨害家庭安宁罪、妨害私人名誉罪、妨害秘密罪、妨害私人财物罪等。陕甘宁边区将犯罪所侵害的法益分为国家利益和私人利益非常可贵，这突破了马克思的观点，即“犯罪是孤立的个人反对统治关系的斗争”“藐视社会秩序的最明显最极端的表现就是犯罪”。可见，“妨害私人利益之罪”的规定是走在历史前列的，一定程度上反映了陕甘宁边区时期刑法思想的革新，也证明了中国共产党人对被害人利益的重视。[②]

根据刑法所保护的法意之不同，李木庵在罪种划分上采取“公益”与“私益”二元结构，进而提出了刑事司法“半干涉主义”。刑事司法的“半干涉主义”要求对于损害国家利益、公共利益以及严重侵害个人利益的犯罪由国家进行追诉，而对于损害个人利益的轻微刑事案件，则在当事人之间实行刑事和解。1943 年 6 月 8 日，李木庵在由其签发的《陕甘宁边区高等法院指示信》中就明确贯彻了这一刑事司法思想，他指出：“至于刑事案件，我们的政策是采取半干涉主义，与资本主义国家的司法制度对刑事案件采取绝对干涉主义不同。例如刑事案件中除内乱罪、外患罪、汉奸罪、盗匪罪……这些犯罪不得调解，必须依法制裁。其他犯罪如伤害罪、妨害自由罪、妨害家庭罪、妨害婚姻罪……以及其他受害主体属于私人之犯罪等，这些案件均可试行调解。”[③]

应该说，刑事司法的“半干涉主义”，是对刑事犯罪国家绝对干涉主义的突破，体现了对“私人权利侵犯的补救决定方在被害人”精神的尊重，在边区司法干部短缺的背景下也可以充分调动民间资源去化解矛盾纠纷。与此同时，刑法保护客体“公益”与“私益”的二元划分及刑事司法“半干涉主义”政策的提出，也为刑事案件的和解打下了坚实的理论和制度基础。

（二）刑事司法：普通轻微刑事案件允许当事人和解

在陕甘宁边区高等法院内部，关于民事、刑事案件能否调解的问题上，对前者意

---

① 参见艾绍润、高海深主编《陕甘宁边区法律法规汇编》，第 104~126 页。

② 参见潘怀平《陕甘宁边区时期刑法的“三元结构模式”》，《检察日报》2010 年 7 月 29 日，第 3 版。

③ 艾绍润、高海深主编《陕甘宁边区法律法规汇编》，第 339 页。

见一致，即提倡调解，并且形成了以“马锡五审判方式”为代表的人民司法优良传统。但对于李木庵所极力倡导的刑事和解问题，曾经有过激烈的争论。“否定派”主张刑事案件无论性质严重与否、社会危害大小，一律不能和解；“肯定派”则主张对刑事案件采取区别的态度，“除关乎妨害国家政策，如外患汉奸罪外，盖许调解”。理由是：“现行刑事政策采取国家干涉主义，并不能减少犯罪，往往原被告双方自愿和解息诉，亦不可能。致使各走极端，荒时废业，此不仅贻害个人，且使地方失其公共之和平，现吾边区实行新民主主义政治之时，应将此项刑事政策予以变更。”① 很显然，后一种意见有其积极意义，并被之后边区政府颁布的《陕甘宁边区民刑事件调解条例》（以下简称《民刑事件调解条例》）采纳。

《民刑事件调解条例》共12条，从“提倡民间调解纠纷，减少诉讼”的立法宗旨出发，对刑事和解的范围、和解方式、和解书的制作等均作了明确规定。在和解的范围上，以明文形式排除了内乱罪等危害国家安全、社会利益以及故意杀人等严重侵害个人利益的犯罪。在调解的方式上，进一步科学化、法律化为三种方式，即赔礼道歉或以书面形式认错；赔偿损失或抚慰金；其他依习惯得以平气息争之方式，但以不违背善良风俗及涉及迷信者为限。② 和解可以在案件的侦查、审判、上诉和执行程序的所有环节中进行。此外还规定：“如已系属司法机关有案者，应由双方当事人另写一份和解书共同签名盖章（或捺指印），送司法机关请求销案。”③ 也就是说，和解成功，视为案件和解，司法机关应准予将原案撤销，在当事人被拘押的情况下，将当事人释放或保释。

《民刑事件调解条例》颁布半年后，针对司法实践中“然仍有旧习不改，惯用判决形式”情形，1943年12月20日，李木庵根据边区调解工作实践，在《陕甘宁边区高等法院指示信——注意调解诉讼纠纷由》中再次强调：“纠纷之解决，尤以调解办法为最彻底，既可和解当事人之争执，复可使当事人恢复旧感，重归于好，无芥蒂横梗其胸，无十年不能忘却之恨。是调解诉讼办法，不仅减少人民诉累一端，且含有不少的教育与感化意义在内。”④ 在重申边区司法工作以“能替人民解决实际问题为主，不以判决形式为重”的同时，李木庵还结合边区实际情况，创造了一套调解民、刑案件的方法，边区司法人员称为“李木庵调解法”：（1）详查细询，明其真情，明其曲直，明

① 杨永华、方克勤：《陕甘宁边区法制史稿（诉讼狱政篇）》，第194页。

② 中国社会科学院法学研究所民法研究室民诉组、北京政法学院诉讼法教研室民诉组合编《民事诉讼法参考资料》第1辑，法律出版社，1981，第301页。

③ 中国社会科学院法学研究所民法研究室民诉组、北京政法学院诉讼法教研室民诉组合编《民事诉讼法参考资料》第1辑，第302页。

④ 艾绍润、高海深主编《陕甘宁边区法律法规汇编》，第343页。

其根源；（2）以理开导，以理折服；（3）晓以利害，劝以是非，态度和平，始终如一；（4）耐心说服，容人醒悟，寓教育感化于处理案件之中，使归结于和解一途。[①]

李木庵恢复性司法观还体现在他的一系列司法实践中。1945 年 3 月，在办理常桂英等离婚案时，李木庵没有简单地进行调解或判决，而是着眼于婚姻关系的修复，"如果调解不成，仍由法院判离，是否问题即可解决，尚需考虑。恐怕童宪能仍然缠讼不休。大凡以花柳病为主张离婚理由的已婚夫妇，司法机关均是先予以治疗期间，病治了，离婚的原因消灭，自可继续同居"。[②] 在另外一件离婚案中，他则抓住了当事人反复缠讼的原因，解决"赔米"难题，修复社会关系，"判令李桂英赔偿薛长荣小米五石之数，无力交出，薛长荣又非立即交米不可，此为薛长荣复行缠讼的原因"。而李桂英作为雇工，工资有限，一时难以交出五石米，为此，他建议，"可由社会团体方面，如妇女会，工人会或由现在雇工的主家，予以帮助，代筹若干，交付薛长荣"。[③] 这样一来，既解决了争讼的根本问题，也恢复了和谐的社会关系。

（三）刑罚执行：注重对犯人的教育感化及人本化管理

陕甘宁边区政府在继承中华苏维埃共和国提出的对犯人实行教育感化主义的基础上，通过长期的监所管理实践，丰富和发展了新民主主义的狱政思想。[④] 1941 年 5 月 1 日，边区政府主席林伯渠在总结政府工作、谈到监所管理工作时说："犯人之所以甘为犯人，主要是由于社会不把他当人，要恢复他的人格，必自尊重他是一个'人'始。"同年 10 月，边区召开第一届司法会议，李木庵在提案建议刑事案件允许和解外，还提案加强监所管理及实行人性化管理等，并获通过。[⑤] 1941 年 11 月 17 日，边区第二届参议会通过、次年 2 月由边区政府公布的《陕甘宁边区保障人权财权条例》，再次对犯人的权利进行确认：逮捕人犯，应有充分证据，依法定手续执行；逮捕人犯之财物，非经判决不得没收，并不得调换或任意毁损。而该著名的《陕甘宁边区保障人权财权条例》，是根据毛泽东的提议，经边区政府讨论，由李木庵同志起草，再经毛主席亲笔修改，最后由参议会通过的。[⑥]

1942 年 6 月，因时任边区高等法院院长雷经天去中央党校学习，高等法院院长一职由李木庵代理。同年 9 月，李木庵将原劳动生产所改为边区高等法院监狱，李育英被任命为边区高等法院典狱长。在对狱政机构及人员进行变动的同时，李木庵着手草

---

① 艾绍润编著《陕甘宁边区审判史》，第 191 页。

② 陕西省档案馆、陕西省社会科学院合编《陕甘宁边区政府文件选编》第 9 辑，档案出版社，1990，第 83～84 页。

③ 陕西省档案馆、陕西省社会科学院合编《陕甘宁边区政府文件选编》第 9 辑，第 158 页。

④ 参见杨永华、方克勤《陕甘宁边区法制史稿（诉讼狱政篇）》，第 247 页。

⑤ 参见刘全娥《陕甘宁边区司法改革与"政法传统"的形成》，第 77 页。

⑥ 参见杨永华、段秋关《统一战线中的法律问题——边区法制史料的新发现》，《中国法学》1989 年第 5 期。

拟了《监狱人犯保外服役暂行办法》《监狱人犯夫妻同居暂行办法》《释放人犯暂行办法》《农忙时犯人保外生产条例》等狱政管理法规，[①] 使得犯人的各项权利进一步具体化、制度化。

据此，在犯人的教育管理上，从生产、文化、政治三方面进行，尤其注重对犯人劳动观念、劳动知识和劳动技能的培养。这是因为，“在边区的任何人犯，其根本病根是旧社会不劳而食的剥削思想，因之建立人犯的劳动观念，是改造犯人的重要一环，故在监狱中必须从其劳动生产中考察其行动表现及对错误认识转变之程度外，更训练其劳动习惯与生产知识及技能，使之出监后能保证自求生活，同时还解决了守法中自己的消耗。这对于政府以至社会都是有利的”。[②] 在犯人的生活待遇上，基于革命人道主义，确立了请假、接待来监探亲等制度。如保外服役的犯人，许其夫妻同居一至二日。不愿住监所宿室者，监所帮助在附近找宿处，犯人可请归宿假一至二晚。再如，凡已决人犯家庭有婚丧灾情等重大事由，经调查属实后，履行相关程序即可酌情给予假期。

注重刑罚的教育感化是李木庵一贯的主张，这在其所写的《论刑篇》一诗中也有体现，“政权防反动，镇压势所需……无刑固难致，徒戮亦非图。首宜谋教养，去贫与云愚，化邪为良善，四野臻坦途”。[③] 曾受李木庵器重，并被李木庵力荐为边区高等法院推事的王怀安在事后回忆道：“监狱里对犯人也比较人道，注重感化教育。那个时候日寇扫荡我华北根据地，为了便于转移，有些地方的监狱就把监狱里平时表现好的犯人释放了，规定等敌人扫荡完了再回来报到集合。结果到时候犯人们都回来报到了，一个也不少。可见我党那时的刑事政策效果还是好的。”[④] 世界学联代表傅路德则称：“在对犯人合理待遇的问题上，它（指延安监狱，笔者注）是全世界的一个模范。”[⑤]

四　李木庵恢复性司法观的历史价值

1943 年底，李木庵以身体有病为由，辞去边区高等法院代理院长的职务，不久后雷经天院长复职。作为革命首府的最高司法官员，李木庵的离职，使得其力推的司法改革因此搁浅而未取得预期的改革成效，但其恢复性司法的思想及其实践，无疑对陕甘宁边区乃至新中国成立初期的刑事司法产生了深远影响。

---

① 参见刘全娥《陕甘宁边区司法改革与“政法传统”的形成》，第 89 页。

② 艾绍润主编《陕甘宁边区审判史》，第 262 页。

③ 李木庵编著《窑台诗话》，第 31 页。

④ 孙琦：《王怀安先生访谈录》，《环球法律评论》2003 年第 2 期。

⑤ 林间：《新民主主义的司法工作（边区建设展览会介绍）》，《解放日报》1945 年 1 月 13 日，第 4 版。

（一）服务了抗战时期的中心工作

政权问题是革命的根本问题，而法律则是政权的重要工具之一。[①] 在抗战非常时期，对于汉奸、盗匪之类多数紧急情况，应为迅速处置，方足以镇压。1940 年 12 月 25 日，毛泽东指出："应该坚决地镇压那些坚决的汉奸分子和坚决的反共分子，非此不足以保卫抗日的革命势力。"[②]《陕甘宁边区抗战时期施政纲领》规定："厉行锄奸工作，提高边区人民的警觉性，彻底消灭汉奸、敌探、土匪的活动，以巩固抗日后方。"[③] 而对于普通刑事案件，则必须严格按照已有的程序办理。但诚如前文所论述，作为边区司法工作的关键因素——司法干部，始终十分匮乏，加之专业素养不高，由此也带来诉讼案件积压等一系列问题，引起了边区群众的不满。董必武曾明确表示："即使我们的立场站得稳，但工作方法不好，人民还是反对我们的，我们积压案子、拖拉，人民就已经不耐烦了。"[④] 为此，如何既能迅速镇压、突出打击汉奸、盗匪以及贪污腐化等侵害"公益"的犯罪活动，又能最大限度地保护边区群众权益、恢复被破坏的社会秩序，考验着边区司法干部的智慧。

针对这种情况，为兼顾革命战争年代的特殊需要，李木庵采取了谨慎的做法，其方法论主要在于把对汉奸、盗匪等犯罪的惩罚与普通犯罪在程序上区分开来。将"敌我矛盾"的政治案件和"人民内部矛盾"的普通刑事案件进行区分处理，在此基础上对一些轻微的普通刑事案件采取"半干涉主义"，允许当事人之间进行和解。如此一来，一方面，绕开正式法庭程序而用刑事和解等其他替代性方法进行"分流"，最大限度地节约了本已捉襟见肘的边区司法资源，减少了司法机关的诉讼压力，提高了司法机关的诉讼效率；另一方面，对普通刑事案件通过采取赔偿经济损失、赔礼道歉及其他依习惯得以平气息争之方式等非刑罚的方式进行处理，发挥了法律、道德以及习俗的多重作用，既可使被害人参与到司法中，弥补损失、获得实益，也可促使加害人自知错误、能以自新，从而使得刑事冲突得以更好、更彻底的解决。可以说，恢复性司法注重社会关系的修复，配合了抗战中心工作，也回应了边区群众对于纠纷解决便民、高效的期待。

（二）推动了"马锡五审判方式"的形成

毋庸置疑，马锡五审判方式是革命法制的典范，是人民司法优良传统、红色基因的重要组成部分。马锡五审判方式能够产生于抗日战争时期的陕甘宁边区，与边

① 参见马锡五《新民主主义革命阶段中陕甘宁边区的人民司法工作》，《政法研究》1955 年第 1 期。

② 《毛泽东选集》第 2 卷，人民出版社，1991，第 767 页。

③ 《建党以来重要文献选编（1921~1949）》第 16 册，中央文献出版社，2011，第 158 页。

④ 董必武：《董必武法学文集》，法律出版社，2001，第 157 页。

区特有的社会经济条件密不可分。概括地讲，马锡五审判方式是边区探索与创建新型司法的必然产物，同时又受到边区的战时环境、乡村环境、相对封闭环境以及边区处于社会转型时期等系统因素的影响，这些因素共同作用，使马锡五审判方式得以产生。[①]

在马锡五审判方式产生的诸多背景中，还应特别注意到，在李木庵执掌陕甘宁边区高等法院一年半（1942年6月9日至1944年1月1日）的时间里，马锡五恰担任陕甘宁边区陇东分区专员，同时他于1943年3月开始兼任新设立的边区高等法院陇东分庭庭长。这就意味着，从上下级隶属关系看，边区高等法院陇东分庭马锡五庭长实则为李木庵执掌边区高等法院时期的直接“下属”，是李木庵所倡导的恢复性司法的贯彻者、执行者。而从边区基层司法实践经验中总结提炼出来的“马锡五审判方式”，其本质特征恰恰也体现为审判与调解相结合、就地解决问题等方面。

进一步分析不难发现，这种带有浓厚个人色彩的边区代表性诉讼模式的生成，与当时边区《民刑事件调解条例》的出台以及边区大力推行调解工作的司法实践是分不开的。对此，有学者甚至指出：“马锡五在处理案件的过程中，必然会受到边区调解政策的影响。可以认为，马锡五在贯彻边区的调解制度的过程中，将审判与调解结合起来，形成了马锡五审判方式。”[②] 因此，从某种意义上讲，“马锡五审判方式”的形成和推出，与李木庵所倡导、推行的恢复性司法观及司法实践有着紧密的联系，后者为前者提供了思想、制度基础。

（三）成为延安时期马克思主义法学中国化的重要成果

马克思主义法学自民国时期发轫，经历了理论上的萌芽、成熟过程。这其中，除了法学理论研究者的探求外，深度参与革命实践的“法律人”的思想更具有重要作用，李木庵无疑就属于后者。延安时期，中国共产党的法律观同样具有鲜明的新民主主义色彩，强调法律为政治服务、在实践中创造的方法，以及依靠人民、方便人民、为了人民的法律制度建设。[③] 李木庵旨在便民利民、教育感化、恢复被破坏的社会秩序的司法观，以及推动形成的“刑事司法半干涉主义”“刑事和解”“劳动教育感化”等观点，本质上正是这一时期马克思主义法学思想的生动体现。这是因为，恢复性司法观是马克思主义法学理论与中国传统法律文化中“无讼”“和合”“恤刑”等思想相结合的典范，它贯彻了中国共产党全心全意为人民服务的宗旨和“一切为了群众、一切依靠群众”的群众路线，体现了“人民性”这一新民主主义时期法律的本质属性。所以

① 参见肖周录、马京平《马锡五审判方式新探》，《法学家》2012年第6期。

② 肖周录、马京平：《马锡五审判方式新探》，《法学家》2012年第6期。

③ 参见张小军《马克思主义法学理论在中国的传播与发展（1919—1966）》，中国人民大学出版社，2016，第113~114页。

说，李木庵所倡导和践行的恢复性司法，也成为延安时期马克思主义法学中国化的重要成果。

（四）为新中国初期刑事法制建设奠定了基础

恢复性司法理念的深入，也极大地影响了陕甘宁边区的刑事司法，推动了陕甘宁边区社会改造和社会治理。以刑事和解制度的实践为例，新中国成立后，边区高等法院院长马锡五曾撰文指出："从 1942 至 1944 年全边区审判机关处理的民、刑案件中，因调解而结案的百分比逐年上升，就可以看出调解工作的发展情形……轻微刑事案件方面，1942 年调解结案的是 0.4%；1943 年上升到 5.6%；1944 年达到 12%。"[①] 边区刑事案件调解结案率在短短三年的时间内，从 0.4%上升到 12%，足见刑事和解得到了广泛施行。

新中国成立后，刑事和解制度得以延续。对此，可从相关法律中窥探一二。例如，1951 年 9 月 4 日中央人民政府委员会发布的《中华人民共和国人民法院暂行组织条例》第二章"县级人民法院"规定，县级人民法院可以对民事及轻微刑事案件进行调解。时任中央人民政府法制委员会代理主任委员许德珩在《关于"中华人民共和国人民法院暂行组织条例"的说明》中指出："人民法院通过刑、民案件的审判或调解，惩罚犯罪和解决纠纷，同时也有着改造教育的作用。"[②] 而《东北人民政府关于加强区村调解工作的指示》（1950 年 10 月 13 日）、《修正浙江省区乡政府调解民刑案件暂行办法（草案）》（1951 年 5 月 8 日）等，则赋予了人民调解组织处理轻微刑事案件的调解权。与此同时，延安时期狱政建设的可贵探索，同样深刻地影响到了新中国成立后《中华人民共和国劳动改造条例》乃至《中华人民共和国监狱法》的立法工作，实现了既一脉相承又发展创新。

五　结语

延安时期，李木庵恢复性司法观有其特殊的历史特征和深刻的理论内涵。李木庵恢复性司法观的历史实践，证成了陕甘宁边区的刑事和解是世界意义上恢复性司法的源头。审视这一源头，既需要我们清醒地认识到它所产生的时空背景、理论渊源和历史局限，更需要我们珍视这一本土资源的经验及启示，并在推进国家治理体系和治理能力现代化的过程中，进一步实现其创造性转换。

---

① 马锡五：《新民主主义革命阶段中陕甘宁边区的人民司法工作》，《政法研究》1955 年第 1 期。

② 许德珩：《关于"中华人民共和国人民法院暂行组织条例"的说明》，《山西政报》1952 年第 5 期。

婚姻法实践前后的妇女境遇

——以 1953 年陕西省婚姻法运动月为中心

郑康奇[*]

摘　要：中华人民共和国成立之初，中央人民政府颁布了第一部《婚姻法》并在全国各地推行。两年过去，新的婚姻关系和家庭关系虽在日益发展，但在全国各地贯彻的情况仍不平衡，因妇女苦闷带来的自杀等严重后果时有发生，《婚姻法》并未取得理想的效果。因此，1953 年初，中共中央开展了婚姻法运动月，人们对婚姻法也有了从“离婚法”到“救命法”再到“生产法”的认知转变。在这一时期的多次运动合力下，妇女的自我与集体的意识不断觉醒。这种觉醒，是新中国初期女性处在社会与家庭之内的必然诉求，是精神生活的需要，虽然只是较为“肤浅的社会化的自我”需求，却推动妇女在新中国的社会革新运动中逐渐成长为一支新的力量。

关键词：婚姻法运动月；陕西；妇女；生存空间

1953 年 2 月中下旬，正值农历春节期间，本应是家家喜气洋洋的日子，陕西关中等地却发生了多起因婚姻问题引发的杀伤事件，刘顺和与杨隐娃案就是其中一例。桑槐树村村民刘顺和与其妻杨隐娃一贯感情不好，婚姻法运动月的进行恰好给杨隐娃结束这段婚姻提供了一个契机，杨便在 26 日吃饭的时候对刘说：“我今天再给你做一顿饭，以后再不和你过了。”此事使刘顺和受了刺激。同时，他也听旁人说“贯彻婚姻法是闹离婚”，便更加怀恨在心，半夜时，刘便对妻子和孩子痛下了杀手。① 这件因女方提出离婚引起的命案发生在婚姻法运动月。

情感是很容易触动男女心弦的话题。新中国成立以前，广大妇女在婚姻与恋爱问题上受到多方面的限制。新中国成立后不久，中央就制定并颁布了《中华人民共和国婚姻法》，希望能实现妇女在婚姻和恋爱上的解放。《婚姻法》的推行取得了很大成绩，但有一些问题并没有得到很好的解决。与此同时，各地又出现了不少新的问题。因此，在新中国第一部《婚姻法》颁布三周年之际，1953 年初婚姻法运动月应运而生。

---

* 郑康奇，南开大学历史学院博士研究生。

① 《陕西省贯彻婚姻法运动委员会办公室关于最近关中各地因婚姻或家庭问题发生杀伤事件的材料》（1953 年 3 月 4 日），陕西省档案馆藏，档案号：123-26-5。

近年来对于婚姻法运动月的研究，大多集中在对《婚姻法》贯彻情况的整体梳理，着重研究婚姻法运动月前后的整体社会情况①、婚姻法运动月的推行收到了怎样的社会效果②、各地政府在婚姻法运动月中扮演何种角色、婚姻法运动月推行过程中的不足等问题。③ 虽有学者关注到这一时期出现较多的女性自杀行为，却较少提及作为婚姻主体的女性在这一时期的经历与感受。值得一提的是，任耀星从男性群体视角出发，通过《婚姻法》在河南省落实中男性的情感与行为，分析了基层男性群体在面对社会变革时的应对策略与流动权力的动态关系。④ 贺萧对陕西农村妇女的口述材料可以给我们提供另一种观察视角。⑤ 结合既有研究，本文以陕西省婚姻法运动月为中心，依据馆藏档案与报刊等资料，通过女性主体视角，围绕陕西省婚姻法运动月期间女性的生存情况，考察女性的婚姻、生存空间及何以参与新社会的生产建设。

一 《婚姻法》实施过程中的新老问题

婚姻问题，是牵涉每个家庭、每个人的问题。中共作为革命政党，理论上是与中国的传统婚姻习惯格格不入的。新中国刚一成立，中央政府就着手在全国范围内改革旧的婚姻制度。很快，《婚姻法》就颁布实施了。新政府改革旧婚姻的尝试收到了一定的效果。天津市人民法院审判的一件案例，在这一时期抄发给了诸多省份。原告李淑兰、王淑萍状告婆家王郭氏、王凤池、王凤鸣三人常虐待殴打自己，李淑兰是王家的童养媳，从解放前开始就受到虐待，“直到现在伤痕还在”，其夫王凤池更是在其母的教唆下殴打她。而王凤鸣的婚姻也是如此。1951 年 2 月，他娶了王淑萍为妻，在家庭的影响下，王淑萍也同样受到了虐待。最终，在人民法院的审理下，王郭氏被判两年，王凤鸣被判一年，王凤池被判一年、缓刑三年，同时，王淑萍通过法院渠道离婚，获

① 参见王玉强《1953 年宣传贯彻〈婚姻法〉运动月研究》，《当代中国史研究》2016 年第 5 期；张福运、岑怡坤《新中国初期中央—地方关系的张力与弹性——婚姻制度变革的视角》，《东南学术》2019 年第 5 期；李二苓《婚恋观转变与基层行政——以 1953 年北京贯彻婚姻法运动月为中心》，载梁景和主编《婚姻·家庭·性别研究》第 3 辑，社会科学文献出版社，2013，第 1~48 页。

② 参见白若楠《新中国成立初期贯彻婚姻法运动研究——以陕西省为中心》，博士学位论文，陕西师范大学，2018；白若楠《观念冲突与价值碰撞——陕西乡村民众对 1950 年〈婚姻法〉的误解透视》，《历史教学问题》2018 年第 5 期。

③ 参见满永、孙静《一九五三年上海市婚姻法运动月研究——以上海工业局档案为中心的考察》，《党史研究与教学》2019 年第 1 期；郭志远《建国初期长沙市宣传贯彻〈婚姻法〉运动研究》，硕士学位论文，湘潭大学，2018；魏玮《新中国成立初期广西宣传贯彻〈婚姻法〉研究》，硕士学位论文，广西大学，2017；张海《新中国成立初期湖南省宣传贯彻婚姻法运动研究》，博士学位论文，中共中央党校，2017；范连生《构建与嬗变——新中国成立初期〈婚姻法〉在黔东南民族地区的推行》，《当代中国史研究》2012 年第 6 期。

④ 参见任耀星《〈婚姻法〉实践中男性的情感与行为：以河南省为例（1950—1953）》，《二十一世纪》2019 年第 4 期。

⑤ 参见〔美〕贺萧《记忆的性别：农村妇女和中国集体化历史》，张赟译，人民出版社，2017。

得了王凤鸣的赔款补偿并另嫁他人。[①] 新的婚姻法颁布后，妇女起诉离婚能够很快获得判决，反映的不仅仅是妇女能够用法律来保障自己的权利，同时也是政府为了宣传新婚姻法的需要。

婚姻法虽然在 1950 年就已颁布，也取得了一定的成效，但是，仍然有很多问题并没有随着《婚姻法》的实施而自然地得到解决。

绝大多数地区包办婚姻、买卖妇女的现象仍很流行，婚姻自由仍然受到严重的干涉，由此造成了很多家庭悲剧。陕西省城固县文乐乡从 1950 年夏到 1952 年 8 月共结婚 13 对，其中 12 对都是包办买卖的婚姻。[②] 白水三区赵德才夫妇的婚姻系父母包办，因妻子受到虐待跳井自杀，男方对其进行了厚葬，家里的积蓄也因此一空，赵母心怀怨恨，便在女方家中服毒身亡。后来双方互相怀恨，前后共四人死亡。[③] 二区天桥乡水磨头村丁蓝娃，前由父母作主招了一上门女婿，可是自己并不喜欢，而与本村的王省娃私下恋爱，1953 年 2 月 25 日晚，上门女婿手持链刀重伤了丁蓝娃。次日，他不仅不知罪，还去法院控告丁蓝娃，闹得沸沸扬扬。[④] 这一切由包办婚姻所造成的悲剧，反映了《婚姻法》这部新法律在解决包办婚姻这个老问题上还没有发挥出自己应有的威力，究其根本，还是民众对于婚姻法的认知不够。

在婚姻问题上，旧思想旧风俗仍然普遍存在。首先是寡妇的问题，寡妇改嫁会被认为是“伤风败俗”。寡妇的生活本就比较困难，而现在则面临更加尴尬的境地。中央在发出“让婚姻法家喻户晓”的号召时，一些针对寡妇群体的谣言也在此时泛滥。如咸阳地区的谣言说“寡妇一律在运动月都要改嫁，不改嫁，政府要收税，贫农三万、中农五万、富农十万。同时政府又把不改嫁的寡妇编队给没有老婆的人分配呢！还规定了寡妇三年要生一个娃，五年要生两个娃”，这些寡妇听闻后，十分害怕政府要求改嫁，更怕上税，担心政府“要平均分配女人”，这与当年“共产共妻”的谣言颇为相似。[⑤] 其次，彩礼问题在民间仍根深蒂固，嫁人不要彩礼会被说“划不过账”。一些女性的父母认为“女子长了十八九岁，不要钱，不是白养活了吗”，而男性的父母更是表

① 《关于中国实业银行天津分行工友王凤池违反婚姻法应予停职的通告》（1952 年 12 月 7 日），重庆市档案馆藏，档案号：0300000101759000015300。

② 《贯彻婚姻法工作发展极不平衡，全国大部分地区存在严重问题，必须大力开展贯彻婚姻法运动摧毁封建婚姻制度》，《光明日报》1953 年 1 月 31 日，第 1 版。

③ 陕西省统战部：《陕西省统战部关于组织各界人士学习婚姻法与参加贯彻婚姻法运动月工作总结报告》（1953 年 5 月 18 日），陕西省档案馆藏，档案号：123-26-8。

④ 《陕西省贯彻婚姻法运动委员会办公室关于最近关中各地因婚姻或家庭问题发生杀伤事件的材料》（1953 年 3 月 4 日），陕西省档案馆藏，档案号：123-26-5。

⑤ 《今日情况第二号》（1953 年 3 月 7 日），陕西省档案馆藏，档案号：123-26-5。

现出了担忧，“娶媳妇不化［花］钱，这是很好的，可是人家不来怎么办呢？”[①] 不仅如此，更严重的虐待妇女的问题仍未得到解决。[②] 由于旧社会不良习气的蔓延，“不少当公婆的，任意虐待、折磨儿媳”，[③] 认为打妇女是应该的，“吃我饭，就要受我管”的思想还比较普遍。[④] 妇女因受到压迫、虐待以及因婚姻问题自杀、被杀的现象还非常严重。1953 年 1 月 28 日，陕西省人民政府民政厅就指出，“各地对婚姻不满，自杀与被杀的案件不断发生”，[⑤] 而这其中绝大多数自杀的是女性，“妇女受公婆与丈夫的虐待、迫害，甚至因此而自杀或被杀的现象仍然严重的存在”。[⑥] 在 1952 年上半年，仅西北区就有 356 名妇女自杀或被杀，是男性自杀人数的近两倍，而全国的其他地区，妇女自杀占因自杀死亡男女总数的比例多达 90%以上，少者也超过 50%。这些问题也是进一步贯彻《婚姻法》所需要解决的老问题。

除了很多延续多年的问题没有解决以外，还有许多新的问题产生了。

第一，群众对《婚姻法》的性质存在认识偏差。《婚姻法》颁布后，在群众中流传着这样一种观点，即认为婚姻法是“离婚法”，一些地方的干部甚至认为“这是妇女的事，与男子汉无关”。[⑦] 陕西省三原县六区工作组进村后，未进行深入宣传，第二天即介绍三个妇女去县里办理离婚，当地群众私下议论：“真的是离婚队来了。”[⑧]《婚姻法》还被一些群众认为是针对穷人的。[⑨] 比如有人就发出过这样的议论：“婚姻自由了，女人都爱有钱的，穷人恋不上，拿钱也买不到，这是整穷人哩！”还有人说：“毛主席什么政策都好，就是婚姻法不好，婚姻法是整穷人呢！如果没有婚姻法，我老婆就不敢提出和我离婚。”[⑩] 群众对《婚姻法》的误解表明干部们在该法律的宣传上还存在诸多值得改进的地方。

第二，部分地区夫妻关系对立的情况反而更加严重。传统社会奉行“夫为妻纲”

① 中国共产党陕西省委员会宣传部、陕西省民主妇女联合会宣传部合编《婚姻问题讲话》，西北人民出版社，1953，第 6 页。

② 《采用各种形式积极宣传贯彻婚姻法，长安县召开大规模宣传婚姻法代表会议》，《光明日报》1953 年 1 月 24 日，第 2 版。

③ 中国共产党陕西省委员会宣传部、陕西省民主妇女联合会宣传部合编《婚姻问题讲话》，1953，第 8 页。

④ 《宣传贯彻婚姻法运动月工作总结发言》（1953 年），西安市档案馆藏，档案号：Z108-1-0196-0015。

⑤ 西北行政委员会民政局：《关于做好贯彻婚姻法运动月准备工作的指示》（1953 年 1 月 28 日），甘肃省档案馆藏，档案号：138-004-0521-0005。

⑥ 刘米拉、刘都都编著《刘景范纪念文集》下册，中央文献出版社，2015，第 733 页。

⑦ 《必须加强干部对婚姻法的学习》，《光明日报》1953 年 1 月 11 日，第 2 版。

⑧ 中央贯彻婚姻法运动委员会办公室：《怎样正确深入地向群众宣传婚姻法》，《光明日报》1953 年 4 月 9 日，第 1 版。

⑨ 中国共产党陕西省委员会宣传部、陕西省民主妇女联合会宣传部合编《婚姻问题讲话》，1953，第 6～7 页。

⑩ 余浩然：《事实纠正了我对婚姻法的错误认识》，《光明日报》1953 年 2 月 22 日，第 4 版。

的伦理原则，男性认为这是天经地义，女性久而久之也习以为常。《婚姻法》所致力于建设新的家庭结构使得一些“大男子主义者”逐渐感到不安，认为婚姻法“太偏向妇女了，把妇女的地位权利提的太高了”。[①] 一些男性认为男女在家庭中的地位平等，就是破坏了“伦常”，任耀星对此认为，《婚姻法》对传统男性的威胁是男性焦虑和恐惧情感的现实基础，而焦虑和恐惧也是不同男性共有的情感底色。[②] 与此同时，部分女性有了法律的武器和新的思想观念的支持，开始和男性进行激烈的斗争。这在一定程度上加深了一些夫妻关系的对立。[③]

第三，官僚主义者利用公权力干涉女性婚恋的情况时有发生。新的婚姻法并不必然带来干部思想的“新”，有时反而会产生相反的后果。安康专区岚皋县的妇联女干部刘新华的遭遇正是如此。她与同乡杨益国（岚皋县政府文书）于1949年到达岚皋县工作后，在工作中逐渐产生了感情。但该县财政科科长徐恒海有意主动同刘接近，企图向刘求爱。刘本人对此并不接受。与此同时，县委组织部部长刘立祥也向刘新华示爱，并以自己的干部身份对其施压。徐恒海、刘立祥摆出领导身份以入党等事由向刘施压，并污蔑刘的个人作风有问题，对刘的名誉和形象造成了巨大的损害。刘新华不能承受来自生活和精神上双重的沉重压力，于1952年1月28日早投河自杀。[④] 这个事件在当时闹出了很大的动静，造成了十分恶劣的影响，从一个侧面反映了官僚主义者和政府内腐败势力对女性婚恋自由的干涉。

第四，基层干部不合理的工作方式严重削弱了在基层落实《婚姻法》的效果。有的妇女因受虐待想要提出离婚，当地干部怕群众说自己是“离婚队”，因而不敢帮助她们向人民法院提出申请。[⑤] 城固县原公区一对夫妻关系十分恶劣，女方本坚持要求离婚，由于干部强制调解，最终导致女方试图跳水池自杀。[⑥] 虽然这名跳水的女子最终得到了解救，但当地干部执行政策的水平之低和方式方法之粗暴，由此可见一斑。除了发生强制调解的现象外，有的地方还在晚上开会到很晚，严重影响了群众的日常生活，过度动员有时会适得其反，起到非常不好的效果。这种情况在全国各地都屡见不鲜，如中南区出现了过分宣传寡妇改嫁问题，以至于在群众中造成一种错觉，以为寡妇非

---

① 中国共产党陕西省委员会宣传部、陕西省民主妇女联合会宣传部合编《婚姻问题讲话》，1953，第9页。

② 参见任耀星《〈婚姻法〉实践中男性的情感与行为：以河南省为例（1950—1953）》，《二十一世纪》2019年第4期。

③ 参见艾冰《再谈澄清不正确的问题》，载《思想与生活》第4-6辑合订本，重庆市人民出版社，1954，第7~8页。

④《转发前任安康专区岚皋县妇联主任徐雁宾干涉和逼迫已有爱人妇女干部婚姻自由以致逼死的通报》，吉林省档案馆藏，档案号：0016-1953-0008-0007。

⑤《武汉市和陕西咸阳钧台区纠正在运动中束手束脚现象》，《光明日报》1953年3月31日，第1版。

⑥《陕西省委关于陕西省贯彻婚姻法运动总结》（1953年5月18日），陕西省档案馆藏，档案号：123-26-8。

改嫁不可，有寡妇还因此投井自杀。[1] 所有这些不合理的方式方法，究其原因，正如中共中央 1952 年 2 月 18 日对婚姻法运动月工作的补充指示中所指出的，是基层干部急于求成，他们“抱着急躁的情绪，企图在短期内或一次运动中解决一切问题”。[2]

《婚姻法》在全国推行，迅速取得了良好的效果，但同时新老问题交织，错综复杂。中共中央认识到，《婚姻法》还远远没有达到其应该达到的效果。为了巩固《婚姻法》推行后取得的成绩，解决各种应该解决但尚未解决的问题，中共中央作出决定，要求各省于 1953 年开展婚姻法运动月。

二　从“离婚法”到“救命法”：婚姻法运动月对《婚姻法》的再贯彻

开展婚姻法运动月，首先要确保已有的成绩得到巩固。《婚姻法》的实施目的就是要提高妇女在家庭、社会中的地位，促进妇女解放。在婚姻法运动月期间，陕西省继续采取措施，保障和扩大妇女在婚姻和恋爱方面的权利。在两性中，由于传统社会以农耕为主，女性有着天然的体力劣势，所以在婚姻法运动月期间，中央人民政府将离婚权更多偏向了社会的弱势群体，“如女方提出离婚，人民法院应依法准许其要求”，当“男方提出离婚时，人民法院可根据保护妇女和子女利益的精神，结合具体情况处理之”。同时，中央人民政府法制委员会还规定了在女方怀孕期间或分娩后一年内，男方不能提出离婚，而女方离婚请求则可不受限制。[3] 法院判决更能体现对女性权利的保障。1953 年的上半年，陕西省全省人民法院婚姻法庭共收案件 696 起，除 2 月为农历春节期间外，案件数逐月增加。从案件类型来看，虐杀事件的发生次数在婚姻法运动月开展后有了明显的下降，妇女的觉悟正在不断提高。同时，对强奸妇女的 27 起行为（90%以上是强奸幼女）进行了严肃处理。对于审理异地的案件，如女方住西安、男方住某县，女方返回原县有困难或有危险时，人民法院会对女方提供一定的保护。这些举措使得前一个时期贯彻《婚姻法》所取得的成绩得到了很好的巩固。

婚姻法运动月期间，废除包办婚姻、实行自由恋爱的问题得到了广泛的讨论，尤其是受到了高层的重视。

对于离婚与结婚问题的讨论，一直是各方争论的焦点。1953 年 2 月 22 日，中共中央批转了四川省资中县成渝乡的运动经验，表示“贯彻婚姻法运动的关键，首先在于

---

① 中央机要局《批转中南局宣传部通报中南贯彻婚姻法办公室关于宣传工作的综合报告》（1953 年 3 月 18 日），陕西省档案馆藏，档案号：123-26-2。

② 《中国共产党中央委员会关于贯彻婚姻法运动月工作的补充指示》（1953 年 2 月 18 日），《陕西政报》1953 年第 2 期，第 3~5 页。

③ 《中央人民政府法制委员会有关婚姻问题的若干解答》，《光明日报》1953 年 3 月 22 日，第 1 版。

打通干部的思想，解除顾虑”。[①] 这个问题在当时实际上是一个非常重要的问题。新政权建立之初，由于新干部严重不足，许多干部是旧政权的上层人士或是婚姻思想还停留在旧社会中。对于基层干部来说，自己也有婚姻，家中也有妻子，也正处在这场运动之中，如何动员他们，则是一个棘手的问题。2 月 25 日，中共中央对此作出指示，表示“在不违反婚姻法的原则下，应采取适当保护政策，不使他们丧失面子”，同时“对各界中、上层代表人物已经纳妾、重婚者，不要追究”，[②] 但这部分人毕竟是少数，且这次运动的主要原则是“宣传为主”，所以对出现的夫妻婆媳吵架、早婚重婚等对妇女伤害较小的行为一般是设法调解处理，倘若发生刑事案件，则会受到严肃的处理，这也是中央在本次运动开展中的底线。[③] 对于运动扩大化的问题，中央一直十分警惕和重视，毗邻陕西的山西这一时期有关“自由恋爱”的讨论就受到了中央的重视。《山西青年报》在 2 月 10 日、20 日、25 日先后发表了几篇评论，强调男女双方在结婚前要有“长期的恋爱”和“细致的恋爱”，反对那些由父母代找对象征求本人同意的婚姻，而团中央宣传部在发现上述讨论时，就向山西省委宣传部指出这个讨论是错误的，展开这种讨论势必引起混乱，并批判了“自由恋爱”这个带有“资产阶级”色彩的口号。3 月 21 日，中央机要局将这个告示发到各地，更加突出地指出在这次婚姻法运动中，“绝不要把问题扩大到一般的男女关系和家庭关系方面去，以免把运动搞乱”。[④] 中央对这次运动的开展是留有余地的，认为这是一场群众内部的教育改造运动，与土改等运动有着本质的不同。[⑤] 因此，通过“诉苦”“坦白登记”“思想批判”等方式显然不利于这一时期基层群众的稳定。[⑥] 官方在宣传中所想呈现的是新旧两种思想的斗争，即说明婚姻法是如何为人民群众所掌握和接受的，是如何使妇女得到解放的，这与阶级斗争宣传有着区别。[⑦]

“山西青年报”事件在陕西省引起了很大的反响，并确定了一个基本的准则，咸阳

① 《中央批转四川省资中县成渝乡贯彻婚姻法运动的经验》（1953 年 2 月 22 日），陕西省档案馆藏，档案号：123-26-2。

② 《中共中央关于各界中、上层代表人物婚姻纠纷应注意事项》（1953 年 2 月 25 日），陕西省档案馆藏，档案号：123-26-1。

③ 《中央批转四川省资中县成渝乡贯彻婚姻法运动的经验》（1953 年 2 月 22 日），陕西省档案馆藏，档案号：123-26-2。

④ 中央机要局《关于纠正山西青年报发起所谓自由恋爱的讨论的错误的通知》（1953 年 3 月 21 日），陕西省档案馆藏，档案号：123-26-1。

⑤ 《西北局宣传部关于贯彻婚姻法运动月宣传工作的指示》（1953 年 1 月 16 日），《党内通讯》第 117 期，第 2~3 页。

⑥ 《西北局关于贯彻婚姻法运动几个问题的指示》（1953 年 3 月 8 日），陕西省档案馆藏，档案号：123-26-4。

⑦ 《新华社西北总分社关于贯彻婚姻法运动月的报导提示》（1953 年 1 月 28 日），陕西省档案馆藏，档案号：123-26-1。

等地推行的包办订婚的未婚男女见面，也因此受到了上级的指责。[①] 作为两性之一的重要主体，女性对于自身的认知也随着社会环境的变化不断发生改变，对于“性”“恋爱”的讨论也是越来越少，当婚姻中包裹着两性的诸多矛盾且这种矛盾隐藏于私人空间时，国家权力就很难深入这样私人的领域。在这样的多重复杂面相下，妇女要面临个人与社会的双重约束，自由恋爱更成为一种奢侈。耀县妇女赵绒花与前夫陈元胜感情不和，于1952年10月27日离婚。离婚后，有人曾问她是否找人恋爱，赵则说：“我要见面，只要人合适就行。”后虽结识了富平县退伍军人孙志玉，但由于陈元胜在当地颇有地位，导致结婚手续始终办不下来，甚至导致了自杀事件的发生。西北局高度重视这一事件，富平县人民检察署迅速调查处理了此事。[②] 与刘新华的案例类似，当两性的自由结合被有权力者阻拦，“公家人”往往更强势。它体现了中国文化中权力主宰一切的特质。在陕甘宁边区时期，离婚法实践也有着许多类似的例子。婚姻法运动月期间，对于包办婚姻中的女性，政府方面借鉴了苏联的经验，对婚姻中所出现的问题以宣传和调解为主。这一时期《人民日报》上介绍了苏联婚姻与家庭的情况，认为“我们必须保护妇女在这种婚姻中的权利，同时尽量地用调解方式解决婚姻与家庭间的纠纷”,[③] 各地也都基本贯彻了“以宣传教育为主”的基本方针，只处理极少数“造成严重恶果的犯罪份子”。[④] 恋爱自由和包办婚姻的问题虽然没有在这次运动中得到彻底解决，但也取得了不小的成绩。

婚姻法运动月期间，政府还采取多种措施解决夫妻对立严重和干部工作方式不当的问题。中共中央西北局办公厅在5月1日印发了中央的批转文件，表示中央在了解了基层的这些具体情况后，及时指出婚姻法运动月是为了搞好夫妻的关系，而不是拆散夫妻、提倡离婚，并批评了一些地区从一开始就强调“结婚自由”“离婚自由”“寡妇再嫁自由”等口号，会造成群众恐慌。[⑤] 以西安市七个单位的调查为例，婚姻法颁布后，离婚率倍增，其中82.17%是因为感情不合，这使得一些人开始恐慌。[⑥] 与此同时，中央认识到传统的封建思想和封建习惯不能在短时间内被粗暴地“消灭”，倘若激进地进行对旧制度的革命，势必对社会带来不良作用。[⑦] 时任陕西省委常委甘一飞明确表

---

① 《陕西省委关于贯彻婚姻法运动第一阶段的工作报告》（1953年3月3日），陕西省档案馆藏，档案号：123-26-8。

② 《西北局关于处理孙志玉自杀事件的指示》（1953年1月22日），陕西省档案馆藏，档案号：123-26-4。

③ 《介绍“苏维埃婚姻与家庭的立法原则”》，《人民日报》1953年3月22日，第3版。

④ 《关于贯彻婚姻法的决议案》（1953年2月23日），山西省档案馆藏，档案号：74-1-47。

⑤ 《中央批转中南局宣传部关于中南区贯彻婚姻法试点宣传工作经验》（1953年4月21日），陕西省档案馆藏，档案号：123-26-2。

⑥ 《西安市总工会宣传贯彻婚姻法工作总结》（1953年5月15日），西安市档案馆藏，档案号：Z106-1-0178-0001。

⑦ 《关于贯彻婚姻法运动月工作中共中央发出补充指示》，《光明日报》1953年2月19日，第1版。

示，婚姻法“是救人，而不是害人”，“是要解除人民的痛苦，而不是要整人”。[①]

婚姻法运动月是以巩固上个时期贯彻《婚姻法》的成绩、弥补其不足为目的，在实践中也一定程度上达到了目的。国家、家庭、女性的关系，从旧社会到新社会经历了一次重大变动，民众对于这种新关系的认知，有一些是不理性的。在第一部婚姻法颁布之初，政府就曾出版过一系列介绍婚姻法的读物，对“什么是封建主义的婚姻制度”“家族是怎样起源的”“怎样由母权制转入了父权制”等问题进行了科普，[②] 但由于当时群众文化程度普遍不高，取得的成效有限。很多人还把《婚姻法》称为“离婚法”。经过了婚姻法运动月，群众对《婚姻法》的看法有了很大的改观，从前称之为“离婚法”的，纷纷改变看法，称其为“救命法”。

从“离婚法”到“救命法”，是两性共同认知的结果。一般认为，只有女性才会认为婚姻法是“救命法”，但当男性的家庭生产得到了女性的积极帮助后，男性也会对婚姻法转变态度。陕西咸阳帽留村村民刘宗强和她的包办妻子陈菊芳离婚后，整个人整天懒洋洋的，回想着结婚前媒人说前妻多么能干，对比起两人结婚后她却对家庭劳动并不上心的事实，刘宗强对《婚姻法》颇为不服，想不通为什么人民法院会给这“女二流子”撑腰呢，所以他一度陷入苦恼。经过一段时间，经人介绍又同刚离婚的石凤英结婚，结婚后两人积极生产，刘宗强对婚姻法的态度也转变了。[③] 妇女正是在劳动中不断发挥自己的价值，从而在新的社会中发掘了自我的价值。

三　作为“生产法”的婚姻法：动员妇女与社会生产

新中国成立后，提高了女性的社会地位，使得女性也可以在社会秩序中寻找到更多的立足之地。中共通过宣传教育，让女性也逐渐认识到，自己也可以同男性一样参与生产和劳动。陕西凤翔一位名叫何清贞的妇女在《人民日报》上介绍了自己的身世，她的失败婚姻发生在民国时期，年轻时曾为此而饱受委屈。解放后，乡里成立民主妇女联合会和妇女识字班，她积极参与，成为其中的骨干，但丈夫对她的打骂不减反增，见到她与异性进行谈话，便进行辱骂，这使得她忍无可忍，便向人民政府提出与丈夫离婚。[④]

在这个事件中，何清贞之所以能发生这样的思想转变，与她走出了传统旧家庭接受了教育密切相关。在面临婚姻的困境时，会有“同志们”为她出谋划策，这些“同

① 《关于开展宣传贯彻婚姻法的群众运动》（1953年2月18日），陕西省档案馆藏，档案号：123-26-8。

② 参见陈榕甫编著《新民主主义的婚姻制度》，通俗文化出版社，1950，第14页。

③ 参见段学泰《从“离婚法”到“救命法”》，《光明日报》1953年3月17日，第3版。

④ 《我脱离了买卖婚姻苦海》，《人民日报》1952年12月21日，第2版。

志们”都是婚姻法运动的最好宣传员。国家通过对旧社会的彻底改造，解除了旧婚姻制度对女性的压抑与束缚。

紧密联系生产，是这一时期中央在贯彻婚姻法运动中的一个重要特点。将社会生产与婚姻法宣传结合起来，生产则能带来更加有效的宣传作用。如陕西省渭南市婚姻法运动委员会就指出：“在宣传婚姻法时，应联系宣传生产；在宣传生产时，应联系宣传婚姻法，召开群众会，应多利用晚间，时间不宜太长，防止群众过度疲劳而影响生产。”① 延安则在农村地区结合春节活动，先作一般的宣传和乡级组织上的动员，待 3 月 1 日正式到农村工作。② 咸阳县作了更加具体的规定，由于婚姻法运动月实施恰值春耕，故将春耕生产建设作为会议主要议题，分为三个阶段，在向群众宣传婚姻法的同时，发动群众修补农具、挖除杂草、锄麦、上粪、翻地、平整坡地、蓄水保墒。最后，在自觉自愿的基础上发动群众订立家庭民主和睦爱国生产公约。③ 在某些发生灾害的地区，进行生产救灾才是最为迫切的问题。早期工作队去灾区宣传贯彻婚姻法时，群众都闭门不出，抱怨说“人都要饿死了，还讲什么婚姻法”。④ 到了 4 月 3 日，中共中央令陕西省委“凡属重灾地区不要再进行贯彻婚姻法运动，轻灾地区也不要孤立的宣传婚姻法，可在生产救灾工作中酌量结合进行，如群众不满意则应停止进行”。⑤ 4 月 19 日，中共中央宣布结束婚姻法运动，并指出今后再开展贯彻婚姻法运动，“以在春节前后较为适宜”，“以生产工作密切结合进行”，把婚姻法工作“转入经常化”。⑥

陕西省委在 4 月 7 日作出了加强妇女工作领导的指示，鼓励支持妇女党员积极参与妇联事业，调整与健全省妇委和建立专区、县级妇联党组织。⑦ 4 月 24 日，邓颖超在中国第二次妇女代表大会上明确指出，“中国妇女运动所以能够获得上述的成就，是因为把妇女解放的事业与国家和人民的整个事业结合起来”，⑧ 究其根本，是妇女获得了同男性平等的政治地位，参与社会建设与传统的家庭劳动的意义已大不相同。

在传统社会中，男女社会地位的不平等，归根到底是由于男女在生产活动中地位

① 《渭南县的指示值得各地参考》，《光明日报》1953 年 3 月 24 日，第 1 版。

② 《延安地委关于贯彻婚姻法的计划》（1953 年 1 月 10 日），陕西省档案馆藏，档案号：123-26-9。

③ 《陕西甘肃松江黑龙江等省某些地区宣传婚姻法运动紧密结合生产取得经验》，《光明日报》1953 年 3 月 31 日，第 1 版。

④ 《陕西省委关于贯彻婚姻法运动第一阶段的工作报告》（1953 年 3 月 22 日），陕西省档案馆藏，档案号：123-26-8。

⑤ 《中共中央关于重灾地区不要再进行贯彻婚姻法运动》（1953 年 4 月 3 日），陕西省档案馆藏，档案号：123-26-1。

⑥ 《中共中央关于结束贯彻婚姻法运动的指示》（1953 年 4 月 19 日），载中央档案馆、中共中央文献研究室编《中共中央文件选集（1949 年 10 月至 1966 年 5 月）》第 12 册，人民出版社，2013，第 83~87 页。

⑦ 《陕西省委关于加强妇女工作领导的指示》（1953 年 4 月 7 日），载陕西省档案馆编《中共陕西省委文件选编（一九五〇——九六六）文教篇 群众团体篇》，陕西省档案馆，2009，第 584~585 页。

⑧ 邓颖超：《四年来中国妇女运动的基本总结和今后任务》，《光明日报》1953 年 4 月 24 日，第 1 版。

的不平等。新中国成立初期婚姻改革面临的两个最大的问题，分别是男性的大男子主义与女性的“嫁汉嫁汉，穿衣吃饭”的依赖思想。在学习婚姻法的手册中，就提出了“全国有妇女二万万五千人，由于残余的封建思想和封建恶习的影响，绝大部分的妇女还不同程度的受着封建婚姻制度的压迫”。[①] 1949 年中华人民共和国成立后，现代社会的生产建设改善了两性的交流空间，推动了两性共同进入社会生产领域，逐渐转变了男女双方在生产方式上的分工与合作关系，通过发挥个体的主体性，使两性共同拥有国家建设的归属感。

对婚姻的管控，经历了一个从革命时期“走出家庭”到新中国成立后的“巩固家庭”的过程。西安市婚姻法运动月期间，通过深入动员，共召开各种类型会 13251 次，252751 位妇女在这次运动中受到了教育，恐惧不安的心理逐渐减弱。[②] 妇女从传统的中国家庭中解放出来的时候，实际上又被放置在一个新的关系之中。国家鼓励妇女参加服务社会主义建设所需求的社会动员，[③] 通过劳动来实现社会价值与自我价值，重塑意识形态，塑造社会主义新人。在 1953 年 6 月 20 日，东北行政委员会为保护妇女及其子女的合法权益，下达了一则颇为严厉的通知，陕西省对这则通知进行了转发，并指出在目前的形势下，仍然有一些男方殴打妇女的行为，在法院判决后，一些人并不履行自己应尽的抚养义务，这是“一种藐视国法的行为”。但法院并不能保证时刻进行监督，因此，国家应通过机关、工厂、学校等单位的法律动员，尽可能地扩大保护的范围。[④]“国家”不再是无关紧要的名词，妇女的生活、生产时刻都处于这一范围内。尤其是 1954 年后，随着第一个五年计划的实行与第一届全国人民代表大会的召开，妇女的全新公民身份得到了理论上最终的确认。

国家通过宣传，逐渐扫除了妇女参加生产的障碍；通过对封建婚姻制度的批判以及对新婚姻制度的推广，解除了旧制度下男性对女性的身体与精神统治。“在自觉自愿基础上，开家庭民主会议，订立家庭公约和家庭爱国生产计划。”[⑤] 西安市政府还举办了妇女实验班来进行婚姻法宣传，妇联在这一时期发挥了重要作用，也成为动员妇女参加婚姻法运动月的积极力量。[⑥] 伴随的就是妇女自我与集体意识的不断觉醒。这种觉

① 弓也：《人人学习婚姻法》，载《思想与生活》第 4-6 辑合订本，重庆市人民出版社，1954，第 1 页。

② 《婚姻法运动月妇女工作总结报告》（1953 年 8 月 12 日），西安市档案馆藏，档案号：Z108-1-0196-0007。

③ 参见姚立迎《新中国婚姻文化的变革（1949～1966）》，载梁景和主编《婚姻 · 家庭 · 性别研究》第 1 辑，社会科学文献出版社，2012，第 32 页。

④ 《转发东北行政委员会关于各机关、团体协助法院执行婚姻案件判决以确保妇女及子女合法权益的通知》（1953 年 7 月 1 日），哈尔滨市档案馆藏，档案号：XD065-001-0023-043。

⑤ 《中央批转四川省资中县成渝乡贯彻婚姻法运动的经验》（1953 年 2 月 22 日），陕西省档案馆藏，档案号：123-26-2。

⑥ 《为开展宣传贯彻婚姻法运动月工作给各区妇联的指示》（1953 年），西安市档案馆藏，档案号：Z108-1-0196-0002。

醒，是新中国成立初期女性处在社会与家庭之内的必然诉求，是精神生活的需要，虽然只是较为“肤浅的社会化的自我”需求，[1] 但已经是走向社会革新的重要一步。与妇女解放同时到来的，还有新时期家庭与社会建设的重担。中央政府在这一时段内不断加强社会控制，与动员妇女从事生产同时进行的，还有大规模的农村运动，为即将开展的社会主义改造做准备。

结 语

恋爱、婚姻、家庭都是普通群众关心的重要问题。近代以来，虽然女性地位不断提升，但这并未成为普遍的社会现象，“父母之命，媒妁之言”的婚姻方式到新中国成立前仍屡见不鲜。社会上虽有一些独立的女性话语传播，但这并未成为社会主流。中共领导的妇女运动，也经历了一个漫长的实践与探索过程。和全国大部分农村一样，在 20 世纪中期的陕西农村，妇女既是革命性变革的对象也是行为的主动者。[2]

运动虽如火如荼地进行，但并未达到全面改变“男尊女卑”状况的效果，妇联等官方机构中尚且出现这种情况，说明在基层社会中“男人能管女人”等思想更是十分盛行。[3] 由于工作组最初没有进行广泛宣传，“离婚队”“搅家不和队”成了一些人心中工作组的形象。有的地方将婆、媳、夫、妻分开开会，对啥人说啥话，引起了家庭成员的相互猜疑，甚至一些妇女在“家庭和睦”的宣传下不敢说话。一些基层干部（绝大多数为男性）自身的思想还未扭转，对婚姻法还有抵触，口里说着一套，背后做着另一套，有的地方还发生干部打老婆的情况。[4] 这种突击式的运动与“运动治国”方式也在这一时期不断开展，从全国范围来看，这次运动的深度和广度都是不平衡的。1953 年 11 月 11 日，刘景范在总结贯彻婚姻法运动的报告中就明确认识到了这一点：“这次贯彻婚姻法运动，不仅进行贯彻婚姻法运动的地区不普遍，即在进行贯彻婚姻法运动的地区内还不是也不可能普遍地做到了深入”，因此“这仅仅是为今后贯彻婚姻法的工作造成了良好的开端，要彻底地解决问题还有待于继续努力”。[5]

一些海外研究中国妇女史问题的学者认为，在传统儒家的社会模型中，女性是缺失社会身份的，女性并不能在社会身份之外进行活动。在中央的意识形态宣传中，妇

---

① 参见〔美〕李海燕《心灵革命：1900—1950 现代中国爱情的谱系》，修佳明译，北京大学出版社，2018，第 14 页。

② 参见〔美〕贺萧《记忆的性别：农村妇女和中国集体化历史》，张赟译，第 6 页。

③ 《陕西省委关于陕西省贯彻婚姻法运动总结》（1953 年 5 月 18 日），陕西省档案馆藏，档案号：123-26-8。

④ 《西北局关于总结贯彻婚姻法运动工作的指示》（1953 年 4 月 18 日），陕西省档案馆藏，档案号：123-26-4。

⑤ 刘米拉、刘都都编著《刘景范纪念文集》下册，第 735 页。

女和革命之间有着密切的联系，妇女的解放与去除“儒家化”的社会政治运动不可分开。[①] 判断女性的社会地位，文件或法律的宣言只是一个小的方面，更重要的是要考察女性的实际地位。妇女的地位，包括妇女在政治、经济、法律、健康、劳动、教育、社会参与、家庭等方面的地位。婚姻法运动月的开展，对妇女的解放起到了重要作用。但同时应注意到，也有一些女性是借着这个机会离婚的，因为离婚的现实原因是实实在在的，甚至很多是基于利益的考量，是对现实、物质、精神等多方面考虑的结果，而不一定仅仅是精神启发下的妇女从传统走向现代。

相比发展工业与科技，解放妇女是另一种形式的社会建设。如果不关注妇女的精神活动和日常生活，就无法理解妇女在这一时期的境遇以及国家的措施。我们需要把妇女的活动放到国家、社会、家庭、个人四者的关系中去理解。此外，不仅是妇女的活动，整个家庭的生产生活都逐渐走向“公事化”，这逐渐成为国家、集体的导向。换言之，妇女的解放，也是在国家经济与政治建设之下，妇女的国家成员身份也不断得到自我认同。正如马克斯 · 韦伯所说：“行动的情感式倾向和价值理性式倾向之间的差别，在于后者是通过对行动的终极立场的有意识揭橥，和始终一贯地按部就班朝向其信奉的价值。”[②] 而新中国成立初期的婚姻法实践，则是妇女新的社会关系和公民身份的塑造与建立的关键一步。

---

① Kay Ann Johnson, *Women, the Family, and Peasant Revolution in China*, University of Chicago Press, 1985, p. 215.

② 〔德〕马克斯 · 韦伯：《社会学的基本概念》，顾忠华译，广西师范大学出版社，2011，第 53~54 页。

新中国人大及其常委会投票表决方式的历史变迁和特点*

刘　好**

摘　要：代议机关的投票表决方式是代议制度的重要内容，也是代议制度运行的关键环节，投票表决方式直接关系到代表职能的有效行使和民意的充分表达。新中国成立后，我国人大及其常委会的投票表决方式也日趋完善，为保障和实现社会主义民主提供了有力支持。人大及其常委会投票表决方式的变迁历史也是社会主义的发展历史。投票表决方式和民主存在双向互动关系，科学的投票方式能促进民主的实现，民主的政治氛围又为投票表决提供了政治前提。一直以来，代议机关投票表决的公开性还是秘密性是宪法实施中的重大问题。从法律法规和实践中梳理人大及其常委会的表决方式的历史发展，探索归纳其投票表决方式的特点，厘清对秘密投票和公开表决的理论认知，能完善我国的人民代表大会制度，为修改人大及其常委会的议事规则提供理论支持。

关键词：表决方式；无记名投票；举手表决

全国人大及其常委会作为我国的代议机关，其表决方式是代议制度的重要内容，不同的表决方式影响表决的结果；表决方式作为一种民主程序也影响我国实体民主的运行。党的十九届四中全会明确指出，“健全人大组织制度、选举制度和议事规则”是“坚持和完善人民代表大会制度这一根本政治制度”的重要内容。议事规则是“纲”，纲举目张，有了民主高效的议事规则，才能有民主高效的议决过程和结果。人大及其常委会的议事程序伴随着社会主义民主的发展日趋完善、细致，梳理这一历史，有助于我们把握完善人民代表大会制度的方向，更好实现社会主义民主。

一　中国人民政治协商会议第一届全体会议上多种表决方式并存

1949年新中国成立初期，从中国人民政治协商会议第一届第一次会议到第一届第四次会议，是我国人大制度的初建阶段，这期间中国人民政治协商会议代行全国人民代表大会职能，为新中国民主政治制度的建构作出了巨大贡献，至今仍闪耀着璀璨的光芒。

第一，筹备会议采用举手表决的方式决定准备议项。1949年9月21日，中国人民

* 本文为上海市全面依法治市调研课题“健全地方人大及其常委会投票表决方式研究”（KT2020089）的阶段性研究成果。

** 刘好，上海电机学院讲师。

政治协商会议第一届全体会议举行开幕式。周恩来代表政协筹备会报告会议各类代表名额、大会主席团名单和会议秘书长人选，由全体代表举手表决通过。[①]

第二，大会采用举手表决通过法律、决议。经过与会代表的发言讨论，1949 年 9 月 27 日通过了《中国人民政治协商会议组织法》《中华人民共和国中央人民政府组织法》，以及关于首都、纪元、国歌和国旗的决议。据亲历过第一届政协会议的叶圣陶回忆，9 月 27 日，毛主席对五星红旗图案进行了说明，之后大家“热烈鼓掌表示赞同”。[②] 据第一届政协会议的工作人员回忆，在 9 月 27 日的大会上，采用红底五星旗作为国旗的提案“在全场热烈掌声中一致举手通过”，并且“我们从后向前数了三遍，每个代表都举手赞成，无一人反对，无一人弃权，全体一致通过”。该工作人员还回忆说，本届大会上的几次议案表决，也是全体代表一致举手通过。所以她们的“数票工作很顺利，很轻松”。[③]

第三，大会采用举手的方式选举人民政协全国委员会委员。9 月 29 日，全体大会讨论了《中国人民政治协商会议共同纲领》和《中央人民政府副主席和全体委员的名额》等法律议案。大会还就选举中国人民政治协商会议全国委员会和中央人民政府委员会作出了专门规定：“第一届全国委员会的候选名单经过参加本届全体会议各单位的协商，由主席团提交全体会议以整个名单交付表决的方法选举之。中央人民政府主席、副主席和委员的候选名单，经参加本届全体会议各单位的协商，由主席团提交全体会议以无记名联记投票的方法选举之。”[④] 9 月 30 日下午 3 时开始，全体政协代表参加会议进行选举，第一项是选举人民政协全国委员会，按照“整个名单交付表决”的规定，对 180 人的名单举手表决。[⑤]

第四，采用无记名投票的方式选举中央人民政府的主席、副主席和委员。9 月 29 日晚，人民政协第一届全体会议主席团会议通过《中华人民共和国中央人民政府委员会选举办法》，对中央人民政府主席、副主席和委员的选举进行了具体规定：选举中华人民共和国中央人民政府主席、副主席及委员，采用无记名联记投票方式。如果同意选举票上的候选人，就在被选人姓名之上画圆圈。如选举人不同意选举票上的候选人，可以用“×”将该候选人姓名划去。如果想另选其他人，可以在划去的姓名下空白处填

① 参见孙小礼《第一届政协秘书处工作琐忆》，《炎黄春秋》2009 年第 9 期。

② 叶永和、蒋燕燕：《叶圣陶参加第一届政治协商会议纪实》，《民主》2009 年第 9 期。有人据此认为此次大会上通过的定都北京、国歌、国旗，甚至国家主席，都是“鼓掌鼓出来”的。笔者不认同这种看法。综合其他亲历者的回忆录，以及大会就选举公布的具体表决办法，笔者认为引注处的“鼓掌”只是代表们表达赞同的强烈感情，并非一种表决方式。

③ 孙小礼：《第一届政协秘书处工作琐忆》，《炎黄春秋》2009 年第 9 期。

④ 张希坡：《人民代表大会制度创建史》，中共党史出版社，2009，第 584 页。

⑤ 参见孙小礼《第一届政协秘书处工作琐忆》，《炎黄春秋》2009 年第 9 期。

写欲选之人的姓名。填写完毕后，由选举人亲自将选举票投入票箱。[①] 1949 年 9 月 30 日，人民政协全国委员会选举完成以后，进行了中央人民政府主席、副主席和委员的选举，选举了第一届全国委员会委员共 180 人，选举产生了中央人民政府主席、副主席及全体委员。这次选举中，毛主席少了一票，没有全票当选中央人民政府主席。

二　1954 年确立了无记名投票、举手表决为主的表决方式

此后，构建人民代表大会制度的法律规范相继出台，延续了第一届政治协商会议的表决方式，以举手表决和无记名投票的方式为主。

中华人民共和国第一部宪法是以无记名投票方式产生的。1954 年 9 月 20 日下午，第一届全国人民代表大会首先通过了《中华人民共和国第一届全国人民代表大会第一次会议进行无记名方式投票办法》，并通过 35 名监票人员名单。接着执行主席在会上宣读《中华人民共和国宪法草案》全文，宣读完毕后，执行主席问代表们对定本有无意见，全场热烈鼓掌表示赞同。执行主席宣布将宪法草案提付表决。当日出席会议的代表总共 1197 人，发票 1197 张，投票 1197 张，同意票 1197 张，全票通过。[②]

1954 年宪法对全国人大及其常委会的职能作了详细的规定。第 27 条规定，全国人大有修改宪法、制定法律等 14 项职能。第 31 条规定，全国人大常委会有主持全国人大代表的选举等 19 项职权。第 29 条规定，宪法的修改由全国人大以全体代表的 2/3 的多数通过，法律和其他议案由全国人大以全体代表的过半数通过。1954 年宪法还规定国家主席、副主席等国家领导人由选举产生，但没有规定具体的投票表决方式。

1954 年 9 月 20 日，第一届全国人民代表大会第一次会议通过《中华人民共和国全国人民代表大会组织法》。第 13 条规定，全国人大进行选举和通过议案时，以无记名投票或者举手表决方式进行。但是什么情况下采用无记名投票，什么情况下举手表决，法律没有进行规定，给实践留下了很大的裁量空间。

1954 年 9 月 21 日，第一届全国人民代表大会通过的《中华人民共和国地方各级人民代表大会和地方各级人民委员会组织法》规定，县以上地方各级人大选举本级人民委员会组成人员和人民法院院长，采用无记名投票方式；乡、民族乡、镇人民代表大会选举本级人民委员会组成人员，可以采取举手方式。[③]

该法还规定，县级以上人大对本级的一府两院的人事选举采用无记名投票方式，基层人大进行人事选举可以采用举手方式。之所以按照行政级别分别规定不同的表决

---

① 参见张希坡《人民代表大会制度创建史》，第 584 页。

② 参见张希坡《人民代表大会制度创建史》，第 658 页。

③ 参见张希坡《人民代表大会制度创建史》，第 690 页。

方式，可能和当时我国普遍存在的公民文化素质不高、文盲的比例还较高有关。这个猜测可以在党和国家领导人的讲话中得到印证。

1951年2月28日，刘少奇在北京市第三届人民代表会议上发表讲话。针对北京市的选举实践，他指出，北京分级选举代表的方式是正确的和必要的。北京市在选举时，除了各学校因为选民全部识字，又有过多次选举经验，所以采取了无记名投票外，在其他地方大多采用了举手表决的方式。原因就是目前大多数人民群众文化水平还比较低，还不识字，也缺乏选举的经验，对选举的积极性和关心也还不充分。所以，北京实行的分级的选举方式是可行的，也是便利的。将来在做好各种准备工作后，中国多数的人民群众经过选举训练，并大体识字，能填写无记名选举票时，才能实行“普遍、平等、直接、无记名”的选举方式。①

1953年2月11日，邓小平在《关于“中华人民共和国全国人民代表大会及地方各级人民代表大会选举法”草案的说明》中提出，“根据我国当前的具体情况，规定一个真正民主的选举制度”。《选举法》规定，只在县级以上采用无记名投票方法，而在基层政权单位，则一般采用举手表决。对此，邓小平解释说，这是由我国目前的社会情况决定的，当前人民缺乏选举经验，文盲尚多。“如果我们无视当前社会情况、人民缺乏选举经验、文盲尚多等实际条件，勉强地去规定一些形式上很完备而实际上行不通的选举办法，其结果除了增加选举的困难和在实际上限制公民的选举权利之外，没有任何好处。”②

邓小平负责选举法的起草工作。选举法颁布后，刘少奇任中央选举委员会主席，他们都深度参与了新中国第一部选举法的建构过程，对中国国情的认识是客观的，采取的做法也是切实可行的。虽然是针对选举法的看法，但是囿于当时的客观情况，基层人大代表可能也有类似的困难，因此规定基层人大代表在选举本级政府组成人员时“可以采用举手表决的方式”（见表1）。

表1　新中国成立到1954年期间人大表决方式的选用情况

议决事项	表决种类	公开性或秘密性
全国人大进行选举	举手	公开
	无记名投票	秘密
全国人大通过议案	举手	公开
	无记名投票	秘密
乡、民族乡、镇人民委员会组成人员和人民法院院长选举	举手	公开

① 《刘少奇选集》下卷，人民出版社，1985，第54~56页。

② 中央人民政府法制委员会编《中央人民政府法令汇编（1953年）》，法律出版社，1982，第26页。

续表

议决事项	表决种类	公开性或秘密性
表决通过宪法	无记名投票	秘密
县级以上人民委员会组成人员和人民法院院长选举	无记名投票	秘密

“文化大革命”时期国家政治生活陷入混乱，人民代表大会制度也遭到破坏，甚至停止运行。这一时期没有出台规范人大表决方式的法律，至于选举怎么进行，是无记名投票还是举手表决；选举的规则是什么，是过半数当选还是其他，都没有规定。当然，这一期间，人民代表大会制度遭到严重破坏，各级人大的活动也基本停止了。

三　20世纪80年代至90年代确立了人大及其常委会表决制度

1982年12月4日，五届全国人大五次会议通过了《中华人民共和国宪法（1982年）》。第64条规定，宪法的修改由全国人大常委会或者1/5以上的全国人大代表提出，并由全国人大以全体代表的2/3以上的多数通过。法律和其他议案由全国人大以全体代表的过半数通过。这个规定和1954年宪法的规定是一致的，都没有明确修改宪法和法律采取怎样的表决方式。

宪法草案的投票表决过程体现了当时昂扬发展的民主新气象。1982年12月4日，五届全国人大五次会议采取无记名投票方式，正式通过了新修订的宪法。参加大会的代表共3040名，除3票弃权外，其余都投了赞成票。这三张弃权票让新华社的记者有了思想负担，认为过去为了强调团结一致，党和国家召开重要会议，通过一些重要决议、决定，都在新闻报道稿中写为“一致通过”，现在有了弃权票，怕如实刊发影响不太好。当他们向邓小平、胡耀邦汇报了情况后，得到“稿子原样发出”的指示，在国内外引起强烈反响，境外媒体把它视为“中国在邓小平先生领导下，改革、开放、建立民主政治的生动体现”。[①] 对弃权票的公布被视为政治开明的信号。

1982年颁布了《中华人民共和国全国人民代表大会组织法》（以下简称《全国人大组织法》），第18条规定，全国人大进行选举和通过议案，采用无记名投票、举手表决或者其他方式，具体方式由主席团决定。和1954年的《全国人大组织法》相比，1982年《全国人大组织法》明确了表决方式的抉择主体，就是由主席团决定具体的表决方式。

当时的全国人大常委会副委员长习仲勋在作《全国人大组织法》的法律案说明时特意就人大主席团的职权作了说明，并解释了草案规定人大主席团职权的原因。多年

① 李壹：《“两会”表决演变史：投豆豆到电子表决器》，《协商论坛》2014年第3期。

来全国人大的各项议案，主席团都做了一系列的工作，从把议案提交给代表团讨论，到修改、补充和形成相应的决议案，都起了非常重要的作用。人大主席团具备实践经验，草案也据此规定了主席团的职权，包括主持全国人大会议、提出候选人名单等，“这些规定，对保证大会顺利地、有效地进行工作，是需要的”。[①] 这一规定，为全国人大每次会议由主席团制定表决议案办法提供了法律依据。

1982 年修改了《中华人民共和国地方各级人民代表大会和地方各级人民政府组织法》，第 16 条规定，政府的组成人员由本级人大主席团或者代表联合提名，通过无记名投票方式选举产生。代表可以投赞成票、反对票，也可以另选他人或者弃权。

《中华人民共和国全国人民代表大会常务委员会议事规则》（以下简称《全国人大常委会议事规则》）于 1987 年 11 月 24 日颁布，在第五章专章规定“发言和表决”。第 33 条规定，常委会表决议案，采用无记名方式、举手方式或者其他方式。

《中华人民共和国全国人民代表大会议事规则》（以下简称《全国人大议事规则》）由第七届全国人民代表大会第二次会议于 1989 年 4 月 4 日通过。这部法律对人大表决方式作了详细的规定，很多有历史性突破。第 36 条规定，全国人大采用无记名投票方式进行选举或者决定任命。大会进行选举或者表决任命案的时候，设秘密写票处，并由会议主持人当场宣布选举或者表决结果，公布候选人的得票数。第 37 条、第 53 条规定了全国人大进行选举、决定任命、表决议案的投票表决方式。

《全国人大议事规则》对投票表决的事项进行了区分，规定宪法的修改采用投票方式；表决议案采用投票、举手或者其他方式；选举或者表决任命案，采用无记名投票，选举和决定任命的具体办法，由大会全体会议通过。表决议案的具体办法由大会主席团决定。这些制度规则对规制人大的议事程序起到了重大作用。《全国人大议事规则》第 24 条还规定，全国人民代表大会决定成立的特定的法律起草委员会拟订并提出的法律案的审议程序和表决办法，另行规定。1990 年关于《中华人民共和国香港特别行政区基本法（草案）》的审议程序和表决办法，1993 年《中华人民共和国澳门特别行政区基本法（草案）》的审议程序和表决办法，都是根据本条，由全国人民代表大会全体会议表决通过的。

全国人大代表的第一张反对票也是在这一时期产生的。1988 年 3 月 28 日，来自台湾地区的全国人大代表黄顺兴在七届全国人大一次会议会场发表意见，反对教科文卫委员会的主任委员的人选，认为应该让更多的年轻人为国家做事。这次大会上，黄顺

① 习仲勋：《全国人大常委会关于四个法律案的说明》，北大法宝法律数据库，http://www.pkulaw.cn/fulltext_form.aspx? Db=protocol&Gid=75e2e37bf83414ef5be49108dd2a97e1bdfb&keyword=%e5%9b%9b%e4%b8%aa%e6%b3%95%e5%be%8b%e6%a1%88&EncodingName=&Search_Mode=accurate&Search_IsTitle=0，最后访问日期：2020 年 2 月 23 日。

兴还提议设立“秘密投票处”，因为代表们的座位离得很近，可能被邻座看到投票结果。这个建议被采纳。①

此后，法律没有对人大及其常委会的表决方式作过重大调整。2009 年《全国人大常委会议事规则》作了修改，但没有对表决方式作出修改。实践中，从 20 世纪 80 年代末期起，全国人大及其常委会开始大量采用电子表决器的方式进行无记名投票。到今天，很多地方人大及其常委会也采用了电子表决器的表决方式。图 1 为全国人大及其常委会表决方式的法律规定变迁。

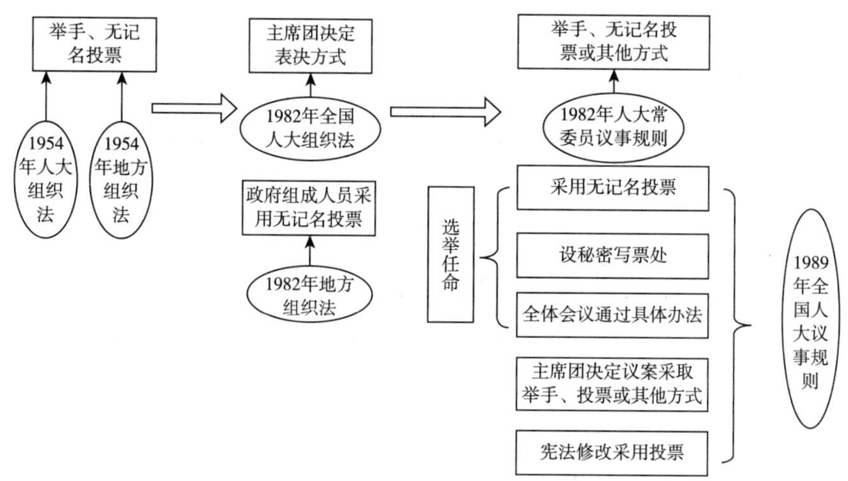

图 1　全国人大及其常委会表决方式的法律规定变迁

四　新的《全国人大议事规则》和《全国人大组织法》的相关规定

2021 年 3 月 11 日，全国人民代表大会作出了《关于修改〈中华人民共和国全国人民代表大会议事规则〉的决定》《关于修订〈中华人民共和国全国人民代表大会组织法〉的决定》。全国人大宪法和法律委员会发布的审议报告指出，这次的修改是非常有必要的，修正草案贯彻落实了习近平新时代中国特色社会主义思想，落实了宪法修改条文的具体部署，“体现深化党和国家机构改革新形势新任务新要求，总结人民代表大会制度实践的新经验新成果”。其中《全国人大议事规则》对修正草案共作了 16 处修改，其中实质性修改 4 处；《全国人大组织法》对修正草案共作了 16 处修改，其中实质性修改 9 处。

涉及全国人大表决方式的修改有以下几处。

第一，删除了由全国人大主席团决定投票表决方式的规定。原《全国人大组织法》

① 参见王尧《全国人大代表第一次公开说“我反对”》，《人民之友》2014 年第 9 期。

第 18 条规定，全国人民代表大会会议进行选举和通过议案，由主席团决定采用无记名投票方式或者举手表决方式或者其他方式。

第二，由法律统一规定了全国人大会议的表决方式。原《全国人大议事规则》第 53 条规定，会议表决议案采用投票方式、举手方式或者其他方式，由主席团决定。宪法的修改，采用投票方式表决。修改后的《全国人大议事规则》第 60 条第 1、2 款规定："会议表决议案采用无记名按表决器方式。如表决器系统在使用中发生故障，采用举手方式。""宪法的修改，采用无记名投票方式表决。"

第三，规定了全国人大主席团会议的表决方式。修改后的《全国人大议事规则》增加一款："预备会议、主席团会议表决的方式，适用本条第一款的规定。"即人大主席团会议的表决方式同大会表决议案的方式一致。

综合两部法律的规定，根据议决事项的不同，全国人大将采用如下表决方式，见表 2。

表 2　全国人大表决方式的最新规定

<table>
<tr><th>议决事项</th><th>表决方式</th></tr>
<tr><td>修改宪法</td><td>无记名投票</td></tr>
<tr><td>选举或者决定任命</td><td>无记名投票</td></tr>
<tr><td rowspan="2">表决议案</td><td>无记名按表决器</td></tr>
<tr><td>举手方式（表决器系统在使用中发生故障）</td></tr>
<tr><td rowspan="2">预备会议、主席团会议表决</td><td>无记名按表决器</td></tr>
<tr><td>举手方式（表决器系统在使用中发生故障）</td></tr>
</table>

此次修改对人大投票表决规则的影响主要有以下四点。其一，删除了由全国人大主席团决定表决方式的规定，由法律统一规定表决方式也体现了权威性，彰显了表决方式的重要宪法地位。其二，删除了投票表决可以采用"其他方式"的规定，确定全国人大的基本表决方式为无记名按表决器，选举、决定任命采用无记名投票，确保了投票表决方式的确定性和稳定性。其三，增加了人大预备会议、主席团的表决方式的规定，预备会议和主席团会议也受法定表决方式的规范，体现了立法的规范化和全面性。其四，《全国人大议事规则》和《全国人大组织法》对表决方式的立法用语进行了标准化，把原来的"投票方式""无记名投票方式""其他方式"等进行了合并和统一，把实践中已经广泛应用的"无记名按表决器"表决方式进行了立法确认，正式吸收为人大的基本表决方式。这些规定体现了我国立法技术的进步，也是我国进入精细化立法阶段的体现。

五　人大及其常委会投票表决有秘密性的特点

无论是无记名投票还是无记名按表决器都属于秘密投票方式，人大及其常委会议事主要是采用秘密表决方式，并设置秘密写票处，保证个人投票情况不为他人所知；禁止追查选票，并规定人大代表的投票免责权，保障投票情况不被事后追究。

（一）设置秘密写票处

1988 年第七届全国人大五次会议上，全国人大代表黄顺兴首先提出“设立秘密投票处”。他建议大会设立一些秘密写票点，以保证代表可以从容地行使自己的权利。①

1989 年 4 月 4 日，七届全国人大二次会议通过的《全国人大议事规则》第 36 条第 2 款就明确规定：“大会全体会议选举或者表决任命案的时候，设秘密写票处。”关于秘密写票处的规定是法律的一大进步，目的是要充分保证投票自由。1990 年 3 月 29 日通过的《第七届全国人民代表大会第三次会议选举和决定任免办法》，首次规定了“选举时设秘密写票处，以便代表写票”。实践中，全国人大在有选举议程时都会设立秘密写票处，有修改宪法议程时往往也设立秘密写票处。全国人大的表决办法规定设立秘密写票处的情况如表 3 所示。

表 3　全国人大表决办法规定设立秘密写票处情况统计

时间	大会	表决事项
2018. 03. 17	第十三届全国人民代表大会第一次会议	选举、决定任命
		宪法修正案
2013. 03. 10	第十二届全国人民代表大会第一次会议	选举、决定任命
2008. 03. 15	第十一届全国人民代表大会第一次会议	选举、决定任命
2005. 03. 08	第十届全国人民代表大会第三次会议	选举、决定任命
2004. 03. 04	第十届全国人民代表大会第二次会议	修改宪法
2003. 03. 10	第十届全国人民代表大会第一次会议	选举、决定任命
2001. 03. 09	第九届全国人民代表大会第四次会议	选举
1998. 03. 10	第九届全国人民代表大会第一次会议	选举和决定任命
1995. 03. 11	第八届全国人民代表大会第三次会议	选举和决定任命
1994. 03. 15	第八届全国人民代表大会第二次会议	选举

① 参见刘继兴《人大代表黄顺兴：曾投出全国人大第一张反对票》，人民网，http：//culture. people. com. cn/n/2014/0313/c172318-24628735. html，最后访问日期：2020 年 3 月 28 日。

续表

时间	大会	表决事项
1993. 03. 20	第八届全国人民代表大会第一次会议	选举和决定任命
1991. 04. 03	第七届全国人民代表大会第四次会议	选举
1990. 03. 29	第七届全国人民代表大会第三次会议	选举

资料来源："北大法宝法律数据库"，访问日期：2020 年 3 月 28 日。

实践中，秘密写票处面临着困境。法律规定了全国人大进行选举和决定任命时要设立秘密写票处，但是对秘密写票处的位置没有作统一规定。人民大会堂的秘密写票处在会场最后一排的小房间里，"如果你要去秘密写票，就要从座位上出来，一整排的人都要起身避让"。地方人大规定也不一致，据全国政协委员蒋洪的讲述，上海的秘密写票处在主席台的两侧，北京的秘密写票处在座位最后的房间里。[①] 还有的地方就在会场摆张桌子，四周都没有任何遮拦，就算秘密写票处了。

另外，由于没有强制规定到秘密写票处填写选票，选择去秘密写票处的人反而显得非常怪异。要从座位起身，可能要让一整排的人让出通道，然后再穿过会场，来到秘密写票间。秘密写票的目的是保密，起身去秘密写票间的动作无疑是最大的"泄密"，预示你将要投"与众不同"的票。因为没有强制大家一律进入秘密写票处填写，如果进入秘密写票处填写就会给人要投反对票的印象。这样，秘密写票就变成了公开投票。谁要进入秘密写票处就处于十分孤立的状况。特别是在人事选举的投票表决中，如果进入秘密投票处，就被认为不认可选票上的候选人，准备另选他人。在这种害怕遭到报复的心理作用下，谁也不愿意进入秘密投票处。"只要不强制性地要求所有投票者都一律进入秘密划票间，也就是要求谁也不能进入秘密划票间。"[②]

（二）保证事后无法查票

为了保证秘密投票的目的得以实现，除了采取无记名的投票方式，也要确保选票不被事后追查。全国人大及其常委会和地方各级人大及其常委会广泛采用电子表决器表决，也主要基于这一考虑。刚采用电子表决系统时，这套系统的总设计师林达亮向全国人民保证，谁也不能从这套系统里查出谁投的是什么票。他还说，从开始设计，人大常委会办公厅领导人就交代：这套系统必须是无记名的，不仅表决时查不出，表决之后也要查不出具体投票人。[③]

人大议事规则没有明确禁止查票，我国在建立选举制度时曾经作过明确规定。《中

① 参见蒋洪《为何没人到秘密写票处写票》，凤凰网，http：//news. ifeng. com/mainland/special/2014lianghui/riji/detail_2014_03/04/34409383_0. shtml，最后访问日期：2020 年 3 月 12 日。

② 王振耀：《迈向法治型选举的历史逻辑》，中国社会出版社，2002，第 201 页。

③ 参见李壹《"两会"表决演变史：投豆豆到电子表决器》，《协商论坛》2014 年第 3 期。

华人民共和国全国人民代表大会和地方各级人民代表大会选举法》于1979年7月1日通过，中共中央宣传部、民政部于1979年12月编写了《选举法宣传材料》，明确写道：无记名投票即指选民在选票上不署名和秘密地填写选票，可以保证选民自由地不受任何干涉地按照自己的意志进行选举。1979年12月，彭真在全国选举试点工作会议上发表讲话，对全国选举试点工作提出了几点意见，他说："选举要无记名投票，保证选民能够自由行使选举权利。""投票结束后，应把选票封存起来，不允许任何人查什么人投了谁的票，什么人没投谁的票，更不允许因此打击报复。"①《选举法》是规范选举全国人民代表大会和地方各级人民代表大会代表的法律，并不涉及全国人大及地方各级人大的议事规则，但全国和地方各级人大及其常委会普遍采取的也是无记名投票表决方式，禁止查票也是全国及地方各级人大投票表决中一贯遵守的基本规则。如今全国和地方各级人大及其常委会普遍采用了电子表决器表决，更能保证表决过程的秘密性，保护表决人的自由意愿。

随着社会主义法律体系的形成和完善，我国的立法工作已经由数量型转为质量型，精细化、高质量立法已成为普遍要求。回顾人大及其常委会议事规则的立法和实践发展的历史，对我们把握立法的方向有重要的借鉴意义。

① 彭真：《论新时期的社会主义民主与法制建设》，中央文献出版社，1989，第41~42页。

专　论

《奏谳书》“狱史阑案”的法律适用*

邬 勖**

摘 要：张家山汉简《奏谳书》“狱史阑案”在县吏审理、县吏内部议罪、皇帝最终判决三个阶段都出现了值得辨析的法律适用问题。县吏在法律依据不足的情况下，尝试扩张解释法律，并以高度抽象的方式运用成案，力图作出死罪或重罪判决，表现了强烈的有罪推定和入罪化倾向；皇帝则排除了基于成案得出的死罪定罪意见，作出了对嫌疑人来说几乎最为宽缓的量刑。该案所反映的基层权力与最高权力在处理普通案件，及最高权力在处理普通案件和政治大案上的理念冲突，堪称西汉早期刑事司法实践的复杂面貌的一个缩影。

关键词：奏谳书；狱史阑；法律适用；成案

汉高祖九年（前198）十一月，刘邦采纳娄敬“强本弱末”的建议，将六国旧贵族和豪杰名家十余万口迁徙至关中，齐国临淄县狱史阑即奉命护送田齐国族女子南前往长安。① 进入关中后，阑临时起意娶南为妻，并试图带她逃回临淄。他变造了南的形象和身份，让她躺在车中装病，企图蒙混通过函谷关，但被关吏识破。案件由函谷关移交给其所在的胡县（在今河南灵宝市）审理，② 县吏对阑提出了两种定罪方案而无法决断，遂于次年（前197）七月将案件上谳，经廷尉奏至皇帝，获得了刘邦作出的最终判决。③ 其案卷被当时人编纂并收入供官吏学习狱讼事务的案例集《奏谳书》，于1983年出土于湖北省江陵县（今荆州市）的张家山247号墓。

自1993年该案例文本初次发表以来，学者多已就其法律适用问题作了两方面的讨

* 本文系国家社会科学基金重大项目“甲、金、简牍法制史料汇纂通考及数据库建设（20&ZD180）”的阶段性成果。本文撰写时蒙河南大学宋洁先生提出宝贵意见，特表谢意。

** 邬勖，华东政法大学法律古籍整理研究所助理研究员。

① 李学勤和彭浩先生都已对此案的政策背景作过阐述。参见李学勤《〈奏谳书〉解说》（上），《文物》1993年第8期；彭浩《谈〈奏谳书〉中的西汉案例》，《文物》1993年第8期。

② 张家山汉简《二年律令》简215云：“都官自尉、内史以下毋治狱，狱无轻重关于正；郡关其守。”规定都官不得审理刑事案件，函谷关将本案移交给胡县审理可能就是这一规定的具体实施。

③ 该案末尾记录此最终判决云：“太仆不害行廷尉事，谓胡啬夫：谳狱史阑，谳固有审，廷以闻，阑当黥为城旦，它如律令。”表明该最终判决是通过“廷以闻”的方式获得的。李安敦和叶山指出，“廷以闻”是“廷尉以闻”的简称，指廷尉将案件报告给皇帝。拙文则已讨论“廷以闻”标志着该案的判决是皇帝亲自作出，廷尉机关只是负责下达该判决。参见 Anthony J. Barbieri-Low，Robin D. S. Yates，*Law*，*State*，*and Society in Early Imperial China*，Volume 2，Leiden Boston：Brill，2015，p. 1206；邬勖《汉简〈奏谳书〉“狱史阑案”与刘邦击陈豨之战》，《文汇报》2021年1月14日，第12版。

论：一是其议罪和最终判决具体适用了何种法律，二是其议罪时所援引的“人婢清”成案的含义和功能究竟如何，并产生了相当大的歧异。① 对于观察承秦余弊的西汉初期的司法实践来说，对于理解成案在中国成文法制早期阶段的法律适用中的功能、效力及其演变脉络来说，本案都是极为难得的填补年代缺环的一手真实材料，值得我们在前人成果的基础上，以更为严格审慎的分析方法，充分利用近年来发表的新材料，继续发掘本案的价值。

本案遵循了秦汉时期一般的诉讼程序和审理方式。胡县官吏首先通过讯问获取了嫌疑人阑所认可的案情事实，接下来就将该事实与其自认为应适用的法律相对应，通过“诘”（追问）的方式，逼迫嫌疑人认罪；随后县吏在定罪问题上发生分歧，双方各执己见展开议罪；案件作为“疑狱”上谳后，最终由皇帝刘邦给出了明确的量刑指示。在县吏与嫌疑人的论辩、县吏内部的论辩、皇帝的最终判决三个场景中，审判者分别是如何适用法律的？以下即对这一过去颇有分歧的问题重作辨析。

一 “从诸侯来诱”指控引发的论辩

与一般案件不同，本案的嫌疑人阑是一位担任“狱史”的专业司法官吏，② 因此他对县吏指控的抗辩表现了高度的策略性，③ 具体如下。

> ·诘阑：阑非当得取（娶）南为妻也，而取（娶）以为妻，与偕归临菑（淄），是阑来诱及奸；南亡之诸侯，阑匿之也，何解？阑曰：来送南而取（娶）为妻，非来诱也。吏以为奸及匿南，罪，毋解。④

如上，胡县官吏指控阑构成三项犯罪：“来诱”“奸”“匿”，阑认可了后两项，而

① 参见李学勤《〈奏谳书〉解说》（上），《文物》1993 年第 8 期；彭浩《谈〈奏谳书〉中的西汉案例》，《文物》1993 年第 8 期；高恒《秦汉简牍中法制文书辑考》，社会科学文献出版社，2008，第 348～351 页；朱潇《从〈奏谳书〉看汉代法律的推理方式》，《兰台世界》2014 年第 8 期；赵科学《张家山汉简〈奏谳书〉研究》，硕士学位论文，安徽大学，2005，第 32～33 页；高晓荣《秦汉时期“强干弱枝”政策考论》，《齐鲁学刊》2014 年第 3 期；Anthony J. Barbieri-Low，Robin D. S. Yates，*Law*，*State*，*and Society in Early Imperial China*，Volume 2，p. 1196；〔日〕池田雄一编《『奏谳书』——中国古代の裁判记录》，刀水书房，2002，第 56 页；齐伟玲《秦汉刑事法律适用研究》，北京大学出版社，2018，第 139～178 页；刘欣宁《秦汉律令中的婚姻与奸》，载《中央研究院历史语言研究所集刊》第九十本第二分，2019 年 6 月，第 201 页。

② 关于“狱史”在法律方面的职务和专业技能，可参见〔日〕水间大辅《秦汉时期县狱史的职责》，载王沛主编《出土文献与法律史研究》第 1 辑，上海人民出版社，2012，第 203～230 页。

③ 李安敦、叶山已敏锐地指出了这一点。参见 Anthony J. Barbieri-Low，Robin D. S. Yates，*Law*，*State*，*and Society in Early Imperial China*，Volume 2，p. 1196。

④ 彭浩、陈伟、〔日〕工藤元男主编《二年律令与奏谳书》，上海古籍出版社，2007，第 339 页。

否认了第一项。我们首先来分析双方共同认可的两项指控。

（一）“奸”

此处的“奸”指非法性关系，[①] 其对应的行为是“阑非当得娶南为妻也，而娶以为妻”。此项定罪的大前提——“非当得娶”的法律判断是如何证立的，案例原文并未交待，我们只能推测大概县吏认为阑作为“吏”在执行护送南的公务中与护送对象结婚是不适当的，这有点类似唐律中“监临之官娶所监临女”的“违律为婚”。至于将“非当得娶”即非法婚姻认定为“奸”，县吏的依据也可推知，试看以下几条：

> 廿六年十二月戊寅以来，禁毋敢谓母之后夫叚（假）父，不同父者毋敢相仁（认）为兄、姊、弟。犯令者耐隶臣妾而毋得相为夫妻，相为夫妻及相与奸者，皆黥为城旦舂。[②]（《岳麓书院藏秦简（伍）》简 001-002）
>
> 奴取（娶）主、主之母及主妻、子以为妻，若与奸，弃市，而耐其女子以为隶妾。其强与奸，除所强。[③]（《二年律令》简 190）
>
> 同产相与奸，若取（娶）以为妻，及所取（娶）皆弃市。其强与奸，除所强。[④]（《二年律令》简 191）

在这些条文中，非法婚姻均与“奸”列于同款，适用同一法律后果，可以说这二者在当时的法律上是一组同位概念，胡县官吏将“非当得娶南为妻也，而娶以为妻”认定为“奸”的理由应即在此。以上三条中非法婚姻双方均是特殊主体，而像阑和南这样不具有血缘、主臣关系的一般主体间的非法婚姻，迄今尚未见专门规制的条文，但从非法婚姻与“奸”的同位关系来看，其法定刑应与一般主体之间的“奸”相同，即“完为城旦舂”或“耐为隶臣妾”，[⑤] 其中前者为“与人妻和奸”的罚则，刘欣宁则

① 这个“奸”，高恒认为指“以诡诈狡猾方式犯罪”，朱潇认为当理解为“坏事”，指阑用假证件携带南试图蒙混出关的行为。然而刘欣宁指出：“简牍、石刻等出土材料中‘奸’‘姦’二字并未混用，凡论及男女私通皆用‘奸’字，无涉男女之事则用‘姦’字。”今案睡虎地秦简中确有“奸”指“坏事”之例，但在张家山汉简以后的汉代出土材料中，刘说堪称的论，将“奸”理解为“坏事”难以成立。参见高恒《秦汉简牍中法制文书辑考》，第 351 页；朱潇《从〈奏谳书〉看汉代法律的推理方式》，《兰台世界》2014 年第 8 期；刘欣宁《秦汉律令中的婚姻与奸》，载《中央研究院历史语言研究所集刊》第九十本第二分，2019 年 6 月，第 227 页。

② 陈松长主编《岳麓书院藏秦简（伍）》，上海辞书出版社，2017，第 49 页。

③ 彭浩、陈伟、〔日〕工藤元男主编《二年律令与奏谳书》，第 166 页。

④ 彭浩、陈伟、〔日〕工藤元男主编《二年律令与奏谳书》，第 166 页。

⑤ 秦汉时期一般主体之间的“奸”，迄今可见有两种法律规定：一是《二年律令》简 192：“诸与人妻和奸，及其所与，皆完为城旦舂。其吏也，以强奸论之”，又载悬泉汉简Ⅱ90DXT0112②：8：“诸与人妻和奸，及所与，若为通者，皆完为城旦舂。其吏也，以强奸论之。其夫居官……”（《文物》2000 年第 5 期，第 31、36 页）；二是《奏谳书》“女子甲和奸案”所引用的一条“故律”：“奸者，耐为隶臣妾。”另外，《岳麓书院藏秦简（叁）》“田与市和奸案”中，田与女子市和奸而被判处耐为隶臣。

指出后者应是“与无夫者和奸之罚则”。[①] 案《二年律令》已明确规定：“诸与人妻和奸……其吏也，以强奸论之”（简192），又“强与人奸者，府（腐）以为宫隶臣”（简193），若南已是人妻的话，身为“吏”的阑就将以“强奸”论处，而其法定刑“腐以为宫隶臣”却在案例全文中未得到丝毫体现，可见南应是无夫之女，阑与南的“奸”在县吏看来自然应处“耐为隶臣妾”。

（二）“匿”

其所对应的行为是“南亡之诸侯，阑匿之”。因为南是“亡之诸侯”的罪人，故阑将她藏匿在车中并变造其形象和身份的行为即构成“匿罪人”，规制此行为的“正条”载于张家山汉简《二年律令》简167。

> 匿罪人，死罪，黥为城旦舂，它各与同罪。[②]

这应是对秦律“主匿黥为城旦舂以下到耐罪，各与同瀍”（《岳麓书院藏秦简（肆）》简016）的继承。其后县吏在议罪时直接将阑匿南的行为表述为“匿黥城旦舂罪”，可知“亡之诸侯”应处“黥城旦舂”，[③] 阑当与南“同罪”，自然就应处“黥为城旦舂”。

阑直接认可了“奸”和“匿”的指控，一来是因为其事实确凿无可抵赖，二来也是因为“奸”和“匿”都罪不至死。相比之下，“来诱”的后果就要严重得多了。

（三）“来诱”

这是下文县吏议罪时所讲的“从诸侯来诱”的简称，其所对应的行为是“与偕归临淄”，即阑携带南一同返回齐国。案《二年律令》简3云：

> ▨来诱及为间者，磔。亡之▨[④]

整理小组认为该简残失部分可参考本案“及从诸侯来诱也”“以亡之诸侯论”，[⑤] 陈苏镇进一步指出根据本案可将该简补为“从诸侯来诱及为间者，磔。亡之诸侯”，[⑥] 其说

① 参见刘欣宁《秦汉律令中的婚姻与奸》，载《中央研究院历史语言研究所集刊》第九十本第二分，2019年6月，第229页。

② 彭浩、陈伟、〔日〕工藤元男主编《二年律令与奏谳书》，第157页。

③ 参见 Anthony J. Barbieri-Low，Robin D. S. Yates，*Law*，*State*，*and Society in Early Imperial China*，Volume 2，p. 1196。

④ 彭浩、陈伟、〔日〕工藤元男主编《二年律令与奏谳书》，第90页。

⑤ 参见张家山二四七号汉墓竹简整理小组《张家山汉墓竹简》（二四七号墓），文物出版社，2001，第134页。

⑥ 陈苏镇：《汉初王国制度考述》，《中国史研究》2004年第3期。

皆确。又如前所述，从本案可知“亡之诸侯”的法定刑就是“黥为城旦舂”，至此，可将该简文补完为：

> 从诸侯来诱及为间者，磔。亡之诸侯，黥为城旦舂。

“从诸侯来诱”应处以极其严重的死刑“磔”（其刑等与腰斩相仿佛，重于弃市），这就是阑坚决否认此项指控的缘由所在。阑抗辩道：“来送南而娶为妻，非来诱也”，意思是自己从齐国来到汉朝是为了护送南，而非引诱南去齐国。

若坚守文义解释方法，则阑的主张无疑是极得要领的，因为律文“从诸侯来诱”已明确了此行为必须从一开始即具有犯意，而阑进入汉朝后临时起意带南回齐国的情形明显与之不符。阑的抗辩体现了娴熟的法律技巧，其时一定让胡县官吏始料未及，他们因而改变策略，展开第二轮“诘”，放弃了将“与偕归临淄”认定为“来诱”，转而抓住“娶为妻”作为突破点，如下：

> ·诘阑：律所以禁从诸侯来诱者，令它国毋得取（娶）它国人也。阑虽不故来，而实诱汉民之齐国，即从诸侯来诱也，何解？阑曰：罪，毋解。[①]

彭浩等指出：“前一个它国，指汉以外的国。后一个它国，疑指前一个它国之外的国。”[②] 所谓“令它国毋得娶它国人”，意为诸侯国人不能娶包括汉朝在内的其他国的女子。[③] 刘欣宁已指出，“此一嫁娶禁令乃是审讯者推论‘禁从诸侯来诱’之法意而来”，[④] 分析起来，这实际上是县吏揣度“从诸侯来诱律”的立法目的而对该律所作的扩张解释，将诸侯国人娶它国女子也纳入“来诱”的行为模式中。按照此扩张解释，阑与南结婚的行为可直接认定为“实诱汉民之齐国”，这就绕开了“不故来”即阑并未带着犯意来到汉朝所造成的涵摄障碍。

在今天看来，县吏基于扩张解释所作的新的“来诱”指控显然只是一番强词夺理，

---

① 彭浩、陈伟、〔日〕工藤元男主编《二年律令与奏谳书》，第 339 页。

② 彭浩、陈伟、〔日〕工藤元男主编《二年律令与奏谳书》，第 340 页。

③ 或认为南正处于迁徙途中，未作户籍登记，尚非真正的汉民，因为此故，阑不能以“从诸侯来诱”论磔。参见赵科学《张家山汉简〈奏谳书〉研究》，硕士学位论文，安徽大学，2005，第 33 页；高晓荣《秦汉时期“强干弱枝”政策考论》，《齐鲁学刊》2014 年第 3 期。今案，阑始终未就南是不是汉民提出异议，即便在县吏明确指控其“实诱汉民之齐国”及指出南“亡之诸侯”时也是如此，由此可见，南在迁徙时已为汉民并无疑义。

④ 刘欣宁：《秦汉律令中的婚姻与奸》，载《中央研究院历史语言研究所集刊》第九十本第二分，2019 年 6 月，第 204 页。

但在当时“强职权主义”的诉讼模式下，孤身面对司法威权的阑只能被迫以“罪，毋解”的口供认罪。我们不知道他是否像《奏谳书》“讲乞鞫不盗牛案”中讲的那样遭受了惨毒的刑讯，但由下文可知，这种“锻炼成狱”的认罪口供即便在县吏内部也未获得一致认同。接下来，县吏就分化为两个阵营，就阑的定罪量刑展开议罪。

二 “人婢清”成案的运用尝试及其失败

在议罪阶段，县吏的一方坚持“从诸侯来诱”的定罪意见，但援引了一件成案与阑的情形进行类比。仔细剖析可知，这一意见实际上放弃了基于扩张解释的“非当得娶而娶”，而转回将“偕归临淄”涵摄于“来诱”的路径上来。

·人婢清助赵邯郸城，已即亡从兄赵地，以亡之诸侯论。今阑来送者，即诱南。·吏议：阑与清同类，当以从诸侯来诱论。[①]

县吏引用的“人婢清”一案，彭浩认为即典籍中的“决事比”，[②] 李学勤认为是成案，也就是《刑法志》所讲的“比，以例相比况也”的“比”，[③] 蔡万进也有同样的看法，并认为该案中的“助赵邯郸城”可能与《高帝纪》所载高祖六年冬十月“令天下县邑城”有关，[④] 其说均近是。不过如下所述，该案只是一件普通的成案，并非具有法定可比照适用效力的“决事比”，另外其年代也可商榷。[⑤] 不过，“同类”一词已清楚地表明，持此意见的县吏是在运用类推方法，将“阑案”类比“人婢清”成案来适用法律。问题在于：清是“以亡之诸侯论”的，而类推的结论却是“今阑来送者，即诱南”，即阑构成“从诸侯来诱”罪，二者的行为模式截然不同，那么县吏究竟是从何角度作此类比的？

学者已对“人婢清案”提出过不同的理解。[⑥] 从语法角度细析其文本，“城”用为动词“筑城”，“从”意为跟随，“已”意为完成，“兄”为“从”之宾语，“赵地”则

① 彭浩、陈伟、〔日〕工藤元男主编《二年律令与奏谳书》，第339页。

② 参见彭浩《谈〈奏谳书〉中的西汉案例》，《文物》1993年第8期。

③ 参见李学勤《〈奏谳书〉解说》（上），《文物》1993年第8期。

④ 参见蔡万进《张家山汉简〈奏谳书〉研究》，广西师范大学出版社，2006，第69页。

⑤ 人婢清为汉民，而为赵国筑城，此事恐怕并非为异姓诸侯张敖，而更可能是为了高祖幼子赵王如意。案汉九年正月封如意为赵王（《汉书·高帝纪》），人婢清案应发生于稍晚。

⑥ 参见〔日〕池田雄一编《『奏谳书』——中国古代の裁判记录》，第56页；赵科学《张家山汉简〈奏谳书〉研究》，硕士学位论文，安徽大学，2005，第33页；张功《秦汉逃亡犯罪研究》，湖北人民出版社，2006，第251页；高恒《秦汉简牍中法制文书辑考》，第350页；朱潇《从〈奏谳书〉看汉代法律的推理方式》，《兰台世界》2014年第8期；Anthony J. Barbieri-Low，Robin D. S. Yates，*Law*，*State*，*and Society in Early Imperial China*，Volume 2，p. 1201。

为"从"的地点状语，因此其含义应解说为"人婢清帮助赵国邯郸筑城，劳役完成后，即逃亡并投奔其在赵国的哥哥，而以'亡之诸侯'罪被判决"。李安敦、叶山引 Lau 和 Ludeke 说，指出县吏将"阑案"类比"人婢清案"的理由在于：清一开始是在合法的服役中来到赵国，随后才逃亡的，而阑同样一开始是在迁徙南的合法活动中去往长安，随后才折返并与南一起逃亡的。[①] 刘欣宁也说："因阑并非为诱而来，而是为公务而来，其后才引汉民之诸侯国……人婢清并非为逃亡而前往诸侯国，而是因公务前往诸侯国，其后才逃亡，但仍以'亡之诸侯'论处，阑与之情形相仿。"[②] 皆甚确。质言之，犯意的产生阶段是县吏类比此两案的角度所在，其推理可表述为：阑在进入汉朝领土后才产生犯意，正如清在进入诸侯国领土以后才产生犯意，既然犯意的后起不妨碍清构成"亡之诸侯"，那么也不应妨碍阑构成"从诸侯来诱"。在这里，"人婢清案"只是县吏用来认定事实的类比对象，而非判决的直接依据。[③] 根据这一定罪意见，阑应以"从诸侯来诱"论处死刑"磔"，并当然吸收"奸"和"匿"。

县吏的另一方则接受了阑的抗辩，主张只按"奸"和"匿"二罪来论处。

·或曰：当以奸及匿黥城旦舂罪论。[④]

如前所述，阑的"奸"应处"耐为隶臣妾"，至于"匿黥城旦舂罪"则要"与同罪"，论为"黥为城旦舂"。目前并不清楚这种两项实质犯罪（相对诬告反坐等情形而言）的并罚规则，[⑤] 但据常理，毫无疑问其处刑不会低于其中较重一罪的法定刑"黥为城旦舂"。

案件上谳后，刘邦作出了如下最终判决。

阑当黥为城旦，它如律令。[⑥]

遗憾的是，现存简文只保存了此判决的量刑而省略了定罪方案，可以明确的是皇

① Anthony J. Barbieri-Low, Robin D. S. Yates, *Law, State, and Society in Early Imperial China*, Volume 2, p. 1205.

② 刘欣宁：《秦汉律令中的婚姻与奸》，载《中央研究院历史语言研究所集刊》第九十本第二分，2019 年 6 月，第 201 页。

③ 或认为本案中判决者引用了"人婢清"成案作为判决依据，并据此认为像"人婢清案"这样的"比"具有与律令相同的法律效力。参见闫强乐《汉代廷尉考论》，硕士学位论文，兰州大学，2018，第 89 页。

④ 彭浩、陈伟、〔日〕工藤元男主编《二年律令与奏谳书》，第 339 页。

⑤ 参见李婧嵘《秦汉法律中的罪数形态及处罚原则》，《古代文明》2019 年第 3 期。

⑥ 彭浩、陈伟、〔日〕工藤元男主编《二年律令与奏谳书》，第 339 页。

帝排除了“从诸侯来诱”罪名，[①] 也没有按照“奸”一罪来论处。我们只能推测其定罪路径有多种可能：第一是按照“匿”一罪来论处，第二是采纳了县吏的“奸”和“匿”二罪并罚的定罪方案，第三是在“奸”和“匿”之外选择了其他罪名，第四是绕开成文法为阑特别作出了“权断”。[②] 其中第一种可能最具直接性，它甚至否定了县吏“阑非当得娶南为妻”的判断，认为阑和南的婚姻并不构成“奸”。不论如何，以下这一点是明白无误的：县吏基于“人婢清”成案的类比而将阑定为“来诱”重罪的尝试遭到了刘邦的否定，即便它的结果更能顺应刘邦本人确立的“强本弱末”的重大国策。

三　成案运用的思考与启示

“狱史阑案”是迄今已知的唯一一件在审判中援引成案的汉初案例。根据上文的分析，一方面，县吏对“人婢清”成案的运用表现为一种“从成案中归纳、抽象出新的原则，再适用于问题案件”[③] 的形式，其运用方式具有高度的抽象性；另一方面，即便该成案的运用更能迎合重大国策，最终却仍不免被最高权力直接拒绝，其个中缘由，我们认为可从两个方面来考虑。

（一）“人婢清”成案运用受阻，可能是由于其法律效力未经明确

在秦汉时期，已判决的成案并不当然获得审判规范的效力，而是要经过特定程序来明确。欧扬曾指出：“官吏不能随意在决狱时援引普通的成案文书，只能援引中央认定的比类法律”，[④] 所论甚确，但未及详加论证。故以下举出具体案例说明这一问题。

秦代的成案，为人所熟知者是睡虎地秦简《法律答问》中的“廷行事”和“行事”，所谓“廷行事”即廷尉的“行事”。[⑤] 但成案的实际运用，目前仅见张家山汉简《奏谳书》中的秦代“攸县守庫释纵罪人案”一例。秦灭楚后不久，原为楚地的苍梧郡攸县利乡爆发反叛，该县的新黔首（新征服的百姓）被征发前往平叛，战败后，他们

---

① 齐伟玲认为，《二年律令》“从诸侯来诱及为间者，磔”所针对的是一种危害国家安全的使人叛国的行为，本案的“从诸侯来诱”与之不同，其法定刑应与岳麓秦简（肆）简牍 102 的“道徼中蛮夷来诱者，黥为城旦舂”的刑罚相当。参见齐伟玲《秦汉刑事法律适用研究》，第 175 页。今案，此说似较迂曲，“从诸侯来诱”既为法律上的固定概念，则似不应有二解。

② 关于最终判决“黥为城旦”的依据，彭浩认为是适用了“娶亡人为妻，黥为城旦”律；饭尾秀幸、高恒都认为是采纳了县吏的后一种意见即“以奸及匿黥舂罪”；齐伟玲认为阑成立“从诸侯来诱”罪，处“黥为城旦舂”，成立“奸”罪，处“赎城旦舂”，不成立“匿罪人”罪或最多成立处“系城旦舂”刑或“耐”刑的匿罪人之罪。参见彭浩《谈〈奏谳书〉中的西汉案例》，《文物》1993 年第 8 期；高恒《秦汉简牍中法制文书辑考》，第 351 页；齐伟玲《秦汉刑事法律适用研究》，第 176 页。

③ 王志强：《清代国家法多元差异与集权统一》，社会科学文献出版社，2017，第 158 页。

④ 欧扬：《岳麓秦简所见秦“比行事”初探》，载中国文化遗产研究院编《出土文献研究》第 14 辑，中西书局，2015，第 72 页。

⑤ 参见于豪亮《于豪亮学术文存》，中华书局，1985，第 131 页；陈公柔《先秦两汉考古学论丛》，文物出版社，2005，第 180 页。

畏罪携带兵器大量逃入山中，立场摇摆不定。值此危急之秋，新上任的攸县守令㢘向秦始皇上书请求法外开恩，减轻战败新黔首的罪责，却被南郡派来的调查官吏指控不依法令办事，而试图"释纵罪人"。于是㢘与调查官吏展开了如下的论辩。

㢘曰：闻等，上论夺爵令戍。今新黔首实不安辑，上书以闻，欲陛下幸诏㢘以抚定之，不敢择（释）纵罪人。毋它解。·诘㢘：等虽论夺爵令或〈戍〉，而毋法令，人臣当谨奏〈奉〉法以治。今㢘绎（释）法而上书言独财（裁）新黔首罪，是㢘欲绎（释）纵罪人明矣。[①]

这里的两个"等"字都意为"同类情形"。里耶秦简文书9-2283云："它等未毄（系），去亡，其等皆狱迁陵"，[②] 意为：它（人名）等人未被羁押而逃亡，与其同类的情形一律都在迁陵县立案审理。《岳麓书院藏秦简（伍）》简090："制曰：此等令各请属所执法，执法请之"，[③] 肩水金关汉简73EJT31：163载《功令》："诸自占功劳，皆讫其岁，与计俱。初视事若有物故后，其等，不上功，来岁并数上"，[④] 也都是在这个意义上使用"等"字的。

秦代法律和文书中，多见"有等，比""它有等，比"一类的格式语，如：

……死，皆毋（无）父母、妻子、同居责（债）殹（也），出之。有等比。[⑤]（《岳麓书院藏秦简（肆）》简288）

☐□子传丞相启上少府守嘉书言：北宫干官偕为军治粟，少府属卒史不足，☐攻（功）次，为置守如从军者。它有等比。□报，追。[⑥]（里耶秦简9-897+9-939）

① 彭浩、陈伟、〔日〕工藤元男主编《二年律令与奏谳书》，第364~365页。本文引用时对句读有所调整。

② 陈伟主编《里耶秦简牍校释》第2卷，武汉大学出版社，2018，第448页。

③ 陈松长主编《岳麓书院藏秦简（伍）》，第69页。

④ 此条整理者释文作："诸自言功劳皆证其岁与计俱新视事若有相前后其等不上功来岁并数上"，张俊民修订释读为"诸自占功劳，皆讫其岁，与计俱。初视事，若有物故，后其等，不上功；来岁，并数上"，徐世虹又调整其句读为"诸自占功劳，皆讫其岁，与计俱。初视事若有物故后其等，不上功，来岁并数上"，但未对"其等"作出解释。参见徐世虹《肩水金关汉简〈功令〉令文疏证》，载中国文化遗产研究院编《出土文献研究》第18辑，中西书局，2019，第229~241页。今案，所谓"其等"实是泛指与"初视事"和"有物故后"（因故延后）两种情形同类的其他情形，故可断读为"初视事若有物故后，其等，不上功"。

⑤ 陈松长主编《岳麓书院藏秦简（肆）》，上海辞书出版社，2015，第190页。

⑥ 陈伟主编《里耶秦简牍校释》第2卷，第221页。

欧扬已指出，“有等比”“它有等比”意为其他官署遇到等同情况须比照此事处置，含有这类格式语的法律即《岳麓书院藏秦简（伍）》066—068条令文所讲的与律令并列的“比行事”,[①] 其说可从。[②]“有等，比”的同类用语还见于《汉书·文帝纪》所载文帝后七年（前157）遗诏：

它不在令中者，皆以此令比类从事。[③]

颜师古注：“言此诏中无文者，皆以类比而行事。”[④]《史记》载此句作“佗不在令中者，皆以此令比率从事”。[⑤] 明确规定本令可以“比类从事”“比率从事”，所谓“比类”“比率”即比照之意。凡以此类用语结尾的法律，即为法定可类推适用的法律（可以是法条或成案）,[⑥] 其性质与明清时期的“比附律条”“比引律条”有异曲同工之妙。所谓“比行事”，就是法定可比照的“行事”，亦即可类推适用的成案。[⑦]

在“攸县守庫释纵罪人案”中，庫所援引的“等”也是一种与他自己所面临的情形同类的成案，该成案的处理结果是“上论夺爵令戍”，即君主特别下令不对某次战败者适用“新黔首遇群盗去北令”和“儋乏不斗律”论处腰斩，而只剥夺其爵位并充为戍卒。但是，这个“夺爵令戍”的成案并未以“有等，比”一类的格式语确立为可“比”的成案，调查官吏即抓住这一点，驳斥庫说：“等虽论夺爵令戍，而毋法令”，明确指出这个“夺爵令戍”的“等”并非“法令”。他们还补充道：“人臣当谨奉法以治”，明确主张人臣只能严格依照法律办事。庫最终被以“释纵罪人律”论处，可见效力未经明确的成案在秦代受到司法体制的断然拒斥。

不独秦代如此，直至西汉后期，未经明确可“比”的成案依然不具有当然的法律

① 参见欧扬《岳麓秦简所见秦“比行事”初探》，载中国文化遗产研究院编《出土文献研究》第14辑，第70、74页。

② 顺带一提，欧扬认为“比行事”简称为“比”。学者过去也多认为秦汉时期的“比”有两义，一作动词用，指司法类推行为；二作名词用，即则例、故事。参见欧扬《岳麓秦简所见秦“比行事”初探》，载中国文化遗产研究院编《出土文献研究》第14辑，第70页；徐世虹主编《中国法制通史·战国秦汉卷》，法律出版社，1999，第287页。今案，此两说似均可商。细绎秦汉之际的大量词例，可发现包括“比行事”在内的“比”都可作动词来理解，但其演化为表示则例、故事的专有名词，应是晚至西汉中期以后的事了。

③ （汉）班固撰《汉书》第1册，中华书局，1962，第132页。

④ （汉）班固撰《汉书》第1册，第134页，注17。

⑤ （汉）司马迁撰《史记》第2册，中华书局，1959，第434页。

⑥ 陈鸣将秦汉的“比”分为“律令之比”和“决事比”两种。参见陈鸣《秦汉比考论》，硕士学位论文，西南政法大学，2012，第5~20页。

⑦ 陈伟赞同周海锋、吴雪飞说，认为“比行事”是“比”（决事比）和“行事”的合称，读者可以注意。参见陈伟《“有等比”与“比行事”》，载《“东亚古代文字资料研究的现在与未来”国际学术会议论文集》，韩国庆北，2020年11月，第332~333页。

效力。《汉书·翟方进传》载成帝鸿嘉二年（前19）时事云：

> 司隶校尉陈庆劾奏方进，没入车马。既至甘泉宫，会殿中，庆与廷尉范延寿语，时庆有章劾，自道：“行事以赎论，今尚书持我事来，当于此决……”方进于是举劾庆曰：“……庆有罪未伏诛，无恐惧心，豫自设不坐之比。”[①]

如上，陈庆认为自己的过错可比照“以赎论”的“行事”来以赎罪处理，而遭翟方进指责为“豫自设不坐之比”。所谓“自设比”，即擅自将未经明确可“比”的成案当作“比行事”“决事比”那样的可“比”的成案来运用。翟方进的指控反映了这一时期，立法确认至少在形式上依然是成案获得法律效力的要件，虽然陈庆提出的主张暗示着实践中这一原则可能已有所松动。

回过头来看“阑案”，县吏所援引的“人婢清”成案并未直接显示其具有可“比”的效力，它确实可能只是一件普通的“行事”，刘邦拒绝运用该成案的缘由或即在此。若是，则秦代“庳案”、汉初“阑案”和西汉后期的“陈庆案”正可构成一个历时性的材料链条，足以说明成案的效力须经立法明确的原则曾长期存续。

（二）“人婢清”成案运用受阻，也可能与其过于抽象的运用方式有关

如前所述，该成案在县吏的法律论证中的作用是：先从中抽象出“犯意的发生阶段不影响犯罪构成”的原则，再将该原则适用于界定狱史阑的行为，这种“已决行为—原则—待决行为”的抽象的类推可能并不属于当时人们所理解的“比”。[②]

与此形成对照的是，武威磨嘴子十八号汉墓出土“王杖诏书令”所附载的一件西汉后期诏决案例对成案的运用方式，则体现为典型的“已决行为—待决行为”的具体而直接的类推。

> ·汝南太守潚（谳），廷尉：“吏有殴辱受王杖主者，罪名明白。”制曰：“潚（谳）何？应论弃市。云阳白水亭长张熬坐殴抴（曳）[③]受王杖主，使治道，男子王汤告之，即弃市。”[④]（王杖诏书令“第七”至“第九”）

---

① （汉）班固撰《汉书》第11册，中华书局，1962，第3412页。

② 宋洁先生与作者交流时提出，刘邦之所以不采纳类推“人婢清”成案的判决意见，原因不在于该成案的效力问题，而在于其类推形式过于抽象复杂，导致其说服力受到影响。其说对本文此处观点深有启发。

③ 籾山明先生已指出“抴”当读为“曳”，参见〔日〕籾山明《王杖木简再考》，庄小霞译，载中国政法大学法律古籍整理研究所编《中国古代法律文献研究》第5辑，社会科学文献出版社，2011，第31页。

④ 甘肃省文物工作队、甘肃省博物馆编《汉简研究文集》，甘肃人民出版社，1984，第35~36页。

同编简册所载的宣帝本始二年（前72）、成帝建始元年（前32）和元延三年（前10）诏书，可窥见该案例的大致年代。其案情被高度地提炼为“吏有殴辱受王杖主者”，这种行为应适用的法律“本始二年诏书”，已清楚地载于“王杖十简”和“王杖诏书令”中，“高年赐王杖，上有鸠，使百姓望见之，比于节；有敢妄骂詈殴之者，逆不道”。[①] 可见“殴辱受王杖主者”的罪名应为“逆不道”，从“王杖十简”和“王杖诏书令”简册所载诸条“行事”来看，其法定刑应为弃市。[②]

显然，“亭长张熬”成案的犯罪行为“殴抴（曳）受王杖主”与该待决案件的“殴辱受王杖主”几乎毫无二致，在行为的各要素——主体、对象、手段方面都是如此。因此，皇帝虽已明令待决案件应适用“本始二年诏书”，但仍援引了“亭长张熬”成案以强化其适用结论，可见在西汉后期，直接类比行为的成案运用方式对判决的证立来说具有相当的必要性，即便在法有正条的情况下依然如此，这也是“王杖十简”和“王杖诏书令”在载录诏书令文后，不厌其烦地附载多则相关“行事”的用意所在。

由于材料所限，我们只能通过如上数则真实可靠且具有直接说明力的案例，来一窥成案的效力和运用方式在秦至西汉这一历史阶段的状况：未经立法明确可“比”的成案在秦代不具有法律效力，且直到西汉后期仍在形式上维持着成案须经立法明确始具可“比”效力的原则；而“比”的方式，则可能以从已决行为到待决行为的具体类推为主，而排斥从已决行为中归纳上位原则，再适用于待决行为的抽象类推。这些都是“狱史阑案”审判中“人婢清”成案的运用带给我们的启示。

余　论

综观“狱史阑案”审判的各阶段，胡县的一部分县吏在法律依据不足，并遭到阑的有效抗辩时，两度更改其指控，甚至不惜运用成案进行抽象类推，坚持“从诸侯来诱”的死罪指控；另一部分县吏则任意扩张解释法律，得出阑与南的婚姻不合法的判断，主张应以“奸”和“匿”二罪并罚，鲜明地体现了基层官吏的有罪推定和定罪重罪化倾向。汉宣帝时，守廷尉史路温舒曾上书指出当时的狱吏“上下相驱，以刻为明”“专为深刻，残贼而亡极，偷为一切，不顾国患”，其原因则在于“治狱之吏皆欲人死，非憎人也，自安之道在人之死”，“深者获公名，平者多后患”（《汉书·路温舒传》）。本案中县吏竭尽全力地“深文巧诋”，正是路温舒之论的鲜活注脚。相比之下，刘邦得以超越县吏的“自安之道”，因而更能站在相对公正的立场上，排除政策影响，坚守法律规定的字面含义，其能作出对嫌疑人来说最为宽缓的判决也就不足为怪了。

---

① 甘肃省文物工作队、甘肃省博物馆编《汉简研究文集》，第36页。

② 参见陈迪《“大逆不道”还是“逆不道”——从王杖简说起》，《古代文明》2017年第1期。

同时我们也可注意到，"狱史阑案"和《奏谳书》的另一则诏决案件"士伍武案"，其所体现的刘邦对待刑事案件的公正态度和法律形式主义倾向，绝非其个人司法理念和法律素养的全部写照。与这两件普通刑事案件大相径庭，刘邦在"韩信案""彭越案"等政治大案中对审判官吏"深文周纳""锻炼成狱"的唆使纵容，及从中表现的毫不掩饰的司法专断，无一不说明刘邦绝未放弃将司法当作政治工具来利用。狱吏的深文巧诋与皇帝的平和循法、皇帝在普通案件中的平和循法与在政治大案中的严酷专断，这组映射出汉初审判实践斑斓面貌的双重冲突，正为始于"惩恶亡秦之政"，却终不免走上亡秦覆辙的西汉刑事司法奠定了基调。

中国古代司法决狱中“福报”话语的形成及影响*

牛　鹏**

摘　要：自汉代始，“报应”观念开始在司法领域盛行，以“阴德”“阴祸”为逻辑介质形成了“阴德福报”与“阴祸恶报”两种师出同源又不尽相同的话语模式。“福报”话语在司法领域的盛行有着深厚的思想根源，同时也得益于两汉时期转变司法理念的现实需求。从形成路径看，这一话语的形成主要是基于历史文本的叙事逻辑，有着官方刻意引导的痕迹。从传播过程看，这一话语在汉代以后被不断复制、扩展和推陈出新是由于其满足了统治阶层的某种政治需求，从而得以经由统治阶层和民间自发的双重渠道传播。从对司法审判的影响看，既有积极的一面也有消极的一面，应当辩证地看待。

关键词：司法决狱；阴德；福报；话语模式

“报”的观念在中国起源甚早，有研究者将之视为中国社会关系的重要基础，认为这种观念不仅有久远的历史，而且广泛地应用于社会制度上，对中国传统社会产生了深刻的影响。① 两汉时期，“报”的观念开始在司法领域盛行，② 并贯穿两千余年的封建社会。在不断发展过程中，传统的报应观念在司法领域形成了“阴德福报”和“阴祸恶报”两种师出同源却又不尽相同的话语模式。司法官吏若能“决狱平”，自己和子孙都能因此得福，反之则不仅危及自身还可能累及子孙。两者一正一反共同发挥作用，在精神层面约束着司法官吏持法正、决狱平。

学界关于这一话题已有不少专门研究，瞿同祖先生曾对执法官吏个人福报观念对于司法的影响进行了论述，③ 霍存福教授将报应观念在司法领域的体现概括为“刑官报应说”，并对刑官报应的内容、范围、强度等进行了论述。④ 然而，从话语形成的角度对这一观念进行分析，深入挖掘司法决狱中“福报”话语的产生与传播机制，并从功

* 本文为国家社科基金一般项目“中华法文化的话语体系研究”的阶段性研究成果。

** 牛鹏，武汉大学法学院博士研究生。

① 参见杨联陞《中国文化中“报”“保”“包”之意义》，中华书局，2016，第 67 页。

② 有研究者曾指出，正是西汉中期丞相于定国因其父于公决狱平、积阴德而兴旺发达，带动了阴德观在司法领域的流行。参见钟盛《于公历史形象与汉代司法决狱中的阴德观》，载陈晓枫主编《中国传统司法理念与司法文明》，武汉大学出版社，2017，第 43~59 页。

③ 参见瞿同祖《中国法律与中国社会》，商务印书馆，2015，第 297~300 页。

④ 参见霍存福《复仇·报复刑·报应说——中国人法律观念的文化解说》，吉林人民出版社，2005，第 217~249 页。

能主义的视角解释其为何能贯穿两千余年的封建社会，学界尚少有深入讨论。[①] 本文在论述司法决狱中“福报”话语形成原因的基础上，初步探讨了“福报”话语在司法领域的形成路径，并从功能主义视角解释了其为何能贯穿两千余年的封建社会，最后从消极和积极两个方面系统讨论了“福报”话语对中国古代司法决狱的影响。

一　司法决狱中“福报”话语的形成原因

司法决狱中“福报”话语的形成有着深厚的思想根源，无论是本土的儒学与道教还是舶来的佛教之中都有大量关于“行善而得福，作恶而受祸”的论述。先秦儒家关于“天道福善祸淫”的认识以及道教教义中的“善恶承负说”和佛教教义中的“因果报应观”等都为这种话语模式的形成奠定了思想基础。同时，这种话语模式在汉代得以形成还得益于两汉时期转变官吏司法理念的现实需求，统治者有意将三教融合的善恶报应观适用于司法领域，以达到限制司法官枉法滥刑的目的。

（一）思想基础：三教融合的善恶报应观

1. 儒学中的“天道福善祸淫”

提起报应问题，几乎所有的人都会认为，这是佛教抑或道教的信仰，而中国本土儒学或儒教之中并不存在善恶报应的思想。[②] 事实上，佛教传入中国前，中国本土儒学中就有自己的报应观念。商周时期，人们就认为在善行与福报、恶行与祸报之间存在某种因果联系，并将这种因果联系运用于政权合法性的论证之中。《尚书·汤诰》载：“天道福善祸淫，降灾于夏，以彰厥罪。”[③] 意即由于夏王灭德作威、不为善行，故天道要降灾于夏，由商取而代之。《尚书·伊训》称：“惟上帝不常，作善降之百祥，作不善降之百殃”，[④] 进一步明确这种善恶报应的执法主体是“天”或者“上帝”。诸子时代，善恶报应理论由大及小、由国及家，被运用于普通百姓日常生活以及个人、家族命运的解释之中。[⑤] 《易经》载：“积善之家，必有余庆；积不善之家，必有余殃”，[⑥] 被认为是儒家关于善恶报应观念的经典表达。

儒家经典中关于善行与福报、恶行与祸报关系的论述，体现了先秦儒家关于“天道

① 有研究者曾运用话语分析的方法对“讼师恶报”这一话语模式进行研究，对本文写作有较大启发。参见尤陈俊《“讼师恶报”话语模式的力量及其复合功能》，《学术月刊》2019 年第 3 期。

② 参见李申主编《儒教报应论》，国家图书馆出版社，2009，序言，第 1 页。

③ 《尚书·汤诰》。

④ 《尚书·伊训》。

⑤ 余英时先生通过对“天命”观念的考察指出，诸子时代的天命观与之前的周王朝相比，其中一个重大变化就是理论重心由“人王”转向普通百姓。参见余英时《论天人之际：中国古代思想起源试探》，中华书局，2014，第 39 页。

⑥ 《易传·文言传·坤文言》。

福善祸淫”的认识，也为司法决狱中福报话语的形成奠定了儒学基础。然而，儒家关于善恶报应的认识仅强调今世的报偿，当其用于解释王朝更替时还不易出现偏差，但当将其用于解释个人、家族命运时该理论便显得捉襟见肘，无法解释现实生活中大量存在的“善恶无报”现象。司马迁在《史记》中就曾提出质疑：“若伯夷、叔齐，可谓善人者非邪？积仁洁行，如此而饿死……若至近世，操行不轨，专犯忌讳，而终身逸乐，富厚累世不绝……余甚惑焉，倘所谓天道，是邪非邪?”① 这一质疑在揭示儒家善恶报应观念存在理论困境的同时，也为道教和佛教报应观念的传播提供了难得的机遇。

2. 道教教义中的“善恶承负说”

相比儒家，道家关于善恶报应的论述更为系统与深刻。道家早期经典《道德经》载：“天道无亲，常与善人。”《通玄真经》亦载：“夫有阴德者必有阳报，有隐行者必有昭名。”② 将善恶报应解释为积阴德可获阳报、有隐行可得昭名，有意以阴德为媒介，在善行与福报之间建立因果联系。然而，这些论述依然无法解释现实生活何以存在“为善而受祸，作恶而得福”的现象。东汉时期，道教经典《太平经》提出“善恶承负”的观点认为：“承者为前，负者为后。承者，乃谓先人本承天心而行，小小失之，不自知，用日积久，相聚为多，今后生人反无辜蒙其过谪，连传被其灾，故前为承，后为负也。负者，乃先人负于后生者也。”③ 意即前人的恶行将由后人承担恶报，而前人的善行也将由后人承担福报，这在一定程度上解释了善恶在今世未得到报偿的问题。

“善恶承负说”在道教有着十分重要的地位，甚至被认为是道教立教的理论根基。它的出现丰富了报应的范围，报应不仅限于自身、家族，更可能及于子孙、后世。在重视家族传承延续的中国传统社会，这一认识大大强化了报应观念的影响力与约束力，民众更注意积累善行，以求为子孙后代谋取福报。

3. 佛教教义中的“因果报应观”

两汉时期，佛教由印度传入中国，经与中国本土的善恶报应观念结合形成了“因果报应”学说。在印度佛教体系中，“业”决定轮回果报，而轮回有六道，人死后可能在轮回中随福业上升三善道，即天道、人道、阿修罗道，也可能在轮回中随恶业下坠三恶道，即畜生道、饿鬼道、地狱道。同时，在报应期限上也有今生、来世、后世三种。④ 东晋慧远法师将这一理论体系与中国传统善恶报应观念结合，形成了具有中国特色的佛教报应观，其思想集中体现在佛教经典《三报论》中。《三报论》开宗明义指

① 《史记》卷61《伯夷列传》。

② 《通玄真经·上德》。

③ 《太平经》卷39《解师策书诀》。

④ 参见邱明《善恶报应观视域下的三教融合》，硕士学位论文，山东大学哲学与社会发展学院，2018，第19页。

出：“经说业有三报：一曰现报，二曰生报，三曰后报。现报者，善恶始于此身，即此身受。生报者，来生便受。后报者，或经二生三生，百生千生，然后乃受。”[①] “三报论”的体系十分严密，既解释了社会上今世无报的现象，也震慑了那些只重今世享乐的普罗大众。

儒家的“天道福善祸淫”、道教的“善恶承负说”和佛教的“因果报应观”交融在一起形成的善恶报应观念有着十分丰富的内涵，形成了包括报应的执行主体、报应的内容、报应的范围、报应的期限等在内的系统观念体系。这一观念体系深入民俗信仰和士大夫的精神生活当中，[②] 并为封建统治者所利用，奠定了中国古代司法决狱中“福报”话语形成的思想基础。

（二）社会背景：转变司法理念的现实需求

除思想基础外，两汉时期报应观念在司法领域的盛行还有着统治阶层希望司法官吏转变司法理念、决狱宽缓的现实需求。汉初统治者深刻反思秦亡的历史教训，认为秦亡的一个重要原因就是苛法滥刑。以儒家思想为根据，汉初统治者对法家和秦国的暴政进行了系统批判与清算。在立法方面讲求“约法省刑”，在司法方面批判秦朝“以刻为明”的做法，主张司法务求宽缓。这一做法虽在汉初取得了一定成效，但由于汉承秦律，苛法滥刑的情况在汉代一直存在。宣帝时，廷尉路温舒就曾上疏称：“臣闻秦有十失，其一尚存，治狱之吏是也……夫狱者，天下之大命也，死者不可复生，绝者不可复属。《书》曰：与其杀不辜，宁失不经。今治狱吏则不然，上下相驱，以刻为明，深者获公名，平者多后患。”[③]

汉宣帝听取路温舒的意见，发动“吏务平法”运动，以期实现“决狱平”的目的。地节三年（前67），汉宣帝“置廷尉平四人，秩六百石”，[④] 负责具体案件的审理。然而，置廷尉平仅是权宜之计，是治标不治本的措施，增设司法官吏并不能达到“决狱平”的目的。[⑤] 事实上，这一措施在实施之初就曾遭到激烈反对，当时的涿郡太守郑昌上疏认为，置廷尉平是“不正其本而理其末”。与制度约束相比，如何让司法官吏自主转变司法理念，不再“以刻为明”更为重要。在这一背景下，统治者迫切需要一种转变官吏司法理念的精神激励机制。恰逢此时，丞相于定国之父于公因“决狱平”而子孙兴旺，无疑树立了鲜活的榜样，带动了“报”的观念进入司法领域。“福报”话语应运而生。借由这一话语，统治者将司法宽缓、轻刑慎杀与福报联系在一起，

① 《弘明集》卷5《三报论》。
② 参见张明敏《宗教文化对中国传统司法审判制度的制约与影响》，《政法论丛》2010年第3期。
③ 《汉书》卷51《路温舒传》。
④ 《汉书》卷8《汉宣帝纪》。
⑤ 参见霍存福《“断狱平”或“持法平”：中国古代司法的价值标准》，《华东政法大学学报》2010年第5期。

有助于司法官吏跳出成文法的束缚，为适当修正法律过酷过滥的弊病提供现实理论依据。①

另需指出的是，"决狱平"在汉代的含义并非仅指审理案件公平、公正，更不是指严格依法办案。有研究者指出，平指"恕""宽""轻"，皆与"深""刻"相对。② 因此，"决狱平"在汉代有决狱务求宽缓，尽量避免扩大案情、牵连无辜之意。就具体的司法案件来看，"决狱平"指案件牵连范围恰当，主要案情有证据明证，用法程度相对谦抑，定案用刑符合一般民众对法律的预期。③

二　司法决狱中"福报"话语的形成路径

司法决狱中的"福报"话语可以概括为这样一种叙事逻辑，司法官吏若能"决狱平"，不枉法滥刑，就可积累阴德，为自身甚至子孙谋取福报。在这一叙事逻辑中，统治者以"阴德"为逻辑介质在"决狱平"与"福报"之间建立了因果联系。然何谓阴德？在汉儒著作中并未见到为其下定义的文献，似乎这一名词在当时已经约定俗成。④ 从词义上看，阴德或可解释为荫蔽之德，有不求知且不求报之意。那么，统治者又是如何以"阴德"为逻辑介质，在司法领域建构起"福报"话语的呢？笔者认为这有赖于榜样人物的塑造和历史文本叙事逻辑的引导。一方面，通过塑造一批因"决狱平"积阴德而获福报的正面形象与人物，树立一种榜样的力量；另一方面，历史叙事以阴德为逻辑介质在司法官"决狱平"与获福报之间建立因果联系，并不断通过叙事逻辑的引导强化这种因果联系。

（一）榜样人物的塑造

因行善而积阴德、获福报的正面形象与人物在历史文本中出现甚早，《史记》中就有大量关于行善积阴德而获福报的记载。比如春秋时期，晋国的赵盾曾在首山打猎，遇到一个挨饿的人，就给了他一些食物。之后这个人成了晋灵公的厨师，在晋灵公要杀赵盾时救了赵盾。再如春秋时期，楚庄王宴请群臣，有一臣子趁着灯灭调戏宫女，但楚庄王并没有计较。之后在楚国与晋国交战的过程中，这位臣子奋勇杀敌最终使楚国获胜。以上两例中赵盾和楚庄王都是因为行善而最终获得福报，但此时行善积阴德而获福报尚未及于司法领域。

司法领域因"决狱平"而积阴德获福报的记载始于《汉书》。《汉书》塑造了"于

① 参见钟盛《于公历史形象与汉代司法决狱中的阴德观》，载陈晓枫主编《中国传统司法理念与司法文明》，第47页。

② 参见霍存福《"断狱平"或"持法平"：中国古代司法的价值标准》，《华东政法大学学报》2010年第5期。

③ 参见陈晓枫《决狱平，平于什么?》，载陈晓枫主编《中国传统司法理念与司法文明》，第41页。

④ 参见刘涤凡《唐前果报系统的建构与融合》，学生书局，1999，第137页。

公”这一榜样人物，并成为后世司法官吏谋求福报的榜样。于公在《汉书》中并未单独立传，关于于公的记载散见于《汉书·于定国传》中。在该传中，于公作为于定国的父亲出现，他认为正是因为自己在担任县狱史、郡决曹治狱的过程中，没有冤屈过别人，积累了很多阴德，所以子孙一定能够兴旺发达。甚至在家里门闾坏的时候就告诉乡邻要把门闾修得高大一些，让其能够容纳驷马高盖车。[①] 事情最终发展的结果也正如于公所料，其子于定国官至丞相，其孙于永官至御史大夫，尚宣帝长女。

《汉书·于定国传》中为证明于公有善行，“断狱无所冤”，还专门记载了一则于公断狱的故事。汉朝时，东海有一个孝妇，很早就死了丈夫，又没有儿子，但赡养婆婆非常周到，婆婆想让她再嫁，但她坚决不肯。婆婆认为儿媳受自己拖累，侍候自己也实在辛苦，就上吊自杀了。婆婆的女儿认为是儿媳杀了自己母亲，就到官府告状。官府拘捕了孝妇，并用刑具拷打她，孝妇无法忍受拷打的痛苦就被迫承认自己有罪。当时于公担任县狱史，认为儿媳赡养婆婆十多年，以孝顺而出名，一定不会杀人。太守不接受他的意见，于公争辩但未被采纳，就抱着案件的供词在太守住所痛哭。孝妇被杀后，东海郡三年大旱。于公对新任太守说三年大旱的根源在于孝妇被冤杀，于是太守亲自去祭奠孝妇的墓，在墓前刻石，表彰她的德行，天立即下起雨来，当年获得丰收。这一颇具神话色彩的故事将于公不滥杀人、断狱公平的形象描绘得淋漓尽致。

此后，于公的人物形象深入人心，一旦有司法官“决狱平”，觉得自己有可能获得福报便常以于公自比或被比作于公。比如西汉武帝时期，汝阴县狱吏决曹掾何比干“务在仁恕……狱无冤囚，淮、汝号曰何公”。[②] 东汉时期，虞经任郡县狱吏，有“案法平允，务存宽恕”之称，尝言：“东海于公高为里门，而其子定国卒至丞相。吾决狱六十年矣，虽不及于公，其庶几乎！”[③] 郭弘为颍川郡决曹掾，“断狱至三十年，用法平。诸为弘所决者，退无怨情……郡内比之东海于公”。[④] 可以说，于公这一榜样人物的塑造使司法决狱中“福报”的观念深入人心，得以更快地传播，推动了司法决狱中“福报”话语的形成。

（二）历史叙事的引导

话语的形成离不开历史叙事，特别是正史之中叙事模式的刻意引导。有研究者指出，历史叙事事实上也是一种政治话语实践。[⑤] 笔者赞同这一观点，正是由于历史叙事

① 参见《汉书》卷71《于定国传》。

② 《后汉书》卷43《何敞传》。

③ 《后汉书》卷58《虞诩传》。

④ 《后汉书》卷46《郭躬传》。

⑤ 参见徐忠明《包公故事：一个考察中国法律文化的视角》，中国政法大学出版社，2002，第10页。

本身就是政治权力的话语表达这一特点，操纵历史叙事权力的官方学者可以利用手里掌握的文化权力，有意无意地塑造民间百姓的思想观念。当这些思想观念进一步形成规律性的表达方式包括次序、对应关系、位置和功能时，话语也就形成了。[①]

我国第一部纪传体通史《史记》在叙事时已经开始有意以“阴德”为媒介，采取了行善可积阴德而获福报的叙事逻辑。有研究者统计，《史记》中“阴德”一词共出现七次，除《史记·天官书》的记载中阴德一词指天上的星宿名外，其他六次都是作为行善而获福报的逻辑介质出现，其中更有四次行善而积阴德之人明确得到了福报。[②]比如春秋时期，齐国大夫田釐子通过收赋税时小斗进、大斗出的方法积累阴德，最终取得齐国的政权。再如韩厥当初使赵氏香火不灭，积下了“阴德”，最终韩国能“为诸侯十余世”。这些虽非因“决狱平”积阴德而获福报的记载，却表明这种叙事逻辑早在《史记》之中就已经存在。

《汉书》中这种叙事逻辑不仅被运用到司法领域，且被进一步强化。丙吉在治巫蛊之案中保全了皇曾孙和郡邸狱中的囚犯，故而在其后来卧病在床时，太子太傅夏侯胜认为丙吉有阴德一定会惠及自身和子孙，不会在未获福报前因疾而死。[③] 于定国作为宣帝、元帝两朝重臣，之所以能官至御史大夫、丞相等显职，在汉书的叙事逻辑下也是因为他的父亲于公“治狱多阴德，未尝有所冤”。

同样的叙事逻辑在正史之中并不少见。何比干在正史之中并未单独立传，关于其记载仅附着于《后汉书·何敞传》中，本系因子孙显贵而入传，但正史的叙事逻辑发生了变化。正是因为六世祖比干在担任汝阴县狱吏决曹掾期间“平活数千人”“狱无冤囚”，何敞才得以显贵。[④] 虞经在正史之中亦未单独立传，但也正是因为他在担任郡县狱吏期间，“案法平允，务存宽恕”，他的孙子虞诩才得以官至司隶校尉、尚书仆射、尚书令等职。[⑤] 郭躬之所以能官至廷尉，也是由于他的父亲郭弘在担任颍川郡决曹掾期间能够做到“用法平”。[⑥]

自东汉以后，史书皆为官撰，史书中的叙事逻辑其实反映了统治阶级的意志。正如福柯所言，医嘱不能出自随便什么人之口；它的价值，它的成效，它的治疗能力本身，与医生的权力是分不开的。[⑦] 同样，司法决狱中的“福报”话语基于统治阶级的权

① 参见〔法〕米歇尔·福柯《知识考古学》，谢强、马月译，三联书店，2007，第41页。

② 参见刘丽文《史记历史观中的人文精神——论〈史记〉对历史与道德关系的认知及其超前性》，《渭南师范学院学报》2015年第23期。

③ 参见《汉书》卷74《丙吉传》。

④ 参见《后汉书》卷43《何敞传》。

⑤ 参见《后汉书》卷58《虞诩传》。

⑥ 参见《后汉书》卷46《郭躬传》。

⑦ 参见〔法〕米歇尔·福柯《知识考古学》，谢强、马月译，第55页。

力和意志产生，也为这一话语模式赋予了真理似的保证。统治阶级确实拥有这样的权力，他们可以推过荐举等制度让所谓"决狱平"积阴德之人的子孙荣耀和显贵。

三　功能主义视角下"福报"话语的传播

司法决狱中的"福报"话语自汉代形成以来何以能贯穿两千余年的封建社会并不断发展，笔者认为从功能主义的视角或许能给出更好的解答。功能主义理论认为，社会是具有一定结构或组织化形式的系统；构成社会的各个组成部分，以其有序的方式相互关联，并对社会整体发挥相应的功能。[①] 在功能论者看来，所有社会现象，不管这现象看来是多么不道德、多荒谬、多邪恶、多不应该存在，只要它确实存在，那么这种社会现象在社会中必然扮演着某种社会功能。基于此，司法决狱中的"福报"话语在汉代以后能够被不断复制、扩展和推陈出新亦是由于其扮演的社会功能能够满足统治阶层的某种政治需求。

这种社会功能主要是指汉代以后，统治阶层依然有着要求司法官吏决狱宽缓、用法持平的现实需求。这是由于中国封建统治者通过道德和法律的共同规范，使整个社会成员都处在一种人人有罪的法律原罪状态。[②] 若法用十分，则民无所措手足。此时，必须在主观上要求司法官吏心存平恕，宽缓用法，做到"立法严，用法恕"，而司法决狱中的"福报"话语恰恰可以实现这一功能。基于此，司法决狱中的"福报"话语得以贯穿两千余年的封建社会并不断发展、推陈出新。

这一过程离不开"福报"话语的传播，没有传播，"福报"话语就无法输出，其功能也将告衰竭，最后进入解体状态。因此，司法决狱中的"福报"话语从汉代形成至今仍然维系着内部机能的运作，足见其传播从没有终止过。事实上，"福报"话语在汉代以后的传播有着两层途径，一层是经由统治阶层的传播，另一层是经由民间自发的传播。经由统治阶层的传播更具有权威性，而经由民间自发的传播则在民间产生了更为深远的影响。

（一）经由统治阶层的传播

统治阶层主要通过正史中的历史叙事对司法决狱中的"福报"话语进行传播。自《汉书》《后汉书》之后，历代正史都开始有意对司法官"决狱平—积阴德—获福报"的叙事逻辑予以强化。比如，北朝时期的柳庆"守正明察，断狱无私"，尝以于公自比，最终果然被封清河县男，除尚书左丞，摄计部。[③] 宋代李韶因其父李文饶在担任台

① 参见刘润忠《试析结构功能主义及其社会理论》，《天津社会科学》2005年第5期。

② 参见柳正权《试析中国封建社会形态中的法律原罪》，《法学评论》2004年第4期。

③ 参见《北史》卷64《柳庆传》。

州司理参军期间积有阴德，与其兄李宁在嘉定四年（1211）同举进士。最终李韶官至礼部尚书，皆是基于其父治狱之阴德。① 元代刘赓因五世祖刘逸“以郡吏治狱有阴德”，不仅其祖刘肃为右三部尚书，自己也官至集贤阁大学士。②

历史叙事之外，经由统治阶层的传播还包括统治阶层的示范作用，他们自身信仰报应观念，有力带动了报应观念更加广泛与迅捷地传播。比如，明成祖朱棣曾亲自编成《为善阴骘》一书并为其作序，清世祖顺治皇帝不仅为《太上感应篇》作序，而且“反覆原注，微觉繁芜，遂加删正，示以简要”。③

（二）经由民间自发的传播

相比经由统治阶层的传播，民间自发的传播渠道更为广泛。一方面，可以通过家教的渠道，包括文字立教、言教、身教等路径进行传播。比如，一些司法世家的家训之中常有“决狱平”可积阴德获福报的表述，这一点在清代表现得尤为明显。清代著名幕友汪辉祖在《佐治药言》中就列举了很多的事例来说明因果报应的必然性。汪辉祖认为自己在长达 26 年、历经 16 个州县的作幕经历中，只处理过 6 个死刑案件，积下阴德不少。④ 此后自己得中进士，三个儿子也都有功名，皆是自己担任佐官裁判时的积德报应。

另一方面，民间自发的传播也可通过文人撰写的因果报应故事包括文人笔记、志怪小说等进行传播。以文字为媒介，这一传播方式最能在识字的庶民阶层得到流传，经由说书人的口传，感染力最强，在时间上也可以流通到后代。干宝的《搜神记》、刘义庆的《幽明录》、傅亮的《灵感录》、荀氏的《灵鬼志》、王琰的《冥祥记》、颜之推的《还冤记》等都有大量在司法领域积累阴德而获福报的记载。

此外，民间自发的传播渠道，还可借助图像、宝卷、戏曲等载体，以视觉、听觉的形式影响世人，上至达官贵人，下至贩夫走卒，皆能受其熏陶，而不受识读能力高低之限制。⑤ 比如，包拯与海瑞的青天故事经演义加工后成为许多戏曲节目的重要内容，在民间广泛流传，产生了深远影响。

四 “福报”话语对中国古代司法决狱的影响

“福报”话语对中国古代司法决狱的影响论者早有涉及，然多关注其消极影响，认为这种话语模式使司法官吏因担心诛及无辜，报应自身，往往以救生为阴德，不肯杀

① 参见《宋史》卷 423《李韶传》。

② 参见《元史》卷 174《刘赓传》。

③ 尤陈俊：《“讼师恶报”话语模式的力量及其复合功能》，《学术月刊》2019 年第 3 期。

④ 参见张明敏《宗教文化对中国传统司法审判制度的制约与影响》，《政法论丛》2010 年第 3 期。

⑤ 参见尤陈俊《“讼师恶报”话语模式的力量及其复合功能》，《学术月刊》2019 年第 3 期。

戮，一意从宽，甚至成为司法官吏为罪犯开脱罪责、放纵罪犯的托词，造成“无罪者不得直，而有罪者得以幸免”的后果。[①] 笔者认为，从消极的一面看，司法决狱中的“福报”话语固然使部分司法官吏滥施阴德以求获取福报，甚至成为司法官吏为罪犯脱罪的借口，但从积极的一面看，它也有助于从精神层面约束司法官吏更加谨慎地处理案件，决狱公平，不枉法滥刑。因此，讨论“福报”话语对中国古代司法决狱的影响应以辩证的眼光从消极影响和积极影响两个方面进行叙说。

（一）“福报”话语对司法决狱的消极影响

司法决狱中的“福报”话语在形成后产生了一定程度的异化，这一异化使其对中国古代的司法决狱产生了一定的消极影响。一方面，部分司法官吏斤斤于福孽之辨，以为杀人系造孽行为，导致部分案件“有冤者不得直，有罪者得幸免”，妨碍了司法公正。清代有司法官吏指出，这种行为和理念不仅在存留养亲这种体恤性制度中存在，甚至在强奸这种重罪中也存在，形成了一种“救生不救死”的观点，认为若强奸已经致人死亡，为了获取福报，可以救生不救死。当然，值得说明的是，这种观念只是在部分司法官吏中存在，且受到诸多批判。比如朱熹就曾对这一现象提出明确批判，他认为：“今之法家惑于罪福报应之说，多喜出人罪以求福报，夫使无罪者不得直，而有罪者得幸免，是乃所以为恶尔，何福报之有？”[②] 几乎与朱熹同一时期的高登也认为：“阴德岂可有心为之，杀人者死，而可幸免，则被死之冤何时而销？”[③]

另一方面，“福报”话语易成为部分司法官吏为罪犯开脱的依据，成为其收受贿赂枉法裁决的借口。有研究者认为，在中国古代仅是普通民众相信鬼神的存在，而传统的士大夫阶层是“敬鬼神而远之”，即使司法官吏在具体的司法活动中运用了，那也仅是利用人们的迷信心理，为自己的需要服务。[④] 笔者并不赞同这一观点，鬼神信仰并非只在普通民众中存在，相反，某些官吏包括司法官吏甚至有着更为强烈的鬼神信仰。但这一观点无疑反映了一种可能存在的情况，司法官吏并非为了谋取“福报”而故意出人之罪，相反，此时“福报”话语只是其收受贿赂枉法裁决的借口。因此，严格意义上讲，这一情况并不能视为“福报”话语对中国古代司法决狱的消极影响。

（二）“福报”话语对司法决狱的积极影响

相比“福报”话语的消极影响，笔者认为，其对司法决狱的积极影响或许更值得我们关注，这种积极影响主要体现在以下三个方面。

第一，福报话语的存在填补了中国古代司法官吏公正司法精神约束机制的空白。

① 参见张明敏《宗教文化对中国传统司法审判制度的制约与影响》，《政法论丛》2010 年第 3 期。

② 《朱子语类》卷 110《朱文公政训》。

③ 《宋史》卷 399《高登传》。

④ 参见郭建《獬豸的投影——中国的法文化》，上海三联书店，2006，第 248 页。

为保障国家司法体系的正常运转，约束司法官吏公正司法，历代统治者都建立了完善的制度约束与保障机制。这种约束机制既包括对司法过程的监督，比如重大疑难案件上报与法官集议、录囚复审等，也包括司法不公的法官责任制。[①] 然而，正如有研究者所称，来源于制度层面的约束仅是一时的、表面的，而来源于精神、观念层面的约束却更为深远和持久。[②] 中国古代司法决狱中“福报”话语的存在恰恰承担了这一功能，司法官吏或出于为自身、子孙或来世谋福报的考虑，或出于避免恶报的心理，总是尽可能地公正司法，避免枉法滥刑。

第二，“福报”话语的存在可以在一定程度上起到限制非法刑讯的作用。刑讯作为中国古代司法的一种特有现象，一直是中国古代司法官吏获取囚犯口供或证人证言的重要手段。在中国古代生产力水平低下、案件侦破技术不发达、司法官吏整体办案能力不高的情况下，刑讯制度为司法官吏及时结案提供了巨大的帮助。然而，刑讯特别是非法刑讯也导致了大量冤假错案的产生，如何限制非法刑讯一直是历代统治者头痛的问题。“福报”话语的存在可以起到在精神层面约束司法官吏的作用，让其不敢擅自非法使用刑讯。

第三，“福报”话语的存在可以促使司法官吏更加谨慎地处理案件。由于中国古代行政兼理司法的特质，司法官特别是基层司法官吏承担了大量的其他行政事务，处理案件仅是他们工作任务的一项，因此很可能存在敷衍应付的情况。“福报”话语的存在可以使司法官吏因惧怕福孽相报的心理，谨慎办案，尤其是在办理死刑案件时付出更多的精力。

五　结语

马斯洛认为，一个优秀的社会一定是一个善恶有报的社会，只要不是善有善报，优秀社会就不会到来。[③] 这种善恶有报的观念在今天看来已经更多地具有封建迷信的色彩，但封建统治者通过将这种观念引入司法领域，形成“阴德福报”“阴祸恶报”这样两种话语模式，以期达到约束司法官吏公正司法的目的，在今天看来依然具有借鉴意义。我们今日提倡推动社会主义核心价值观入法入规，但其实更应着力推动的是将社会主义核心价值观融入法官的内心信仰之中，以从精神层面约束法官公正司法。

① 参见林明《略论中国古代司法公正保障制度》，《法学论坛》2000年第5期，第99~105页；杨永林《论中国古代保障司法公正的措施》，《山东社会科学》2007年第1期，第88~91页。

② 参见张勇《中国古代司法官责任制度及其法文化分析》，博士学位论文，中国政法大学研究生院，2012，第98页。

③ 参见〔美〕弗兰克·G. 戈布尔《第三思潮：马斯洛心理学》，吕明、陈红雯译，上海译文出版社，1987，第126页。

此外，以话语研究的方法对中国古代司法决狱中善恶报应的观念进行研究是基于同观念相比，话语是一个内涵更为丰富并具有基础意义的概念，话语研究的方法不仅关注话语实质性内容的观念，同时也对观念的形成过程予以关注。重视话语研究的方法需要明确地探讨观念是怎样得以呈现的，行动者通过话语性互动怎样产生并交换其观念，以及观念所处的特定制度语境。[①] 也因此，诚如有研究者所言，“话语分析”不失为中国法律史研究中应当予以重视的一种有益进路。若能在中国法律史研究当中关注到话语表达、话语实践与非话语实践的相互配合，则可以看到很多以往不甚注意到的有趣问题。[②]

① 参见〔美〕维维恩·A. 施密特《话语制度主义：观念与话语的解释力》，马雪松、田玉麒译，《国外理论动态》2015 年第 7 期。

② 参见尤陈俊《“讼师恶报”话语模式的力量及其复合功能》，《学术月刊》2019 年第 3 期。

“贤人政治”下的法律之治

——以《贞观政要》中的国家治理观为中心

景风华*

摘　要：《贞观政要》作为中国帝制时代国家治理的范本，将“君道”置于“贤人政治”的逻辑起点，要求君主心存百姓，拣择贤臣，去除苛法，从而实现自上而下的良善治理。在国家治理的本体论和功能论层面，充分借鉴中国传统哲学中的“本用”观，在政治实践中逐步实现从“仁义为本，刑罚为末”向“德礼为本，刑罚为用”的转变，并提出条文简约、刑罚宽平、法律稳定的实用主义主张。在人与法的关系问题上，主张由高素质的官员教化民众的同时，本着对法律精神的理解来填补法律规则的漏洞或修正个案的不正义，并以法度来制约统治者及司法者的喜怒爱憎及好恶私情，避免主观擅断，从而达成了礼与刑、人与法的微妙平衡，构建起古代中国的正统法律观。

关键词：贞观政要；国家治理；贤人政治；德本刑用

“贞观之治”是中国帝制社会最为人所称道的高光时期之一，唐太宗李世民与房玄龄、杜如晦、魏征等名臣和衷共济，共同开创了大唐盛世，代表着传统中国国家治理的最高水平。记载贞观年间君臣政治主张与治国理念的典籍《贞观政要》也因此被后世统治者视为国家治理的教科书。在国家治理这项融民生经济、赋税财政、军事战略、道德人心、制度建设为一体的系统性工程当中，运用法度经纬其民，将君主、臣僚、百姓统合成一个良性互动的整体自是其中不可或缺的内容。《贞观政要》则系统阐释了儒家法律观下儒法交融的治理理念，其所诠释的法律观念与政治实践相互转化，不仅构筑起古代中国的正统法律观，也成为中华法系的思想支柱。

论述以唐初为代表的中国古代正统法律理念并不是一个新颖的话题。无论是中国法制史的教科书，还是专家学者的著述，都从各个角度对该问题进行过为数众多的阐释。本文则试图以国家治理的整全性视角为切入点，在精读《贞观政要》文本的基础上，以“贤人政治”的运作逻辑为基本脉络，对中国传统法律观念中的几个关键问题予以解析，厘清中国古代的国家治理观和法律观在经历了长期的理论积淀和政治经验后逐渐定型为官方意识形态的理路。

* 景风华，四川大学法学院副教授。

一 “贤人政治”下的国家治理逻辑

中国古代的国家治理以君主自身的政治素养和德行操守为逻辑起点，然后及于臣僚和百姓，力图实现自上而下的良善治理。魏征在同唐太宗讨论“君乱于上、臣治于下”与“臣乱于下、君治于上”两种状况何者更糟糕时就明确指出，倘若君王昏暴，忠谏不从，纵有百里奚、伍子胥这样忠直贤能的大臣辅佐，国家终不免败亡；而君主严明，明断是非，对作乱的臣下诛一劝百，国家自可大治。[①] 故而，《贞观政要》的第一章为“君道”。

而对于“君道”的根本，《贞观政要》开宗明义指出：“为君之道，必须先存百姓，若损百姓以奉其身，犹割股以啖腹，腹饱而身毙。若安天下，必须先正其身，未有身正而影曲，上治而下乱者。朕每思伤其身者不在外物，皆由嗜欲以成其祸。若耽嗜滋味，玩悦声色，所欲既多，所损亦大，既妨政事，又扰生民。且复出一非理之言，万姓为之解体，怨讟既作，离叛亦兴，朕每思此，不敢纵逸。”[②]

唐太宗强调，人君首先要清楚君主、国家与人民三者的关系，即“君依于国，国依于民”。[③] 人民是国家的基础，君主又依托国家而设。明确了人民的“根本”地位以及国与君的依存关系之后，君主就应当像栽树一样治国，通过轻徭薄赋、清静无为的政策，保证“根”的稳固与滋养，“本根不摇，则枝叶茂荣”。[④] 反之，如果君主通过盘剥人民来满足自己的私欲，就会带来“欲盛则费广，费广则赋重，赋重则民愁，民愁则国危，国危则君丧”[⑤] 这一系列恶劣的连锁反应，犹如杀鸡取卵、割肉充腹，终不免灭亡。在亲身经历了强盛富庶的隋朝因炀帝索求无度而亡国的教训之后，唐太宗反复强调人君心存百姓的重要性，提醒自己及后世君主收敛自己的欲望。

在贤人政治模式下，君主先正其身，然后便可求访贤臣。唐太宗曾指出“为政之要，惟在得人”,[⑥] 这是化用了《礼记·中庸》“为政在人”的说法，结合《礼记》的注疏，这句话可以理解为：君主实行善政，百姓自然会拥从他。而君主想要实行善政，关键在于得到贤人的辅佐。所谓“人存政举，人亡政息”，指的就是贤人之于治国的重要性，“若位无贤臣，政所以灭绝也”。而获得贤臣的途径是“取人以身”，意为只有明君才能得人，“明君欲取贤人，先以修正己身，则贤人至也”。[⑦] 故此，“明君”是贤

① 参见（唐）吴兢《贞观政要》卷1，上海古籍出版社，1978，第22页。

② （唐）吴兢：《贞观政要》卷1，第1页。

③ （宋）司马光：《资治通鉴·唐纪》，四部丛刊景宋刻本。

④ （唐）吴兢：《贞观政要》卷1，第22页。

⑤ （宋）司马光：《资治通鉴·唐纪》，四部丛刊景宋刻本。

⑥ （唐）吴兢：《贞观政要》卷7，上海古籍出版社，1978，第219页。

⑦ （汉）郑玄注、（唐）孔颖达正义《礼记正义》卷52，北京大学出版社，1999，第1440~1441页。

人政治的起点，“贤臣”则是贤人政治的关键，是连接君主与人民的枢纽，也是一个国家得以长治久安的核心因素。唐太宗亦多次表示：“能安天下者，惟在用得贤才”；[①]“今所任用，必须以德行、学识为本”。[②]

不过，选人用人还涉及多个层面的问题。晋法家将“天威难测”的帝王心术作为君主考验群臣、培植亲信，加强自身权威、震慑臣民的手段之一。然而，这种行径或可收一时之效，却会对整个政治生态产生根本性破坏。当君主阴晴不定、生杀无度时，官员轻则明哲保身，重则投机钻营，从而导致忠良隐退、奸佞当道，给国家的统治根基带来毁灭性影响。因此，唐太宗反对君主用诈术去试探大臣。他指出：“君，源也；臣，流也。浊其源而求其流之清，不可得矣。君自为诈，何以责臣下之直乎！朕方以至诚治天下，见前世帝王好以权谲小数接其臣下者，常窃耻之。”[③] 虽然他也曾用“钓鱼执法”的方式抓捕过接受贿赂者，但因裴矩对这种“陷人于法”的行为予以批评而终止。[④]

如果不能用藏于心中的帝王之术来检验群臣，那么又该通过什么方式来判断大臣的忠奸并实现对臣下的有效制约？魏征在给唐太宗的上疏中提出“六正六邪”的识人之法，建议太宗以《礼记》“权衡诚悬，不可欺以轻重。绳墨诚陈，不可欺以曲直。规矩诚设，不可欺以方圆。君子审礼，不可诬以奸诈”之道察知臣下之情伪，又“设礼以待之，执法以御之，为善者蒙赏，为恶者受罚”，则大臣无不尽力效忠。魏征还批评当时的政治“是非相乱，好恶相攻。所爱虽有罪，不及于刑；所恶虽无辜，不免于罚。此所谓爱之欲其生，恶之欲其死者也，或以小恶弃大善，或以小过忘大功”，“赏不以劝善，罚不以惩恶”，是以未能得人。如果做到“赏不遗疏远，罚不阿亲贵，以公平为规矩，以仁义为准绳，考事以正其名，循名以求其实，则邪正莫隐，善恶自分，然后取其实、不尚其华，处其厚、不居其薄”，自能取得“进忠良，退不肖”的效果。[⑤] 简而言之，就是开诚心、布公道，循名而责实。

明君拣择贤臣，希望其能将良善之治下达给民众，并对民众进行有效的道德教化。同时，也希望贤臣能够匡正君主的过失，阻止君主因一时冲动而造成灾难性后果。受限于传统中国君主制的政治统治形式，对君主的制约主要依靠柔性的力量。除了天理、人心、祖制等因素外，大臣的劝谏是最重要的一道防线。因此，唐太宗特别重视纳谏。他吸取隋炀帝自以为精明能干，护短拒谏以至于亡国的教训，指出

① （唐）吴兢：《贞观政要》卷 3，上海古籍出版社，1978，第 93 页。

② （唐）吴兢：《贞观政要》卷 7，第 219 页。

③ （宋）司马光：《资治通鉴 · 唐纪》，四部丛刊景宋刻本。

④ 参见（宋）司马光《资治通鉴 · 唐纪》，四部丛刊景宋刻本。

⑤ （唐）吴兢：《贞观政要》卷 3，第 96~97 页。

“人欲自照，必须明镜；主欲知过，必藉忠臣。主若自贤，臣不匡正，欲不危败，岂可得乎？”[①] 然而，要实现求谏与纳谏并不容易，正所谓“忠言逆耳”，普通人尚且会对批评感到不悦，更何况是高高在上的帝王。加之“自古帝王多任情喜怒，喜则滥赏无功，怒则滥杀无罪”，[②] 劝谏的忠言如果惹怒了帝王，可能招致杀身之祸，许多大臣会为了自己的身家性命选择缄默。为了鼓励大臣进谏，唐太宗努力改变自己过于威严的形象，温和对待进言的大臣。纵使听到不合心意的言论，也不以为忤，更不会当场出言斥责，唯恐进谏者因此心怀恐惧而不敢再言。上述理念在实践层面的落实，使得太宗朝名臣辈出，唐太宗被后世视为善于纳谏的楷模，贞观君臣也成为历史上君正臣贤的典范。

二 “仁义为本”基础上的刑罚地位

唐太宗既以存百姓为君道之要，而有损民生的苛政，除了横征暴敛之外，还有严刑峻法。故而自西汉以来，约法省禁通常与轻徭薄赋政策搭配使用。唐太宗亦不止一次地强调过专任刑法的危害以及仁义为先的治国理念，“朕看古来帝王以仁义为治者，国祚延长，任法御人者，虽救弊于一时，败亡亦促”；[③] “为国之道，必须抚之以仁义，示之以威信，因人之心，去其苛刻，不作异端，自然安静”。[④]

对于施行仁政与减少犯罪、省禁刑罚的关系，贞观君臣的论述主要围绕两方面来展开。其一，施行仁政意味着轻徭薄赋、休养生息，人民的生活水平提高，犯罪率自然降低。在天下初定、贼盗蜂起之时，唐太宗曾与群臣商讨如何消弭贼患。有人提议用重法予以打击。太宗否决了这一提议，认为“民之所以为盗者，由赋繁役重，官吏贪求，饥寒切身，故不暇顾廉耻耳。朕当去奢省费，轻徭薄赋，选用廉吏，使民衣食有余，则自不为盗，安用重法邪？”[⑤] 这一论述与管子“仓廪实而知礼节，衣食足而知荣辱”的逻辑一脉相承，指出苛捐杂税和官吏盘剥所导致的人民穷困才是其铤而走险、违法犯罪的根本原因，并将解决民生问题作为道德建设与法治建设的前提条件。通过施行仁政，使人民先富起来，从经济基础层面减少犯罪的诱因。[⑥] 这一法律理念落实之后，果然取得了巨大成效，“自是数年之后，海内升平，路不拾遗，外户不闭，商旅野宿焉”。[⑦]

其二，仁义为先的政策在贤人政治的逻辑下展开，意味着圣明的君主善择仁爱惠

① （唐）吴兢：《贞观政要》卷 2，上海古籍出版社，1978，第 46 页。
② （唐）吴兢：《贞观政要》卷 2，第 49 页。
③ （唐）吴兢：《贞观政要》卷 5，上海古籍出版社，1978，第 149 页。
④ （唐）吴兢：《贞观政要》卷 5，第 149 页。
⑤ （宋）司马光：《资治通鉴・唐纪》，四部丛刊景宋刻本。
⑥ 白居易也指出贫穷是犯罪的原因，应通过“富其民”来预防犯罪。
⑦ （宋）司马光：《资治通鉴・唐纪》，四部丛刊景宋刻本。

下的官员，通过以身作则的方式开展道德教化，达到使治下百姓明礼仪、厚风俗的目的。民众道德修养提升，自然不会作奸犯科。这是儒家政治学说的核心，也是唐代法律理念的精髓和中国传统社会的主流意识形态。贞观十一年（637），魏征在给唐太宗的上疏中指出："圣哲君临，移风易俗，不资严刑峻法，在仁义而已。故非仁无以广施，非义无以正身。惠下以仁，正身以义，则其政不严而理，其教不肃而成矣。然则仁义，理之本也；刑罚，理之末也。为理之有刑罚，犹执御之有鞭策也，人皆从化，而刑罚无所施；马尽其力，则有鞭策无所用。由此言之，刑罚不可致理，亦已明矣。"[①]

在魏征看来，"圣人甚尊德礼而卑刑罚"，是因为德礼重在通过道德教化的方式导民向善，其所作用的对象是人心。心乃人之本，心性在潜移默化的道德熏陶中变得纯良，就能从根源上远离罪恶，"心情苟正，则奸慝无所生，邪意无所载矣"，"民相爱，则无相伤害之意；动思义，则无畜奸邪之心。若此，非律令之所理也，此乃教化之所致也"。[②]而刑罚的作用对象是行为，行为乃人之表象，纵然人民会因畏惧刑律的惩罚而克制犯罪的冲动，但终究只能起一时之效。更有甚者，会想方设法规避法律的禁止性规定，生出各种钻法律空子的奸邪巧诈之事，使得人心越来越浇薄。长此以往，仁义为本和专任刑法的治国方略会导致截然不同的结果，"忠厚积，则致太平；浅薄积，则致危亡"。[③]

当贞观君臣在进行法理思辨时，的确会存在偏重前者而对后者予以贬低的现象，比如魏征对于仁义与刑法的关系可以用"仁义为本，刑罚为末"来概括。"本"与"末"位于同一个评价体系中，地位则有云泥之别。甚至在极端情况下，可以不需要"末"的存在。为了更形象地说明这种情况，魏征还以策马为例，指出刑罚与治国相当于鞭子与马匹的关系，如果马已经尽力跑得飞快，就用不着动用鞭子。同理，如果人人都深明礼义廉耻，自然也用不着动用刑法，这就是传统儒家经典中所说的"刑措而不用"的理想境界。故而，魏征得出了"刑罚不可致理"的结论，确实在一定程度上贬低了法律对于治国理政的作用。不过，理论阐述难免有所偏向，国家政典则对刑法的作用有着更加务实的描述。

在继承了《贞观律》而达成中国古代律典最高成就的《唐律疏议》中，开篇即以疏解的形式讲："德礼为政教之本，刑罚为政教之用，犹昏晓阳秋相须而成者也。"[④]这句话是对中国传统德刑关系最经典的表述之一，其将德礼喻为早晨和春天，将刑罚喻为傍晚和秋天，德礼的作用在于教化万民，刑罚的作用在于禁奸除恶。二者相须相成，缺一不可，只有统合起来，方合于天地运行之大道，才能构建起承平之治世。

① （唐）吴兢：《贞观政要》卷5，第171页。
② （唐）吴兢：《贞观政要》卷5，第171页。
③ （唐）吴兢：《贞观政要》卷5，第171页。
④ （唐）长孙无忌等：《唐律疏议·名例》序疏，中华书局，1983，第3页。

"体用论"或"本用论"是中国传统哲学中意蕴最深刻、最丰富的范畴之一。所谓"凡天地万物，皆有形质，就形质之中，有体有用。体者，即形质也；用者，即形质上之妙用也"。[①] 它兼顾本体论与功能论，充分认识到事物的两面性与统一性，又演化出"理一分殊"的思想。因此，《唐律疏议》对作为"政教之用"的刑律的必要性和形而上学意义予以充分阐释，指出："夫三才肇位，万象斯分。禀气含灵，人为称首。莫不凭黎元而树司宰，因政教而施刑法。其有情恣庸愚，识沈愆戾，大则乱其区宇，小则睽其品式，不立制度，则未之前闻。故曰：'以刑止刑，以杀止杀。'刑罚不可弛于国，笞捶不得废于家。"[②] 与魏征的阐释不同，《唐律疏议》认为立刑罚与施政教并行不悖，并且指出，由于人的品性不同，想要人人都达到君子的高度并不可行。为了防止资质愚钝或本性暴戾的小人作奸犯科，破坏正常的政治秩序和社会秩序，设立法度就成了必不可少之事。此外，设立刑法也不与大道相违背，圣人"观雷电而制威刑，睹秋霜而有肃杀，惩其未犯而防其未然，平其徽纆而存乎博爱，盖圣王不获已而用之"。[③] 刑罚的设置同样符合天理，是于国于家都不可废弛的必要惩戒手段。

但是，德与刑不可偏废并不意味着二者在质性上的对等。其中，"德"象征着天地运行和国家统治的光明面，"刑"则是事物的阴暗面。故而，德礼是治国理政的根本性价值，是目的；刑罚是治国理政的工具性价值，是手段。手段服务于目的，而不是相反。因此，对中国传统法律治理观念最为合适的概括是"德礼为本，刑罚为用"，简称"德本刑用"。与"仁义为本，刑罚为末"皆在本体论上区分高下不同，也与"德主刑辅"皆在功能论上区分主次不同，"德本刑用"在本体论的意义上区分了目的与手段，但在功能论上未必有差等，刑罚的使用情况需要根据当时的社会状况来决定，即"时遇浇淳，用有众寡"。所以，用"本用"关系或"体用"关系来概括中国大一统时期的经典德刑观念更为恰当。[④]

三　实用主义下的法律美德

以仁义、德礼为本的法律原则体现在立法层面，即法令简约、刑罚宽平。简约主义立法原则源于黄老道家之学。老子认为"法令滋彰，盗贼多有"，理想的法律状态是"天网恢恢，疏而不漏"。用"网"作为"法"的喻体是颇有深意的法律文化现象，法

① （唐）李鼎祚：《周易集解》卷 14，清文渊阁四库全书本。

② （唐）长孙无忌等：《唐律疏议·名例》序疏，第 1 页。

③ （唐）长孙无忌等：《唐律疏议·名例》序疏，第 1 页。

④ 法律史学界长期以来习惯用"德主刑辅"来概括中国古代的德刑关系，但这一说法并不能很好地阐释中国古代法律理念的丰富内涵和多层次性。参见李德嘉《德主刑辅说之检讨》，中国政法大学出版社，2017。

条不是越多越好，法律所约束的事项也不是越细越好，而是应当像一张正常的渔网一样，抓大放小，如魏征所言，“凡立法者，非以司民短而诛过误也，乃以防奸恶而救祸患，检淫邪而内正道”，① 只有这样，才能实现惩治犯罪与保护人民的双重功效。这与现代刑法的谦抑性有异曲同工之妙。否则，便同秦法一般，力图将民众的一举一动皆纳入法律的框架当中，“诸产得宜，皆有法式”，“事皆决于法”，最终导致“秦法繁于秋荼而网密于凝脂”。繁和密很恰切地概括了秦法的特点，一是律令繁多，条文繁杂，法律数目激增。二是法网严密，无论大罪还是小过，皆会受到法律的制裁，再与重刑主义相配，使得民众动辄得咎，“赭衣塞路，囹圄成市”，② 过于严酷的刑法和高压的统治术成为秦朝灭亡的重要原因之一。

汉初推崇黄老之学，与休养生息的政策相统一，在法律层面实行约法省禁的方针。即使在儒家学说成为正统思想以后，简约主义立法原则依然在历代律令的制定中发挥着主导作用。从九章律到曹魏新律、晋律、北齐律、开皇律，都是在继承前朝法律的基础上不断蠲削烦苛、删繁就简，立法技术也在这种思想的指导下有了长足进步，最终唐律形成了 12 篇 502 条的格局，以其文字简洁、条文精炼、结构严谨成为中国乃至世界法制史上的经典之作。

唐初对于法令简约的必要性的论述主要从实用主义角度来展开。唐太宗指出：“国家法令，惟须简约，不可一罪作数种条。格式既多，官人不能尽记，更生奸诈，若欲出罪即引轻条，若欲入罪即引重条，数变法者，实不益道理，宜令审细，毋使互文。”③ 这说明法令简约与法律清晰明确相辅相成，有助于避免法律条文的交叉与重复。否则，不仅在客观上不便于官员的记忆，使其在工作中容易出现失误，更为官员主观上曲解法律、上下其手提供了便利条件。《汉书 · 刑法志》亦表达过这样的弊端。由于汉武帝阳儒阴法，任用酷吏，“文书盈于几阁，典者不能遍睹”，导致“罪同而论异”的现象频发，更有“奸吏因缘为市，所欲活则傅生议，所欲陷则予死比”。④ 对于百姓来说，了解如此之多的法律更是绝无可能，因而陷罪者众多。只有法律简明晓畅，才能为人所共知，起到知法守法、减少犯罪的目的。

此外，刑罚宽平意味着刑罚即使在不得已而用之时，也要充分体现轻刑慎罚的原则。唐初在立法时务求仁恕宽厚，“削繁去蠹，变重为轻者，不可胜纪”，⑤ 不但删除了大量死刑条款，实现了刑罚的轻缓化，还对死刑案件规定了更加严格、规范和审慎的

① （唐）吴兢：《贞观政要》卷 5，第 171 页。

② （汉）班固著、（唐）颜师古注《汉书 · 刑法志》，中华书局，1962，第 1096 页。

③ （唐）吴兢：《贞观政要》卷 8，上海古籍出版社，1978，第 251 页。

④ （汉）班固著、（唐）颜师古注《汉书 · 刑法志》，第 1101 页。

⑤ （五代）刘昫：《旧唐书 · 刑法志》，中华书局，1975，第 2138 页。

复核程序，唐律也因此被赞誉为“出入得古今之平”。

在法律实施方面，唐代非常重视法律的稳定性与权威性。唐太宗多次强调的“诚信”的政治品质中就包括法律诚信。他以《尚书》“慎乃出令，令出惟行，弗惟反”为宗旨，以汉高祖、萧何“制法之后，犹称画一”为榜样，要求“今宜详思此义，不可轻出诏令，必须审定，以为永式”。[①] 也就是说，立法时应当审慎，不轻易制定新的法令；法令一旦制定出来，就要坚决执行，不能轻易改变和废止。只有这样，才能使百姓产生稳定的预期，保证人心与社会的安定。反之，“诏令格式，若不常定，则人心多惑，奸诈益生”。[②] 倘若法律朝令夕改，百姓无所适从，必然导致人心涣散，奸伪丛生。而且，频繁更改法律，也会导致官吏执法不一，甚至出现蓄意钻营、上下其手的现象，即唐太宗所说：“法令不可数变，数变则烦，官长不能尽记，又前后差违，吏得以为奸。自今变法，皆宜详慎而行之。”[③]

因此，唐代统治者在修改法律时都采取了相当审慎的态度，力求制定出来的法律在相当一段时间内保持稳定。据《新唐书·刑法志》记载，“自房玄龄等更定律、令、格、式，讫太宗世，用之无所改变”。[④] 唐初的法律理念对法律实践进行了有效指导，为唐代政治、经济、文化的持续稳定和繁荣提供了良好的外部环境和基本保障。

四 《贞观政要》中的“人”与“法”

1. “贤人之治”对“法律之治”的补充

在中国古代的正统理念中，德礼之治居于法律之治之前，而德治又与“人”息息相关，因此当代学者常用“人治”来概括中国传统政治统治的特点，并将“人治”引申为统治者或执政者漠视规则，仅凭自己的情感好恶任意裁断，以致中国古代“人治”观经常以现代“法治”观的反面形象出现。但实际上，中国传统政论史书与典籍中所谓的“人治”是在贤人政治的前提下展开，其与“以人为本”的政治哲学一脉相承，重视人的主观能动性，并希望以人性中美好善良的一面来柔化机械僵硬的法律条款，从而避免法律的某些负面影响。

魏征曾论述了客观实体法的局限性，对只晓得刻板僵化地套用纸面上法律条文的“俗吏”提出了批评，“不择善任能，而委之俗吏，既无远度，必失大体。惟奉三尺之律，以绳四海之人，欲求垂拱无为，不可得也”。[⑤] 法律不是万能的，它可能具有滞后

① （唐）吴兢：《贞观政要》卷 8，第 251~252 页。

② （唐）吴兢：《贞观政要》卷 8，第 251~252 页。

③ （宋）司马光：《资治通鉴·唐纪》，四部丛刊景宋刻本。

④ （宋）欧阳修：《新唐书·刑法志》，中华书局，1975，第 1413 页。

⑤ （唐）吴兢：《贞观政要》卷 5，第 170 页。

性，可能不够灵活，可能某项一般性规则在面对某个特殊事例时会得出与普罗大众的一般常识及朴素的道德情感大相径庭的结论。当上述情况发生时，就要求高素质的执法人员本着对法律精神的理解，采用有效的法律诠释方法，用法律原则去填补法律规则的漏洞或修正个案的不正义，以维护人民对于法律的信任感。而“世俗拘愚苛刻”之吏对法律的目的、精神与原则没有高屋建瓴的认识，对礼法也缺乏融会贯通的理解，只知死抠法律条文，不但与治国之道相悖，而且会放大法律的缺点。

法律不是封闭、孤立的存在，而是社会系统的一部分。中国古人尤为重视天理、国法、人情的统一，认为只有上承天理、下达人情的法律才是良法，才有可能实现善治。贤人之治对法律之治的重要补充之一，就在于将人情恰当地纳入法律的考量当中，即魏征所言“是以为法，参之人情”。[①] 现代学者多将“人情”与人情请托或“和稀泥”式调解相挂钩，并将其视为中国实现法治的重大阻碍之一。而魏征认为，对人情持这种理解的是“世俗小吏”，“而世俗拘愚苛刻之吏，以为情也者，取货者也，立爱憎者也，右亲戚者也，陷怨仇者也，何世俗小吏之情，与夫古人之悬远乎?”[②] 真正的人情，是民众善良的感情、朴素的道德认知、一般的伦理原则。对于这种人情，不但不应标榜所谓的“法不容情”，还应该积极主动地将其纳入司法裁决的考量因素当中，从而实现法律与社会的良性互动。

贤人之治对法律之治的另一重要补充，是进行道德建设，使民众在潜移默化中成为知廉耻、守法度的有德之人，从内心深处实现对礼法精神的高度服膺，而非仅仅是因为畏惧刑律的惩罚而小心翼翼地规避法律的禁止性规范。孔子“道之以政，齐之以刑，民免而无耻。道之以德，齐之以礼，有耻且格”就是对这种原理的最佳总结。

而进行道德建设，须从施政者自身做起。基于“君子之德风，小人之德草，草上之风必偃”的认识，中国传统政治伦理素来强调居上位者的德行操守对百姓的影响及所带来的示范效应，“民蒙善化，则人有士君子之心；被恶政，则人有怀奸乱之虑”；“遭良吏，则怀忠信而履仁厚；遇恶吏，则怀奸邪而行浅薄”。[③] 因此，官员自身的素质尤为重要，这就是孔子所言“其身正，不令而行；其身不正，虽令不从”的道理。

唐初对贤人之治与法律之治的上述关系认知，与孟子“徒善不足以为政，徒法不足以自行”、荀子“有治人，无治法”的观念一脉相承。与西方政治理念不相信人的观点相对，中国传统政治也不迷信制度。古人认为，制度制定得再好，如果缺乏有效的执行者，只会出现“上有政策，下有对策”的局面，使良好的制度在实施过程中完全

① （唐）吴兢：《贞观政要》卷 5，第 174 页。

② （唐）吴兢：《贞观政要》卷 5，第 174 页。

③ （唐）吴兢：《贞观政要》卷 5，第 171 页。

变味，甚至成为百姓的困扰。因此，中国传统政治一直将选拔人才作为重中之重。贤臣上可匡正君主，下可恤养万民，中可弥补法制之不足，是国家治理的中坚力量。

2. “法律之治”对“贤人之治”的要求

必须承认的是，中国传统社会长期以来实行君主政治，君主在国家治理当中居于至高地位，不但在司法活动中拥有最终裁决权，且其颁布的诏令也是重要的法律渊源之一。由于缺乏刚性条款对君主的权力予以制约，这种统治形式容易走向专制，导致人君可以擅自运用手中的权力杀人活人、作威作福。当法律的权威屈从于君王的意志时，官吏也会投机钻营，揣度君王的心思，视君王的好恶行事，从而造成对法律秩序的进一步破坏。汉代著名酷吏杜周的名言“三尺安出哉？前主所是著为律，后主所是疏为令”[①] 就是这种情况的典型体现。马克斯·韦伯认为，这种高度集权的家父长制的统治模式容易导致对规则的漠视以及凭借个人好恶予以个案决疑的司法裁判形式，从而使法律带有很强的非理性特征。这也是他将中国传统法律划入实质非理性法律类型的根本原因。[②]

对于居上位者因一时喜怒爱憎而任性行使权力对法律之治所造成的破坏，贞观君臣具有清醒而深刻的认识。他们吸取隋代虽立法完善，但因弃法毁法而导致速亡的前车之鉴，指出维护法律稳定性与权威性的重要性。而要保证法律信用，其根本在于君主对法律的尊重。唐太宗经常鼓励大臣对自己因个人一时喜怒而决事不如法的行为进行劝谏，并及时纠正法律适用过程中的错误，“朕比来决事，或不能皆如律令，公辈以为事小，不复执奏，夫事无不由小而致大，此乃危亡之端也”。[③]

唐太宗曾经下敕，对诈伪资荫而不自首者处以死刑。后有诈伪者，大理寺少卿戴胄仅判处流刑，唐太宗对此非常不满，认为这违反了他之前的敕令，是“示天下以不信”。诚信是唐太宗非常看重的政治品质，其三令五申“吾以诚信御天下”“以诚信为治”，因此，即便在戴胄回以“不敢亏法”时，唐太宗依旧质问他：“卿自守法，而令我失信耶？”但是戴胄坚持认为，法律才是国家的根本信用所在，而君主的命令常出自一时喜怒，当君主的个人信用与法律信用发生龃龉时，应当退居其次，“法者，国家之所以布大信于天下。言者，当时喜怒之所发耳。陛下发一朝之忿而许杀之，既知不可，置之于法，此乃忍小忿而存大信。若顺忿违信，臣窃为陛下惜之”。[④] 于是唐太宗转怒为喜，对戴胄大加赞赏。除此之外，唐太宗还对君主因个人情感而破坏法度的行为予以制度性约束。在因一时愤怒而杀大臣张蕴古之后，唐太宗心生后悔，将死刑复奏制

① （汉）班固著、（唐）颜师古注《汉书·杜周传》，中华书局，1962，第2659页。

② 参见〔德〕马克斯·韦伯《法律社会学》，康乐、简惠美译，广西师范大学出版社，2005，第216~226页。

③ （宋）司马光：《资治通鉴·唐纪》，四部丛刊景宋刻本。

④ （宋）王溥：《唐会要》卷39，清武英殿聚珍版丛书本。

度从一复奏提升至三复奏和五复奏，以进一步预防司法擅断的发生。

法律之治对君主政治的要求，除了不能因个人喜怒而破坏法度之外，还包括不能因个人爱憎而干扰法度，即便对于亲信荣宠之人的违法行为也要依律论处，不可徇私枉法。贞观元年（627），长孙皇后之兄长孙无忌带刀入禁中，对于如何处置长孙无忌以及未阻拦长孙无忌的监门校尉，大理寺少卿戴胄与尚书右仆射封德彝产生了争论。唐太宗认为："法者，非朕一人之法，乃天下之法。何得以无忌国之亲戚，便欲挠法耶？"[①] 下令大臣重新审议此事。虽然最后长孙无忌的行为依然被定性为"误"，并因其享有制度性特权而以赎论，但由于戴胄的坚持，监门校尉的行为亦被定性为"误"而免除死罪，从而保障了法律的一致性。贞观九年（635），秦王府旧臣高甑生身犯重罪，已根据制度性特权减死从流，但仍有人建议唐太宗免其罪责。对此，太宗指出："理国守法，事须画一，今若赦之，使开侥幸之路。且国家建义太原，元从及征战有功者甚众，若甑生获免，谁不觊觎，有功之人，皆须犯法。我所以必不赦者，正为此也。"[②]

即使是主张仁义为治国之本的魏征，也认为如果统治者做不到专尚仁义，就应该惯行管子所言的法律之治，"圣君任法不任智，任公不任私"。在魏征看来，公正无私是法律之治最重要的品质，"贞观之初，志存公道，人有所犯，一一于法。纵临时处断或有轻重，但见臣下执论，无不忻然受纳。民知罪之无私，故甘心而不怨；臣下见言无忤，故尽力以效忠"。[③] 徇私任情则是法律之治最大的阻碍，纵使此时法律宽松，但若统治者将其个人偏私夹杂其中，致使裁决不公，则会招致百姓更大的不信任与怨恨。"顷年以来，意渐深刻，虽开三面之网，而察见渊中之鱼，取舍在于爱憎，轻重由乎喜怒。爱之者，罪虽重而强为之辞；恶之者，过虽小而深探其意。法无定科，任情以轻重；人有执论，疑之以阿伪。故受罚者无所控告，当官者莫敢正言。不服其心，但穷其口，欲加之罪，其无辞乎？"[④]

此外，贞观君臣还对法律与赦宥的关系予以论证。适时的"赦小过"在早期儒家的论述中是施德缓刑的一种表现方式，与抓大放小的仁政理念相统一。不过后来，颁行大赦逐渐成为君主彰显仁德和昭示皇恩浩荡的统治术。由于肆赦会破坏法度，使原本有罪当刑之人得以逃脱法律的制裁，更会导致潜在的犯罪人心存侥幸，从而使法律的威慑力大打折扣，因此肆赦为齐法家所反对。管子曾指出："赦出则民不敬，惠行则过日益……凡赦者，小利而大害也，故久而不胜其祸。"[⑤]

---

① （唐）吴兢：《贞观政要》卷 5，第 164 页。

② （唐）吴兢：《贞观政要》卷 8，第 244～245 页。

③ （唐）吴兢：《贞观政要》卷 5，第 172～173 页。

④ （唐）吴兢：《贞观政要》卷 5，第 172～173 页。

⑤ （春秋）管仲：《管子》卷 6，四部丛刊景宋本。

唐太宗对于大赦的态度与管子颇为类似，认为赦宥的受益人是有不轨之行的“愚人”，“天下愚人者多，智人者少，智者不肯为恶，愚人好犯宪章。凡赦宥之恩，惟及不轨之辈”，故而大赦是“小人之幸，君子之不幸”。如果人君滥施私惠、罔顾公法，就是“谋小仁者，大仁之贼”。[①] 因此，唐太宗宣称自己“绝不放赦”，“吾闻语曰：‘一岁再赦，好人暗哑’。吾有天下，未尝数赦者，不欲诱民于幸免也”;[②] “将恐愚人常冀侥幸，惟欲犯法，不能改过”。[③]

当然，唐太宗在位期间并非全然没有进行过大赦，但他确实对恩赦的施行非常慎重，而且大赦天下往往是因为蝗灾、旱灾等自然灾害，这也符合前文所述的在民不聊生之际更应施行仁政的理念。此种因百姓而施行的大赦可谓之“公”，但因统治者个人诉求而实施的大赦则谓之“私”，这是唐太宗及长孙皇后尤为反对的。在长孙皇后病危之际，太子李承乾建议用赦免囚徒的方式为皇后祈福祛病。自魏晋南北朝以来，受佛教功德报应思想的影响，赦囚又被视为统治者积德消灾的方式之一。但是，长孙皇后以“赦者，国之大事；佛道者，示存异方之教耳，非惟政体靡弊，又是上所不为，岂以吾一妇人而乱天下法”为由断然拒绝了此项提议。[④] 其核心精神仍在于不能因私人问题而破坏公法。[⑤]

综上所述，贤人政治绝非脱离规则的任意裁断，恰恰相反，它非常强调规则的重要性和恪守法律的必要性，注重秉公执法，排斥喜怒爱憎等私情对法律的干涉，遵循法度是贤人政治的应有之义。但同时，它又反对机械地死抠条文和过度执法，主张司法裁判应当参详朴素的道德认知、一般的伦理原则等善良情感。[⑥] 这样微妙的平衡，唯有心怀正义、深明礼法的贤德君子方能达成，故而中国传统法理才对执法者有更多道德要求。即使在以法为本的当今社会，上述观点仍有值得深思之处。

① （唐）吴兢：《贞观政要》卷 8，第 250 页。

② （宋）欧阳修：《新唐书・刑法志》，第 1412~1413 页。

③ （唐）吴兢：《贞观政要》卷 8，第 251 页。

④ 参见（后晋）刘昫《旧唐书・长孙皇后传》，中华书局，1975，第 2166 页。

⑤ 关于恩赦与皇帝统治的问题，可参考陈俊强《皇权的另一面：北朝隋唐恩赦制度研究》，北京大学出版社，2007。

⑥ 因此，黄宗智认为用“实体理性”来描述中国传统法更为合适。参见黄宗智《道德与法律：中国的过去和现在》，《开放时代》2015 年第 1 期。

清律“夜无故入人家条”小考*

〔日〕中村正人 文　赵　崧 译**

摘　要：“夜无故入人家条”是到清代为止有关正当防卫最具代表性的条文之一。在传统中国，虽然条文的形式有所差异，但即时杀害夜间侵入住宅的不法侵入者的行为，一直是以无罪论。该条文的适用要点在于判断防卫者是否能够知道侵入者的意图，如果已知侵入者并无不法意图时，将其杀害反而可能面临较重的刑罚。从立法理念来看，“夜无故入人家条”事实上的适用对象为奸盗案件，这就产生了与盗贼拒捕条、杀死奸夫条竞合的可能。检视它们的适用案例，可进一步明确“夜无故入人家条”的适用要件，在时间、空间、侵入意图是否可知等方面均有严格限制。很明显，法规定与法应用出现了一定程度的乖离。侵入者的凶恶性可能是左右法条适用的重要因素，但限于史料的不完整，目前为止仅可作为一种可能性加以讨论。

关键词：夜无故入人家；正当防卫；适用要件；竞合

一　前言

笔者曾在发表的有关清代正当防卫的论文[①]中，阐明了清代的正当防卫不具有现代刑法学中那样的“违法阻却（减轻）事由”，只不过是通过减少违法性和减少责任的结合，来阻却（或者说减轻）刑罚。

而且，在讨论清代（抑或是更为广阔的传统中国法全体）的正当防卫时，以下引用的“夜无故入人家条”必然被提及。[②]

> 凡夜无故入人家内者，杖八十。主家登时杀死者，勿论。其已就拘执而擅杀伤者，减斗杀伤罪二等。至死者，杖一百，徒三年。

---

* 本文的日文原稿题目为「清律『夜無故入人家条』小考」，原载于『中国史学』第 5 卷（朋友書店，1995）。中村老师自谦本文年代久远，以目前的研究水准来看难免有不足之处。但本文在当时无疑是具有开拓性意义的，同时对如今关于清代“夜无故入人家条”与防卫权的研究也具有相当的借鉴意义，因此在译者的请求下，同意将本文译出，供中国研究者参考——译者按。

** 中村正人，金泽大学法学系教授；赵崧，京都大学博士研究生。

① 拙稿「清代刑法における正当防衛（一）（二・完）」（『法学論叢』127 卷 1、3 号，1990 年）。

② 《大清律例》卷 25《刑律・盗贼下》。本稿中，清律使用的版本为《大清律例汇辑便览》（成文出版社影印本）。本文中引用的条例编号，是原书的排列方式，可能与其他版本稍有不同。

本条文规定，①将夜间无理由侵入他人家中的行为作为犯罪进行处罚。②如果主家将这个侵入者即时（“登时”）杀死，则免予处罚。此外，③一旦侵入者被拘拿之后再被杀伤的，对于杀害，从斗杀律（《大清律例》卷 26，斗殴及故杀人条）的刑罚（绞监候）减二等，处杖一百、徒三年；对于伤害，依据伤害行为的样态及侵入者的伤势确定相应之罪责（《大清律例》卷 27，斗殴条），减二等处罚。

其中，被认为与正当防卫有关的主要是②的规定（以下称为“夜无故入人家律”）。关于这一点，前述拙稿中虽然有若干提及，但讨论得并不充分。因此，本文旨在对前稿的缺漏稍作补充，专从清律的“夜无故入人家律”入手，在讨论此条律文的历史变迁及唐律与清律间的异同后，主要通过清代的判例，辨明律文是在何种情况下适用，换言之，为了适用此律文，所要具备的要件是什么。

二 “夜无故入人家条”之唐律与清律的异同

正如前辈学者所指出的，[①]“夜无故入人家条”的渊源，可以远溯至《周礼》。

凡盗贼军乡邑及家人，杀之无罪。（《周礼·秋官·朝士》）

但是，对杀害袭击村落和家人的盗贼的行为给予免责，没有夜间侵入屋内与即时杀害等要件上的制约，这与清律的规定颇为不同。而到了汉代，

无故入人室宅庐舍，上人车船，牵引人欲犯法者，其时格杀之，无罪。（《周礼·秋官·朝士》郑司农注）

增加了侵入他人的室宅、庐舍、车船，以及将侵入者即时杀害等要件，这虽然是与清代的规定比较接近的变化，但表示时间制约的“夜间侵入”尚未作为要件被纳入。这之后的北周，

盗贼群攻乡邑及入人家者，杀之无罪。（《隋书》刑法志）

又回到了与《周礼》相近的规定。而唐律规定，

① 例如，参照仁井田陞『補訂中国法制史研究 刑法』（東京大学出版会，1998）第 216~217 页；戴炎辉《中国法制史》（第 7 版，三民书局，1987）第 59 页，等等。

诸夜无故入人家者，笞四十。主人登时杀者，勿论。若知非侵犯而杀伤者，减斗杀伤二等。其已就拘执而杀伤者，各以斗杀伤论，至死者，加役流。（《唐律》贼盗第二二条）

与清律内容大致相同（关于与清律不同的地方，将在后文讨论）。唐律的规定，在宋代几乎被原样继承，此后，明代对刑罚、用语及一部分规定进行了若干变动，再由清代原样继承。①

这样来看，在传统中国，虽然条文的形式有差异，但即时杀害夜间侵入住宅（虽然在唐律以前的条文中，这些要件也存在一部分缺失的情况）的不法侵入者的行为，一直是以无罪论。并且清律也继承了这一传统，同样规定其无罪。②

如上所述，清律的“夜无故入人家条”，经由明律，大致原样沿袭了《唐律》贼盗第二二条的规定，除了存在细节处的刑罚差异（对夜间侵入行为的刑罚，从笞四十变更为杖八十）和语句差别（唐律的“人家”，清律改为“人家内”；唐律的“主人”，清律改为“主家”），另外唐律和清律在规定上，还可见两处重要的变化。

第一个重要变化是，有关杀伤“已就拘执”的犯人的行为，相对唐律“各以斗杀伤论”，只有刑罚为死刑时才规定减等到加役流，清律对同样的情况，有“减斗杀伤罪二等”的规定。唐律和清律的第二个不同点是，唐律有“若知非侵犯而杀伤者，减斗杀伤二等”的规定，这是清律所没有的。唐律的官撰注解书《律疏》中，关于“知非侵犯而杀伤者”，有以下注释：

谓知其迷误，或因醉乱，及老小、疾患，并及妇人不能侵犯，而杀伤者，减斗杀伤二等。

换言之，在防卫者（主人）知道侵入者是出于迷路或醉酒的原因侵入住宅，或是老人、年幼者、身患疾病者、妇人等没有侵害危险的人时，杀伤这些人，即便是登时的行为，也并非无罪，只能减斗杀伤罪二等。

而清律的“夜无故入人家条”则没有相同的规定。因此，仅就条文而言，可见即使侵入住宅是出于迷误、醉乱等原因，主家登时杀害，也是无罪。但是，从清代的判例来看，法律实务中并没有照这样处理。以下介绍几个相关案例。

① 依据《元史》刑法志，元代也有关于杀害夜间侵入者的规定存在。“诸夤夜潜入人家被殴伤而死者勿论”，《元史》卷104《刑法三》，中华书局，第2659页。

② 有关“夜无故入人家条”的历史变迁详情，参照 M. J. Meijer，“Self-Defense”，in *Thought and Law in Qin and Han China*，edited by W. L. Idema and E. Zürcher，Leiden：Brill，1990，pp. 226-230。

傅岩士疯病（应该是精神疾病的一种，具体不明）发作，于二更时分（晚上九时~十时）侵入张黑驴家，抱住张黑驴的腰身用头撞其胸膛，张黑驴将傅岩士杀害。①

对于此案，河南巡抚原拟适用“夜无故入人家内，已就拘执而擅杀”律（参照前文夜无故入人家条），刑部批示“与例案相符”。因为这里引用的是说帖，案件最终如何处理无法确知。但此处巡抚、刑部两方的意见一致，大概最后就是如此处罚的吧。

此外，清代的刑事裁判集《成案汇编》中，收入了如下案件。

胡琬食酒糟而醉，误入王义恒家中拴牛棚。王义恒误认胡琬正在盗牛，与儿子王谦一同殴打。胡琬并未辩明非贼，王义恒也任由其逃逸，并未擅自杀害。一个月后，胡琬的尸体被发现。②

对于此案，原审湖南巡抚根据“罪人不拒捕而擅杀”律（《大清律例》卷35，罪人拒捕条），拟判王义恒绞监候。刑部认为“胡琬夜间侵入王义恒家拴牛棚，虽然和侵入住宅（‘住房’）稍有区别，但因为牛棚内放置有牛及农具等物，与住宅没有多少区别（‘与住室无异’）”，指出可以适用“夜无故入人家条”，应照“夜无故入人家内，已就拘执而擅杀”律，将王义恒定拟杖一百徒三年。

以上两案及其他类似的案件③中，对于即时杀害因为疯病发作或酒醉而夜间侵入他人家中者的行为，都适用了“夜无故入人家条”后段的“夜无故入人家内，已就拘执而擅杀”律，④将防卫者处以杖一百徒三年。这些案件中，适用“夜无故入人家内，已就拘执而擅杀”律的原因，绝不是从案件事实关系所看起来的那样，而在于防卫者的反击行为是在侵入者被拘拿后施行的，即“非登时”的行为。这一点，在张兴渊一案⑤中，刑部有如下之明确批示。

① 《刑案汇览》卷21，夜无故入人家条，“河南司，查律载夜无故入人家内，主家登时杀死者勿论……乾隆五十四年说帖”。本文的日文原稿引用案例部分，并非全为史料原文，部分为根据史料的归纳总结，翻译时仍循其旧，下划线也是著者所加——译者按。

② 《成案汇编》卷16，贼盗“黑夜酒醉误入牛栏，疑盗殴死改徒案”，“刑部为报明事，会看得，王义恒等黑夜赶殴胡琬身死一案……乾隆七年□ 月内奉旨……”另，《所见集》卷25亦收入本案件。

③ 其他类似的案件，有成继富一案（《刑案汇览》卷21，夜无故入人家条，“川督，咨成继富殴伤王杨氏身死一案……嘉庆二十三年说帖”）；黄凝泰一案（同前“福抚，咨黄凝泰因素不认识之刘幅邦疯病复发……嘉庆十八年案”）；傅添香一案（同前“浙抚，咨何帼槎因疯袒怀跣足……嘉庆二十年案”）等。

④ 但是，傅添香一案（前注③所引）中，并非适用“夜无故入人家内，已就拘执而擅杀”律，而适用了“强奸未成，被本妇有服亲属登时忿激致毙”条例（罪人拒捕条例五），但总的来说刑罚同样是杖一百徒三年。

⑤ 《刑案汇览》卷21，夜无故入人家条，“安徽司，此案张兴渊因素不认识之王玉疯病复发……道光十一年说帖”。

> 殴死疯发无知，夜入家内之人必实系事在仓卒，捕殴致毙，方可照擅杀律[①]拟徒。（引文中的下划线为笔者所加。下同）

所以，立时杀害因为疯病和醉迷等其他事由而夜间侵入他人家中者的行为，适用“夜无故入人家内，已就拘执而擅杀”律（即并非无罪）的理由是，被杀害的侵入者是毫无恶意的普通人。防卫者杀害这类人的行为，其违法性比杀害有罪之人的情况相对更高。如此说来，清律中对于杀害“非侵犯”者的行为，科处减斗杀罪二等，杖一百徒三年的刑罚，和唐律的结论是一致的。

但是，唐律中虽然有“知非侵犯”（至少能够知道）之说，但杀伤侵害者的情况，还是减斗杀伤罪二等科处刑罚，如果并无“知非侵犯”，而将侵入者杀伤，恐怕防卫者也是无罪的。[②] 而到了清代，如前引张黑驴案与王义恒案，在尚未获知侵入者没有侵犯意图的情况下就将其杀害，被处以杖一百徒三年。这是事后且客观地来看，判断防卫者是能够知道侵入者并非侵犯者，由此科处较重的刑罚。可体现这一点的史料，还能举出以下的案件。

> 张其陇与王照沅隔庄居住，向不认识，并无嫌怨。王照沅素有之疯疾发作，于嘉庆六年十二月初一日夜晚，误入张其陇家内。彼时，张其陇正在厨房烧茶，怀疑有贼入内，携木棍殴击王照沅，因王照沅夺棍，张其陇再次殴击。王照沅走出门口乱骂，两手乱舞。适同门居住的张子秀闻声趋至，持木门闩两次殴击王照沅。但王照沅依然反抗，因张其陇殴其左额角与右前肋，王照沅身死。[③]

原审浙江巡抚将给王照沅造成致命伤的张其陇，比照斗杀律减一等，拟判杖一百流三千里，行文咨刑部。但刑部认为从情状来看应适用共殴律（《大清律例》卷 26，斗殴及故杀人条），巡抚的原拟殊未允协，将案件退回。最后，浙江巡抚接受刑部的建议，将张其陇依据“共殴人致死，下手伤重”律定拟绞监候，如此完结。

和张黑驴案等相同，在杀害夜间侵入的疯病患者的张其陇一案中，为何不适用“夜无故入人家内，已就拘执而擅杀”律，而适用了同谋共殴致死律？一个假设是，面对单个侵入者，有多个（本案中，是张其陇和张子秀二人）防卫者进行反击，可能是

① 此处所谓“擅杀律”，并非“罪人不拒捕擅杀”律（“罪人拒捕条”，刑罚为绞监候），而是指“夜无故入人家内，已就拘执而擅杀”律。

② 参见律令研究会编『譯注日本律令七』（東京堂，1987），第 152~153 页。

③《驳案续编》卷 2，“疑贼，共殴毙命，装缢移尸”，“浙江司……东阳县民人张其陇等疑贼共殴王照沅身死，移尸装缢一案……嘉庆九年六月初九日题，十一日奉旨……”

刑罚加重的原因。但是，例如前引王义恒一案中，虽然有多个防卫者（王义恒和王谦）殴打单个侵入者（胡琬），王义恒却适用“夜无故入人家内，已就拘执而擅杀”律，被处杖一百徒三年。因此，当存在多个防卫者时，虽然有在几个条文中选择共殴律的理由，但科处绞监候这样的重刑，而非杖一百徒三年，或许缺乏实质的根据。那么，本案中加重刑罚的实质理由是什么呢？关于这一点，刑部在驳回浙江巡抚的原拟时，以下陈述的事实值得注意。

王照沅出门，口内混骂，两手乱舞，已露疯病情状。该犯既经目击，岂得诿为不知？

也就是说，刑部以目击王照沅异常举止的张其陇应该当然知晓王照沅是疯病患者为理由，驳回原拟。而且，考虑到对杀害疯病患者等非侵害者的行为，科处杖一百徒三年的刑罚的其他案件中，并没有这样的理由，可见防卫者是否可知侵入者并非侵犯者，是影响刑罚轻重的一个重要因素。

从以上几点来看，可知在清代，如果杀害“非侵犯”的侵入者（对此不可知），处杖一百徒三年，如果可知非侵犯者而将其杀害，则会处以更重的刑罚，对防卫者来说，其结果是比唐律更为严苛的处罚。①

三　夜无故入人家律与夜无故入人家条例以及杀死奸夫条例的关系

如上所述，清律夜无故入人家条规定，主家将怀有某种不好的意图（侵犯意图，即“无故”），在夜间侵入屋内者登时杀死的行为无罪。这种情况，关于侵犯的内容，因为法律条文上没有限定，只要侵入者怀有不好的意图，便是本条文的适用对象。但实际上，夜间侵入人家基本上是以盗窃或通奸为目的。②

杀害以奸盗为目的的侵入者的行为，作为夜无故入人家条事实上的适用对象，在

① 根据防卫者是否知道（可知）侵入者怀有侵犯意图侵入家中，唐律和清律在刑罚上的差异如下表所示。

	不知侵入者非侵犯者而杀害时	明知侵入者非侵犯者而杀害时
唐律	无罪	徒三年
清律	杖一百徒三年	绞监候（?）

② 光绪五年（1879）到二十七年（1901），历任刑部左右侍郎、刑部尚书等的薛允升在《唐明律合编》中说，“夜无故入人家，绝非善类，奸盗十居八九”（同书卷18，第176页）。另外，唐有文一案（《刑案汇览续编》卷12，夜无故入人家条，“陕西司，查律载夜无故入人家，已就拘执而擅杀者，杖一百徒三年等语……咸丰元年案”）中，刑部称“推原律意，夜无故入人家，不外奸盗两事。故虽拘执而杀，律不拟以绞抵”。

清代，除此条之外，适用于杀害奸盗犯行为的条文还有数条。首先，关于杀害盗窃犯，有以下规定。

> 凡事主（奴仆、雇工皆是）因贼犯黑夜偷窃，或白日入人家、内院偷窃财物，并市野偷窃有人看守器物，登时追捕殴打至死者，不问是否已离盗所，捕者人数多寡，贼犯已未得财，俱杖一百徒三年，余人杖八十。若贼犯已被殴跌倒地，及已就拘获，辄复叠殴致毙，或事后殴打至死者，均照擅杀罪人律，拟绞监候。其旷野白日偷窃无人看守器物，殴打至死者，不问是否登时，亦照擅杀罪人律，拟绞监候，余人均杖一百。如贼犯持仗拒捕，被捕者登时格杀，仍依律勿论。

本条规定了，①对于夜间行窃（注意不问盗窃现场如何），或者白昼入人家、内院偷窃财物，或者（白昼）偷窃他人家外（市野）有人看守器物者，事主（盗窃的被害人）立即追捕，在此过程中殴打盗窃犯至死的情况，不论事主的殴打是不是在远离盗窃现场发生，捕者即事主一方的人数多寡，盗窃是既遂还是未遂，都是杖一百徒三年。②如果盗窃犯被事主殴打倒地，或者已被拘拿后，事主再次殴打至死的情况，照擅杀罪人律（前述罪人拒捕条）拟绞监候。③事主将白昼在旷野偷窃无人看守器物者殴打至死的情况，不问登时与否，照擅杀罪人律拟绞监候。④盗窃犯持有武器拒捕时，事主如立即杀害，不问罪。[①] 这里应该注意的是，即时杀害夜间盗窃未遂犯的行为也是该条例的适用对象。在这一点上，夜无故入人家律正文和条例一形成了竞合关系，两者的关系如何便成了问题。

其次，有关杀害未遂奸犯的规定，清律有以下条例。

> 凡本夫及有服亲属，杀死图奸未成罪人，勿论登时事后，俱照擅杀律，拟绞监候。（《大清律例》卷 26，杀死奸夫条例四）

这一条例规定，本夫及其缌麻以上的亲属，杀害企图通奸（和奸）未遂之人时，照擅杀罪人律拟绞监候。本条例中，虽然关于通奸现场（奸所）没有特别限定，但应该是设想奸夫前往对方家中目的未遂，被本夫及其亲属杀害的情况。而且，因为通奸通常在夜间进行，难免与夜无故入人家律产生竞合。因此，以下就何种情况适用夜无故入人家律，何种情况适用夜无故入人家条例一或杀死奸夫条例四，结合具体事例进

① 作为其他的关联条文，有并非有关事主而是规定事主的邻人将盗窃犯杀害时处罚的条例二，以及规定旷野白日盗谷物、草木等者，被事主邻人杀害时处罚的条例三。

行讨论，由此辨明适用夜无故入人家律的必要要件。

比较夜无故入人家律、夜无故入人家条例一和杀死奸夫条例四可注意到，各条文的行为主体不同。相对夜无故入人家律是以“主家”为行为主体，夜无故入人家条例一和杀死奸夫条例四分别是“事主”、“本夫（及有服亲属）”。有关这一点，清律的私撰注解书《大清律辑注》（以下略称《辑注》）特别与盗窃关联，对夜无故入人家律的适用有如下论述。

> 无故入人家，一不应罪耳，而附于盗律之内者，谓其近于盗也。然必是黑夜，必是无故，必是家内，必是主家，必是登时杀死，方得弗论。有一不符，即当别论矣。

由《辑注》的注解来看，要适用夜无故入人家律定为无罪，限定于“主家”即家的主人的杀害行为。因此，非“主家”的“事主”将侵入住宅的盗窃犯杀害时，不适用夜无故入人家律，而是适用其条例一。依据《辑注》的解释，有可能此处行为主体“主家”与“事主”的差别，是产生所适用条文的差别，进而导致刑罚的差别的原因。

但是，关于行为主体的问题，在《辑注》的其他地方，又有下述说法。

> 如窃盗并不拒捕，或弃财而逃，或携赃而遁，事主追逐致死，其于黑夜在家，应依律勿论。于白日在家及黑夜在野，并白日在家、黑夜在家在野已就拘执而擅杀者，均依律例拟徒。[①] 至持仗拒捕，被事主格斗致死，则无论黑夜、白日、在家、在野，均当勿论。此部覆事主致死窃盗案内有云，重则有已就拘执而擅杀之文，轻则竟有勿论之条也。

这里，下划线部分“其于黑夜在家，应依律勿论”中所谓的“律”，不消说，指的是夜无故入人家律。虽然如此，《辑注》称适用该律的主体为“事主”。也就是说，《辑注》一方面将适用夜无故入人家律的情况限定为行为主体是“主家”，另一方面论述时却不区别“主家”和“事主”。这样一来，“主家”和“事主”（至少在《辑注》中）并非严格区分使用场景的概念。因此，杀害侵入者的行为主体是“主家”也好，

① 虽然“已就拘执而擅杀者”的部分，应该是承接“并”以下的三项［即“白日在家”“黑夜在家”“（黑夜）在野”］，但从律例的规定来看，其中“黑夜在家”时“已就拘执而擅杀”者以外，刑罚并不是徒，而应该是绞监候。由《大清会典事例（光绪会典事例）》卷798的“夜无故入人家”项目中收入的改正以前的条例看，“白日在家”“（黑夜）在野”时“已就拘执而擅杀”者的刑罚是徒的规定也不存在。这恐怕是《辑注》的错误吧，详细情况不明。

“事主”也好，决定适用的条文是夜无故入人家律还是该律条例一，并没有实质的根据。[①]

假设，在前引《辑注》中，没有意识到“主家”和“事主”的区别，将行为主体都表现为“事主”单纯是行文上的便宜处理（或是语言的修辞），虽然“主家”和“事主”在条文适用上本来应该严格区别，但出现杀害夜间侵入住宅者之人，既是“事主”又是“主家”的这种情况完全是预料之中的事，此时适用夜无故入人家律还是该律条例一，必须由其他因素来决定，所以行为主体的差异无法成为确定此二条适用范围的实质要素。

那么，造成夜无故入人家律和该律条例一在适用上区别的主要原因是什么呢？现在将这两条规定对比下，在律文中，虽然被杀害者具有“人家内”的侵入者这一要件，但在条例一中，没有这样对场所的限定，只规定了“事主”将“黑夜偷窃”的贼犯登时殴打致死时，处杖一百徒三年。并且，在前引《辑注》的注释中，由“事主”杀害贼犯，如果是“黑夜在家”，便“依律勿论”，如果是“黑夜在野”，则“依律例拟徒”来看，可知侵入者是否侵入“人家内”，是决定适用律还是条例一的重要因素。

律文中的“人家内”到底是指什么范围？关于人们现时居住的建筑（也就是住宅）内属于“人家内”，而住宅的宅基以外则不属于“人家内”这一点，应该不会特别有异议。问题是，其中间领域，也就是说杀害虽在宅基内但尚未侵入住宅内的人时，是否适用夜无故入人家律。先说结论的话，要适用夜无故入人家律，侵入者只是侵入宅基是不充分的，进入住宅是必要条件。有关这部分的史料，可以举以下案件。

> 幸金铨的无服族侄幸怔蟢，听从幸金铧邀约，乘夜前往幸金铨家寻殴，撞开大门进院。幸金铨闻响惊为被盗，用铳向外点放，适伤幸怔蟢身死。[②]

对这一案件，原审湖北巡抚将幸金铨照“事主因贼犯黑夜偷窃登时捕殴至死”条例（前揭夜无故入人家条例一），定拟杖一百徒三年，咨刑部。刑部堂官将幸金铨一案与相继送到的相似案件张成先一案（后述）一起交付律例馆征求意见。对此咨问，律例馆有如下回答。

---

① 沈家本在“论杀死奸夫”一文中，没有直接对《清律》，而是对《唐律》贼盗第二二条论述的部分中有“且奸妇乃主家人，非外人也”的分析（沈家本《历代刑法考》，中华书局，1985，第 2087 页）。由此看来，沈家本基本将“主家”的概念与“家人”等同，未必是理解为“家长”或“户主”。清律将“主家”与“事主”分开使用的情况，个人见解是，根据盗窃的实际受害者（事主的情况），或尚未有具体的侵害发生，只是潜在的受害者（主家的情况）来区分，仅是叫法的改变，没有实质的理由。

② 《刑案汇览续编》卷 12，夜无故入人家条，“交核湖北省咨，幸金铨捕贼铳伤幸怔蟢身死，及吉林将军咨，张成先枪伤黄吉敏身死各一案……道光二十七年说帖”。

> 疑贼致毙人命之例，原因本犯仅见死者迹涉可疑，即行逞凶毙命，故应按律拟抵。若死者虽非贼犯，而其凶暴形迹业已昭彰，等于盗劫，因而仓卒致毙其命，自应就案衡情，核明死者已未入室，援引“事主黑夜捕贼”及“夜无故入人家”各律例，分别办理。

在述说关于夜无故入人家律及该律条例一适用的一般原则后，其结论是，幸金铨、张成先两案“凶暴情形均已显著”，与捕贼无异，因此将杀害只是侵入院子（“进院”）并未进入建筑物内（“未入室”）的幸怔蟢之幸金铨，照夜无故入人家条例一定拟杖一百徒三年的湖北巡抚原拟，与将杀害已侵入建筑物内（“已入室”）的黄吉敏之张成先，照夜无故入人家律定为无罪的[①]吉林将军原拟，都是妥当的。

据律例馆之说，很明显夜无故入人家律中的“入人家”意味着“入室,”[②] 即侵入住宅内，杀害只是“进院”即进入院子但尚未侵入住宅内的人，不适用夜无故入人家律，而是适用该律条例一（侵入者是盗犯或与之类似者时）。换言之，要适用夜无故入人家律，侵入者至少应已侵入住宅内。

但是，如果夜间侵入者有“侵犯”意图而“入室”的话，将其立即杀害的“主家”也并非常常适用夜无故入人家律律文。这一点，从陈房凡一案[③]中，刑部的如下所述可知。

> 诚以昏夜无故入人家，非奸即盗，来者情甚叵测，捕者势在仓猝，故特宽杀伤之罪。若明知其为贼而捕殴至死，应分别登时、事后，予以满徒（杖一百徒三年——笔者注）、绞候。知其为奸而捕殴至死，亦应分别已未成奸，是否奸所登时，并捉奸者为何项亲属，予以勿论、徒杖、绞候。是杀死窃贼与杀死奸匪，例内各有明条。其黉夜捕殴奸盗未明者，自当依夜无故入人家之律，分别登时、拘执科断。

照刑部的见解来看，明知侵入者是贼（盗犯）而捕殴，结果将侵入者致死时，适用夜无故入人家条例一；另外，如果明知侵入者是奸犯而杀害时，根据行为主体及行为样态适用杀死奸夫律或杀死奸夫条例；而杀害奸盗未明之人时，则适用夜无故入人家律。

---

① 但是，如后述私藏猎枪（“鸟枪”）罪是被追究的。

② 如果是现时人所居住的场所的话，并不一定是附着于土地的建筑物。例如，胡梯六一案（《大清律例汇辑便览》卷25，夜无故入人家条所载）中，对于以船为住家的船户，表示了侵入其船就符合“入人家”的见解。

③ 《刑案汇览》卷27，杀死奸夫条，“直督，咨陈房凡黉夜纠殴图奸伊妹未成之陈江身死一案……嘉庆二十三年说帖”。

综上，在清代要适用夜无故入人家律认定无罪，必须是侵入者在夜间以侵犯意图侵入他人住宅（“入室”），对此，防卫者（“主家”或“事主”）不知其侵入意图（“奸盗未明”），即时（“登时”）将其杀害，如果这些要件中缺失任意一个，将根据缺失要件的种类及侵入者侵犯意图的内容，适用“夜无故入人家内，已就拘执而擅杀”律、夜无故入人家条例一、杀死奸夫条例四等规定，科处适当的刑罚。

从条文及刑案等体现的刑部的见解可得，夜无故入人家律的适用要件如上所述。但是，笔者依然感觉有较大的疑问。那就是，防卫者知道夜间侵入住宅内的人抱有怎样的侵犯意图（也就是说，知道是奸盗犯人）而杀害的情况，依据夜无故入人家条例一或者杀死奸夫条例四等，处杖一百徒三年或绞监候，与之相对，对此不知而杀害时则无罪。这样，知道侵入者是什么意图而杀害与不知意图杀害的情况，对防卫者科处的刑罚存在相当大的差别。关于这点，侵入者的意图（是奸犯还是盗窃犯，或者因其他目的而侵入）不明显时，防卫者惊愕、狼狈的程度相对更强，因此将侵入者杀害的行为，其责任减少更会被承认，与此同时刑罚也被减轻，[①] 这一点确实无法否定。但是，只用这种责任减少的观点，是否可以解释清楚两者间刑罚的差别呢？怀着这样的疑问，重新审视清代的刑案，会发现其中有一些事例被认为应当适用夜无故入人家律，实际却没有适用该律。所以在下一部分中，将通过对这些案件的探讨，来谈一下夜无故入人家律的适用问题。

四　围绕夜无故入人家律的适用探讨具体案件

以下引用的案件，是将以盗窃为目的夜间侵入住宅者打伤致死，而未适用夜无故入人家律的案例。

> 李八在深夜以盗窃为目的侵入了张亮家（“进屋”）。张亮听到声响携刀出捕，戳伤李八腹部。李八未敢出声，忍痛逃至其族嫂李刘氏家卧炕，将事情缘由告知。张亮随后追到李刘氏处，言明事情而归。李八因张亮所致之伤殒命。[②]

对于本案，刑部认为李八虽死在李刘氏家，但因盗窃行为被张亮戳伤，所以因李八深夜盗窃被张亮戳伤致死，原审将张亮依例（恐怕指的是夜无故入人家条例一）拟徒是妥当的。

仅就事实关系来看，本案因为是将深夜以盗窃为目的侵入住宅的侵入者即时杀害

① 例如，清律总注对主家无罪的理由如此陈述，“盖无故而来，其意莫测，安知非刺客、奸人，主家惧为所伤，情急势迫，仓促防御而杀之，故得原宥耳”，认为基于不知道侵入者的真面目，或者恐惧可能伤害自己才实施行为，是无罪的根据。

② 《刑案汇览》卷 21，夜无故入人家条，“奉尹，咨张亮戳死窃贼李八一案……嘉庆十七年说帖”。

的案件，所以对张亮应该适用夜无故入人家律才是，但现实是适用了夜无故入人家条例一，处杖一百徒三年。更重要的是，因为本案中对李八是盗窃犯这件事，张亮是否知道（能否可知）并不清楚，或者因为张亮知道李八是盗窃犯而杀害，不满足陈房凡一案中所示要件（只有“奸盗未明”时适用夜无故入人家律），因而适用夜无故入人家条例一也是可能的。

但是下面介绍的两个案件，都是虽然非明确知道侵入的目的而杀害，却最终没有适用夜无故入人家律。

> 杨盛不知邻居王发与其妻有奸。某夜，王发在杨盛之妻房中行奸，杨盛听闻犬吠，疑贼侵入，携枪喊捕。王发闻声畏惧逃出。杨盛于黑暗中瞥见有人从其妻房内跑出，疑系窃贼，将王发戳伤致死。[①]

本案中，杨盛依“夜无故入人家，已就拘执而擅杀”律，处杖一百徒三年。

> 罗应文赴蒋符氏家通奸开门。本夫蒋开惠闻声，疑贼出捕，将罗应文戳毙。[②]

本案与杨盛一案同样，蒋开惠比照“夜无故入人家，已就拘执而擅杀”律，处杖一百徒三年。

这些案件中，防卫者（杨盛、蒋开惠）都是将以通奸为目的的侵入者（王发、罗应文）怀疑是贼（即盗窃犯）而杀害。因此，这就是刑部所谓的杀害“奸盗未明”者的案件。而且在这些案件中，虽然记述极其简洁，不清楚的地方很多，但仅就事实关系来看，因为没有“已就拘执”后擅杀的行为，所以前文已说明的适用夜无故入人家律的要件已经全部满足。虽然如此，杨盛、蒋开惠都适用“夜无故入人家，已就拘执而擅杀”律，处杖一百徒三年。这一事实到底要怎样看待才好呢？

要找到解决这一问题的线索，有必要将适用夜无故入人家律的案件和上述诸案件进行比较。只是适用夜无故入人家律的案件，刑案中几乎找不出，管见所及，只有以下引用的一例。

> 黄吉敏找寻张成先之弟张维索讨赌债，张成先将黄吉敏打发回去。于是，黄吉敏率领多人黉夜侵入张成先住宅内，用刀向雇工人朱明升吓问其雇主住所。张

① 《刑案汇览》卷27，杀死奸夫条，“苏抚，咨杨盛因先不知院邻王发与伊妻有奸……嘉庆二十二年案”。

② 《刑案汇览》卷27，杀死奸夫条，“川督，咨罗应文赴蒋符氏家续奸……道光三年案”。

成先睡梦中闻声惊醒，手持鸟枪正走出院子时，黄吉敏等齐至其所住房间，开始破坏门窗。张成先尚未听到“要钱”及“找张维”的话语，心想是盗贼，心忙情急，用枪向破损窗户吓放，致伤黄吉敏身死。①

这和前面的幸金铨一案一起收录于《刑案汇览续编》，其中被刑部堂官征求意见的律例馆称，黄吉敏已侵入住宅内（“已入室”），将张成先照夜无故入人家律定为无罪［但是，对于私藏鸟枪这点，根据“私藏鸟枪”的条例（《大清律例》卷19，私藏应禁军器条例三）应当处罚］的吉林将军原拟是妥当的。

这里应注意，对于侵入者黄吉敏的行动，律例馆评价为“凶暴情形均已显著”。从事实关系看也很明白，黄吉敏纠众闯进张成先家，破坏门窗，举止狂暴。这样的侵入者的凶恶举止，是在张亮、杨盛、蒋开惠等案件中未见的要素。这种侵入者的凶恶性（狂暴性）要素，应该就是左右夜无故入人家律适用的要件之一吧。

作为补强这一推定的证据之一，可以举出虽致人死亡，但认定无罪（“勿论”）的其他条文来比较。在《大清律例》中，虽然是人命案件但定为无罪的条文，除夜无故入人家律以外，只有以下引用的24个例子。

a……如贼犯持仗拒捕，被捕者登时格杀，仍依律勿论。（夜无故入人家条例一）

b……其贼犯持仗拒捕，登时格杀者，亦勿论。（夜无故入人家条例二）

c……其贼犯持仗拒捕，登时格杀者，仍勿论。（夜无故入人家条例三）

d凡妻妾与人奸通，而（本夫）于奸所亲获奸夫奸妇，登时杀死者，勿论。（杀死奸夫条）

e凡聘定未婚之妻与人奸通……如奸夫逞凶拒捕，为本夫格杀，照应捕之人擒拿罪人格斗致死律，勿论。（杀死奸夫条例一二）

f本夫捉奸杀死犯奸有服卑幼之案，除犯奸卑幼罪犯应死，或卑幼犯奸不应死，而杀系奸所登时者，均予勿论外……（杀死奸夫条例一八）

g男子拒奸杀人，如死者年长凶犯十岁以外，而又当场供证确凿，及死者生供足据，或尸亲供认可凭，三项兼备，无论谋、故、斗杀，凶犯年在十五岁以下，杀系登时者，勿论……（杀死奸夫条例三三）

h本夫杀死强奸未成罪人，如系登时忿激致毙者，即照本夫奸所登时杀死奸夫例，勿论……（杀死奸夫条例三六）

i……若夫殴骂妻妾，因而自尽身死者，勿论。（夫殴死有罪妻妾条）

j天津锅伙匪徒聚众数十人，及百人以上，执持火器军械杀伤人命，或聚众抢掠，

① 参见第119页脚注①。

扰害商民，审明后就地正法。如被获时，持仗拒捕者，照格杀律勿论……（斗殴条例一四）

k……若殴（内外）缌麻、小功亲之奴婢……过失杀者，各勿论。若殴（内外）缌麻、小功亲之雇工人……过失杀者，各勿论。（良贱相殴条）

l……若（奴婢、雇工人）违犯（家长及期亲、外祖父母）教令而依法（于臀、腿受杖去处）决罚，邂逅致死，及过失杀者，各勿论。（奴婢殴家长条）

m 凡官员将奴婢责打身死者，罚俸二年……其奴婢违犯教令而依法决罚，邂逅致死者，仍依律勿论。（奴婢殴家长条例七）

n……其夫殴妻，非折伤，勿论……妻殴伤妾，与夫殴妻罪同。过失杀者，各勿论。（妻妾殴夫条）

o……其（期亲）兄姊殴杀弟妹，及伯叔姑殴杀侄并侄孙，若外祖父母殴杀外孙者，杖一百徒三年。故杀者，杖一百流二千里……过失杀者，各勿论。（殴期亲尊长条）

p……其子孙殴骂祖父母、父母及妻妾殴骂夫之祖父母、父母，而（祖父母、父母、夫之祖父母、父母，因其有罪）殴杀之，若违犯教令而依法决罚，邂逅致死，及过失杀者，各勿论。（殴祖父母父母条）

q……若祖父母、父母为人所杀，而子孙（不告官）擅杀行凶人者，杖六十。其即时杀死者，勿论。（父祖被殴条）

r……若罪人持仗拒捕，其捕者格杀之，及（在禁或押解已问结之）囚逃走，捕者逐而杀之，若因（因追逐）窘迫而自杀者（不分罪囚应死、不应死），皆勿论。（罪人拒捕条）

s 强奸未成罪人，被本妇之子登时杀死者，勿论……（罪人拒捕条例七）

t 豫省南阳、汝宁、陈州、光州四府州所属州县，及安徽省属匪行凶扰害，被害之家当场致伤及杀死捻匪者，无论是否登时，概予勿论。差役、地保杀死捻匪者，悉杖一百。伤者暨格杀，均勿论……（罪人拒捕条例十三）

u 山东省捻匪、幅匪强劫、抢夺、讹索、扰害，被害之人当场将其杀死者，无论是否登时，概予勿论……（罪人拒捕条例一六）

v……若因（该问）公事，干连平人在官，（本）无招（罪，而不行保管）误禁致死者，杖八十。（如所干连事方讯鞫）有文案应禁者（虽致死），勿论……若因公事干连平人在官，事须鞫问，及（正犯）罪人赃仗证佐明白，（而干连之人独为之相助匿非）不服招承，明立文案，依法拷讯，邂逅致死者，勿论。（故禁故勘平人条）

w……若因公事干连人犯，依法拷讯，邂逅致死，或受刑之后，因他病而死者，均照邂逅致死律勿论。（故禁故勘平人条例五）

x……若（官司决罚人，监临责打人）于人臀腿受刑去处，依法决打，邂逅致死，及（决打之后）自尽者，各勿论。（决罚不如法条）

这些对杀害行为处无罪的规定内，判断其无罪的原因除了官方正当职务行为（v、w、x）、加害者和被害者间身份关系（f、i、k、l、m、n、o、p以及d的奸妇杀害部分）及加害者自身的特殊性（g，注意无罪是仅限15岁以下少年）外，在普通人之间发生的一般人命案件中，只有被杀害的人是某类罪人且这种犯罪是极其重大而恶劣，或者抵抗对方的捕缚时（“拒捕”），杀害人才被判处无罪。[①] 换言之，被杀害者因为重大犯罪而拒捕，被杀害者自身的无价值性增大，其结果是将其杀害行为的违法性相对减少，如此，这种杀害行为才无罪。

从以上各点来看，在清代要适用夜无故入人家律，除第三部分所提示的要件外，侵入住宅时所表现的粗暴行为等表象之下，侵入者的凶恶性（侵入者的无价值性）必须达到相当程度（和拒捕行为等同的程度[②]），像通常的盗窃犯和奸犯（指和奸，强奸除外）那样，将目的没有那么凶恶而侵入住宅者杀害时，不适用该律，也不对防卫者免除科刑。

五　结语

以上有关清律夜无故入人家律的适用问题，其主要内容概括如下。

①将夜间侵入者即时杀害时，要使防卫者无罪，至少该侵入者必须隐藏有恶意（侵犯的目的）。如果侵入者是因为迷误等理由而侵入，并非侵犯者，将其杀害的防卫者，会被科处杖一百徒三年的刑罚。再者，如果防卫者知道（可知）侵入者并非侵犯者还将其杀害，则会被科处较重的刑罚（可能为绞监候）。

②夜无故入人家律中所谓“入人家内”，意味着侵入现时有人居住的住宅内（或者与之等同的场所[③]），只是侵入院子等宅基内，则不满足该律的要件（因此，即使将该侵入者即时杀害也不是无罪）。

---

① d条文（杀死奸夫条）中关于杀害奸夫，所谓通奸的犯罪本身，就其科处刑罚看［犯奸条，刑罚是杖九十（有夫的情况）及杖八十（无夫的情况）］，并不是十分严重。然而，在奸所即时杀害奸夫的本夫无罪，用总注的话说，因为是“发于义愤”的行为，所以责任减少了吧。关于杀死奸夫条的法性质，只能留待今后解明。

② 对携带武器破门侵入的盗贼，在以威吓为目的发射竹铳，偶然致死的韦帼春一案（《续增刑案汇览》卷7，夜无故入人家条，“广西抚，咨事主韦帼春被盗持械撞门起捕……道光六年案”）中，刑部将韦帼春比照罪人拒捕格杀律处无罪（但是私藏竹铳仍问罪）。就案件来看，侵入者并没有对防卫者拒捕的事实，因为携带武器破门侵入的行为等同拒捕，所以比附了罪人拒捕格杀律吧。如果是这样的话，由此可窥知当时的刑部有这样的认识，即侵入时的粗暴行为是与拒捕相同程度的凶恶（无价值）行为。

③ 如本文中引用的王义恒一案（参见第113页脚注②），有虽然并非住人的房屋但因为有值钱的东西，所以认为其与住宅等同的例子。

③即便侵入者有侵犯意图侵入住宅内，防卫者明知侵入者的侵犯目的而杀害时，仍然不适用夜无故入人家律，只有在因某种侵犯意图侵入，且尚不明确此意图时将侵入者杀害的情况下才适用该律。

④分析清代的数个判例，以及将清律中对人命案件规定无罪的各条文进行比较推理可知，在法律实务中，即使满足上述要件，只要侵入者的无价值性相当程度不高，就会排除适用夜无故入人家律。

如第二部分开头所说，夜无故入人家律的渊源，可以远溯至周礼，至少在唐律以后，基本保持这个样子没有变化，直至被清律承继。但是，形式的同一性（类似性）未必能保证内容的同一性。清律可能因为尚古主义，或者出于抑止盗犯等发生的刑事政策，理由虽不明确，模仿过去的律（直接来源是明律），规定即时杀害夜间侵入住宅者的行为不受处罚。但是，这一规定中不问侵入者带有什么样的侵害意图（也即侵入者无价值性的大小），不处罚防卫者的杀害行为，与清代法实务的实际情况是相去甚远的。法条规定和实际情况不符合时，制定作为附属法规范的条例，来回避问题的做法虽然很普遍，但清朝在夜无故入人家条内没有采用这样的解决方法，而是试图通过法实务的运用来解决。

本文所论述的，指出有关杀害夜间侵入者的法规定和实际的法应用中间乖离的可能性，其本身可能是极其琐碎的论点，但包含了在传统中国法研究中仅仅分析条文未必能阐明法的实态，具体事例（案例）的分析也不可缺，这一方法论上重要的启发。说到底，关于法规定和实际的法应用间的乖离可能性之说，作为论据的史料也不完整（夜无故入人家律的适用事例只能找出一例，还有虽然应该适用该律但实际没有适用的案例〈张亮、杨盛、蒋开惠案等〉记述简洁，详细的事实关系不明了），所以目前为止仍只能囿于可能性，对这一论证的补强拟作为今后的课题，本文就暂告一段落吧。

试论清代错案的认定标准及其影响

白　阳*

摘　要： 为减少错案的发生，清代形成了以事实认定与定罪量刑为主要考察对象的错案认定标准。而实践过程中，该认定标准由于缺乏客观性，呈现诸多瑕疵，无法实现情罪相符、司法公正的目标。但即便如此，承审官员一般不会对上级官员指出的所谓"错误"据理力争，而是采取了"惟上是听"的态度，这与错案责任规范等制度设计密切相关。

关键词： 错案；认定标准；瑕疵；惟上是听

近年来，随着冤假错案不断被曝光，越来越多的学者开始关注冤案、错案这一主题，并从冤假错案认定的标准、产生的原因、预防的手段等多个角度对该问题予以探讨。① 而在法史学领域，不少学者也开始对中国传统社会中有关错案问题的认定、解决等制度设计展开研究，分析了错案产生的因素、预防的机制、追责的措施等问题，以

---

* 白阳，上海政法学院法律学院讲师。

① 有关著作可参见刘品新主编《刑事错案的原因与对策》，中国法制出版社，2009；张丽云主编《刑事错案与七种证据》，中国法制出版社，2009；王乐龙《刑事错案：症结与对策》，中国人民公安大学出版社，2011；张栋《中国死刑错案的发生与治理：与美国死刑程序比较》，上海人民出版社，2011；胡志风《刑事错案的侦查程序分析与控制路径研究》，中国人民公安大学出版社，2012；董坤《侦查行为视角下的刑事冤案研究》，中国人民公安大学出版社，2012；林喜芬《转型语境的刑事司法错误论——基于实证与比较的考察》，上海人民出版社，2011；赵琳琳《刑事冤案问题研究》，中国法制出版社，2012；李建明《刑事司法错误——以刑事错案为中心的研究》，人民出版社，2013；胡铭等《错案是如何发生的——转型期中国式错案的程序逻辑》，浙江大学出版社，2014；樊崇义等《底线：刑事错案防范标准》，中国政法大学出版社，2015。相关论文可参见李建明《刑事错案的深层次原因——以检察环节为中心的分析》，《中国法学》2007 年第 3 期，第 31~44 页；王永杰《程序异化的法社会学考察论纲（上篇）——以刑事冤案和刑事司法程序为视角》，《政治与法律》2007 年第 3 期，第 127~132 页；王永杰《程序异化的法社会学考察论纲（下篇）——以刑事冤案和刑事司法程序为视角》，《政治与法律》2007 年第 4 期，第 130~135 页；宋远升《刑事错案比较研究》，《犯罪研究》2008 年第 1 期，第 73~80 页；王永杰《易发生、难纠正：我国冤案运行机制的社会学考察》，《犯罪研究》2010 年第 6 期，第 2~8 页；董坤《英国刑事错案防治研究——兼论对我国的借鉴和启示》，《中国刑事法杂志》2010 年第 8 期，第 115~127 页；张骐、宁杰《冤案是如何发生的》，载高鸿钧、张建伟主编《清华法治论衡》第 9 辑，清华大学出版社，2007，第 104~115 页；胡志风《我国刑事错案侦查程序的特点》，《郑州大学学报》（哲学社会科学版）2012 年第 3 期，第 50~54 页；刘宪权《克减冤假错案应当遵循的三个原则》，《法学》2013 年第 5 期，第 61~68 页；郑旭《冤案的成因与对策——从美国法角度的考察》，载高鸿钧、张建伟主编《清华法治论衡》第 9 辑，第 142~158 页。此外，2015 年第 3 期的《中外法学》中，以"错案、死刑与法治"为标题设置专栏，登载了一系列文章，主要针对死刑错案，即本无犯罪发生而被判死罪以及犯罪行为本非其所为而判其死罪的案件进行研究，分析了其类型、成因及防范方法等问题，相关内容参见《中外法学》2015 年第 3 期，第 565~627 页。

期从传统法律文化中吸取经验与教训，为当下的法制建设提出建议。[①]

笔者认为，有关错案问题的研究基础在于厘清错案的认定标准，因为其会影响对错案范围、形成原因、追责力度、政策调整等一系列问题的理解与分析，而历史上对于错案认定的处理方法则能为当下的制度构建提供有益的借鉴与思考。鉴于此，本文以清代的错案认定标准为研究对象，主要解决如下几个问题。

其一，案件判决之所以被认为存在错误，大致是由于在事实认定或定罪量刑方面有所出入，但上级官员究竟是依据怎样的标准来予以判断的？换言之，清代官员在复核案件时，重点关注了哪些基本要素来认定原审判决对事实认定或定罪量刑不准确？

其二，这些认定错案的标准本身是否具有客观性，在实践中能否提供确定无疑的导向，从而保证原审判决中的事实认定或法律适用确实存在错误？

其三，如果这种认定标准本身存在瑕疵，导致所认定的“错案”具有可辩驳性，即上级官员认定原审错误的理由不充分或过于主观时，原审官员究竟是会据理力争还是惟命是从呢？又是什么原因导致了原审官员的这种态度呢？

一　错案的认定标准

由于清代刑事案件的审理呈现“逐级审转复核制”的特点，[②] 错案的认定主体自然是相应的上级官员。那么，他们是如何来认定案件审拟错误的呢？换言之，在缺乏具体认定规范的情形下，其对错案的认定标准究竟是什么，其主要关注哪几个要素？本节主要依据刑部的驳案及相关题本分析上述问题。

之所以利用刑部的驳案来分析错案的认定标准，这也是由清代司法活动本身的特点所决定的。一方面，当上级官员在复核命盗案件时发现原审判决存在或可能存在错误，一般会将案件驳回，要求原审州县官员根据驳回的理由重新予以审理，而较少直接改拟。因此，上级官员将案件驳回的理由自然能够体现其对错案认定的具体标准。另一方面，作为“掌天下刑罚”的刑部，其对案件的判决理应代表清廷的最高水平，由于长期专门负责案件的最终复核，其更有可能形成较为统一、详尽的错案认定标准，

① 参见巩富文《中国古代法官责任制度研究》，西北大学出版社，2002；李凤鸣《清代州县官吏的司法责任》，复旦大学出版社，2007；张勇《中国古代司法官责任制度及其法文化分析》，博士学位论文，中国政法大学，2002；李燕《清代审判纠错机制研究》，博士学位论文，中国政法大学，2008；田也异《宋代法官错案追究制的再审视——兼评我国现行错案追究制》，《研究生法学》2014 年第 2 期，第 54~64 页；周永坤《“出入人罪”的司法导向意义——基于汉、唐、宋、明四代的比较研究》，《法律科学（西北政法大学学报）》2015 年第 3 期，第 3~10 页；范依畴《冤狱追责虚化势必纵容错案复发——今日呼格案与昔日杨乃武案比较与反省》，《法学》2016 年第 9 期，第 3~15 页。

② “逐级审转复核制”最早由郑秦先生提出，用以解释清代刑事审判活动的特征。参见郑秦《清代司法审判制度研究》，湖南教育出版社，1988，第 153 页。

因而必须充分利用刑部驳案来对清代错案的认定标准进行分析。这里还需要指出的是，并非所有被驳案件均为错案，只有经过重审后确实存在上级官员所指出的错误的案件才构成本文所指的错案。尽管如此，这并不影响驳案中反映的相关错案认定标准。

《驳案成编》共收录280个驳案，《驳案新编》则收录了317个驳案。张田田在分析刑部驳审、驳改案件活动时曾指出，其表层理由有二，即案情未确、律例未符。[①] 笔者基本同意该观点，并试图在此基础上，对刑部认定错案的具体标准予以总结，即从案件事实的认定和定罪量刑的活动两方面来分析清代错案认定的潜在标准。

（一）案件事实

案件事实的认定既指对具体案件内容的确认，也包括对相关情节的定性。其是审理案件的基础，对案件事实认定的偏差将直接导致定罪量刑的错误，甚至导致冤案。笔者认为，上级官员若发现原审案件符合如下某个条件，则可将此案界定为错案：事实情节认定错误、主体性质和身份关系认定错误。

1. 事实情节认定错误

事实情节认定错误主要指的是对基本案情及具体情节的理解与判断出现了偏差，从而导致拟罪出入，甚至造成冤案的情况。

对于案情的准确把握是司法活动的基础，因而绝不容许出现丝毫错误。从驳案可以看出，刑部常常指出案件中存在的可疑或不合常理之处，主要针对基本事实是否发生、因果联系是否准确、情节定性是否恰当三个方面。

其一，对基本案情的怀疑，大致包括如下几种情形。首先，在案件审理中，对事实的描述需要保证前后一致、逻辑清晰，若上级官员发现案卷中供词互异，则有可能怀疑承审官员对案件事实认定存在错误。[②] 其次，对某些案件情节的判断被认为缺乏相应证明力，从而怀疑案件中所谓的事实是否存在。[③] 以因拒奸而杀死强奸者的案件为例，若缺乏足够证据予以证明拒奸情节，即既无人听闻喊叫救援，又不能解释反抗而杀人之迫切性，则刑部会基于案件的可疑性而驳回重审。[④] 最后，承审案件时需要对犯罪行为产生的动机作出合理解释，否则会遭到上级质疑，进而影响对案件事实的判断。如在一起发掘他人坟塚、偷窃衣物案件中，原审供词指出该犯因所偷衣物污臭不堪，故而将其烧毁，但刑部认为该行为的动机前后矛盾、十分可疑。刑部指出，该犯发掘坟墓本就为

---

① 参见张田田《清代刑部的驳案经验》，法律出版社，2015，第47~65页。

② 参见《驳案成编》，山东司“一起为报呈事”，乾隆七年四月初十日；浙江司“一起为报明事”，乾隆二十七年十二月十八日。

③ 参见《驳案成编》，湖广司“一起为杀叔图赖等事”，乾隆十三年十二月十二日；安徽司“一起为叩陈免验事”，乾隆十三年闰七月二十二日。

④ 参见《驳案成编》，四川司“一起为报明事”，乾隆十二年五月二十四日；山西司“一起为结状事”，乾隆十七年五月十九日。

了偷取衣物，因何偷得后不行变卖却予以烧毁；若衣服确实污臭，将其烧毁不是加剧了臭气的扩散，惹人怀疑么？该案经刑部驳回后，果然审出事实认定存在错误。[①]

如果官员对案件事实的认定出现错误，则将直接导致拟罪出入，最严重的便会造成冤案。冤案是错案中较为典型的一类案件，既包括并无案件发生而误定为发生某案的冤案，也包括案件确实发生但罪犯认定错误而导致的冤案。因此，当官员发现案情虚构或错定罪犯时，便可认定为错案。例如，《驳案新编》中记载了一案，在刑部驳回重审后发现“轮奸一案全属虚假”，实际上是官员严刑逼供所导致的冤案。[②] 又如《驳案成编》中记载的一案，原审认定妻子因与人通奸而杀死亲夫，但刑部发现其中有疑点，两次驳回后审出实系他人挟仇谋杀，与妻子并无关系。[③] 上述两案均为典型的冤案，其在案件事实认定方面有重大出入，从而造成了最为严重的后果。

其二，如果对犯罪行为与危害结果之间的因果联系认识错误，也会导致错案的发生，较为常见的便是被害者是否因相应的暴力行为而受伤身死。如在一起命案中，原审认定被害者系被殴伤身死，故而依斗殴杀人律拟以绞监候。但刑部指出，既然被害者受伤之初仍能行走自如，其被殴应属伤轻，于是将该案驳回。其后，原审官员将该案定性为原殴伤轻，不至于死，实由伤风而死，从而按例改拟流刑。[④]

其三，即便官员准确把握了案件的基本事实，但若对案件中的某些情节定性产生错误，也会影响最终的定罪量刑。这类情形既包括对特定状态的认定，如犯人是在配还是在逃、其行为是否属于威逼、奸所究竟如何界定等，也包括对于犯罪类型的界定，如是强盗还是强夺、是强奸还是和奸、是挪用还是侵盗等。官员对这些情节的定性将直接决定律例的适用范围及量刑轻重，因而此类错误也是判断是否造成错案的重要标准之一。

从驳案中可知，官员经常由于定性不准确导致引律拟罪不当。例如，刑部审核一起命案时，发现原审对犯罪主观动机的认定不准确，供词内犯人先声称“因一时生气拾石乱打”，因而致死，但经刑讯后又供称“有心打死”。这一动机的改变，使应拟“故杀”的犯人被错拟成“斗殴杀”，从而导致斩绞罪名的出入。[⑤] 又如一起持刀伤人、强夺钱文的案件，初审拟以强夺杀人律，但刑部认为，犯人“起意谋劫，乘其不备，用柴刀砍伤，并用刀乱砍，是欲先谋其命，后劫其财”，故应定性为图财害命。[⑥] 而对

① 参见《驳案成编》，直隶司“一起为发掘开棺等事”，乾隆二十二年十二月十七日。

② 参见《驳案新编》卷27《刑律·诉讼》，广东司“一起为遵旨核议具奏事”。

③ 参见《驳案成编》，奉天司“一起为杀死亲夫事”，乾隆四年十二月十五日。

④ 参见《驳案成编》，福建司“一起为乞偿兄命事”，乾隆七年十月二十六日。

⑤ 参见《驳案成编》，山东司“一起为禀报事”，乾隆十一年七月初七日。

⑥ 参见《驳案成编》，江西司“一起为报明事”，乾隆十五年四月十八日。

于窃贼拒捕伤人的案件，则需要区分是因护赃而拒捕还是图脱而拒捕，若对该情节定性错误，则也会导致定罪量刑产生偏差。[①] 这些涉及犯罪行为关键信息的认定若出现了错误，则认定其为错案无疑。

2. 主体性质和身份关系认定错误

这种认定错误并不包括冤案中所涉及的错定罪犯之情形，而仅限于对主犯、从犯、共犯的性质界定或涉案人员的服制、良贱等身份关系方面的认定错误。

由于主从犯的认定直接导致定罪量刑的轻重，故而上级官员在审核案件时也会关注承审官员对主犯、从犯的判断。试举一例。徐桂儿、曹受儿欲向李大生赊买糖果，李大生不同意，从而发生争执，导致李大生被杀。承审官员初审将曹受儿认定为谋杀造意之主犯拟斩监候，而将徐桂儿依从而加功律拟绞监候。刑部认为主从有颠倒之嫌，故而予以批驳。后审出实为徐桂儿起意灭口，从而将主犯、从犯予以纠正。[②]

除了对主从犯的认定外，有关共犯的界定也尤为重要。乾隆年间审理的一起强夺伤人案就涉及共犯的认定问题。该案案情为，刘均福路遇王文举等人，一起结伴而行，后又遇到高正长等人在路边歇息。刘均福见高正长将褡裢放在地上，临时起意，强夺褡裢就跑。高正长追赶不上，误将刘均福结伴同行之王文举指作同伙，王文举当时已喝酒带醉，闻之气愤，便持刀砍伤高正长。原审认定刘均福与王文举两人相互接应，为共犯无疑，依白昼强夺伤人律将两人均拟斩监候。但刑部指出，两人在路上偶遇，并未预谋犯罪，强夺与伤人分别出于各自的意图，应分别定罪量刑。最终，王文举得以改拟徒刑。[③]

与此同时，身份关系的认定也是官员审核案件时的重点，而其中最重要的便是服制关系。其大致可分为两类，其一，罪犯与被害者之间的关系，即两者之间是否有服制，其亲疏尊卑关系究竟如何，等等。自法律儒家化以来，“准五服以制罪”的思想就逐渐在律条中反映出来，许多罪名因服制关系的不同而影响了刑罚的轻重。以清律为例，“亲属相盗”条规定亲属之间盗窃财物的，比照凡人减等，且关系越亲密，减等越多。[④] 又如“谋杀祖父母父母”条规定了卑幼谋杀尊长时从严处罚，而尊长谋杀卑幼时减等问罪的内容。[⑤] 凡此种种，均体现了厘清案件中服制关系的重要性，若出现偏差，则将导致定罪量刑的错误，即错案的发生。

---

① 参见《驳案成编》，河南司“一起为报明事”，乾隆十年三月二十七日；安徽司“一起为禀报事”，乾隆十二年九月初八日；广东司“一起为窃牛伤命事”，乾隆十四年九月二十一日；山东司“一起为报明事”，乾隆十八年四月二十五日；浙江司“一起为惊失追获事”，乾隆二十四年二月二十五日等。《驳案新编》卷8《刑律·贼盗》中，山西司“一起为结状事”；河南司“一起为报明被窃事”等。

② 《驳案新编》卷10《刑律·人命》，湖广司“一起为报明事”。

③ 《驳案成编》，四川司“一起为报明事”，乾隆十九年六月二十三日。

④ 《大清律例》，田涛、郑秦点校，法律出版社，1999，第400页。

⑤ 《大清律例》，田涛、郑秦点校，第422~423页。

其二，还需要考察被害人之间的服制关系，从而适用相对应的律例。例如，“杀一家三人”条中对“一家”的界定为“同居，虽奴婢、雇工人皆是；或不同居，果系本宗五服至亲亦是”。[①] 这就说明，若被害人为五服内的亲属，其处罚有专门规定。《驳案成编》中有一起因斗殴导致沉船、淹死七命的案件，刑部特别指出：“查例载聚众乱殴一家三命至死者，将率先聚众之人斩决，为从下手伤重至死者绞监候；又例载，殴死三命而非一家者拟绞立决……此案……被伤身死之吴金万等同属一姓，同住一村，其是否一家，有无服制，实为此案首从斩绞罪名所系，未经查讯明确叙入，供招殊难拟断。”[②] 由此可见，确定被害人之间服制关系也是认定案件事实的重要一环，否则就有可能拟错罪名。

当然，对于身份的界定并不局限于服制关系，还要确认奴仆的地位以区分良贱，确定是否存在师徒关系，被害者或行凶者是不是应被追捕之罪犯，等等。这些身份关系虽然对基本案情的认定不产生本质性的影响，却关乎律例的适用及罪名的出入，一旦认定错误，同样会造成严重的后果。例如在一起原拟为斗殴杀人的案件中，刑部指出该案起因是凶徒放火故意烧毁房屋，同行之人虽未帮助放火，但不仅不予以阻止，反而持刀棍阻挡屋主上前救火，因此也属于有罪之人，其行为与罪人拒捕无异。故而，屋主将同行之人砍伤致死应定性为将拒捕之人杀死，而非斗殴杀人，依律勿论。[③] 从该案可以看出，对于涉案人员身份的界定也可以影响最终的定罪量刑，甚至涉及生死出入。

（二）定罪量刑

当案件事实的认定并未发生错误时，错案产生的原因便只有定罪量刑不当，导致情罪不符。而之所以会造成定罪量刑的偏差，主要是由于对律例本身的把握不准确，致使拟罪不当。其主要包括律例理解错误、有专条而未引、引已删之条以及比附或援引成案错误等几种情形。上级官员通过考察律例适用的情况来界定原审是否错拟。

1. 律例理解错误

承审官员若错误地理解律例规范的适用情形，则会直接导致其援引的条文与案情不符。在一起丈夫因妻子与人通奸而杀其妻的案件中，丈夫捉奸在先，但未登时杀死其妻，而是次日将其妻殴毙。原审所引例文称，本夫登时奸所获奸，将奸妇杀死，奸夫当时脱逃，后被拿获到官，审明奸情是实，奸夫供认不讳者，将奸夫拟绞监候，本夫杖八十。故其欲此例将奸夫定拟为绞监候。但刑部指出，该例义表明，“本夫杀死奸

---

① 《大清律例》，田涛、郑秦点校，第426~427页。

② 《驳案成编》，广东司“一起为报明事”，乾隆二十八年十二月初六日。

③ 《驳案新编》卷31《刑律·捕亡》，广东司“一起为报明事”。

妇必实系获在奸所，而又杀在登时，始将奸夫拟抵”，而此案中并非将奸妇登时杀死，与“例义不符”，从而依例将奸夫改拟杖一百徒三年。[①] 在另一起涉及子孙复仇的案件中，原审官员依复仇之例拟以流刑，但刑部予以驳斥，因为该例所指情形为未告官者，如果“事已到官，案经拟结，其抵偿者，固无可复之仇”。[②] 该案同样是由于所拟例文与案情不符而导致的错案。

2. 有专条而未引

有专条而未引指的是有符合案情的专门条款予以规定，但官员审拟时未选择最为恰当的条文，或者只按一般情形适用律例，导致情罪不符。如一起本夫杀死奸夫之案，本夫得知其妻与人通奸，心怀愤恨，前往奸夫家将其杀死。承审官员初依谋杀定拟，但实际上例有奸夫已离奸所，本夫杀非登时，依不拒捕而杀罪人以斗杀论，斗杀者绞监候之正条，故而刑部予以批驳，要求将此案改拟。[③]

还有一种特殊情形，即当存在数罪时，遗漏引拟罪较重的条文却错引轻罪。如《驳案新编》中有一起轮奸杀人案，承审官员将该案从犯依轮奸为从例拟绞，但遭到刑部的驳斥，因为如果仅依犯奸首从定罪量刑，就等于“置谋杀于不问”，导致情罪不符。[④]

3. 引已删之条

顾名思义，引已删之条即指相关条例已经删除，但官员仍然引用定罪，这自然会导致错案的发生。例如，在审理一起误伤小功服兄身死的案件中，承审官员引“卑幼误伤小功尊长，引误杀律拟以绞候，仍将致误情由声明”之例拟以绞监候。但该例已被删除，故而被刑部驳回，要求依本律拟罪。[⑤]

4. 比附错误

比附是中国传统社会中一种特殊的司法技术，指的是当某个案件发生而现有法律对此没有相应规定时，参照已有法律中规定类似情形的条文，或者比照类似案件的推理方法予以定罪量刑。其实质是将“情理相同”与“情罪一致”作为相似性的基准，在传统立法技术无法取得突破的情况下，得以去发现、论证法条与罚则。[⑥] 当然，比附的最终目的仍然是保证案件得到最为妥当的判决，而一旦无法实现“情法相平”，案件的判决结果就会因比附错误被驳回。

---

① 《驳案新编》卷 12《刑律·人命》，河南司“一起为呈报事”。

② 《驳案新编》卷 26《刑律·斗殴下》，直隶司“一起为奏明事”。

③ 《驳案成编》，陕西司“一起为访闻事”，乾隆二十八年三月十六日。

④ 《驳案新编》卷 10《刑律·人命》，直隶司“一起为呈报事”。

⑤ 《驳案新编》卷 22《刑律·斗殴下》，江苏司“一起为报明事”。

⑥ 参见陈新宇《清代的法律方法论——以〈刑案汇览三编〉为中心的论证》，《法制史研究》2004 年第 6 期。

比附错误包括比附缺位与比附不当两种情形。所谓比附缺位，指的是某些案件应当予以比附，但承审官员拘泥于律例条文，未结合具体案情作出恰当的判决。如一起刀伤致命的案件中，行凶者白士惠虽然确实存在斗殴导致白继兴身亡的情节，但该案的起因是白继兴曾调戏白士惠之母，故而白士惠将其扭住争论，却反被白继兴殴打，一时情急而拔刀格架，扎伤白继兴，致其死亡。因此，刑部指出该犯“与寻常忿争起衅斗殴者迥别”。最终该案被改拟，比照斗殴杀人律，减等拟流。①

所谓比附不当，是指承审官员对案件进行了比附援引，但上司认为比附之后拟罪不妥、轻重失当，也会认定案件审理错误而予以驳回。例如，一起因奸而发生的命案中，章能与许善长之妻钱氏通奸，被当场捉获，但章能反而当众污蔑许善长，致使许善长气愤自尽，钱氏随后也因羞愤而自杀身亡。由于律例中对于这种情形并未作出规定，因而原审官员比照“暧昧不明奸赃情事，污人名节报复私仇例”将该犯章能定拟充军。但刑部认为该案比附不当，指出已有例文规定，本夫于奸所获奸并将奸夫殴死的，本夫不需要承担责任，而应以奸夫抵命，拟绞监候；同时，若调戏妇女致其羞愤自尽的，犯人也要定拟绞监候。从上述例文可知清廷“严惩奸且重人命也”，而该案情节较为严重，更应比照加重处罚。刑部对原审判决十分不满，在驳回案件的同时指斥原审官员“不能比例准情，既援引无关人命之例明示宽容，又以并无威逼情形漫为开脱，竟置因奸致死二命之情罪于不问，何以敦风化而恤冤魂？”②

总之，不论是应当比附而未予比附，还是比附不当、混行比附，由于均导致了情罪不符的结果，案件自然会被定为错案而要求改拟。

5. 援引成案错误

当已有的法律规定没有提供与案件情节完全符合的条文时，承审官员还可以通过援引成案，参照之前类似案件的处理办法来定罪量刑。但是，如果上级官员认为成案与当下的案件情节不符，则会因援引错误而认定案件的审理存在错误。如在复核一起丈夫捉奸而杀死奸妇的案件时，刑部指出该案与所引成案不同，且远年成案不准援引，故而将该案驳回，要求根据相关例文予以重新审拟。③

综上，上级官员认定错案首先考察案件事实，即案件情节、主体性质是否存在认定错误。其次需要复核原审定罪量刑是否有所不当，即是否存在理解错误、漏引、错引等情形。通过对这两方面的考量，上级官员可对原审案件是否错误作出基本的判断。

---

① 《驳案成编》，河南司“一起为禀报事”，乾隆九年二月三十日。

② 《驳案成编》，江苏司“一起为粘由报验事”，乾隆九年三月二十四日。

③ 《驳案新编》卷12《刑律·人命》，山东司“一起为禀报事”。

二　错案认定标准之瑕疵

尽管对于错案的认定存在一系列的标准，但在实践操作中仍出现了许多不确定性，使笔者对错案的认定标准产生了疑虑：上述标准真的具有客观性么？按照上述标准所界定的“错案”是否真的存在“错误”？通过下文的分析，笔者发现，由于清廷追求唯一正确的判决，故而在适用错案的认定标准时，不论是对案件事实的认定还是对律例的选用，都反映了其很大程度上受到的是上级官员主观意志的影响。而正是这种不可避免的主观判断，造成了错案认定的不确定性，即错案认定标准本身存在的最大瑕疵。

（一）案件事实认定的不确定性

诚然，上级官员特别是刑部对案情的疑问有时的确是直击要害的。如驳案所记载的一起杀人案件中，初审认定案情为：张迅与抱养儿媳王氏通奸，被儿子张继盛撞见，夫妻二人口角，以致王氏杀死亲夫。但刑部在仔细查阅案卷后指出案件存在许多疑窦：王氏一人怎么能够按住其丈夫并杀之？张继盛并无将王氏殴辱，王氏何以顿起杀人之心？而王氏行凶，为何不乘丈夫熟睡之际？此案驳回后，审出系他人挟仇谋杀，之前所定案情全为虚假。[①] 由此可见，刑部确实能够通过对案情的合理疑问来发现错案。

然而，在阅读大量的驳案之后，笔者认为，上级官员对案情的判断本质上还是存在极强的主观推测性，并不能保证案件事实认定的准确性。

例如，有两起类似的案件，但最终的定性迥然不同。第一起案件发生于乾隆三十一年（1766），程明世欲与黄中著比试掰手腕，黄中著不肯，程明世拉住其手不放，在挣脱过程中，程明世失足跌倒，受伤身死。此案原拟斗殴杀，刑部指出，由于该犯只图挣脱，并未与被害人戏谑，故而“不但无争斗情形，且非戏杀可比”，最终该案被改拟为过失杀。[②] 第二起案件发生在乾隆五十七年（1792），虽然时隔稍远，但案情相似，米魁邀请刘迎翔绊交玩要，刘迎翔尚未答应，米魁便将其抱住同跌，不料刘迎翔手中拿有篾刀，戳中米魁致其身亡。云南按察使审拟此案时，将其认定为过失杀，但刑部在批语中写道：“米魁……抱腰已属戏要，而篾刀系堪以杀人之物，误伤毙命，是因抱而跌，因跌致伤，衅实起于相戏。”[③] 于是，该案引用戏杀条文予以处理，而按察使也因改拟“错误”而受到错案责任的追究。笔者认为，两案的情节基本相同，均属于被

① 《驳案成编》，奉天司“一起为杀死亲夫事”，乾隆四年十二月十五日。
② 《驳案新编》卷16，广东司“一起为弟死非命事”。
③ “题为会议云南按察使贺长庚承审核转失出照例销去加级免其降调事”，吏科题本，中国第一历史档案馆藏，档案号：02-01-03-07928-002。

害人首先抱住对方，欲行嬉闹，对方未与其相戏，被害人自己跌倒身死。但是，如果按照后一案中刑部给出的意见，前一案中被害人也拉手不放，是否也应该认定为相戏呢？反之，后一案中刘迎翔尚未答应，米魁就上前抱住，以致跌倒身死，刘迎翔也尚未来得及与米魁戏谑，那么按照过失杀来定拟是否也近乎情理呢？有学者指出，清廷过失杀与戏杀的界定以是否戏玩为标准，若一方不愿意戏玩，或在戏玩中及时停止，表示了不愿继续的意思，即可免除其戏杀的责任。[①] 即便按照上述标准，第二起案件中对于戏杀的认定仍然存在疑问，似应以过失杀定拟。刑部对案件的定性尚且存在模糊，则地方各级官员在审核案件中对案情定性的情形可见一斑。这种不确定性将直接动摇错案认定标准的可信度和准确性，同时也会给官员带来不当的错案责任。

嘉庆年间有这样一起案件，叶华卿因欠租不交，经县官断令退佃，但其仍霸占田地，不肯退佃，反而在公共地内搭盖草屋住守。叶成礼、叶和正等人欲乘稻成熟之时前往割稻抵租，但叶华卿已提前割取。叶成礼气愤，放火烧毁草屋。此时，叶华卿之孙恰巧因病身亡，故叶华卿起意借尸诬告，以叶成礼烧屋、叶和正掷石致毙其孙为由控告。该县知县初审时，叶和正自然不会承认掷石杀人这一诬告之情，而叶成礼也拒不承认其烧屋之事。有趣的是，叶华卿此时因害怕承担诬告之罪，就托词其孙之死系其妻怀抱失跌所致，甚至连烧屋之真实案情也谎称房屋系失火延烧。此案经知县通报，由府提审后转详上级官员。而此时，叶华卿又突然翻供，坚称确有烧屋杀人之情，浙江巡抚便委派杭州府知府等官员重新审理。此时叶成礼承认其烧屋属实，而叶华卿乘机诬告叶和正掷石殴毙其孙。叶和正不能分辩，畏刑妄认。于是，该案就以烧屋杀人予以定拟，后审转至臬司、巡抚，均未发现其中有疑，仍照烧屋杀人定拟招解。与此同时，由于原审案件错误，其还提请将原审知县革职参奏。该案就此予以定案，并得到皇帝谕旨，将原审官员分别革职解任审拟。此刑事案件至此告一段落。而由于此案所争山地的情形尚未勘查清楚，故清廷又委官查核山地状况，以期将民事争端一并解决。就在此时，该案可谓峰回路转，在审核山地归属时，叶和正对杀人之案予以翻供，而叶和正之父又赴道员处呼冤。最终，官员审出实情，实系上级官员审拟错误，案件最终真相大白。[②]

通过此案可以看出，首先，上级官员审理案件的能力并不一定比州县官员强，其同样有可能造成错误。本案中，知县虽未将放火烧屋的案情审出，但并未使叶华卿诬告的企图得逞，而知府复审此案却反而误定重罪，几致冤案，故上级对案件事实的认

① 参见姚少杰《清代戏杀、误杀、过失杀考析》，载叶孝信、郭建主编《中国法律史研究》，学林出版社，2003，第149页。

② 参见“题为遵议浙江临海县县丞张钰审验不实杭州府知府广善等承审失入照例处分事”，吏科题本，中国第一历史档案馆藏，档案号：02-01-03-08866-006。

定也会发生偏差，有时其对案情的改拟甚至会导致更严重的后果。其次，由于清代官僚体系科层制的特征，如果上级官员对案情的主观猜测或审拟结果发生错误而未被发现，基层官员极有可能要为上级官员的这种错误埋单。即如本案的原审知县，由于上级认为其对案件事实认定错误，而受到参革。最后，本案中臬司、巡抚起初均未查出案件审拟错误，其通过对案卷的审核并不能发现错案、认定错案。这表明，即便存在认定错案的一些基本标准，但由于案件本身的复杂性、侦查手段以及个人认知能力的局限性等因素，真正保证掌握全部案件事实并予以准确定性还是有较大难度的，在实践中很大程度上其实是取决于上级官员对案件情节的合理怀疑或主观推断。因此，这种依靠上级主观判断来保证对案件事实认定正确的做法本身是有瑕疵的，上司对案件事实的认识也很有可能出现偏差，而官员的级别与司法审判能力并不呈正相关的关联性。

（二）律例适用的模棱两可

根据驳案、题本等材料的记载可知，上级官员在审核案件时，常常会指出原审拟断中律例适用不妥或错误之处，从而予以驳改。然而，上级官员对案件中律例适用的判断也并不必然具有客观性，呈现“同案不同驳”、审转改拟错误等现象。

1. 同案不同驳

所谓“同案不同驳”，指的是对于相同或类似案件，上级官员援引不同的条文对原审拟判予以批驳，从而认定原审错误。

吏科题本中记录的一则案件中，鲜明地体现了刑部对律例适用模棱两可的状况。该案基本案情为强盗行劫，殴伤事主身死，而其中人犯余时臣存在引线指路的犯罪情节。云南巡抚将该犯定拟斩立决，刑部第一次审核时，认定其拟罪错误，指出应照“强盗”律的规定，即“凡强盗已行而不得财者，皆杖一百、流三千里”，并“照名例改遣罪”。[①] 该案驳回后，承审官员依照刑部的意见进行改拟，将该犯定拟遣罪，再提交刑部审核。但此时刑部又突然改变了意见，认定应依照“强盗引线”例的规定，将该犯与盗首一同问拟斩监候。[②] 由于案件拟断失出，将应拟斩监候之犯定拟遣罪，故而刑部要求追究承审各官的错案责任。云南巡抚显然对于刑部的做法十分不满，其指出：“其间边轻边重，乃系部中随时权衡援例改拟，并非部驳应拟斩候，委审各员错拟遣罪，应请毋庸开送。”[③] 由此可知，即便对于同一案件，刑部也会作出不同的判断，选

---

① 《大清律例》，田涛、郑秦点校，第 377 页。

② “强盗引线”例为乾隆四十年（1775）所定的例文，其规定：“强盗引线，除盗首先已立意欲劫某家，仅止听从引路者，仍照例以从盗论罪外，如首盗并无立意欲劫之家，其事主姓名、行劫道路，悉由引线指出，又经分得赃物者，虽未同行，即与盗首一体拟罪，不得以情有可原声请。”参见（清）薛允升《读例存疑》卷 26《贼盗上 · 强盗》，黄静嘉编校，成文出版社，1970。

③ “题为查议云南昆明县知县吴大雅前任云南府丁忧知府全保审拟错误降级处分事”，吏科题本，中国第一历史档案馆藏，档案号：02-01-03-07567-008。

用不同的律例。一旦刑部的最终判断与原审意见不同，该案就会因律例适用不当而被定性为错案，承审官员也就不得不面临错案责任的追究，即便这种错误可能是由刑部的指引所造成的。

通过上文的分析可知，这种“同案不同驳”的现象是存在的，而上级官员对律例选用的不确定性，使得对错案的认定显得较为“任性”，其认定标准存在较大主观性，这在无形中增加了承审官员承担错案责任的风险。

2. 改拟错误

既然这种认定标准存在主观性的特点，那么上级官员改拟错误、引律失当的现象也就不可避免。

清朝时常出现家长强嫁孀妇，孀妇为守节而自杀的案件，清律“居丧嫁娶”律后例文对此作出了规定：“孀妇自愿改嫁，翁姑人等主婚受财，而母家统众强抢者，杖八十。其孀妇自愿守志，而母家、夫家抢夺强嫁者，各按服制照律加三等治罪……如孀妇不甘失节因而自尽者，照威逼例充发。”[①] 乾隆四十一年（1776）的一起案件中，孀妇黄吴氏被婆婆黄江氏逼嫁，因而投塘自尽，原审仅将黄江氏拟以杖八十并收赎的处罚，刑部指出其引例错误，应照“自尽拟军之本例科断”，即上文所引“如孀妇不甘失节因而自尽者，照威逼例充发”条例进行改拟。[②] 当然，刑部对此案的批驳无疑是准确的，但其对另一起类似案件的审核似乎存在错误。第二起案件发生于乾隆三十一年（1766），同样是家长强嫁寡媳，以致其为守节而自缢身亡，承审官员也的确按照上文所引条例进行拟断，但刑部认为翁姑与儿媳恩义未绝，充军之刑过重，故而仅比照“孀妇自愿守志，而母家、夫家抢夺强嫁者，各按服制照律加三等治罪”的规定，量加一等，改拟杖七十、徒一年半。[③] 那么，到底是案件确有差别，还是刑部改拟不当呢？第二起案件中，孀妇的确是因为夫家逼嫁而导致自尽，按照例文的规定，原审并无不当，用刑部在第一案中的批语来说，“至若孀妇甘心守节，翁姑倚势图财，强欲夺其素志，致令情急殒命者，自应按照自尽拟军之本例科断，不得妄为援引，致滋错误”。刑部对同类案件前后两引，彼此矛盾，若非案情复杂、情节不同，自然就是改拟错误，即其所认定的“错案”可能并非真的情罪不符，而改拟的结果反而导致了错案的产生。

笔者的推测并非毫无依据，清廷对此问题早有关注。乾隆朝时，清廷就对上级官员改拟案件错误的情况作出回应，“如原拟本无错误，系该上司更改失当，将该上司亦照部驳改正例议处，原审官免议”。[④] 根据这一规定，若州县官员拟断正确，而上级官

---

① 《大清律例》，田涛、郑秦点校，第 207 页。

② 《驳案新编》卷 4，安徽司“一起为遵旨议奏事”。

③ 《驳案新编》卷 4，四川司“一起为报明事”。

④ 参见《清会典事例·吏部·处分例》（光绪朝）卷 123，“官员断狱不当”。

员改拟错误，后被发现改正，原审官员无须承担错案责任，其应受到的处罚由错误改拟的上级官员来承担。例如乾隆四十一年（1776）的一起案件中，货船船主私自将客人的货物变卖，州县依照行窃定拟绞监候，但湖北巡抚认为拟罪错误，依照诈欺官私取财计赃定罪，改拟杖一百、流三千里。刑部审拟后认为原审正确，而该巡抚改拟错误，于是将该案予以改正，同时将湖北巡抚照原拟军流、部驳改为绞监候的失出例处以降一级调用的处分。[①] 此类情况在实践中并不罕见，如山西按察使明禄将原审依照强夺杀人拟判之案改拟为图财害命，经刑部批驳，指出原审正确而改拟错误。[②] 安徽巡抚闵鄂元由于错引例文，将原审流罪改为绞监候，经刑部依原审驳改后，该巡抚被照失入例追究责任。[③] 而贵州巡抚冯光熊因对斗殴杀与抢夺杀人例的理解出现偏差，导致其改拟错误，最终也按照失入例被追究了错案责任。[④]

综上，在认定错案时，由于律例适用正确与否是根据上级官员的意见来决定的，而“同案不同驳”的现象表明在选用律例时存在一定的主观性，故而有可能因错误改拟而造成错案。此时，这种通过对律例适用的核查来确定错案的标准不但难以监督官员妥善审理案件，而且也无法实现情罪相符、司法公正的目的。

三 对错案认定的惟上是听

既然上述错案认定的标准具有瑕疵，存在极大的不确定性，那么面对因上级官员认定原审判决“错误”而将案件予以驳回的情形时，承审官员是否会对存在争议的事实认定或法律适用问题据理力争，对上级官员的“错案”认定提出异议，从而避免因错案而被追责呢？通过相关分析，笔者认为，尽管上级对“错案”的认定可能存在不当甚至错误，但承审官员一般都会承认原审存在“错误”，并依据上级的意见予以改拟。这种惟上是听的现象反映的恰恰是清代相关错案追责制度所造成的影响。

（一）惟上是听的直接表现

面对上级官员质疑案件原审拟判存在错误而予以驳回的案件，承审官员若按照上级的意见予以改判，则意味着其承认所作出的原审拟判存在错误。鉴于上级认定错案的标准本身具有不确定性，其主观判断可能也会出现偏差，故而理论上必然存在一定比例的虽被驳回但仍维持原判的案件。下文中，笔者以刑部因事实认定不清或错误而予以驳回的案件为例，对驳案最终的改判情形进行大致说明。

---

① 《驳案新编》卷 8，湖广司“一起为揽装拐逃事”。

② 《驳案新编》卷 7，山西司“一起为报明事”。

③ 《驳案新编》卷 24，安徽司“一起为叩验伸冤事”。

④ “题为遵旨查议贵州巡抚冯光熊等承问抢牛伤人致死案失入照例降调事”，吏科题本，中国第一历史档案馆藏，档案号：02-01-03-08170-009。

在《驳案成编》与《驳案新编》中，因案件事实认定不清或错误而被驳回的案件分别为162起、146起，占总量的一半以上。其中大部分案件在驳回后根据刑部的意见予以改拟，仅有12起案件未改变原审对案件事实的认定。但在这12起案件中，又有6起案件改变了最终的定罪量刑，也就是说，虽然承审官员对这6起案件的事实认定未受到上级质疑的动摇，但在定罪量刑方面仍根据刑部直接或间接的指引作出了改拟。例如，一起强夺杀人案件中，刑部对证人口供的真实性提出了质疑，认为其有可能是挟仇诬供，导致被告人畏刑招认，而且口供中供认的赃物与报失的物件数目有所出入，使得刑部对此案事实更加怀疑。同时，刑部还指出："若必致死事主以图财则为谋财害命，而非强夺杀人矣。"这就表明，刑部认为即便案件事实审理正确，其律例适用也存在问题。该案最终对案件事实的认定未作出改变，而是根据刑部对律例适用的意见进行了改拟。[①] 因此，只有6起案件在刑部驳回后仍然维持了原审意见，并最终得到认可，这仅占笔者所见驳案总量的约2%。[②]

从这一数据可以看出，清代官员往往充分参考了上司的意见、推断甚至怀疑，对原审判决予以改拟。换言之，这反映的是承审官员惟上是听的司法审判特征。

所谓惟上是听指的是当案件被上司驳回后，根据上司对案件事实作出的推测、判断将判决予以改拟的行为。而刑部对案件事实的影响又可分为明示与暗示两种。有的案件中，刑部的表述体现了对案件事实的某种推测或者合理怀疑。例如《驳案续编》记载的一起案件中，由于争夺桑葚，六岁的张二汉被徐六孜推跌落井淹死。该案初依斗杀人例拟判徐六孜绞监候，但刑部将案件驳回，指出该案中徐六孜将张二汉推落井中后，取走其棉袄卖钱，"难保无图财害命及别项情节"，要求对该案详细审拟。而该巡抚审理后仍照原拟具题，刑部又予驳回，此时巡抚才将该犯依图财害命例改拟斩立决。[③] 该案中，刑部根据该犯将被害人棉袄拿走变卖这一情节来推断其有图财害命的主观方面，而刑部的意见中，"难保"二字则起到了暗示的作用，以至于案件经过两次驳回后得以改拟。

而有的时候，刑部官员的主观看法则具有对案件事实认定的直接指向性。乾隆朝的一起杀人案件中，原审认定此案之起因是，杨万坤调戏堂兄之童养未婚妻谢氏不遂，反被堂妹杨氏詈骂，心怀愤恨，于夜间将杨氏杀死。刑部在对此案提出了一系列疑问之后指出，此案实情只有两种可能，其一，该犯有可能是欲强奸谢氏，但谢氏与杨氏同屋居住，故被杨氏发觉后阻拦，从而杀死杨氏；其二，由于该犯被杨氏屡次辱骂，

---

① 《驳案成编》，陕西司"一起为报明事"，乾隆九年六月初八日。

② 《驳案成编》与《驳案新编》中，因案件事实认定不清而被驳回的案件共计308起，其中有7起重复，故实际案件量为301起。6起案件完全未受刑部的影响而维持原审意见，故而所占比例约为2%。

③ 《驳案续编》卷2，安徽司"一起为访闻事"。

使得其不能与谢氏成奸，故而意图先奸杨氏以塞其口，但杨氏不从，以致被杀。此案被驳回后，地方官员也确实是按照第一种情形予以定拟改判的。[①] 再举一例。在审拟一起杀人案件时，原审官员认定被告与被害人虽然之前曾经争殴，但已经劝散，之后并无斗殴情事，只是由于被告掷石灭火，而被害人恰巧弯腰吹火导致被砸身亡，故而定拟过失杀人。但刑部提出疑问，火把如何会放在地下，而灭火为何要用石砚掷打，因此其坚持认为该案"显系斗殴，何得以过失杀定拟"。于是，该案根据刑部的意见最终定拟斗殴杀人。[②] 由此可知，刑部在批驳意见中有时会直接指出其对案情的判断，甚至直接给出唯一合理的说法，而地方官员通常也会参照刑部的意见对案件予以改拟。

不论是明示还是暗示，上级官员对案件事实的意见无疑对承审官员的重审产生了极大的影响。然而，为何地方的各级官员未能将案情审明，而一到刑部就真相大白了呢？真的是地方官员办案不力、能力不足么？上级官员就如此神乎其技么？笔者并不否认通过复核能够发现一些案件中存在案情审拟不清等明显的错误，但许多复杂案件的审拟也确实存在难度，对于事实的认定或法律的适用表现了一定的不确定性。此时若一味地相信上级官员的主观判断而予以改拟，不仅易使案件的重审流于形式，不利于案件真相的发现，而且增加了司法审判出现错误的风险，有可能使原本正确的判决因上级官员的错误判断而造成真正的错案。

那么，既然不能保证上级官员判断的客观与准确，承审官员在案件被驳回后又为何不据理力争，反而呈现惟上是听的倾向呢？而如果上司能够确定原审存在错误，为何不直接改判而是发回重审呢？这也许需要考量错案责任追究制度所造成的影响。

（二）惟上是听背后的制度因素

1. 承审官员为何一味遵照改拟？

既然上级官员对案情的判断并不能保证完全客观且正确，那为什么大量驳案都显示出承审官员惟上是听、遵照改拟的特征呢？笔者认为，这一现象很大程度上可归因于当时的错案追责制度。

有清一代，经过康、雍、乾三朝的不断完善，逐渐形成了体系化的错案责任追究制度，而这其中就包括了相应的免责条款，即如果上司发现承审官员所审理的案件中有情罪不协、律例不符、失出失入等情形，从而驳令再审的，只要承审官员虚心改正，就可以免受错案追责；刑部驳回再审的案件，督抚虚心改正具题之后，同样免其议处。而对于确有不妥而固执原拟、不肯改拟的官员，则需要依照失出失入例的规定追究错案责任。尽管在乾隆三十八年（1773）之后，清廷大幅度限制了免责的范围，加大了对错案的追

① 《驳案成编》，四川司"一起为报明事"，乾隆二十七年四月十七日。

② 《驳案续编》，四川司"一起为报明事"，乾隆十五年十一月十五日。

究力度，但其重点是针对州县官与知府错拟案件后责任的追究，对于督抚司道等官员而言，只要按照刑部的意见予以改拟，仍然是免予追责的。而即便是对于州县官与知府，其虚心改拟后所承担的错案责任也要轻于失出失入例所规定的处分。[①] 因此，面对刑部对案件的批驳，为了避免被追究错案责任，惟上是听显然是承审官员最为妥当的应对措施。

不过，在许多情况下，案件并非一经刑部驳回就立即依照刑部的意见予以改拟，督抚有时也会坚持其原审的意见，直到刑部第二次将案件驳回之后，才遵照改拟。例如，乾隆年间的一件杀人案件中，原审认定犯人发现其妻与人通奸，欲寻殴泄愤，但误将旁人认作奸夫而将其戳死。由于将该犯主观认定为斗殴，因此依照斗殴而误杀旁人律拟断。刑部审核该案时指出，犯人虽然声称并无杀人致死之心，但“何致乘其不备持刀相戳……恐有别情”，从而暗示案情似乎可以定性为故意杀人而误杀旁人。但案件被驳回后，四川总督仍按照原拟具题，其理由是，根据犯人的口供，原本只是想殴打泄愤，只是害怕力不能敌，故而用刀一戳便慌忙逃跑。刑部认为该理由并不充分，再次将案件驳回，并进一步指出：“如欲寻殴而自不量力，可寻人帮殴，或代其身入氏室，喊众捉拿，自可泄愤，何独藏身屋侧，伺便持刀向戳？其业已有必杀之心。”在刑部如此明确的定性下，该犯最终以故杀定拟。[②]

尽管这类情形也体现了原审官员对案件事实认定的据理力争，但案件基本上在刑部第二次驳回之后仍依照刑部的认定予以改拟。这一现象其实同样印证了错案追责制度对承审官员司法行为的影响。根据《吏部处分则例》中部驳改正例的规定，若刑部驳至第三次，督抚仍然不酌量情罪改正，执原拟具题，同时刑部、都察院复核该案确实应当改正的，将判决结果改正之后，承审各官及该督抚均依照失出失入例追究错案责任。[③] 由此可知，为了避免被追责，即便在刑部初次驳回后官员有可能坚持自己的意见，但若刑部对案件事实的认定仍然与原审官员的意见不同，则督抚一般会权衡利弊，按照刑部的观点将案件改拟，从而避免刑部三驳之后使自己遭到错案追责。

2. 上司为何驳而不改？

既然对案件事实呈现惟上是听的趋势，使得案件最终基本上是根据上级官员的意见予以改拟，那么随之而来的问题是，为什么当上司在批语中明确指出相关案件事实认定存在错误，却不直接改拟，而是仍然发回原审重新审拟呢？这种驳而不改的现象又与制度设计有何关联？

笔者认为，上司之所以驳而不改，一定程度上也与错案责任追究制度有关。根据

① 参见《清会典事例·吏部·处分例》（光绪朝）卷 123，“官员断狱不当”。

② 《驳案成编》，四川司“一起为报明事”，乾隆十五年三月十四日。

③ 参见《清会典事例·吏部·处分例》（光绪朝）卷 123，“官员断狱不当”。

《清会典事例》的记载，乾隆四十五年（1780）核准的条文规定："州县承问，定拟详报，经各上司改定，或驳回另拟者，即于咨题文内据实声明，俟刑部覆定后……如原拟本无错误，系该上司更改失当，将该上司亦照部驳改正例议处，原审官免议。"[①] 从该条文可以看出，上级官员如果将案件改拟错误，需要依照部驳改正例予以议处。这里需注意的是，根据部驳改正例的规定，督抚司道等上级官员在面对刑部驳回的案件时，只要虚心改拟，是无须承担错案责任的，但承审的知府及州县官员需要根据罪名出入的程度，区分三种情形，即罪名轻重悬殊、罪名出入不甚悬殊，以及情罪相同，仅是在斩绞、立决与监候或徒杖与军流之间出入，分别处以实降一级调用、降一级调用、罚俸一年的处罚。综合前后条文的规定可知，由于案件的错误是由上司改拟造成的，故而错案责任应当由上司来承担，亦即这里所谓的依照部驳改正例议处指的便是依照对待知府、州县官员那样的处罚标准予以追责。如乾隆五十四年（1789）的一起案件中，山西按察使明禄在复核一起抢饼并殴伤人致死的案件时，认为原审定性为强夺杀人有所不妥，故而改拟为图财害命。但其后刑部指出该案因抢饼起衅，继而斗殴杀人，初无图害之心，与蓄意图财害命不同，因而该错案实系按察使改拟错误，原审官员免责，应追究按察使的错案责任。[②]

正是由于存在这种改拟错误而被追责的风险，上级官员往往更倾向于驳而不改，因为即便案件最终被刑部驳回，其一般也只需要遵照改拟而不必承担错案责任。从这个角度看，在司法活动中驳而不改的现象有可能是在错案追责制度的影响下形成的。

综上，在案件事实认定中所体现的这种惟上是听的现象，在一定程度上是由错案追责制度造成的。既然对于虚心改拟的官员予以免责，既然固执原拟或被三次驳回会招致错案责任，那么为了避免被追究的风险，承审官员自然更愿意根据上司在批语中带有倾向性的暗示或对于案情主观的判断对案件进行改拟。然而，这种惟上是听会对司法活动带来极大的危害。一方面，若案件事实的认定确有疑问，而上级官员直接或间接地表达了自己对案情的判断，则有可能导致基层官员重审此案时不再细心审拟，一味地按照上级的意见来认定案情。如此一来，案件的重审会流于形式，无法实现对案件事实重新审查、定性的效果，不利于案件的正常审理。另一方面，若案情认定原无错误，而上级的主观判断出现偏差，而此时复审仍然按照上级的意见改拟，则不仅容易在审理过程中出现严刑逼供、锻炼成招的现象，抑或变造案情，迎合上级的观点，更严重的是其反而会产生真正的错案，且在无形中加大了重新发现错案的难度，这与无枉无纵的司法目的显然是相悖的。

---

① 《清会典事例·吏部·处分例》（光绪朝）卷123，"官员断狱不当"。

② 参见《驳案新编》卷7《刑律·贼盗上》，山西司"一起为报明事"。

结　语

通过对清代错案认定标准的分析可知，其主要依靠上级官员对案件事实的认定和定罪量刑的判断来认定案件原审判决是否存在错误。然而，这种依靠上级主观判断来保证案件裁判正确的做法本身是有瑕疵的，上司对案件事实的认识以及对律例的选用也可能出现偏差，故而这种错案的认定标准不但难以监督官员妥善审理案件，而且也无法实现情罪相符、司法公正的目的。尽管上级对“错案”的认定可能存在不当甚至错误，但承审官员一般会承认原审存在“错误”，并依据上级的意见予以改拟，而这主要是由错案追责条款等制度设计所造成的。显然，这种制度设计的瑕疵不但无法实现原本的初衷，反而会对司法活动造成更加巨大的不利后果。

当下，在司法改革的关键时期，为了保证司法公正，我国的相关制度不断完善，对于错案的防范及追责也出台了一系列规范。而通过对历史上相关制度的考察与探究，我们也需要进一步反思当下制度是否存在类似问题，并采取相应措施避免重大瑕疵的出现，从而保证司法改革朝着既定的路线不断前进。

西夏契约所见官法与民法之关系特点

——以违约责任预设与实践为视角*

郝振宇**

摘　要：本文以契约参与人的违约行为和违约责任预设为切入点，辅以《天盛改旧新定律令》对违约责任的规制与实践，考察西夏官法与民法之间的关系。首先，官法与民法的约束对象各有侧重，在关涉平民百姓的契约中，民法起先行作用；在涉及寺院僧人的契约中，官法起先行作用。其次，官法与民法的实践目的相类，两者共同发挥着规范约束功能。最后，官法一般尊重民法的规范作用，并给予相对自由的空间；民法一般不与法律相悖。它们渐趋形成一种良性的稳态互动，共同构建维系着西夏基层社会的秩序。

关键词：西夏契约；官法民法；约束对象；规范目的；社会秩序

一般而言，国家法“可以被理解为由特定国家机构制定、颁布、采行和自上而下予以实施的法律。而民间法主要指一种知识传统，它生于民间，出于习惯乃由乡民长期生活、劳作、交往和利益冲突中显现，因而具有自发性和丰富的地方色彩”。[①] 作为大传统与小传统的一种二元分野，国家法虽然不是唯一的和全部的法律，但理论上对全体社会成员有法定的约束作用。民间法更多地作为一般社会大众在日常生活中所遵从的行为规范。两者虽在概念层面二元对立，但事实过程中，它们错综复杂，既有冲突，也有合作，其重要的体现就是民间契约的违约责任设定与实际执行。契约是社会生活中当事人设立、变更和终止民事关系的一种具有凭证性质的法律文书，是契约当事人权利与义务关系的一种设定。[②] 在中国传统社会中，民间契约关系十分发达，国家法对民间契约进行规制的同时，又为其预留了一定的自由空间，[③] 国家权力不会轻易介入其中。近年来发现、整理的大量西夏民间契约很大程度上反映了西夏一般社会大众的经济生活和行为规范。[④]

---

* 本文是国家社科基金冷门“绝学”和国别史等研究专项项目“西夏家庭资料整理研究”（批准号：19VJX076）的阶段性成果。

** 郝振宇，历史学博士，西北师范大学历史文化学院讲师，主要从事西夏史研究。

① 梁治平：《清代习惯法：社会与国家》，中国政法大学出版社，1996，第35页。

② 参见赵彦龙《西夏契约研究》，《青海民族研究》2007年第4期，第105页。

③ 参见刘笃才《中国古代民间规约引论》，《法学研究》2006年第1期，第147页。

④ 参见罗海山《国内西夏契约文书研究评述与展望（1980—2015）》，《中国史研究动态》2017年第1期。

但关于西夏契约文书的研究，主要集中在相对成熟的经济史和社会史领域。法律史领域虽有涉及，但尚未得到充分展现，西夏契约文书的法学价值有待发掘。[①] 基于此，本文在前人研究的基础上，[②] 借鉴官法与民法的相关内容，以西夏契约的违约责任设定与实践为考察对象，[③] 对西夏官法与民法的关系问题进行探讨。不当之处，敬请指正。

一 契约参与人的违约行为与责任设定

本文所采用的样本取自黑水城西夏契约文书，共计 41 份。[④] 现将其分类如下：一是以契约关涉的物品种类划分，主要有粮食借贷契约、牲畜买卖契约、土地买卖契约和土地租借契约。二是以契约关涉的债权人身份划分，主要有寺院僧人放贷契约和普通民众放贷契约，他们放贷的对象都是平民百姓。寺院僧人放贷的物品涉及粮食、土地和牲畜，其中以粮食和土地最为常见。因西夏法律规定土地可以自由买卖，加之皇室的大量封赏，所以寺院和僧人可以占有大量的土地，并对其进行经营，逐渐构建起以地产为核心的自给自足的自然经济，因此寺院和僧人有充足的土地和粮食用于放贷盈利。[⑤]

笔者对 41 份契约文书中参与人的违约行为和责任预设逐一进行梳理分析，然后依粮食借贷契约、土地买卖契约、牲畜买卖契约和土地租借契约四类进行论述。

第一，粮食借贷契约。在 10 份契约样本中，债务人的违约行为是不能按时还本利，而使债权人蒙受损失。程式化的违约用语是“日期过时”“期限过时”等。若债务人不能依约还贷，就要承担违约责任。而依债权人身份的不同可分为两种情况：一种情况是寺院僧人为债权人，平民为债务人。债务人违约赔偿数额一般根据借贷粮食中小麦的数量而定。需要注意，契约文书上明确写定债务人违约罚交小麦的数量都是“依官法罚”而非民法。另一种情况是债权人和债务人都是平民。债务人违约赔偿有固定的数额规定，无论借贷多少，都是按照“一石还二石”的赔偿率进行处罚。在西夏，这种“一石还二石”即高达 100%的赔偿规定并没有相应的立法，其应该是民间社会约定俗成的民法而非官法。[⑥]

---

① 参见王颖《西夏契约文书研究的现状、问题与展望》，《西夏学》2017 年第 1 期，第 337 页。

② 关于西夏契约的研究概况，可参见罗海山《国内西夏契约文书研究评述与展望（1980—2015）》（《中国史研究动态》2017 年第 1 期），王颖《西夏契约文书研究的现状、问题与展望》（《西夏学》2017 年第 1 期）。对西夏契约文书研究用力最多的是史金波，氏著《西夏经济文书研究》（社会科学文献出版社，2017）一书对黑水城契约文书有录文和意译。本文所利用的契约文书多参考于此。

③ 关于契约中违约责任的设定与赔付问题，笔者在《西夏土地买卖、租种的价格、租金与违约赔付》（《青海民族研究》2019 年第 2 期）和《西夏民间谷物典当借贷的利率、期限与违约赔付研究》（《中国社会经济史研究》2019 年第 3 期）两文中有所论述，本文拟在此基础上进一步探讨西夏官法与民间规约的关系特点。

④ 参见史金波《西夏经济文书研究》，附录。

⑤ 参见崔红芬《西夏河西佛教研究》，民族出版社，2010，第 85~95 页。

⑥ 参见郝振宇《西夏民间谷物典当借贷的利率、期限与违约赔付研究》，《中国社会经济史研究》2019 年第 3 期，第 28 页。

第二，土地买卖契约。在12份契约样本中，参与人的违约行为是任何一方在契约订立生效后出现反悔或变更情况。程式化的违约用语是“有反悔时”“何人反悔变更时”“谁改口变更时”“谁人欲改变时”“谁人违约”等。需要注意，土地买卖契约中的违约赔付规定对双方有同等的约束作用，而依契约双方的身份不同可分为两种情况：首先，在平民百姓为土地出卖者，寺院僧人为土地买入者时，违约赔偿出现两种情况：一是纯粹的“依官府规定”罚交1~3两不等的黄金；二是在罚金的同时，依民法需要以“一石还二石”的赔率赔付。其次，土地出卖者和土地买入者都是平民百姓时，违约赔偿主要依民法以“一石还二石”的赔率赔付。这里需要注意官法和民法在同一契约中互容共存的现象。官法在平民百姓与寺院僧人订立的契约中出现，很大程度上有保障僧人利益的意图。因为西夏后期，寺院僧人占有大量的土地和依附人口，经营田产和高利贷业务，很多有权势的僧人成为世俗贵族地主一样富有的特权阶层。① 而西夏政府亦把寺院财产作为官物对待而予以保护。所以，在平民和僧人订立契约时，僧人反悔变更的可能性极小，所谓的“依官罚金”针对的主要是平民百姓，这种规定看似平等，其实是对平民百姓的限制。

第三，牲畜买卖契约。在11份契约样本中，参与人双方多数是平民百姓。他们的违约行为是任何一方在契约订立生效后出现反悔或变更情况。程式化的违约用语是“何人反悔时”“反悔时”等。反悔者要承担违约责任，违约赔偿的多少与所卖牲畜的价值相当。如俄ИHB. No. 2546号卖畜契约中，左移犬孩子卖一匹马价值1石5斗杂粮，如果违约时，则需要“依官罚”1石5斗杂粮；梁那征讹卖一母骆驼价值6石杂粮，如果违约时，则需要“依官罚”6石杂粮。在11份卖畜契约中，仅有2份出现依民法以“一石还二石”的赔率赔付的情况，其余9份违约赔偿都是依据法律规定而与民法无关。由此可知，在牲畜买卖契约中出现违约行为时，一般是以官法为主要依据来赔付的。

第四，土地租借契约。在8份契约样本中，债务人的违约行为是不能按时交纳地租，而使债权人蒙受损失。程式化的违约用语是“过期不还时”“日过不还时”“日过时”等。若债务人不能在双方合意的期限内交纳地租，就要承担违约责任。在俄ИHB. No. 5124号土地租借契约中共有8份租借记录，土地出租者皆为寺院僧人，租地者都是平民百姓。在8份租借记录中，依民法以“一石还二石”的违约赔付全部出现，而“依官罚金”的违约赔付只在俄ИHB. No. 5124-2（2）中出现一次。基于记录8份土地租借契约的俄ИHB. No. 5124号契应为一纸契约的考量，“依官罚金”应为后7份租借契约所遵从，抑或僧人与平民订立契约时，“依官罚”已是双方熟知的违约处罚方式而有时在一纸契约的其他租借记录中省略。

① 参见崔红芬《西夏河西佛教研究》，第93页。

综上分析，西夏契约参与人违约责任的设定有以下特点：其一，在粮食借贷和土地租借等借贷类契约中，违约责任主要是针对债务人设定的；在土地买卖和牲畜买卖等买卖类契约中，违约责任的设定则对双方参与人的违约行为都有共同的约束作用。其二，在粮食借贷和土地买卖类契约中，契约双方若都是平民百姓，且涉及的借贷物品数额较小时，违约赔偿都是依民法以“一石还二石”即100%的赔率担责；若有一方是寺院僧人且借贷物品数额较大时，违约赔偿除以“一石还二石”即100%的赔率担责外，还要依官府规定罚金或罚粮，这种情况亦适用于土地租借契约。由此可见，在西夏契约的违约责任设定方面，民法和官法的关注与约束对象各有侧重。在契约双方均是平民百姓的契约文书中，民法起主导作用；在涉及寺院僧人的契约文书中，官法起主导作用，两者有共同作用的痕迹。

二 法律对契约参与人违约责任的规制

结合契约参与人违约责任的设定和《天盛改旧新定律令》的相关内容，可知契约参与人违约分两种情况：一是到期不还债务，粮食借贷契约和土地租借契约等借贷类契约中债务人不能按时归还本利和纳租即属于这种情况；二是契约订立后不欲履约，土地买卖和牲畜买卖等买卖类契约中参与人反悔或变更就属于这种情况。当契约履行过程中确已发生违约行为，对契约双方的合法利益乃至社会秩序产生一定影响时，如何保证契约双方合意的违约责任的顺利实践成为重要的问题。为保障契约双方的正当权益和维护社会秩序，西夏法律对违约责任的实践作出了详细规定。①

首先，在签订契约时要求有经济实力的担保人签名画押，担保人的作用是在债务人不能履行契约的情况下，替代履行约定的事项或承担契约中规定的违约义务。②《天盛改旧新定律令》规定：“借债者不能还时，当催促同去借者。同去借者亦不能还……可令出力典债。”③“同去借者”即相当于契约中的“相立契者”，其作为担保人的角色而承担连带的偿还责任。

其次，法律对到期不还债而产生违约行为有强制措施。《天盛改旧新定律令·催索债利门》规定：“诸人对负债人当催索，不还则告局分处，当以强力搜取问讯。因负债不还给，十缗以下有官罚五缗钱，庶人十杖，十缗以上有官罚马一，庶人十三杖，债依法当索还，其中不准赖债。若违律时，使与不还债相同判断，当归还原物，债依法当还给。”“诸人因负债不还，承罪以后，无所还债，则当依地程远近限量，给两三次

① 参见史金波、聂鸿音、白滨译注《天盛改旧新定律令》，法律出版社，2000，第188~190页。

② 参见赵彦龙《论西夏契约及其制度》，《宁夏社会科学》2007年第4期，第89~90页。

③ 史金波、聂鸿音、白滨译注《天盛改旧新定律令》，第189页。

限期，当使设法还债，以工力当分担。一次次超期不还债时，当计量依高低当使受杖。已给三次宽限，不送还债，则不准再宽限，依律令实行。”[①] 履行违约责任的方式有三种：第一，债务人过期不还债时，债权人可告知官府，官府强力搜取问讯，依法索还；第二，债务人确实无力偿还时，可给予三次限期，使其设法还债，若到时仍无法还债，则依律惩罚；第三，债务人无力还债，可依律令其妻子、未嫁女等家人出力典债。[②]

在违限不还的违约责任实践方面，可将西夏与唐代的处分方式相比较。在唐代契约中，债务人过期不还债时，履行违约责任的方式有二：一是以债务人的“家资”抵债。家资抵债在唐初即已出现，并订入律文，但这种抵债方式直到中晚唐时期才被广泛应用。家资抵债有一定弊端，即“公私债负，违契不偿，应牵掣者，皆告官司听断。若不告官司而强牵掣财物，若奴婢、畜产，过本契者，坐赃论”。[③] 如果债权人不经官府而私取债务人的家产以抵债且牵掣财物超过契约规定数额时，则以坐赃之罪惩罚。二是债务人的家产资不抵债时，可以采取“役身折酬”的方式，即以劳动力充抵债务。但折酬的役身必须是“通取户内男口”，户内女性不得作为劳动力以“役身”充抵债务。[④] 西夏与唐代相较，相同之处在于债务人过期不还债时都可以采用“役身折酬”的方式；不同之处在于西夏法律规定户内男女皆可出力典债，但不许以债务人的家资抵债，即法律规定的“诸人欠他人债，索还不取时，工价量□□，不允以强力将他人畜物、帐舍、地畴取来相抵”。如果债权人违反此规定，则应当将索取的债务人的帐舍、地畴、畜物等家产归还，“债当另取”。另外，债权人还会因此受到徒一年的惩罚。[⑤] 这表明西夏在借鉴吸收中原法律的同时，也保留了党项民族自身的文化惯性。

最后，因契约订立后而欲违约时，履行违约责任的方式就是“罚交于官有名则当交官，交私人有名则当交私人取”。于光建对此进一步解释为“若反悔，契约写明向官府交罚钱粮的当交官，向私人交的当交私人”。[⑥]

由上可知，当契约参与人不能依约履行给付义务或反悔违约时，契约双方就会失去合作的基础而出现利益冲突。西夏法律依据违约人的不同情况而对违约责任的执行措施有不同的规定。总体而言，是有章可遵、循序渐进的。当民法不能依合意的责任设定以解决冲突时，国家权力就会在契约参与人的要求下介入其中以保障受害方的合

① 史金波、聂鸿音、白滨译注《天盛改旧新定律令》，第188页。

② 参见郝振宇《西夏民间谷物典当借贷的利率、期限与违约赔付研究》，《中国社会经济史研究》2019年第3期，第28页。

③ （唐）长孙无忌等撰、刘俊文笺解《唐律疏议笺解》，中华书局，1996，第1807页。

④ 参见李德嘉《王者不得制人之私——以唐代官法与民契的关系为背景》，《法学》2012年第8期，第89页。

⑤ 参见史金波、聂鸿音、白滨译注《天盛改旧新定律令》，第191页。

⑥ 于光建：《〈天盛改旧新定律令〉典当借贷条文整理研究》，博士学位论文，宁夏大学，2014，第62页。

法权益。这种情况下，法律会依靠国家赋予的权力进行强制解决。但在实际执行的过程中，解决违约问题的方式依据债务人的实际生活情况而定，在一定程度上体现了西夏法律实践的人性化和灵活性。具体可分属两个执行层面：一是明确规定国家权力的直接介入，原因应是债务人有能力偿还所欠债务而届期未及时偿还，导致民法对契约的约束失去效力；二是国家权力的间接介入，原因是债务人囿于经济状况确实无力届期还债，经过一定的缓冲期后，视实际情况而决定国家权力的介入方式。由此可知，国家权力对民间契约中违约行为的受理并不总是积极主动的，而是当契约参与人发生违约行为又不能及时承担违约责任而告知官府时，国家权力才会介入。国家权力介入契约纠纷后，并不是简单粗暴地以公权力作出法律裁决，很大程度上会以较为柔和的方式保障契约双方的基本权利。这在很大程度上说明，官法处理民契违约行为的前提是民法对契约的约束失去其社会效力，在社会秩序不能依自身有序运行时，法律以强制力的角色进行约制。

三　官法与民法的关系特点

从上述契约文书中违约责任设定的分析以及违约责任的实践情况来看，民法和官法同时发挥着规范功能。只是在有的情况下因契约参与人身份的不同而导致两者规范对象有所差异，但是就民法和官法的目的而言，两者有契合的一面。

以本文所用西夏契约文书分析，契约主体是确乎无异的，主要有寺院僧人和平民百姓两个群体，其中尤以平民百姓占绝对多数。平民之间的关系比较密切，他们或是有地缘关系的乡里邻人，或是人情往来密切的亲故之交，彼此之间血缘关系和地缘关系相互交织，构成一个复杂的村落人际网络。[①] 所以，他们之间相互借贷的目的不是为了获取利益，更大程度上是出于邻里互助的意愿。因为每到青黄不接时节，农民常为粮食缺乏而发愁，为解决暂时的生活困境，经常发生借贷行为而订立契约，这些契约的期限较短，粮食借贷数量较少。通常以一年为期，借、还的高峰期与农作物生长、收成的农业时序相配合，以春借、秋还为典型特征，[②] 粮食借贷数量一次以 3 石以下的小额借贷为主。在这种借贷行为中，虽然出贷方有一定的经济优势，但他们也不是单纯逐利的商人，更多的是普通百姓，或许是家庭经济稍微宽裕而已。基于双方相差无几的经济情况，违约行为或许较少发生，否则可能双方都有生活不济、家庭破碎的潜在风险。当然，为避免潜在的违约风险，仍需要对契约双方进行一定程度的约束。由

① 参见郝振宇《西夏民间契约参与人的群体关系特点》，《北方民族大学学报》（哲学社会科学版）2018 年第 1 期，第 77~79 页。

② 参见罗彤华《唐代民间借贷之研究》，台湾商务印书馆，2005，第 365~370 页。

于是互为熟知群体之间的相互借贷，这种约束力量更多的是依凭乡里习惯约定俗成的民法或基于血缘或地缘关系的情感因素。

另外，僧人出贷和买卖有一定的营利性，同时一定程度上也有救助家庭、稳定社会的功能。[①] 由于僧人契约中牵涉的粮食和土地等物品价值往往比较大，多在 10~20 石，约定俗成的乡规民约或许能发挥一定的约束作用，但为保证契约的正常履行，更大程度上还是依赖官法的强力约束。即使法律和民间规则同时对契约主体发生约束效力，两者之间也没有绝对冲突，更大程度上是为契约的履行加持了双重保证。从另一角度来说，一旦出现平民违约的情况，双重保证也就转变成双倍赔偿，高额的赔偿或许会导致平民家破人亡。在违约行为已经发生，单纯依靠乡规民约无法解决经济纠纷的情况下，应债权人或债务人的诉讼请求，官法才会被动地介入其中，通过国家强制力保障契约当事人的合法权益和维护基层社会秩序的稳定。如西夏《瓜州审案记录》是记录西夏惠宗天赐礼盛国庆年间瓜州民间牲畜、钱财纠纷的案卷，是运用西夏法律判案的实例。[②]

由此可知，官法与民法的存在需要遵守彼此的界限。法律（官法）作为国家制定或认可并以强制力保证实施的行为规则更具权威性和普遍性，民法作为官法以外自然生成的规则更具长久性和地方性。另外，在注意国家对民间秩序与规则尊重的同时，也要注意到民法与国家意志之间的交叉与协同。因为在中国传统社会中，“乡规民约合法性的实现与权威性的增强，是建立在国家政权认可与支持的基础上的。作为一种存在于国家正式制度之外的非正式制度，乡规民约要想取得国家政权的认可与支持，基本前提是必须与国家意志相一致，必然要以国家政令和法律为依据”。[③] 在西夏，促狭的政区、集中的人口以及专制皇权和地方行政加强的多重作用，使西夏官法可以更好地在基层社会中得到有效的执行，相对而言，民法难与专制皇权支持下的官法相悖。这在契约中的借贷利率方面有直观体现。《天盛改旧新定律令》对借贷利率有明确规定：“全国中诸人放官私钱、粮食本者，一缗收利五钱以下，及一斛收利一斛以下等，依情愿使有利，不准比其增加。”[④] 有学者指出，一缗收利五钱为月息，年息为 60%，一斛收利一斛为年息，即本利相等，或倍称之息。[⑤] 西夏法律将借贷利率控制在 100% 以内，并规定不论是哪种交利方式，本利相等以后，不允许再收取超额利息。违反此规定时，有官罚马一，庶人十三杖，并归还所收取的超额利息。[⑥] 通检本文涉及的 10

① 参见乜小红《中国古代佛寺的借贷与“便物历”》，《中国史研究》2011 年第 3 期，第 82~83 页。

② 参见邵方《西夏法制研究》，民族出版社，2009，第 202~205 页。

③ 党晓虹：《唱和与首倡：论国家政权在传统乡规民约演进过程中的角色嬗变及其影响》，《中国农史》2014 年第 2 期，第 104 页。

④ 史金波、聂鸿音、白滨译注《天盛改旧新定律令》，第 188 页。

⑤ 参见杜建录《〈天盛律令〉与西夏法制研究》，宁夏人民出版社，2005，第 75~76 页。

⑥ 参见邵方《略论西夏法典对契约的规制》，《法学评论》2013 年第 6 期，第 145 页。

份粮食借贷契约，粮食借贷的利率虽各有不同，但都一体遵行法律规定，将利率控制在100%以内。

西夏民法与官法保持基本一致的精神，这与唐代契约通过“乡法”或“约定”来回避官法规制的做法是不同的。唐代社会中，官府对契约虽有一定的立法，但民间社会在契约的订立和履行等方面有一套自己的行为准则和习惯。① 在唐代民契中有“官有政法，人从私契”的习惯。如唐代虽严格规定民间借贷利息的最高额度，但契约当事人经常以乡法来约定利息；对于皇帝恩赦令，契约当事人经常选择规避，即民契中“或有恩赦流行，亦不在论理之限”的程式用语。② 在西夏契约中未见“官有政法，人从私契”“或有恩赦流行，亦不在论理之限”或与之意思相近的词句。西夏契约中定式的词语主要是违约责任用语，最常用的是“按官法罚”“依《律令》承责，依官罚”“依官罚……按文书所写”“依官罚……据情状按文书所载实行”等。

在西夏契约文书中，官法与民法虽约束对象有所不同，但它们之间相互尊重。在违约责任设定与实践方面，民法与官法的精神基本保持一致，未出现通过“乡法”或“约定”来回避官法规制，甚至是民法与官法相悖的现象。这表明，民法和官法同时发挥着规范功能，共同维系着社会秩序。

四 结语

在西夏社会，官法与民间契约的关系是十分密切的。法律规定：“诸人买卖及借债，以及其他类似与别人有各种事牵连时，各自自愿，可立文据，上有相关语，与买价、钱量及语情等当计量，自相等数至全部所定为多少，官私交取者当令明白，记于文书上。”③ 明文规定买卖、借贷以及类似情况的双方当事人必须依自愿订立双方合意的契约文书。在契约中要有立契和还贷时间、立契缘由、还贷约定内容、违约责任和诸人签名等主要部分。④ 就违约责任规制而言，法律规定“说过日不来赎时汝卖之等，可据二者所议实行”。⑤ 从上文分析来看，契约双方就违约责任达成合意并在契约文书中写明。这种情况下，官法和民法依契约双方身份而各有约束侧重，通过此形式使契约正常履行而保障民间经济关系和社会秩序是合乎实际的。一旦出现违约行为则会以此赔付，在依靠民间规则自我管理、自我解决的同时，也不能忽略官法的存在。官法

① 参见田振洪《唐代契约实践中的国家法律与民间规则：以民间借贷契约违约责任为视角》，《东南学术》2012年第4期，第143、153页。

② 参见李德嘉《王者不得制人之私——以唐代官法与民契的关系为背景》，《法学》2012年第8期，第91~92页。

③ 史金波、聂鸿音、白滨译注《天盛改旧新定律令》，第189页。

④ 参见邵方《略论西夏法典对契约的规制》，《法学评论》2013年第6期，第141页。

⑤ 史金波、聂鸿音、白滨译注《天盛改旧新定律令》，第186页。

作为国家机器，必然代表国家意志而更具权威性。为保证契约参与人的基本权益和维护基层社会的秩序运行，在发挥民间规则调整和解决民众利益冲突和纠纷的作用的同时，官法也会有条件地介入其中。以此来看，官法和民法的实践目的具有一致性，都是为解决冲突和纠纷以维护西夏民间社会秩序。

技术与伦理之间的法律移植

——高丽移植与变异唐令问题探析

张春海*

摘　要：高丽虽将唐代《令典》的框架移植了过去，但对其内容采取了有选择性的移植，且根据本国的“土俗”与国情采取了变异的移植模式。这种变异根据篇目的不同，特别是具体内容究竟是以技术性为主还是以伦理性为主，而采取了不同的方法——对于唐令的技术性内容，采取了先框架性移植，然后再根据本国的具体文化状况作局部性变异的方法；对伦理性内容，则采取了大部分删除，只将少数内容以制、判的方式零星、断续移植的方法。高丽对唐令的移植既是一个不断华化的过程，又是一个中国制度本土化的过程。两相混合，形成了具有半岛特色的本国法律体系。

关键词：唐令；高丽；法律移植；制度变形

引　言

朝鲜王朝（1392~1910）时期的学者柳寿垣在论高丽时代的制度时指出：“东俗慕唐特甚，唐亡已久矣，至今指中国人谓唐人，指物货谓唐物，虽灶婢、村女亦称唐沙碗、唐种子。其实由丽氏慕尚唐制，因以口熟之致也。”① “慕尚唐制”是高丽文化的一大特色，其不仅体现在唐文化对半岛日常生活的浸透，更体现在对半岛制度的影响。高丽第六代国王成宗（982~995）通过移植唐制系统性地为本国创法立制，即这种影响的第一个高峰。② 唐代法制以律令格式为支撑，这决定了成宗在创法立制时，必然将唐律令格式的法律体系同时移植到半岛，而唐令就是其中最为显著者，其与高丽令的关系令人瞩目。早在20世纪60年代，日本学者仁井田陞便对高丽令与唐令的关系有所论述。③ 之后，我国学者郑显文也作过一定程度的比较。④ 2010年，韩国岭南大学出版

* 张春海，史学博士，南京大学法学院教授。

① 〔朝鲜〕柳寿垣《迂书》卷1，首尔大学古典刊行会，1971，无页码。

② 后代学者对此评价甚高，朝鲜时期的史学家崔溥云：“太祖以神武英雄之资……虽干戈草创，未遑制作……成宗励政兢惕，立宗社，耕籍田，设学校，励贤才，崇尚节义，矜恤民隐，制作一新，可谓守成之良主。”〔朝鲜〕崔溥：《锦南先生集》卷2《东国通鉴论·高丽亡》，韩国文集丛刊［16］，景仁文化社，1996，第419~420页。

③ 〔日〕仁井田陞：《唐宋の法と高丽律》，《东方学》第30辑（1965年）。

④ 郑显文：《唐律令与高丽律令之比较》，〔韩〕《民族文化论丛》第37辑。

了《高丽时代律令的复原与整理》一书,① 对高丽时代的令文进行了系统性复原，不失为一种有益的尝试。不过，该书只是将《高丽史》各《志》的内容按照唐令的篇目进行了一个大致的归类，既未指出复原的根据，也未进行必要的辨析，有相当大的局限性。从总体上看，既有研究仍相当薄弱，对法律移植的整体文化环境及在此文化环境中高丽人采取之移植唐令的方法与模式问题未有关注，因而妨碍了我们对中华法系形成过程的整体性认识。

《新唐书·刑法志》载："唐之刑书有四，曰：律、令、格、式。令者，尊卑贵贱之等数，国家之制度也。"② 《唐六典》卷6《刑部》载："凡文法之名有四，一曰律，二曰令，三曰格，四曰式……凡律以正刑定罪，令以设范立制，格以禁违止邪，式以轨物程事。"③ 学者们大致同意令主要是一整套关于行政制度的法律规范,④ 是中国千余年来行政法律技术的结晶。因此，技术性是其最基本的特性之一。

然而，这套高度发达之技术性的规则体系又产生于特定的政治文化环境之中，是特定文明的一部分。具体到唐代，这套技术性的制度体系是在整个社会儒化的背景下制定出来并具体运行的,⑤ 礼是其核心,⑥ 就是说文化性（在儒化的语境下，伦理又是其核心）成为唐令的另一个基本特征。

按照对礼体现的程度，我们可将唐令大致分为两类：一是礼之色彩较淡，技术性较强的部分，关于三省六部、选官与司法等内容的篇目大致属于此类；二是与礼之关系较为密切的部分，其中又以《假宁令》与《丧葬令》最为典型。

在大规模移植唐制以创法立制的高丽前期，半岛的基本文化观念、社会伦理、风俗习惯、意识形态，与唐存在较大差距,⑦ 故高丽人对唐令中不同性质的内容，采取了不尽相同的移植方法与模式。本文将对之进行探讨，望专家学者批评指正。

---

① 《고려시대율령의복원과정리》, 경인문화사, 2010。

② （宋）欧阳修等:《新唐书》卷56《刑法志》，中华书局，1975，第1407页。

③ （唐）李隆基撰、李林甫注《唐六典》，中华书局，1992，第180~185页。

④ 李玉生从现代法学的角度出发，认为："唐令是以行政法律规范为主，同时包含民事法律规范、诉讼法规范、军事法规范等多种部门法规范的综合性法典"（李玉生:《关于唐代律令格式的性质问题——与王立民教授商榷》,《金陵法律评论》2002年第2期，第150页），无疑也是有相当的理据的。

⑤ 唐代法制乃承隋代法制而来，由文帝开启的隋代法制建设运动的主旨就是"汉化"与"儒化"。关于此，可参考高明士《从律令制度论隋代的立国政策》，载中国唐代学会编辑委员会编《唐代文化研讨会论文集》，文史哲出版社，1991。

⑥ 李玉生的《唐令与中华法系研究》（南京师范大学出版社，2005）对此有一定的涉及，可参看。

⑦ 《高丽史·百官志》载："高丽太祖开国之初，参用新罗、泰封之制，设官分职，以谐庶务。然其官号或杂方言，盖草创未暇革也"（〔朝鲜〕郑麟趾等:《高丽史》卷76《百官一》，西南师范大学出版社、人民出版社，2014，第2403页）。高丽后期的崔瀣（1287~1340）也说："以逮神圣开国，三韩归一，衣冠典礼，寔袭新罗之旧。"（〔高丽〕崔瀣:《拙稿千百》卷2《东人之文序》,《韩国文集丛刊》[3]，景仁文化社，1996，第27页）高丽初期的文物制度以"土俗"为主。

一 技术性内容的移植

规定审判管辖、回避、起诉、审判的程序与方法、死刑复奏等事项的《狱官令》，以技术性为主，与司法的关系最为密切，但长久以来为学界所忽视，[①] 故本节将以《狱官令》为中心，对高丽移植唐令技术性色彩较强的条文的路径进行探讨。

《高丽史》卷84《刑法一》载："高丽一代之制，大抵皆仿乎唐，至于刑法亦采唐律，参酌时宜而用之，曰狱官令二条、名例十二条……总七十一条，删烦取简，行之一时，亦不可谓无据。"[②] 《狱官令》不仅存在，而且还有条文被吸收到了律典之中。《狱官令》之所以能在高丽法制体系中占如此重要之地位，即和其技术性强因而适用性也强的特点有重大关系。[③] 通过对现存史料的钩沉索隐与综合分析，笔者认为，高丽对唐令技术性内容的移植大致采用了以下三种方法。

（一）字句的变动与变异模式的存在

《高丽史·刑法志》恤刑条载：

> 诸妇人在禁临产月者，责保听出。死罪，产后满二十日；流罪以下，满三十日。[④]

此条属于《狱官令》，移植自唐令。《天圣令》载宋《狱官令》："诸妇人在禁临产月者，（临产月者）责保听出。死罪产后满二十日，流罪以下产满三十日，并即追禁，不（在）给程。"[⑤] 《日本养老令·狱令》第二十三条规定："凡妇人在禁，临产月者，责保听出。死罪产后满廿日，流罪以下，产后满卅日，并即追禁，不给程。"[⑥] 三者内

---

① 《高丽史》各志对高丽一代官僚制度的记载较为详细，当代学者已作了详尽的研究，本文不拟赘论。比较有代表性的成果有龚延明《高丽国初与唐宋官制之比较——关于唐宋官制对高丽官制影响研究之一》，载《韩国研究》第1辑，1994；《唐宋官制对高丽前期王朝官制之影响——以中枢机构为中心之比较研究》，《中国史研究》1999年第3期；《唐宋官制对高丽中期王朝之影响——以高丽王朝成宗、文宗官制改革为中心与唐宋官制比较研究》，载《韩国学论文集》第6辑，1997；〔日〕矢木毅《高丽官僚制度研究》，京都大学学术出版会，2008。

② 《高丽史》卷84《刑法一》，第2655页。

③ 受制于本国固有的社会结构与政治格局，高丽在移植唐律时，对之作了大幅变异，使《高丽律》本身成为一部"技术性"色彩特浓的法典。重点移植唐代法制中的"技术性"部分，成为高丽前期法律移植的一大特点。关于这一问题的简单论述，可参考张春海《唐律、〈高丽律〉法条比较研究》，载《南京大学法律评论》（2011年秋季卷），法律出版社，2011。

④ 《高丽史》卷85《刑法二》，第2709页。之所以认定它们属于《狱官令》，系通过和《日本养老令》之《狱令》的近似内容比照得出的结论，参见〔韩〕辛虎雄《高丽法制史研究》，国学资料院，1995，第149~151页。

⑤ 天一阁博物馆、中国社会科学院历史研究所天圣令整理课题组校证《天一阁藏明钞本天圣令校证·附唐令复原研究》，中华书局，2006，第331页。

⑥ 〔日〕井上光贞、关晃、土田直镇、青木和夫：《律令》，岩波书店，1976，第461页。

容基本相同，只是高丽令脱落了最后一句而已。

《高丽史·刑法志》职制条又载有这样一个条文：

> 诸流移人未达前所，而祖父母、父母在乡丧者，给暇七日发哀，周丧承重亦同。[①]

此条亦属《狱官令》，移植自唐令。《天圣令·狱官令》载唐令："诸流移人未达前所，而祖父母、父母在乡丧者，当处给假七日发哀，（周）丧给假三日。其流配在役而父母丧者，给假百日举哀，祖父母丧，承重者亦同，周丧给七日，并除给程。"[②] 两相比较，可知高丽令只是将唐令的后一款删除，并将前一款中的"周丧给假三日"改为"周丧承重亦同"。[③]

《高丽史·刑法志》职制条载：

> 诸犯死罪在禁，非恶逆以上，遭父母丧、夫丧、祖父母丧，承重者给暇七日发哀，流徒罪三十日，责保乃出。[④]

此条同样属于《狱官令》，移植自唐令。《天圣令·狱官令》载唐令："诸犯死罪在禁，非恶逆以上，遭父母丧、妇人夫丧，及祖父母丧承重者，皆给假七日发哀，流、徒罪三十日，悉不给程。并待办定，责保乃给。"[⑤] 同前条的情况一样，高丽令只是将唐令中关于给程的条款删除，并在字句上作了微小改动。由此，我们可以窥知，高丽对唐令的变异具有相当程度的一致性，是遵守一定的规则与逻辑进行的，因而形成了一定的"模式"。然而，这种"一致性"的变异也使法条本身失去了严密性。

《高丽史·刑法志》职制条载有这样一个条文：

> 诸察狱之官，先备五听，又验诸证，事状疑似，不首实，然后拷掠。每讯相去二十日。若讯未毕，更移他司，仍须鞫者，连写本案移送，即通前讯，以充三度。

---

① 《高丽史》卷85《刑法二》，第2708页。之所以认定它们属于《狱官令》，系通过和《日本养老令》之《狱令》的近似内容比照得出的结论，参见〔韩〕辛虎雄《高丽法制史研究》，第149~151页。

② 《天一阁藏明钞本天圣令校证·附唐令复原研究》，第341页。

③ 作为比对，《日本养老令·狱令》第二十二条规定："凡流移人。未达前所。而祖父母父母在乡丧者，当处给假三日发哀。其徒流在役而父母丧者，给假五十日举哀（祖父母丧承重者亦同）。二等亲七日，并不给程。"（〔日〕井上光贞、关晃、土田直镇、青木和夫：《律令》，第461页）

④ 《高丽史》卷85《刑法二》，第2708~2709页。之所以认定它们属于《狱官令》，系通过和《日本养老令》之《狱令》的近似内容比照得出的结论，参见〔韩〕辛虎雄《高丽法制史研究》，第149~151页。

⑤ 《天一阁藏明钞本天圣令校证·附唐令复原研究》，第342页。

若无疑似，不须满三度。若因讯致死者，皆具状申牒，当处长官与纠弹官对验。[①]

比照现存唐代律令，可知其属《狱官令》。与该条形成对应关系的是唐开元七年（719）与二十五年（737）令：

诸察狱之官，先备五听，又验诸证信，事状疑似，犹不首实，然后拷掠。每讯相去二十日。若讯未毕，更移他司，仍须拷鞫者（囚移他司者，连写本案俱移），则验计前讯，以充三度。即罪非重害及疑似处少，不必皆须满三。若囚因讯致死者，皆俱申牒当处长官，与纠弹官对验。[②]

两条内容基本一致，但又有微小差异。首先，高丽《狱官令》脱落了唐令中的一些字词。具体而言，唐令规定“又验诸证信”，高丽《狱官令》脱一“信”字；唐令规定“犹不首实”，高丽《狱官令》脱一“犹”字；唐令规定“仍须拷鞫者”，高丽《狱官令》脱一“拷”字；唐令规定“若囚因讯致死者”，高丽《狱官令》脱一“囚”字。这种文字上的脱落可能是由抄写不慎所致。但在一条令文之中，脱落如此多的文字，显然不合常理，更可能是高丽人在制定令典时有意改写，以使条文简明易懂。

此种变异模式在内容上体现得更为明显。比如，唐令规定“仍须拷鞫者（囚移他司者，连写本案俱移），则验计前讯”，高丽则变异为“仍须鞫者，连写本案移送，即通前讯”，将注文放入了正文。这样做的目的，当是为了简化条文，使其更易理解。不过，有时这种改写却改变了令文的原意。如高丽令将唐令的“即罪非重害及疑似处少，不必皆须满三”改写为“若无疑似，不须满三度”，将“罪非重害”的情况排除出了“不须满三度”的范围之外。

关于此，我们不妨再和日本对唐令该条的移植作一比对。《日本养老令·狱令》第三十五条规定：“凡察狱之官，先备五听，又验诸证信。事状疑似，犹不首实者，然后拷掠，每讯相去廿日。若讯未毕，移他司，仍须拷鞫者（囚移他司者，连写本案，俱移），则通计前讯，以充三度。即罪非重害，及疑似处少，不必皆须满三。若囚因讯致死者，皆具申当处长官。在京者，与弹正对验。”[③] 此条基本上照抄唐令，虽有个别微小改动，如将唐令中的“皆俱申牒当处长官”改为“皆具申当处长官”，将“与纠弹

① 《高丽史》卷84《刑法一》，第2708页。又《唐律疏议·断狱律》“拷囚不得过三度”条疏议曰：“依《狱官令》：拷囚‘每讯相去二十日。若讯未毕，更移他司，仍须拷鞫，即通计前讯以充三度。’”（刘俊文：《唐律疏议笺解》，中华书局，1996，第2039页）

② 〔日〕仁井田陞辑《唐令拾遗》，栗劲、霍存福、王占通等编译，长春出版社，1989，第712~713页。

③ 〔日〕井上光贞、关晃、土田直镇、青木和夫：《律令》，第466页。

官对验”改为“与弹正对验”，但意思并未发生变化。由此，我们可进一步确认，在移植唐代律令时，高丽采取了与日本不同的移植方法与模式。这一点，在后文的分析中还会进一步凸显出来。

（二）介于日本令与宋令之间

《高丽史·刑法志》恤刑条载有这样一个条文：

> 诸流移囚，在途有妇人产者，并家口给暇二十日；家女及婢给暇七日。若身及家口遇患，或逢贼、津济水涨，不得行者，随近官，每日验行，堪进即遣。若祖父母、父母丧者，给暇十五日。家口有死者，七日。年七十以上、父母无守护，其子犯罪应配岛者，存留孝养。①

这一条文和《日本养老令·狱令》第二十一条的规定相似，日本《狱令》该条规定：

> 凡流移囚，在路有妇人产者，并家口给假廿日（家女及婢，给假七日）；若身及家口遇患，或津济水长，不得行者，并经随近国司，每日检行，堪进即遣（若患者伴多，不可停待者，所送使人，分明付属随近国郡，依法将养，待损即遣递送）；若祖父母、父母丧者，给假十日，家口有死者三日，家人奴婢者一日。②

由此可知，《高丽史·刑法志》所载条文亦属《狱官令》，且和日本令一样，均来自唐令。《天圣令》载宋《狱官令》一条：

> 诸流移人在路有产，并家口量给假。若身及家口遇患，或逢贼（贼）难、津济水涨不得行者，并经随近官司申牒请记，每日检行，堪进即遣。若患者［伴多不］可停侍（待）者，所送公人分明付属随近（伴多不）州县，依法将养，待损，即遣递送。若祖父母、父母丧，及家口有死者，亦量给假。③

将三个条文进行详细比较，我们发现：高丽《狱官令》具有介于宋《狱官令》与日本《狱令》之间的特点。具体而言，高丽《狱官令》与日本《狱令》该条，于妇人

① 《高丽史》卷85《刑法二》，第2709页。

② 〔日〕井上光贞、关晃、土田直镇、青木和夫：《律令》，第460页。

③ 《天一阁藏明钞本天圣令校证·附唐令复原研究》，第330页。

在途产子的规定上，无论是内容还是书写方式，基本一致。比如，均出现了“妇人产者”及“并家口给暇二十日……”的字句。不同的是，高丽《狱官令》将日本《狱令》的注释移入了正文，而这正是高丽移植唐代律令时一以贯之的“变异”方法。在这一点上，日本《狱令》无疑更接近唐令的原貌。

两者另外的不同之处是一些字句的微小变动。比如，日本《狱令》将“诸”改成“凡”，用“在路”而不用“在途”。将“诸”改为“凡”，是日本移植唐代律令时的惯用方法，就这一点而言，高丽令更接近唐令。至于用“在路”还是“在途”，比照《天圣令》可知，唐令本来的用法应该是“在路”。

不过，就这一款而言，不论是高丽令还是日本令，均与《天圣令》存在重大差异。《日本养老令》在《天圣令》之前，是直接移植唐制，高丽令与《日本养老令》同而与《天圣令》异，表明它也是直接移植唐制，而非辗转来自宋制。宋《天圣令》此条反而是对唐令的修改。这就证实了《高丽史·刑法志》成宗模仿唐制创法立制之说的准确性，显示高丽系统创制律令格式体系的时期是在宋天圣之前，应该就是在成宗时期。

再就该条的中间一款而论，日本令删去了“逢贼”与“申牒请记”两处，高丽令虽亦删除了“申牒请记”，但保留了“逢贼”。这显示，两国在移植唐代律令时，都对唐令作了一定程度的简化处理，但高丽令更接近唐令（尽管唐令该条已佚，但从高丽令的情况看，就该条中间一款而言，应和宋令相同）。

就该条的后一款而论，日本令和宋令大致相同，应接近唐令原貌。高丽令则对唐令作了大幅改动，删去了“若患者［伴多不］可停侍（待）者，所送公人分明付属随近（伴多不）州县，依法将养，待损，即遣递送”一句。

就倒数第二句而言，三令亦不相同，高丽令与日本令接近，应是唐令的原貌，宋令则对唐令作了改动。

此外，高丽令比之唐令和日本令，增加了“年七十以上、父母无守护，其子犯罪应配岛者，存留孝养”一句，这是对唐存留养亲制度的吸收。这一制度始创于北魏，[①]并为唐律所继承。[②]高丽令“存留孝养”的规定，是以律入令。在其另一面，则是以令入律，即《高丽史·刑法志》序言所说将《狱官令》吸收入律的情况。律、令在一定

① 《北魏律》规定：“诸犯死罪，若祖父母、父母七十已上，无成人子孙，旁无期亲者，具状上请，流者鞭笞，留养其亲，终则从流，不在原赦之例。”（北齐）魏收：《魏书》卷111《刑罚志》，中华书局，1997，第1297页。

② 《唐律疏议·名例律》“犯死罪应侍家无期亲成丁”条规定：“诸犯死罪非十恶，而祖父母、父母老疾应侍，家无期亲成丁者，上请。犯流罪者，权留养亲……若家有进丁及亲终期年者，则从流。计程会赦者，依常例。即至配所应侍，合居作者，亦听亲终期年，然后居作。”刘俊文：《唐律疏议笺解》，第269~271页。

程度上呈现交融、混合的特征，其间的界限在一定程度上被打通。这应是高丽移植唐代律令制度的另一个特点，与日本严格遵从唐代法律体系的移植模式不同。可惜，由于高丽令文亡佚严重，对此我们已无法深入探究了。

（三）将土俗因素引入令典并依据国情创制令文

显宗九年（1029）闰四月，门下侍中刘瑨等奏："又按《狱官令》：'从立春至秋分，不得奏决死刑。若犯恶逆，不拘此令。'然恐法吏未尽审详，伏请今后内外所司皆依《月令》施行！"[①] 又《高丽史》卷 84《刑法一》载：

> 禁刑：国忌：十直［初一日、初八日、十四日、十五日、十八日、二十三日、二十四日、二十八日、二十九日、三十日］；俗节［元正、上元、寒食、上巳、端午、重九、冬至、八关、秋夕］；慎日［岁首、子午日、二月初一日］。[②]

刘瑨在其奏文中，对高丽《狱官令》的条文引用不全，不能将其看作高丽相关令文的完整形态，只有将它和"禁刑"的规定合而观之，才能大致呈现该条的基本面貌，而这与唐开元二十五年（737）《狱官令》中的一条相近。该条规定：

> 诸决大辟罪，官爵五品以上，在京者，大理正监决；在外者，上佐监决，余并判官监决。从立春至秋分，不得奏决死刑。若犯恶逆以上及奴婢、部曲杀主者，不拘此令。其大祭祀及致斋、朔望、上下弦、二十四气、雨未晴、夜未明、断屠月日及假日，并不得奏决死刑。在京决死囚，皆令御史、金吾监决。若囚有冤枉灼然者，停决奏闻。[③]

就不得执行死刑的日子而言，高丽与唐大致相同，但也有一些明显差异。这些差异是由两国不同的风俗、文化乃至意识形态所引起的。就风俗而言，中国重视二十四节气，高丽在这方面相对较淡，而更重"俗节"。当然，这些"俗节"多数亦来自中国，却被赋予了不同的意义与重要性。俗节中最重要的是"八关"，它和燃灯节并列，是高丽的两大节日之一，所谓"春设燃灯，冬开八关"。[④] 在佛教中，有所谓"八关斋戒"之说，[⑤] 但

---

① 《高丽史》卷 85《刑法二》，第 2709 页。

② 《高丽史》卷 84《刑法一》，第 2658 页（对引文的标点符号，笔者进行了一定的改动）。

③ ［日］仁井田陞辑《唐令拾遗》，栗劲、霍存福、王占通等编译，第 698 页。

④ 《高丽史》卷 93《崔承老传》，第 2891 页。

⑤ 八关中的"八"字指的八条严格戒律，分别为：不杀生、不偷盗、不非梵行、不妄语、不饮酒、不非时食、不香花曼庄严其身亦不歌舞倡伎、不坐卧大床。

在高丽的具体语境下，“八关节”主要是一个由本国自新罗以来流传下来的“花郎道”及自然崇拜而生发的一个节日，属于土俗信仰。[①] 太祖在留给子孙的《十训要》中即云：“朕所至愿在于燃灯、八关。燃灯所以事佛，八关所以事天灵及五岳名山大川龙神也”，[②] 点明了八关与本国传统自然信仰的关系。毅宗二十二年（1167）三月亦下教曰：“遵尚仙风。昔新罗仙风大行，由是龙天欢悦，民物安宁，故祖宗以来崇尚其风久矣。近来两京八关之会，日减旧格，遗风渐衰。自今八关会，预择两班家产饶足者，定为仙家，依行古风，致使人天咸悦。”[③] 八关与半岛的“仙风”即花郎道直接相关。总之，八关体现的主要是土俗信仰，与中国文化的关系不大。将“土俗”因素引入令典，是高丽在移植唐代律令时与日本的一个重大差别。

《高丽史·刑法志》职制条载：

> 犯杀人罪，初段竖问九端；隔三七日二段，竖问十二端；隔四七日三段，竖问十五端。[④]

无论是现存《唐律疏议》还是各种唐令遗文，均不见与此类似的条文。不过，从内容上看，此条乃针对犯杀人罪者审讯办法的规定，和唐令“三度考囚”[⑤] 的内容具有一致性，亦当属于《狱官令》。由此条的存在我们可以发现，在以移植方式制定本国令典时，高丽人会依据本国国情独创一些为唐所无的法条。这是高丽在移植唐代律令方法与模式上与日本的另一个重大差异。

二 伦理性内容的移植

如前文所言，律令格式虽是一整套技术性的法律体系，但它又是整体文明的一部分，浸透并体现着整体文化背景的特征。而在中华文明之中，伦理又居于核心之地位，唐代律令的诸多内容就是此种伦理的法制化。然而，高丽在移植唐代律令时，其包括伦理在内的整体文化环境与唐存在重大差异，因此，对于伦理性色彩较强之唐令的移植，高丽人采取了与技术性内容不同的移植方法与模式。由于史料所限，我们拟仅以假宁制度为中心，对此问题进行探讨。

---

① 关于“八关节”与佛教和土俗信仰的关系，可参看〔韩〕徐永大《민속종교》，《한국사》17《고려전기의종교와사상》，국사편찬위원회，2003，第 334 页。

② 《高丽史》卷 2《太祖二》，第 43 页。

③ 《高丽史》卷 18《毅宗二》，第 577 页。

④ 《高丽史》卷 84《刑法一》，第 2667 页。

⑤ 〔日〕仁井田陞辑《唐令拾遗》，栗劲、霍存福、王占通等编译，第 712~713 页。

有学者认为，中国古代的假宁制度有两层含义，“其一是国家官吏的法定休假制度；其二是国家官吏因婚丧吉凶等事项向主管机关申请的给假制度”。[①] 假宁制度与礼的关系甚为紧密，是唐令中伦理性较强的部分。正因如此，与移植《狱官令》等技术性篇目的情况不同，高丽以令文形式留存下来的关于“假宁”的内容仅有一条，[②] 其他绝大多数关于“假宁”的法令均以制、判的形式出现。之所以会出现这种情况，主要就是因为唐《假宁令》中的多数条文均有较强的伦理色彩，与半岛的土俗不合，成宗创法立制时条件尚不成熟，无法被移植。而在此之后，由于华化与土俗间的张力，[③] 高丽人亦始终无法对之进行大规模、整体性移植，而只能随着华化的进展与时机的成熟程度，零星、断续地通过制定单行法规的方式移植。

高丽关于假宁的单行法令最早出现在成宗元年（982）。该年，成宗判：“两亲忌，给暇一日两宵。祖父母远忌，无亲子者，亦依此例。”[④] 这一判文究竟是出现在《令典》制定之前，还是出现于《令典》制定之后，由于史料缺略，已不得而知，但它移植自唐令则无疑问。唐《假宁令》规定：“诸私忌日，给假一日，忌前之夕听还。”[⑤] 正好相当于成宗元年法令中的“一日两宵”，成宗的判文乃唐《假宁令》该条的具体化。

当时，高丽已在筹划或正在系统制定包括《令典》在内的律令体系，在此背景下，这种以判的形式单独就唐令中的某个条文进行立法的做法不同寻常，透露的是和此法令相关的其他各种法条因尚不具备被系统移植过来的条件，无法被规定到《令典》中的信息。但就此条而言，由于涉及的是父母及祖父母这一最近的亲属圈，受到的阻力较小，可先行移植，以作为一种立法上的先导，有试探与引导舆论之意，并以此在“重外家”的文化氛围中，[⑥] 逐渐提升本宗的地位。

依据学界的通说，高丽系统移植唐代律令的时期为成宗初，那么，到了成宗十五年（996），高丽较大规模移植唐代法制的工作应已结束。可是，由于成宗初年对唐制

① 郑显文：《法律视野下的唐代假宁制度研究》，载《南京大学法律评论》2008年春秋号合卷，法律出版社，2009，第314页。

② 《高丽史》卷84《刑法一》记载：“每月初一日、初八日、十五日、二十三日、每月入节日［一日］、元正［前后并七日］、立春［一日］、蚕暇［正月内子午日］、人日［正月七日］、上元［正月十五日前后并三日］、燃灯［二月十五日］、春社［一日］、春分［一日］、诸王社会［三月三日］、寒食［三日］、立夏［三日］、七夕［一日］、立秋［一日］、中元［七月十五日前后并三日］、秋夕［一日］、三伏［三日］、秋社［社稷祭日］、秋分［一日］、授衣［九月初一日］、重阳［九月九日］、冬至［一日］、下元［十月十五日］、八关［十一月十五日前后并三日］、腊享［前后并七日］、日月食［各一日］、端午［一日］、夏至［前后并三日］。”《高丽史》卷84《刑法一》，第2659页（对引文的标点符号，笔者进行了一定的改动）。

③ 关于这一问题的详细分析，可参见张春海《高丽王朝的“华化”与“土俗”之争》，《安徽史学》2008年第1期。

④ 《高丽史》卷84《刑法一》，第2659页。

⑤ 〔日〕仁井田陞辑《唐令拾遗》，栗劲、霍存福、王占通等编译，第680页。

⑥ 具体论述见后文。

的移植只是一种粗线条的框架性移植，唐代律令中的多数内容因包括伦理在内的各种原因被过滤掉了。随着时间的推移与条件的成熟，高丽人断定有些当初未被移植的内容已具备条件，可以移植了，于是便以国王制、判的方式开始零星、断续地移植，使高丽对唐代法制的移植呈现了鲜明的过程性特征。

成宗十五年判：

凡官吏父母丧三，每月朔望祭，暇一日；第十三月初忌日小祥斋，暇三日；其月晦小祥祭，暇三日；第二十五月第二忌大祥斋，暇三日；其月晦大祥祭，暇七日，至二十七月晦禫祭，暇五日。[①]

这一判文亦移植自唐令。宋《天圣令》之《假宁令》规定：“诸遭丧被起者，服内忌给假三日，大、小祥各七日，禫五日，每月朔、望各一日。祥、禫假给程。若在节假内，朝集、宿直皆听不预。”[②] 就条文的具体内容与细节而言，两者存在不小的差异，但基本原理相同。

这些差异主要由两方面的因素所造成：一是高丽对唐令的变异，二是宋令对唐令的改造。学者依据宋令对唐《假宁令》此条进行了复原，“诸遭丧被起者，服内忌给假三日，大、小祥各七日，禫五日，每月朔、望各一日。祥、禫假给程。若在节假内，朝集、宿直皆听不预”，[③] 与宋令完全相同。不过，考虑到高丽判文与宋令的差异，及高丽判文亦根源于唐制且在时期上较宋《天圣令》为早，而宋令对唐令又多有修改的事实，这一复原是否准确是有疑问的。

这种以制、判方式对唐令中伦理性较强的条文的零星、断续移植，常要根据半岛的具体伦理状况进行变异。靖宗三年（1037）正月判：

两亲及祖父母归葬者，除往返程，给暇二十一日。[④]

这一规定亦移植自唐令。《天圣令》载宋《假宁令》：“诸改葬，齐衰杖期以上，给假二十日，除程。期三日，大功二日，小功、缌麻各一日。”[⑤] 唐令中也有类似条文，吴丽娱根据此条复原唐令为：“诸改葬，齐衰杖周以上，给假二十日，除程。周三日，

① 《高丽史》卷 84《刑法一》，第 2659～2660 页。
② 《天一阁藏明钞本天圣令校证·附唐令复原研究》，第 324 页。
③ 《天一阁藏明钞本天圣令校证·附唐令复原研究》，第 597 页。
④ 《高丽史》卷 84《刑法一》，第 2660 页。
⑤ 《天一阁藏明钞本天圣令校证·附唐令复原研究》，第 323 页。

大功二日，小功、缌麻各一日。”①

唐令此条覆盖了五服之内的所有亲等，而高丽令却只涉及两亲及祖父母，对唐令删减的幅度甚大，显示高丽虽已开始实行中国式的礼法制度，但还未成为唐宋那样的礼法社会，近亲为婚、男住女家、外家与妻家地位高等现象均是其表征。

当时，重外亲是高丽最重要的现实伦理，外亲的重要性远远超过本宗。朴彭年《乞郡状》记载：

> 臣自襁褓，养于外家。舅年今七十，姑年今七十四，景迫桑榆，无他嗣子，唯臣母而已。以臣为子，抚摩长育，无异所生。此于古制，虽无可拟，原其情则诚为哀悯。况我国俗，为母族，情礼甚重，非中国比也。虽非亲族，亦得见养，则谓之父母，况亲父母之父母乎……伏望察臣微诚，委以旁近小邑，公务之暇，许以往来，则上供臣职，下遂私情。②

根据当时的习惯法，人们对外家负有赡养义务。朴彭年之所以讲“此于古制，虽无可拟”，便是说这种做法在中国的古代典籍中找不到依据，而是基于本国重外家与母族的习惯法而来。故李穑在其诗中亦云：“归养虽将孝子论，褒扬难得大人言……外家旧德难磨去，登第他年报母恩。”③

在与中国伦理存在重大差异的现实情景下，高丽虽移植了中国的五服制度，但又对之依据本国的习惯法进行了变异，使外祖父母的地位同于祖父母，略高于妻之父母。《高丽史》卷64《礼六》记载：“齐衰周，给暇三十日。正服：为祖父母，为伯叔父及妻，为姑……外族正服：为外祖父母。”④ 高丽规定的为外祖父母所服之丧服比中国的小功高出了两个等级。⑤ 直到朝鲜王朝末期，重外家的风气仍未能完全扭转，柳重教（1832~1893）曾云：“吾东人试券，不书外祖，不得应举。不应举，目之以废人。”⑥

在这种伦理状况下，如法律对本族五服以内亲改葬均给假，却不对实际上更亲的外家与妻家作出规定，是难以被人接受的，可与此同时，“华化”的路径又必须坚持，

① 《天一阁藏明钞本天圣令校证·附唐令复原研究》，第601页。

② 〔高丽〕朴彭年：《朴先生遗稿·乞郡状（甲子）》，景仁文化社，1996，第480页。

③ 〔高丽〕李穑：《牧隐诗藁》卷24《跋愚谷，益斋诸先生赠洪进士敏求归养诗》，景仁文化社，1996，第329页。

④ 《高丽史》卷64《礼六》，第2038页。

⑤ 在中国，齐衰不杖期适用于为祖父母、伯叔父母、兄弟、未嫁之姐妹、长子以外的众子以及兄弟之子之服。

⑥ 〔朝鲜〕柳重教：《省斋先生文集》卷14《往复杂稿·答田子明别纸二（甲戌四月）》，景仁文化社，2004，第319页。

此种文化张力使得高丽朝廷只能先就为一般人能接受的，可以形成共识的两亲及本宗之祖父母的情形作出规定，缓慢地“华化”，向礼法社会迈进。

对于唐令中那些与本国伦理冲突不大的令文，如只涉及父母的法条，高丽人在引进时对之所作的变异就要小得多。靖宗十一年（1045）二月制：

> 文武官父母在三百里外者，三年一定省，给暇三十日。无父母者，五年一扫坟，给暇十五日，并不计程途。五品以上奏闻，六品以下有司给暇。登第者定省扫坟日限，亦依此例。①

《天圣令》载唐《假宁令》：“诸文武官，若流外以上长上者，父母在三百里外，年一给定省假三十日；其拜墓，五年一给假十五日，并除程。若已经还家者，计还后年给。其五品以上，所司勘当于事无阙者，奏闻。”② 除表述上的微小改动外，高丽此条主要增加了“登第者定省”的条款，而对登第者给予更多的优惠是高丽制度上的特色。比如，高丽有对“三子登科”之家给予优惠的法令。史载：“旧制：三子登科，岁给母大仓米三十石。以富辙兄弟四人登科，加赐十石。遂以为常。”③ “三子登科”的规定不见于唐，当是高丽特有的制度。再如，高丽还以判的方式，对律文进行了修改，赋予了进士“赎刑”的特权，此亦为唐制所无。④

通过以上分析，我们看到，高丽对唐令中伦理性内容的移植，采取了与技术性内容不同的移植方法与变异模式。就移植方法而言，乃以制、判的方式作零星之移植。至于变异的模式，则为介于华化与土俗之间，既要对唐制的内容作基本的移植，又要反映核心土俗的要求。这类方法与模式的采用是由特定的历史条件决定的。在成宗创法立制时，高丽社会的总体伦理状况与中国相去甚远，而当时又刚刚经历了光、景两代王权与贵族集团间残酷的“华化”与“土俗”之争，王权和贵族集团经过博弈与妥协，虽确立了“华化”政策的正当性，可精英阶层对中国制度与文化的认同仍相当有限，⑤ 崔承老在其向成宗所上《时务策》中即云：“华夏之制不可不遵，然四方习俗，各随土性，似难尽变……车马衣服制度可因土风，使奢俭得中，不必苟同。”⑥ 李知白则直接否定“华化”政策的合法性，将唐制视为异端。在这种充满张

① 《高丽史》卷84《刑法一》，第2660页。

② 《天一阁藏明钞本天圣令校证·附唐令复原研究》，第325页。

③ 《高丽史》卷74《选举二》，第2342页。

④ 肃宗十年（1105）制：“进士虽无荫，凡轻罪赎铜。”（《高丽史》卷85《刑法二》，第2710页）

⑤ 关于这一问题的具体讨论，参见张春海《高丽王朝的“华化”与“土俗”之争》，《安徽史学》2008年第1期。

⑥ 以上引文均见《高丽史·崔承老传》，第2891页。

力状况下进行的法律移植，内含着紧张的文化冲突，而伦理又居于文化的核心，故唐代令典中伦理性较强的那些条文大多未被高丽吸收入令典。然而，“华化”毕竟是高丽王权的基本政策，半岛的基本文化走向亦是缓慢而断续地“华化”，故在成宗以后，历代国王均依据当时具体的条件，以制、判的形式逐渐引进唐令中的某些伦理性条款，从而使高丽的法律移植模式呈现明显的过程性特点。这些由零星、断续方式移植而来的法条亦根据半岛的实际伦理状况进行了变异，高丽本国的法制也因此逐渐完善起来。

结　语

高丽对唐令的移植乃是在特定的文化状态之下，对在另一文化状态下产生之法律文明成果的引进。这种成果既有与社会文化状态关涉较少之大量的技术性规范，也有不少反映特定文明特征的伦理性内容。因此，高丽对唐代令典的移植选择了一种特殊的路径，这就是先对唐令中的内容进行分类，对不同种类、不同性质的令文采取不同的移植方法与模式。也就是说，高丽移植唐令的过程，实际上采取了两个关键性步骤，首先是对唐令进行分类与筛选，之后再根据本国具体的社会文化与伦理状况进行移植。与此同时，对不同种类的令文，高丽人采取的移植方法亦不相同。具体而言，对于唐令中那些技术性较强的内容，采取了较大规模之框架性移植的方法，并根据本国的土俗与国情进行了微小变异，主要体现为三种情况：（1）字句与条文上的微小变动；（2）内容介于日本令与宋令之间；（3）将土俗因素引入令典并根据本国国情创制法条。这种移植的方法与模式使高丽令典含有了一定程度的土俗因子，在某种程度上呈现了华、俗交融与混合的状态。

对于唐令中那些伦理性较强的内容，高丽人则采取了不同的移植方法与模式。由于伦理上的张力与文化上的冲突，在成宗创法立制时，唐令中的绝大多数伦理性条款均未被吸收，只有个别条文被以制、判的方式零星、断续地移植了过来，且根据半岛的具体伦理状况进行了变异。然而，由于“华化”是高丽王权的国策，半岛的基本文化走向亦是缓慢地“华化”，故在成宗以后，高丽人会依据条件的成熟情况择机以制、判的方式渐进地、个别化地引进唐令中的伦理性内容，高丽的法律移植模式亦因此呈现较为明显的过程性特点。总之，与对技术性条款采取之先框架性移植，然后再进行变异的方式相比，对伦理性条文，高丽人采取了零星、断续的渐进移植法。这种方法的采用较为有效地克服了文化上的阻力，推动了半岛法制平稳地“华化”，体现了时人的智慧与法律移植上的持久力，这也使高丽对唐令的移植既是一个不断华化的过程，又是一个将中国制度本土化的过程。两相混合，形成了具有半岛特色的本国法律体系。

“无情的母亲”：19世纪美国妇女杀婴现象及其法律论争*

周曼斯**

摘　要：杀婴行为在西方世界有漫长的历史，但直到16世纪，英国才出台了第一部关于杀婴的成文法。美国建国初期法律尚不健全，在审理杀婴案件时也多参考英国法律。19世纪美国杀婴案的疑犯一般为社会底层的单身女性，这些“无情的母亲”未能履行母性职责，残忍地对待无辜的新生命，展现了道德沦丧的黑暗面相，然而其人生轨迹亦深受时代文化、经济发展及法律、医疗水平的影响，尤其是未婚生育的羞耻感、困窘的经济状况、缺乏避孕手段等因素加剧了其困境。杀婴案往往会引起社会和法律上的论争，要求严惩犯事者和对未婚生育女性的同情是彼此对立的两极，但在实际判决中，疑犯逃脱责罚的比例很高。杀婴现象反映了19世纪美国系统性的问题，对女性的谴责并不能解释其背后的复杂动因。

关键词：美国；杀婴；未婚生育；法律论争

在西方社会，提及“杀婴”，极易激发民众的复杂情绪，民众既对“杀婴”背后的情感纠纷、道德抉择、实施过程浮想联翩，亦由此衍生出对生命消逝、人性沦丧的担忧与恐惧。杀婴议题不仅关涉人口变迁，亦与女性暴力犯罪、儿童保护、性道德以及婚姻问题具有紧密联系，因而受到人口史家、儿童史家、妇女史家及犯罪学学者的关注。历史学者对美国妇女杀婴议题的关注始于20世纪六七十年代历史学研究的转型，其发展尤其受到近几十年新社会史的影响。国外学者大多尝试从微观层面探讨美国妇女杀婴问题，以区域性研究为主。综合性、长时段的研究较少，且多集中于18世纪以前。① 而国内尚未见到对此的专题论述。本文尝试依据法庭审理材料、新闻报道并结合过往研究，探讨19世纪美国妇女戕害或抛弃新生儿的情况，尝试勾勒此时代杀婴

* 本文为国家社会科学基金重大项目“十九世纪美国工业化转型中的农村、农业与农民问题研究”（18ZDA211）的阶段性研究成果。

** 周曼斯，四川大学历史文化学院博士研究生。

① 美国学界对19世纪妇女杀婴的区域性研究较为丰富，参见A. T. Crist，“Babies in the Privy：Prostitution，Infanticide，and Abortion in New York City's Five Points District，” *Historical Archaeology*，Vol. 39，No. 1，2005，pp. 19－46；A. Paul Gilje，“Infant Abandonment in Early Nineteenth-Century New York City：Three Cases，” *Women and Violence*，Vol. 8，No. 3，Spring 1983，pp. 580－590；Elna Green，“Infanticide and Infant Abandonment in the New South：Richmond Virginia，1865－1915，” *Journal of Family History*，Vol. 24，No. 2，1999，pp. 187－211；Katie Hemphill，“Driven to the Commission of This Crime：Women and Infanticide in Baltimore，1835－1860，” *Journal of the Early Republic*，Vol. 32，No. 3，2012，pp. 437－461。

现象的基本轮廓，揭示妇女杀婴时的心理状况，阐明婚姻状况、经济状况、精神因素对妇女杀婴抉择的影响，以及上述因素如何影响检控方、医师及新闻媒体的认知，继而左右杀婴案的判决。

一 西方世界杀婴的历史及其立法变迁

“杀婴”（infanticide）既包括对婴儿身体和生命的直接戕害，也包括弃婴导致其死亡的行为。早期的文学、史学乃至法律著述探讨杀婴问题时，其所指对象通常为新生儿至9岁的儿童。19世纪以来，法律上逐渐将杀婴这一词汇中“婴孩”的含义限定为新生儿。① 至此，杀婴逐渐具有了今日我们认知的含义。

人类杀婴的历史亦如人类文明演化般久远。据历史学家及人类学家考证，早在旧石器时代，双亲就可能因恶劣的生存条件戕害或抛弃婴孩。② 古代希腊人一直都认为杀婴行为是合法的，希腊历史学家普鲁塔克也曾记载迦太基人的儿童祭祀仪式。③ 古希腊各城邦中，杀死身体孱弱或残疾的婴孩十分寻常。斯巴达城邦中，只有身体健康的公民才允许活至成年。④ 古代罗马人不像古希腊人那般，公开举办大规模的儿童祭祀仪式，但是依据罗马法，孩子被视为家庭资产，父亲作为一家之主，拥有抚养或遗弃孩子的决策权。⑤ 苏维托尼亚斯认为古罗马贵族妇女杀害私生子的情况也十分普遍，且由于古典时期各文明的儿童祭祀习惯，以及早期战争中普遍存在的屠杀俘虏及其后裔的行为，在古典时期，为掩饰自己的未婚性行为而杀婴或因缺乏抚养后代的意愿而杀婴并不被视为重罪。⑥ 2世纪后，古罗马人转而限制堕胎，从4世纪开始禁止杀婴，但其基本考量也不是出于对婴儿生命价值的重视，毋宁说古罗马人开始关注人口问题，察觉到人口出生率过低，会危及帝国未来，试图以立法形式来调节人口变化。

中世纪以前的神学家们普遍遵循基督教早期经典的指引，反对任何堕胎及杀婴行

① Peter Charles Hoffer and N. E. H. Hull, *Murdering Mothers: Infanticide in England and New England*, 1558-1803, New York and London: New York University Press, 1981, pp. xiii-xiv.

② S. E. Pitt and E. M. Bale, “Neonaticide, Infanticide, and Filicide: A Review of the Literature,” *Bulletin of the American Academy of Psychiatry and the Law*, No. 23, 1995, p. 3.

③ Plutarch, *Moralia*, trans. by Frank C. Babbitt, London, 1928, p. 493; L. De Mause, “The Evolution of Childhood,” in L. De Mause, ed., *The History of Childhood*, New York, 1974, pp. 25-32, https://psychohistory.com/books/foundations-of-psychohistory/chapter-1-the-evolution-of-childhood/.

④ J. E. Boswell, “Exposition and Oblation: The Abandonment of Children and the Ancient and Medieval Family,” *American Historical Review*, Vol. 189, 1984, pp. 10-33.

⑤ Mary Harlow and Ray Laurence, eds., *A Cultural History of Childhood and Family in Antiquity*, Vol. 1, Oxford: Berg Press, 2010, p. 14.

⑥ 据历史学家威廉·赖恩考证，不仅是古代希腊，爱尔兰-凯尔特、古埃及、腓尼基、古高卢等古代文明均有儿童祭祀的传统。参见 William Burke Ryan, *Infanticide: Its Law, Prevalence, Prevention, and History*, London: J. Churchill, 1862, pp. 200-220。

为。他们认为杀婴会导致父母们的灵魂无法升至天堂。他们亦反对任意丢弃婴儿。圣·贾斯汀曾提及，“我们长期以来都认为丢弃新生儿是错误的，主要是因为这些弃婴要么无人收养而夭折，要么被妓院抚养，随之从事卖淫活动”。[①]

中世纪的基督教伦理及世俗社会也一直谴责杀婴现象，但是长期以来，以生命价值及道德伦理为基础的杀婴立法呈现空白状态。此情形一直持续至 16 世纪，随着君主集权的加强，国家逐渐以立法手段干预民众私人生活领域。伊丽莎白女王统治时期，英国议会颁布了《1576 年贫困法》（*The Poor Law of* 1576），此法规定妇女诞下私生子即违法，违者将处以监禁或公共鞭刑。[②] 该法的出台迫使非婚生子的妇女通过隐藏婴儿的出生及杀婴的方式逃避法律责罚，进而刺激了妇女杀婴现象的增长。1624 年英格兰又出台了《禁止谋杀私生子法案》（*Act to Prevent the Destroying and Murdering of Bastard Children*），这部法案是近代史上第一部针对杀婴的成文立法条例。该法案指出，若妇女隐藏其私生子的死亡事实，则推定她涉嫌谋杀新生儿，除非她能提供证据证明婴儿诞生时已死亡。[③] 1690 年苏格兰出台了《谋杀婴儿法案》（*Act Anent Murdering of Children*），此法案继承了早期英格兰法案中规定由被告提供证据来证明其无罪，而非由王室法庭提供证据定罪的特点，进一步强调女性隐藏生育婴儿的事实以及生产时无意寻求他者协助与婴儿死亡之间的犯罪逻辑。[④]

然而，17 世纪以来，虽然英国杀婴罪的定罪及量刑愈加严峻，但是法律本身缺乏公正性，且量刑过重，导致大多数陪审团成员不愿轻易给疑犯定罪。[⑤] 英国《1803 年侵害人身法案》（*The Offences Against Person Act of* 1803）奠定了现代杀婴立法的基础。该法案依然将杀婴定为谋杀罪，但是改为由法庭证明被告有罪。该法案还新增一项较轻的罪行——隐藏婴儿出生罪，如果新生儿的诞生及死亡被隐藏，即使缺乏充分证据证明杀婴行为存在，被告仍需要被处以一年至两年监禁。[⑥]

近代美国的杀婴案判决深受英国立法的影响。[⑦] 18 世纪末期到 19 世纪早期，美国各州尚未制定有关杀婴问题的成文法，其案件审理依然以英国的普通法为基本指导方

① 参见 Mause, “The Evolution of Childhood,” in Mause, ed., *The History of Childhood*, pp. 25-32。

② Hoffer & Hull, *Murdering Mothers*, p. 13.

③ 76 Parliamentary Papers, 21 Jac 1 c. 27 (1624), quoted from Anne Marie Kilday, *A History of Infanticide in Britain*, *c*1600 *to Present*, London: Palgrave Macmillan, 2013, p. 17.

④ 221 Jac. I, c. 27; Act of King William (1690 c. 21), quoted from R. Sauer, “Infanticide and Abortion in Nineteenth-Century Britain,” *Population Studies*, Vol. 32, No. 1, Mar., 1978, pp. 81-93.

⑤ Kilday, *A History of Infanticide in Britain*, p. 19.

⑥ 43 George III, c. 58, quoted from Liena Gurevich, “Parental Child Murder and Child Abuse in Anglo-American Legal System,” *Trauma*, *Violence & Abuse*, Vol. 11, No. 1, January 2010, p. 19.

⑦ Mary Sarah Bilder, “English Settlement and Local Governance,” in Michael Grossberg, *The Cambridge Law of America*, *Volume I*, *Early America* 1580-1815, New York: Cambridge University Press, 2008, pp. 64-103.

针。例如，纽约州直至1818年都未曾制定有关杀婴的成文法，在该年的克拉西娅·戴维诉人民案（Clarissa Davie v. People）中，法官明确阐明，除非提出其他关键性证据，否则案件的审理将以母亲的证言为准，认可婴儿出生时即已死亡之说辞。[①] 这意味着，纽约州法院认可英国1803年法案规定的由检控方提供证据，进而证明被告有罪。然而在杀婴问题上，检控方取证难度大，影响因素众多。除却审判过程中陪审员对杀婴妇女的同情等因素的干扰，亦需要坚实的医学证据、人证并形成证据链来支撑诉讼。由于美国未制定明确的杀婴法案，同样被指控杀婴的谋杀案，其审判结果差异显著，一些被告在被判定有罪的情形下，可能仅需要被监禁数月，另一些被告则可能被处以终身监禁。[②]

二　19世纪美国妇女杀婴状况及其动机

近代西方社会杀婴现象被归类为以女性为主，具有“性别”特征的犯罪。杀婴的犯罪嫌疑人绝大多数为女性，虽然亦有男性涉嫌杀婴，但是女性嫌疑人及定罪者远远超过男性。历史学家安妮·基尔德考察了18世纪苏格兰、威尔士以及伦敦的杀婴案，统计数据显示，苏格兰地区380桩杀婴案中，罪犯为男性的仅10桩，而发生于威尔士及伦敦的近400桩杀婴案中，男性罪犯更为稀少。[③] 19世纪美国的杀婴状况延续了此种情形。

到19世纪，杀婴不再如古典时期一般，与堕胎、避孕等节育方式一道被民众视为控制家庭规模或人口的方式。然而，即便民众公开表达了对杀婴行径的谴责，19世纪美国社会有关杀婴现象的报道依然屡见不鲜。

1858年《纽约先驱报》长篇幅地撰文报道了女仆艾伦·麦克唐纳杀婴事件。报道中提及麦克唐纳在梅克尔家帮佣，梅克尔怀疑麦克唐纳私下产子，并跟踪女仆的行踪。后来，梅克尔发现一个毛毯包裹的足月女婴丢弃于自家后院附近的厕所中，旋即报警，并指控麦克唐纳可能涉嫌这起杀婴事件。报纸强调，这起案件有可能由“冷酷无情的母亲一手操办”。[④]

一天之后，《纽约先驱报》再次报道一起杀婴案。此案疑犯是女仆玛格丽特·施莱德，她涉嫌将女婴丢弃在厕所，发现时婴儿已经溺死。据法医鉴定，该女婴溺水前仍

① Gilje, “Infant Abandonment in Early Nineteenth-Century New York City,” p. 582.

② Margaret G. Spinelli, *Infanticide: Psychosocial and Legal Perspectives on Mothers Who Kills*, Washington, D. C: American Psychiatric Pulishing, 2003, p. 19.

③ Kilday, *A History of Infanticide in Britain*, p. 26.

④ “Supposed Infanticide by a Domestic,” *The New York Herald*, March 1, 1858.

有呼吸。报道称这起婴儿死亡事件为“冷血谋杀案”。[①]

这两起婴儿死亡案件都涉及爱尔兰裔女仆，她们都被冠以“无情的母亲”的头衔。这种修辞话语重点强调了杀婴者的性别、身份以及族裔来源，塑造了一种此类“罪恶行径”只与社会底层女性的道德败坏、生活混乱相关，而中产阶级以及更具优势地位的群体则与此类罪恶绝缘的印象。然而，新闻报道者只是择取了事实的某个极为微小的侧面来引导舆论，满足阅读者的猎奇心理，并给读者提供情绪的宣泄通道。事实上，谋杀婴儿的猎奇故事的另一面可能是经济剥削、贫困与性侵害，这些“冷血杀人犯”也可能是残酷社会的“受害者”。

现实生活中，贫穷的妇女未婚先孕或意外妊娠后，并没有多少处理问题的方法。此时的中上层阶级，可以通过避孕、堕胎、送养婴儿的方式，来控制生育或者处理计划之外的妊娠。[②] 然而舆论压力、贫困、缺乏社会资源限制了底层妇女的视野，使她们只能被动地回应生活中的“意外”。错过合适堕胎机会、缺乏堕胎信息的劳工妇女更容易采取杀婴、弃婴这类极端手段处理计划外的妊娠。[③] 一位女工的丈夫亦曾因此抨击堕胎违法化后以阶级为区隔的生育问题，“富裕阶层人士向我们隐藏了很多控制生育的信息，他们有钱，读的书多，医生更愿意帮助他们”。[④]

19 世纪美国妇女抛弃或杀害婴儿受多重因素影响。其中由非婚生子、乱伦、通奸等违背社会基本道德导致的“羞耻杀婴”占杀婴案中绝大多数。对 19 世纪的美国人而言，非婚出生的孩子们，往往被街坊邻居冠以“野种”的称呼，遭到同龄人的排挤及嘲讽，其母亲也易被指责行为不端，遭受骚扰和侵害。在某些极端情形下，这样的单身母亲及孩子可能因受排挤而被迫搬离原居所。历史学家克里斯汀·斯坦塞尔认为，那个时代社会对单身母亲的排斥源于民众对“真女性”的推崇，未婚先孕意味着这些女人背离了“贞洁”“责任”等社会期许。为了逃避社会谴责，一些未婚生子的女性铤而走险，试图抛弃婴儿，毁灭自己“越轨”的证据，使生活重新返回正轨。[⑤] 1835

---

① “Another Case of Infanticide,” *The New York Herald*, March 2, 1858.

② 历史学家简·布罗迪利用白人中产阶级妇女玛丽·普尔的日记，分析普尔利用了多种手段控制妊娠，包括禁欲、周期避孕法、阴道盥洗法、延长哺乳期乃至器械堕胎法。参见 Janet Farrell Brodie, *Contraception and Abortion in Nineteenth Century America*, Ithaca and London: Cornell University Press, 1994, pp. 10-35。在堕胎违法时代，医师通过技巧操控医疗话语来探讨医疗性堕胎的指征，甚至可以使一些妇女的堕胎行为合法化，不过这些妇女一般出身于经济条件良好的家庭。参见 Leslie J. Reagan, *When Abortion Was a Crime, Women, Medicine, and Law in the United States*, 1867-1973, Berkeley: University of California Press, 1997, pp. 61-67。

③ Adolphus Knoph, *Birth Control: Its Medical, Social, Economic, and Moral Aspects*, New York: A. R. Elliott Publishing Company, 1916, pp. 2-35.

④ Enid Charles, *The Practice of Birth Control*, London: Williams and Norgate, 1932, p. 126.

⑤ Christine Stansell, *City of Woman: Sex and Class in New York*, 1789-1960, Chicago: University of Illinois Press, 1987, p. 209.

年南希·勒夫维尔在孩子诞生后，在1月的冰雪天气中将孩子丢弃于屋外。简·克劳奇向法庭作证，勒夫维尔曾恳求她收养新生儿，并宣称孩子发现于门口，系弃婴，只因她不愿亲朋好友得知自己未婚生子之事。最终，婴儿因无人领养，而暴毙于冰雪中。[①] 1846年《杰弗逊共和报》上刊登了一则新闻，本郡的莎拉·拉夫雷斯于上周六被逮捕，她被指控谋杀其私生子，并弃尸于住宅附近的井中。其父罗伯特·拉夫雷斯被一同逮捕，他不仅协助堕胎，且是私生子之父。[②] 虽然无法得知该案件的审理过程及结果，但是此杀婴案件与乱伦行为具有紧密联系。

1878年，新罕布什尔州最高法院审理了一桩杀婴案。案件的被告人希尔小姐未婚即与布莱克先生同居。希尔生产时，布莱克请求邻居协助接生，孩子在其协助下正常出生。然其双亲未准备任何衣物。此时邻居被告知，他们因婚姻状况及经济的考量，无意抚养此婴孩。邻人劝他们请医生来处理孩子的问题，却被被告拒绝，并放任婴孩死亡。[③]

经济状况也会影响意外妊娠的女性们的生育抉择。如在18世纪下半叶的法国，因缺乏社会的支持，陷入道德困境的未婚单身母亲以及已婚的贫困母亲大量抛弃婴儿，许多婴儿因缺乏照料而死亡。[④] 一项对巴黎弃婴的调查研究显示，18世纪20~80年代，谷物价格的涨跌与弃婴数量的变化相关。[⑤] 与之类似，1819~1820年，美国报纸上的杀婴报道较往年更多，而此类事件的频繁发生恰好与1820年左右美国经济萧条时期相吻合。1820年《纽约民族公报》上一则评论即与此相关。文章作者抱怨，“近来，每周都有消息传来，主题无非是法医佐证婴儿出生时仍具生命，却因抛弃于城市及近郊无人看顾而死亡”。[⑥]

通常，底层妇女们意外妊娠后，会把孩子生下来，与丈夫一起将孩子抚养长大。然而，对那些单身母亲而言，现实生活却格外残酷。内战后的美国，非熟练女工一天工作15~18个小时，其工作环境嘈杂、封闭、阴暗。单身母亲如果无法请人看顾孩子，只能选择将针线活带回家，一面工作，一面哺乳或看顾孩子。这些单身母亲一个星期的收入从50美分至2美元50美分不等，而同时期的非熟练男工的收入却是女工的3~4

① “Coroner's Inquest on the Body of an Infant, January, 1835,” quoted from Kenneth H. Wheeler, “Infanticide in Nineteenth Century Ohio,” *Journal of Social History*, Vol. 31, No. 2, Winter, 1997, p. 411.

② *Jeffersonian Republican*, (Stroudsburg, Pa.), 23 April 1846, Chronicling America: Historic American Newspapers, Lib. of Congress, https://chroniclingamerica.loc.gov/lccn/sn86053954/1846-04-23/ed-1/seq-2/.

③ 参见 State v. Hill, 1878 N. H. LEXIS 144。

④ Rosalind Pollack Petchesky, *Abortion and Woman's Choice: The State, Sexuality and Reproductive Freedom*, Boston: Northeastern University Press, 1990, p. 47.

⑤ Elisabeth Badinter, *Mother Love: Myth and Reality*, New York: Macmillan, 1981, pp. 111-112.

⑥ *New York National Advocate*, *June* 6, 1820, quoted from Thomas Low Nichols, *Forty Years of American Life*, 1821-1861, New York: Stockpole Sons, 1937, p. 5.

倍，女工收入勉强可维持一个人的吃住支出。如果母亲外出劳作，那么幼小的孩子需要哺乳及看护，这些额外开销要母亲同时做多份兼职才能维持。如此一来，仅仅是维持生存已然耗尽母亲的心力。中产阶级所宣扬的母性以及“真女性”理念对极端贫困的底层女性而言，不啻一种讽刺与不切实际的道德标榜。[①] 在此情景下，一些未婚母亲或失去配偶的妇女可能基于自身能力的考量，以及对未来的悲观预期，采取极端的方式——丢弃婴儿或杀婴来缓解生活压力。纽约的一位黑人妇女在面对杀婴指控时直言，“孩子对我而言是负担，我贫困而无助，承受太多痛苦，只是想过得轻松一些才做出杀婴的举措”。[②] 其情景正如历史学家梅里·史密斯的描述：“贫穷的冷酷之手凝结了母性的暖心溪流。”[③]

此外，贫困的劳动阶层妇女，也更可能因经济状况的限制而疏于抚养婴儿，导致婴儿在较为年幼时即夭折。历史学家克里斯托弗·布恩考察 19 世纪美国环境与城市发展时发现，贫困人群的孩子早夭率远高于中上层阶级。穷人更可能聚居于城市低洼地带及城市垃圾堆积地带，更易因不洁的生活环境感染疟疾和肠道疾病，[④] 从而导致婴儿早夭。

遭受性暴力、强迫性交的女性亦可能出于对施暴者的怨愤而不愿抚养其后代。在奴隶制度下，女黑奴不仅饱受劳役剥削，还必须忍受来自白人奴隶主的性暴力和性剥削。在 19 世纪的美国南方，法律并不保护黑人妇女的人身自由，黑人妇女遭受性侵害也无法诉诸法律，毕竟在法律意义上她们并非自由人，只是主人的财产。而当时广泛流行的黑人性欲旺盛的说辞进一步加剧了女黑奴的性困境。女黑奴与白人奴隶主以及监工之间性交频繁的程度从一项人口统计可见一斑。1850 年，南方 320 万奴隶总人口中有 24 万混血奴隶。至 1860 年，390 万奴隶中有 41 万混血奴隶，而实际数量可能远多于统计数据，毕竟统计人员仅依据外表统计人口数量。[⑤] 一位前奴隶回忆，主人为了性侵女黑奴，威胁其他试图干预的奴隶，会立刻将他们卖走。[⑥] 即便是女黑奴与白人所生的混血儿也并不具有自由人的身份，他们同样被视为奴隶，可能被贩卖，甚至有可

---

① Stansell, *City of Woman*, pp. 18-21.

② Henry W. Warner, *Report of the Trial of Susanna, a Colored Woman... On a Charge of Having Murdered Her Infant Male Bastard Child*, Troy, N. Y.: Ryer, Schermerhorn, 1810, p. 13.

③ Merril D. Smith, "Unnatural Mothers: Infanticide, Motherhood, and Class in MidAtlantic, 1730-1830," in *Over the Threshold: Intimate Violence in Early America*, edited by Christine Daniels and Michael V. Kennedy, New York: Routledge, 1999, pp. 178, 180.

④ Christopher G. Boone and Ali Modarres, *City and Environment*, Philadelphia: Temple University Press, 2006, pp. 136-137.

⑤ 参见〔美〕约翰·霍普·富兰克林《美国黑人史》，张冰姿、何田等译，商务印书馆，1988，第 181 页。

⑥ John D. Emilio & Estelle B. Freedam, *Intimate Matters: A History of Sexuality in America*, Chicago: The University of Chicago Press, 2012, chapter 5.

能因为混血奴隶身份招致种植园女主人的不满，从而遭受更多虐待。[①] 一些个性独立、倔强的女黑奴也会抵抗来自白人奴隶主或监工的性侵，如果被迫发生性关系，则可能会尝试堕胎、疏忽抚养婴儿致其死亡等极端的方式表达内心的怨愤。[②]

单身女性们恐惧失业的心理也会驱使她们丢弃婴儿或采取杀婴的不理性行动。一些妊娠女性为了保住工作，通常会坚持工作至临产期。即使诞下婴儿后，也没有法律规定的产假或育儿假给予女性支持，她们必须迅速返回工作岗位。由于女性的生殖属性，她们遭受各种工作歧视。一些纽约的工厂雇佣工人时，甚至强调女工"贞洁"的重要性，暗示她们一旦妊娠即可能因此失业。[③] 即便雇主仍为女工保留职位，嗷嗷待哺的婴孩也急需看顾者，而19世纪下半叶，美国的婴幼儿照料行业仍不健全。对妇女而言，妊娠即意味着失业，由工作场所退回家中，从而失去稳定的经济来源。

妇女产后的精神态度亦可能导致婴儿的死亡。19世纪20、30年代，产科医师及精神科医师认为妇女在产后头几个月中易出现忧郁或精神恍惚的症状，其具体表现为无法入睡、脉搏过速、面色或皮肤潮红；病患时而兴奋高歌、时而裸露躯体。较为严重的病患可同时伴随失忆，对新生儿表现出敌意，试图谋杀孩子、丈夫乃至自杀。[④] 医学界将此统称为产后精神错乱（puerperal insanity）。[⑤] 1858年，医师路易斯·维克多·马赛在其出版的医学教科书中分析了生产对女性精神状况的影响与新生儿的死亡之间的联系。[⑥] 现代医学研究显示，妇女在产后一个月中比产前两年出现心理障碍的概率高21.7倍，而首次妊娠的妇女，其概率则高35倍。产后妇女的身心状况可能引发产妇对婴儿的敌对、怨愤、不耐烦情绪。[⑦]

三　杀婴引发的社会和法律论争

相较其他类型犯罪事件，杀婴案的委托状、辩护过程及最终引发的争议较多，司法系统、普通民众对杀婴案罪犯的判定常存在分歧。虽然普通民众易因妇女杀婴展现的母性缺失、道德沦丧等状况而激发愤怒情绪，进而要求严惩犯罪者，但是19世纪美

① Leon Higgin Botham, Jr., *In the Matter of Color: Race and the American Legal Process, The Colonial Period*, New York: Oxford University Press, 1978, pp. 42-45, 252.

② Emilio & Freedam, *Intimate Matters*, chaper 5.

③ Hasia Diner, *Erin's Daughters in America: Immigrant Women in the Nineteenth Century*, Baltimore and London: Johns Hopkins University Press, 1983, p. 86.

④ N. Walker, *Crime and Insanity in England, Volume One: The Historical Perspective*, Edinburgh: Edinburgh University Press, 1968, p. 125.

⑤ N. Theriot, "Nineteenth-Century Physicians and 'Puerperal Insanity'," *American Studies*, Vol. 26, 1990, p. 81.

⑥ M. G. Spinelli, "Maternal Infanticide Associated with Mental Illness: Prevention and the Promise of Saved Lives," *American Journal of Psychiatry*, Vol. 161, 2004, p. 1550.

⑦ Spinelli, *Infanticide*, p. 36.

国杀婴案的司法审判及定罪仍然极为审慎，宁愿因证据不足而释放疑犯，也不愿轻易定罪。其法律实践与1772年埃德蒙·伯克爵士试图修改早期杀婴条例时的信念一致，“宁愿让十个罪犯逃脱责罚，也不能让一个无辜之人饱受折磨……法律应当兼具公正性与人道主义精神”。[①]

虽然19世纪早期杀婴已然被视为文明社会的重大罪行，但是在18~19世纪的北美和英国，杀婴诉讼却极难成立，杀婴案件的嫌疑人多半无法被“绳之以法”。1730~1740年，伦敦的老贝利中央刑事法院受理了61桩杀婴诉讼案，然而仅有15桩案件的疑犯获罪。[②] 在北美，历史学家西蒙·卡伦在梳理了19世纪17桩杀婴案的审理过程后发现，在1827~1833年3桩杀婴案中，法官、陪审员均表现出对杀婴者的同情，并因此导致疑似杀婴的妇女“逃脱”了法律的责罚。[③]

杀婴案的诉讼过程困难重重。在杀婴的人证问题上，其难点在于诸多杀婴案发生时，只有被告及婴儿在场。杀婴行为通常发生在婴儿出生不久，除了其母亲，极少有人知道婴儿的存在，也无相关亲属关心新生儿的死活。有不少婴儿的尸骨在荒野或废墟中为人发现，也极难确证其死亡的原因，毕竟新生儿可能因呼吸困难或缺乏营养，突然感染疾病暴毙。

一些杀婴案的被告承认自己诞下婴儿，且孩子诞生时具有生命，则此类案件的后续审理主要围绕婴儿死因及被告的证词展开。相较新闻媒体对妇女杀婴报道所采用的社会话语以及杀婴者自身的证词，法医们承担着举证的根本职责。[④] 他们必须严格地审查杀婴案的相关证据，基于医学程序，确证婴儿的真实死亡原因，以证据来驳斥不实的证言及流言乃至偏见，还原杀婴案的真相。1847年，美国职业医师群体成立了美国医学协会。医学协会努力推动医疗行业的职业化进程，男性职业医师开始取代接生婆，成为法律审判席上的医学权威；在医疗实践中，传统社会中的接生婆也被逐渐视为非专业人士。如此一来，接生婆的生存空间变窄，越来越多的底层妇女只好自己在家中生产，或请求邻里协助，疑似“杀婴”案却相应增多。除了法医的鉴定，他人无法得知夭折的婴儿是自然死亡还是因外力而夭折。

18世纪下半叶，法医鉴定妇女杀婴主要仰赖分析妇女是否怀孕、检验女性身体状况，对比数据或生理表征是否与妊娠的生理表征一致，然后检查妇女生产后的血液循

① *The Parliamentary History of England from the Earliest Period to the Year* 1803, Volume XVII, A. D. 1771-1774, London: Hansard, 1813, pp. 452-453.

② Beattie, “The Criminality of Women in Eighteenth-Century England,” *Journal of Social History*, Vol. 8, 1975, p. 84.

③ Simone Caron, “Killed by Its Mother: Infanticide in Province County, Rhode Island, 1870 to 1938,” *Journal of Social History*, Vol. 44, No. 1, Fall 2010, pp. 213-237.

④ Gilje, “Infant Abandonment in Early Nineteenth-Century New York City,” p. 582.

环状态以及死亡婴儿的呼吸状态作为生理学及病理学证据，再将医学证据与疑犯口供互相印证。[①] 然而囿于当时有限的医学水平，上述几个关键环节的检测和分析非常容易出现漏洞，从而导致因证据不足而释放疑犯。

19 世纪的美国医学界尚未就检测婴儿出生时生命状态的流体静力学检测法达成一致见解。[②] 一些医师怀疑该检测法的准确性，他们认为婴儿尸体的腐败亦可能产生肺部气体，导致误判。[③] 即便存在争议，19 世纪 70 年代，流体静力学检测法依然被引入法庭，成为杀婴案的主要鉴定手段之一。然而，杀婴案件的复杂性，不仅呈现在医疗鉴定技术层面，不同的陪审员和医师，即使在物证与人证确凿的情形下，对妇女杀婴问题的考量也非同一个层次。一些陪审员及医师着眼于妇女杀婴的事实，他们的目的是指证犯罪者，惩罚犯罪行径。19 世纪末期马萨诸塞州洛威尔地区的一项研究表明了一些医生对妇女杀婴行径的严厉态度。医师德雷柏因一些妇女杀婴后成功地逃脱司法系统的审判而满腔愤怒。在世纪之交的芝加哥，一位验尸官竭尽全力地查找证据，证明疑犯犯了杀婴罪。在历史学家阿德勒看来，这些医师们对杀婴行径的深深厌恶表明了他们重视婴儿的生命价值，重视司法的公正性，而非关注妇女的困境。[④]

另外一些医师及陪审员则更同情杀婴者的境遇。长久以来，女性由于其生理特性，往往被视为体能不济、性情相对温和的合作者，而男性生理上更为强壮、具有攻击性，更可能犯下谋杀、暴力伤害等严重犯罪案件。因而普通民众较少关注女性暴力犯罪行为，而多注目女性卖淫、通奸、实施巫术等罪行。当妇女被指控杀婴时，一些医师受传统文化对女性生理及社会性别认知的束缚，容易将其视为女性精神错乱的“失常”行径，或过于关注女性杀婴反映的道德及社会问题，忽视女性暴力犯罪的事实。[⑤] 格林医师认为，“没有一个健全的人会试图谋杀自己的后代，这种情况只能发生于绝望之时”。[⑥] 格里芬斯医师认为杀婴是所有恶行当中最为令人发指的，犯罪者因此处以死刑都不为过；然而即便如此，他依然愿意相信很多杀婴行为发生于精神错乱之下，其原因在于，基于人的情感，他始终难以相信如此的恶行会发生在母亲身上，她们本该对

① Beck, *An Inaugural Dissertation on Infanticide*, pp. 50-65.

② 流体静力学检测法的基本原理是选取死亡婴儿的肺部细胞组织，将其置于水中。若该细胞组织在水中漂浮，则意味着婴儿的肺部曾接触空气，那么婴儿出生时是具有生命的。若肺部细胞组织沉入水底，则表明婴儿出生时即已死亡。参见 Caron, “Killed by Its Mother,” p. 215。

③ John Beck, “An Examination of the Medico-Legal Question, whether, in Cases of Infanticide, the Floating of the Lungs in Water Can Be Depended on as a Certain Test of the Child's Having Been Born Alive,” *New York Medical and Physical Journal*, Vol. 1, 1822, pp. 441-463.

④ Jeffrey S. Adler, “Halting the Slaughter of the Innocents: The Civilization Process and the Surge in Violence in Turn-of-the-Century Chicago,” *Social Science History*, Vol. 25, 2001, p. 36.

⑤ Kilday, *A History of Infanticide in Britain*, pp. 8-13.

⑥ *The Evening Telegraph*, Philadelphia, 20 Oct. 1869.

孩子怀有神圣而高尚的情感。[①] 邓斯洛·露易斯医生认为一些采取杀婴措施的妇女饱受资本主义体系的剥削，微薄的薪水难以度日，因此她们向男性寻求帮助，而此举又难免导致未曾希冀的妊娠。露易斯医生极为同情移民妇女，认为她们在"异国他乡"，被男性伴侣抛弃，"极端的恐惧和无助压垮了她们"，医师应该站出来为她们的困境辩护。[②]

1869年美国著名女性医师伊丽莎白·布莱克威尔在科学委员会的杀婴问题辩论会上强调，切莫聚焦妇女的罪恶问题，而要探明妇女采取杀婴这般极端措施的根源。她建议社会采取多样化的预防措施，例如，建立孤儿院，关怀未婚先孕的妇女以及单身母亲的处境，等等。布莱克威尔指出，单纯依靠严酷的法律制裁、威慑杀婴者不足以杜绝这种"罪恶"，在其接触的人群中，诸多已婚妇女对未婚女子杀婴表达了道德上的同情。这种同情背后也揭示了其"恶行"背后的隐衷。[③] 美国女权主义者埃利诺·科克曾去监狱探访因杀婴罪而被判处死刑的年轻女性。沃恩从英国来到美国，不久即被丈夫抛弃，独自讨生活。然而，在她做女仆期间，又不幸被另一男子强奸而怀孕。沃恩独自生下婴儿，因疏忽抚养致婴儿死亡。沃恩因此被控告谋杀罪，罪名成立，判处死刑。科克与沃恩交谈后，愤怒地抗议："作为男性欲望牺牲品的女性被如此冷酷无情地对待，然而那个男人却不必因此承担任何责任，这难道不令人震惊吗？"[④]

总体而言，19世纪下半叶，虽然报纸及舆论通常谴责杀婴者的恶劣行径，但是在法庭上，由于医疗鉴定技术尚不发达，杀婴行为隐蔽、取证困难，检控官往往难以获得坚实的证据来说服陪审团，证明杀婴者的恶劣意图，只好采纳被告的口供。而陪审团基于合理的怀疑及对杀婴者的同情，亦不愿轻易给被告定罪。由此一些杀婴者在证据不足的情形下，逃脱了法律责罚。

在妇女杀婴问题上，历史学家凡妮莎·麦克马洪认为女性扮演了双重角色，她们不仅是犯罪者亦是受害者。[⑤] 19世纪美国杀婴的妇女，未能履行母性职责，残忍地对待无辜的新生命，展现了其道德沦丧的黑暗面相，然而其人生轨迹亦深受时代文化、经济发展及法律、医疗水平的影响。19世纪，美国妇女尚未获得选举权，也未取得自主控制生育的权利。在职业医师的推动下，各州相继出台法律禁止堕胎。[⑥] 经科姆斯托

---

① R. E. Griffith, "Remarks on Infanticide," *The Philadelphia Sciences*, Vol. 13, 1827, pp. 259-261.

② Denslow Lewis, "Sociological Considerations Relative to Criminal Abortion, Infanticide and Illegitimate Pregnancy," *The Chicago Clinical Review*, Vol. 5, 1895-96, pp. 85-88.

③ *The Evening Telegraph*, Philadelphia, 20 Oct. 1869.

④ Erna Olafson Hellerstein, Leslie Parker Hume and Karen M. Offen, eds., *Victorian Women: A Documentary Account of Women's Lives in Nineteenth Century England, France, and the United States*, Stanford: Stanford University Press, 1981, p. 435.

⑤ Vanessa McMahon, *Murder in Shakespeare's England*, London and New York: Hambledon Continuum, 2004.

⑥ 参见 James Mohr, *Abortion in America: The Origins and Evolution of National Policy, 1800-1900*, London: Oxford University Press, 1978。

克等社会保守人士的推动，避孕书籍及相关信息亦被列入淫秽品范畴。到 1885 年，美国联邦及 24 个州相继制定法律，禁止在州内传播、散布任何避孕或宣传控制生育的广告。科罗拉多、印第安纳、怀俄明等 14 个州在联邦法令的总体指导原则下，甚至出台了更为严格的禁令——禁止通过口头交流的形式传播或交流任何涉及避孕及堕胎的信息。[①] 由此妇女的生育受到了政府更为严格的管控。当社会底层妇女意外妊娠后，她们无法轻易堕胎，只能将孩子生下来。与此同时，社会福利政策的不健全却导致单身女性只能依赖个人的力量担负养育子女的职责。由此，走投无路的妇女容易步入弃养婴儿，甚至犯下杀婴重罪的道途。“无情”与“残忍”无法诠释杀婴现象背后的复杂动因。

① Mary Ware Dennett, *Birth Control Laws: Shall We Keep Them, Change Them, or Abolish Them?*, New York: Da Capo Press, 1970, pp. 10-15.

评　论

关于民族志、历史及法律的几点思考*

〔美〕劳伦斯·M. 弗里德曼 文　王伟臣　吴　婷** 译

摘　要： 古典民族志有两大贡献，一是局外人的视角，二是文化相对性的论断。除此之外，民族志还是一种观察研究对象的技术或方法，可以弥补定量研究的缺陷。几乎关于人类社会的每一项重要研究都使用或暗含了民族志的研究方法。司法档案确实说明了一些案件事实，但我们必须学会批判式地解读。研究人员应该成为这些档案文件语言的解读者。档案研究、历史研究、司法档案的解读分析，归根结底都是民族志研究。

关键词： 民族志；司法档案；法律史；定性研究

在这篇短章的开头，我得坦白说，我不是人类学家或民族志学家；事实上，我从未在这两个领域受过任何训练。因此，就这篇论文集而言，我是一个外行（outsider）①。不过，从工作生活的角度来讲，大部分民族志学家可能也是个外行（局外人）。他们很少研究自己的社会而倾向于去遥远的地方开展"田野调查"。古典人类学研究非洲、太平洋各个岛屿以及美洲的原住民。他们记录萨摩亚人的成年、非洲前文字社会的争端解决以及"夏延人的方式"（the Cheyenne Way）或是其他。当然，除了偶尔的访谈以外，我从未从事过这种或其他类似的田野调查。我更多的是和法律文件打交道，尤其是庭审记录。但是，我有时也会阅读这些法律民族志。毕竟，关于法律的社会研究在很大程度上要归功于像埃德蒙斯·霍贝尔（E. Adamson Hoebel）或马克斯·格拉克曼（Max Gluckman）这样的人类学家。

众所周知，人类学中有很多关于冲突、法律、争端解决以及相关主题的研究。这些研究内容丰富而富有启发。然而，民族志研究目前似乎正遭受某种观念方面的危机。当然，这种危机也存在于其他研究领域。具而言之，人们越发对知识、事实和研究持

* 本文原为琼·斯塔尔（June Starr）、马克·古代尔（Mark Goodale）主编的《法律的民族志实践：新的对话，经久不衰的方法》一书的第十章。Lawrence M. Friedman, "A Few Thoughts on Ethnography, History, and Law," in June Starr and Mark Goodale, eds., *Practicing Ethnography in Law: New Dialogues, Enduring Methods*, Palgrave Macmillan, 2002, pp. 185-189.

** 劳伦斯·M. 弗里德曼（Lawrence M. Friedman），美国斯坦福大学法学院教授。译者王伟臣，上海外国语大学法学院副教授；吴婷，上海外国语大学法律硕士研究生。

① "outsider"是文章多次使用的一个概念，作者利用该词的多义性在每次使用时都有不同的强调，译者根据文意将其分别译为"外行"、"局外人"或"他者"。——译者注

怀疑态度：怀疑什么是真实存在的，什么是社会建构的。人们也普遍怀疑“科学”并没有人们想象的那样具有科学性。在我看来，天体物理学家或细胞生物学家可能不惧这种质疑，但脆弱且具有强烈自我意识的社会科学家就另当别论了。我们过去不断强调的社会科学的“价值中立”到头来只是一个神话。研究者在研究过程中不可能完全摒弃其固有的偏见和情感。我们自欺欺人地认为我们可以通过某扇窗户向外观察世界并记录我们的所见所闻；但事实上，我们只是在照镜子，镜子里反射的是自己的身影。我们只能通过自身所归属的种族、性别、阶层这些视角来透视现实。

当科学研究的对象是他者时，这种危机与怀疑不仅特别，而且异常强烈。一方面，一些比较极端的学者认为，局外人不可能真正理解一个族群的经历、感受和思维模式，尤其是像少数民族这样的弱势族群。当然，这种论断并非没有任何道理。被压迫的民族往往不愿意坦诚心扉；他们认为家丑不可外扬；他们敏感而神秘。这可能是一个更加具有普遍性的问题。毕竟，在美国待了一年左右的外国人很难像美国人那样看待美国。对于外国人来说，美国就像一门外语；而对美国人而言，美国意味着母语。美国人几乎生来就知道很多关于美国的事情，他们从子宫中就汲取了这些知识。

另一方面，我觉得关于局外人的观点可以有不同的解读。关于美国，有些事只有局外人能够看透或掌握。毕竟，本地人被困在熟悉的环境里，他们认为很多事都是理所当然的。在古典人类学以及社会科学看来，以局外人的眼光来认识一个社会是一种优势而不是缺陷。一个来自不同文化的学者，在另一个族群里安营扎寨，他可以提出疑问并验证这些疑问，还可以从整体上审视这个族群文化的方方面面，这种观察、分析问题的方式当地人没有尝试过也不会尝试。在前文字社会，当地人无法用文字表达思想，是人类学家把关于他们的文化传递给外面的世界。

古典民族志对于我们理解人类社会作出的一个最大贡献就是局外人的视角：一个陌生人对某一族群或者某一文化持有的冷静而感同身受的立场。毫无疑问，每个群体都对外保守着一些秘密；每个群体也都有一些外人无法参透的无言的话语。换言之，肯定存在民族志学家也无法突破的限制和边界。但这并不代表他们不能从事客观的研究。最杰出的人类学家很擅长破解文化密码并将他者的思想传播给整个世界。

古典民族志对于人类智识作出的另外一个重要贡献是关于文化相对性的论断。现如今，有人把先驱人类学家看作帝国主义的帮凶，甚至是种族主义者，一些人类学家似乎愿意接受这样的自我鞭策。但这种指控让我感到极不公平。毕竟，在白人至上盛行的时代，弗朗茨 · 博厄斯（Franz Boas）以及其他文化人类学家就对其提出了批判；他们竭尽全力地反对传统的种族观。在当时，几乎只有这些人类学家向全世界宣告：那些没有文字的隐匿的社会，其文化也是值得尊重的。这些人类学家认为，他们所研究的文化并不“野蛮”或“原始”，而是一种自洽的、合乎自然的生活方式。如果说有缺点的话，那就是人类学家有将他们正在研究的社会浪漫化的危险。我一直很难说服自己相信巴罗策（Barotse）也有发达的法律制度，正如马克斯·格拉克曼希望我们相信的那样，但他毕竟是专家。他当然有权利要求我们像他一样去尊重、理解并审视一个民族的仪式和程序。

在人们的印象里，民族志是与陌生、欠发达的异乡人联系在一起的。但是实质上，民族志是一种观察研究对象的技术或方法。你既可以前往特罗布里恩德群岛（Trobriand Islands）寻找你的研究对象，也可以留意家门口的商场。很显然，民族志是一种特殊的社会科学研究。它是对某个社会的人群或组织进行思考、观察以及共同生活的一种方式。它使用显微镜而不是望远镜。一些社会科学家会花费时间统计、分析海量的数据。这种做法的重要性和有效性不容置疑。有些问题适合采用这种方法。但在我看来，无论有多少确凿的数据可以使用，几乎关于人类社会的每一项重要研究都使用或暗含了民族志的研究方法。

假设我们要研究种族隔离的聚居区问题。方法之一就是分析人口普查数据，将数据输入计算机，选择模型和方程，然后分析结果。通过这种研究，我们可以得出一个最简单的结论：在被普查的地区中，有多少是白人区，多少是黑人区，以及多少是黑人与白人混居区。那么，关于这些混居区的人口普查能够告诉我们什么呢？我们能将它称为“集合区域”（integrated tracts）吗？可以这么说，除非你知道这些数据在实际中所代表的含义，否则这些信息没有任何意义。比如，某个地区都是白人，但还有少数黑人奴隶，他们居住在某些大户之家的小房间里，统计数据把这种情况统称为“集合区域”，但这个概念能说明什么呢？再比如，白人父母与收养的黑人子女住在一起也是一种“集合”。一个富人区除了两个黑人外科医生以外可能都是白人。另一个区可能一半白人一半黑人，但是在白人和黑人之间有着一条统计数据无法查明的隐形的分界线。还有一个区包含80%的黑人和20%的白人，但这些白人都是无法搬迁的老人。另一个区是50%的白人和50%的黑人，这可能才是一个真正意义上的跨种族居住区。

一方面，单纯通过数据，我们无法获取上述信息。我们可以进行有根据的猜想，却无法真正了解这些数据背后的事实。要了解这些事实，你必须去看，去闻，去考察，去触摸，去体验，去观察。从量化指标上看，你很难了解一个人是什么样的人，不管你掌握多少诸如身高、体重、肌肉或骨骼尺寸、心电图、DNA分析图谱、脑电波这样的数据。你可以通过一张（粗略的）身体报告了解到某人65岁，体重200磅，6英尺高。但通过这些数据你无法了解这个人为什么会长成这样。另一方面，定性方法同样也有缺陷。如果你不尝试系统化研究（当有可能时），你最终只会得到像趣闻轶事、战争故事、巧合、怪谈或是那种不切实际的印象。总而言之，没有民族志方法的数据是盲人摸象，没有数据的民族志研究（通常）是空中楼阁。

我的大部分研究工作都集中在法律史领域，并且大部分是在档案馆完成的。乍一看，大家可能会认为档案工作与民族志研究遵循着完全不同的研究方法。毕竟没有人能采访一位死者，也没有人能实际观察他们如何工作。他们留下的只有文献。在考古学领域，人们可以挖掘像陶瓷碎片、碎布块这样的物质文化片段。但是，档案工作除了文字几乎没有其他对象可供研究。

但我坚持认为，研究方法是共通的。理想的研究方式是定性和定量的结合。上文提到，我主要和庭审记录打交道。相较日记、信件和私人文件，庭审记录能提供的信息比较少，因此研究起来颇为困难。尽管如此，司法档案还是能够告诉我们很多信息。比如，我曾与学生一起研究过19世纪末和20世纪初阿拉米达（Alameda）县（加利福尼亚州北部）犯罪案件的样本。但在抽样研究之前，我花了几天时间浏览这些庭审文件，随机抽取这些文件，试图获得这些材料背后所蕴含的民族志印象（如果我能这么称呼的话）。当我获得了这种印象以后，我们才开始启动统计、制表和分析工作。

庭审记录是程式化和正式的，从本质上来讲，它们也具有争辩性。一般而言，在庭审记录中，双方讲述的故事完全不同。然后，由法官来决定哪一方的论据更加充分。当然，法官对事实的解读依赖当时的时代背景，而不是今天的。因此，历史学家对于庭审记录的解释显得异常困难。我们可以记录原始、直接的数据，但是任何时期都是一样，不结合时代背景的数据是盲目且具有误导性的。

每种类型的案例都有其特殊性。要获得诸如审理次数、审理类型、孰赢孰输这样的案件事实和数据是非常费力的，但至少是可行的。而定性方法的使用有着更加特殊的难题。在刑事审判中，各种外行眼中的与案件密切相关的证据根本无法被记录在案（至少不会被公开记录，律师们往往很擅长把相关证据偷偷放进去）。例如在入室盗窃案件中，如果被告是一位惯犯且曾因盗窃罪入狱多年，那么这样的信息在很多人看来理应与正在审理的案件有重大关系。但是，这种证据通常不为法院所采纳。这些司法档案确实说明了一些案件事实，但我们必须学会批判式地解读；我们需要破译这些案件，但这并非易事。

在庭审中，当双方讲述同一事件的不同版本时，往往会让我们难以知晓事实真相。就像我们大多数人认为丽兹·博登（Lizzie Borden）真的杀了她的父亲和继母，但是我们不能百分百地肯定，毕竟陪审团的判决结果是无罪释放。我们可以了解的是，双方提出了什么样的论点。这些论点有着重要的社会指标上的意义。从中我们可以知晓，在律师们的眼中，什么样的图片和故事会吸引人。毕竟他们需要去说服一个非专业的陪审团相信他们的理由是真实且正义的。因此，庭审记录可能具有非常特殊的价值。它展示了对于坐在陪审席上的普通人而言，什么样的话语具有说服力。因此，庭审记录是非常有用的，甚至是不可替代的关于社会规范、公众态度、社会成见以及各种信息的知识来源，而这种知识通过其他方式可能很难获得。例如，塞勒姆（Salem）女巫审判案以一种不同于说教或论著的方式，生动、具体地向我们揭示了民间信仰。这是因为，审判不是理论上的推演，它会产生实际后果。庭审记录展现了意识形态，不是通过纸上谈兵，而是以一种具有说服力的方式：实际的行动。

最近，我一直在研究美国与离婚有关的法律史。主要的文献来源于保存在全国各个县法院的数以万计的离婚诉讼档案。20 世纪 70 年代以前的离婚案件采取对抗制诉讼模式。某方起诉离婚，声称另一方在婚姻中犯下某种罪行。这就是离婚的理由。每个州都有它们自己的离婚理由清单。例如在纽约，法律一般只允许因为通奸行为而离婚。人们也有办法绕过这个限制——比如在 20 世纪，可以去离婚法律非常宽松的内华达州，但是这种方法只适用于极少数有足够的时间和金钱完成旅行的人。此外，纽约有时还会像发糖果一样宣布某些婚姻关系无效——认定婚姻自始无效，即从法律意义上来说这段婚姻从未存在过。但是，正常程序离婚依然是纽约人结束失败婚姻最常见的方式；想要离婚，你必须起诉并证明对方通奸。

在纽约和其他任何地方，通奸并非奇闻异事。换言之，这种行为很常见。但是，很多想要离婚的纽约人很难获得捉奸在床的证据；不少丈夫的确有偷腥之举，但他们显然不愿意公之于众。于是，在纽约（以及另一个离婚法律非常严格的国家——英国）出现了一种奇怪的现象：模拟通奸。妻子提出离婚诉讼，指控通奸。凭借什么证据呢？在酒店拍摄的照片，照片中她的丈夫和另一个女人躺在同一张床上，或是半裸或是全裸。事实上，这张照片是事先策划的，这个女人被雇来为这些通奸照片摆拍从而得到报酬（实际上几乎从来没有发生过性行为）。包括法官在内的所有人都心知肚明，但是制度就是如此。关于这种现象，我好奇的是，为什么允许这种双重制度保留下去，为什么不通过废除惯例或者修改离婚法（最后在 1970 年修改了）来解决这个问题？这里，我想提醒大家注意，在离婚诉讼档案中人们所说的话可能有很大的水分。不可否认，档案中的某些记录为我们提供了客观以及较为可靠的数据：姓名、日期、子女数、双方姓名。但是关于婚姻种种遭遇的陈述必须被破译；研究人员应该成为这些档案文件语言的解读者。

如果我们不知道当事人违背的法律是什么，也就无法解读这些司法档案。这是对法律进行社会研究的必要前提。除非人们知道（至少以一般方式知道）有禁止盗窃的法律之类的规定以及其大体上规定了什么，否则就无法理解窃贼的行为方式。再比如，税法规定了什么是骗税以及在何种程度上能够认定为骗税。人们根据他们了解的或者以为了解的法律和社会控制的种种规定作出反应。即使他们反抗，他们也得知道他们正在反抗的是什么。当他们逃避时，他们逃避的是他们自己所认为的法律。

因此，即使是串通的离婚案件——甚至是人们说的谎言，也能带来启发。但这些东西是用一种密码编写的，要理解这种密码，就必须知道这种密码是在怎样的社会里编写出来的。我们不仅要通过学习法律是什么，而且还要通过了解社会规范是什么，从而了解人们为什么那样描述他们的行为。因此，即使是这种采取定量方式的历史研究工作，根本上也有着一种民族志的倾向。如此一来，研究者可以回到过去，倾听死者所言，目睹死者所为，观察死者所态。

从某种意义上讲，离婚是一种极端的案例。之所以“极端”是因为，在法律实践与正式规范之间存在巨大的差异。但是这种差异并非离婚案件所独有。换言之，关于法律的历史研究，就算采用严格的定量方式（正如通常所做的那样），也应该加以必要的解释性的分析。因此，从某种程度上讲，档案研究、历史研究、司法档案的解读分析，归根结底都是民族志研究。然而，在传统意义上，是民族志的研究者们通过耐心而艰苦的工作，凭借其敏锐的眼睛和耳朵，创造了关于文化的艺术和科学，使得我们有机会去了解生活在遥远神秘的其他社会和时代的那些活生生的人们。

近年宋代法律史研究述评

张 群*

摘 要：从2011年至2020年10年间，史学界的戴建国、柳立言、贾文龙、王晓龙等学者，法学界的赵晓耕、霍存福、陈景良、胡兴东、赵晶等学者，发表宋代法律史论文和出版著作五十多篇（种），在民事契约、鞫谳分司、乌台诗案、苏轼法律思想、宋代基层法律人等方面取得明显进步，而且不同学者对同一论题开展深度学术对话，体现了良好的学风。

关键词：戴建国；赵晶；鞫谳分司；乌台诗案；苏轼

一 引言

2011~2020年10年间，宋代法律史研究取得了一系列丰硕成果，《宋会要辑稿》《洗冤录》等宋代法律古籍整理出版，[①] 史学界的戴建国、柳立言、贾文龙、王晓龙等学者，法学界的赵晓耕、霍存福、陈景良、胡兴东、赵晶等学者，发表宋代法律史论文和出版著作五十多篇（种）。[②] 限于篇幅，本文主要从学术史角度评述部分专题成果，希望可以为下一步研究提供参考。[③]

---

* 张群，中央民族大学法学院副教授。中央民族大学法学院林正雄、王一涵、中华女子学院裴丽霞等同学搜集整理部分资料，蒋怿旻同学起草部分初稿，谨此致谢。

① 主要有周勋初等校订《册府元龟》（凤凰出版社，2006），上海师范大学古籍研究所、华东师范大学古籍研究所点校《文献通考》（中华书局，2011），马泓波点校《宋会要辑稿·刑法》（河南大学出版社，2011），刘琳等校点《宋会要辑稿》（上海古籍出版社，2014），张松等整理《洗冤录汇校》（社会科学文献出版社，2014），岳纯之校证《宋刑统校证》（北京大学出版社，2015），戴建国主编《全宋笔记》10编（大象出版社，2018），等等。

② 主要有王晓龙《宋代提点刑狱司制度研究》（人民出版社，2008），戴建国、郭东旭《南宋法制史》（人民出版社，2011），柳立言《南宋的民事裁判：同案同判还是异判》（《中国社会科学》2012年第8期），郭东旭等《宋代民间法律生活研究》（人民出版社，2012），贾文龙《卑职与高峰：宋朝州级属官司法职能研究》（人民出版社，2014），王晓龙等《宋代法律文明研究》（人民出版社，2016），胡兴东《宋朝立法通考》（中国社会科学出版社，2018），胡兴东《宋元断例辑考》（社会科学文献出版社，2019），赵晶《三尺春秋——法史述绎集》（中国政法大学出版社，2019），戴建国《宋代法制研究丛稿》（中西书局，2019），戴建国《秩序之间：唐宋法典与制度研究》（上海人民出版社，2020），赵晶《〈天圣令〉与唐宋法制考论》（上海古籍出版社，2014年初版，2020年修订再版），等等。

③ 2011~2013年宋代法律史研究情况还可以参见高汉成主编《中国法律史学的新发展》（宋代部分执笔：贾文龙、田志光），中国社会科学出版社，2013，第82页。宋史研究总体情况，参见包伟民《近四十年辽宋夏金史研究学术回顾》（载包伟民、戴建国主编《开拓与创新：宋史学术前沿论坛文集》，中西书局，2019，第1页）、戴建国《20世纪宋代法律制度史研究的回顾与反思》（《史学月刊》2002年第8期）等。

二　关于宋代法律制度的探讨

近年来，学者们持续深化以《天圣令》为核心的宋代法律制度研究。① 在研究方法上，不少学者倡导放宽视野，从唐末五代和元明的角度来考察宋代法制问题。早在2001年，就有学者通过考察元明清契约史上广泛使用的契尾、契本之类的税契凭证文书，对宋代出现的"投税凭由"及"官印田宅契书"的功能作了深入剖析，判定它们正是后世契尾、契本的滥觞，"官印田宅契书"并不是学者们通常所说的田宅买卖成交时使用的契约标准本"官板契纸"。② 近年，这一特点更为明显。比如，朱瑞熙通过通盘的历史考察，解读、剖析宋代相关史料，得出"明朝的粮长制还是脱胎于南宋的税长和苗长制"的结论，揭示了粮长、社长、主首与宋代的历史渊源。③ 又如，一般认为永佃权起源于宋代，但限于资料，未有明确的例证答案。戴建国将研究视角从宋代拓宽延伸至明清，通过比较不同时期的契约、石刻资料和诉讼判词，发现在官田方面，北宋时官田佃户的永佃权事实上已经形成，南宋时在官田中已经清晰出现独立的田面权，在经济发达地区的学田租佃关系中也已经产生永佃权；在民田方面，宋代佃农已经拥有稳固的租佃权，但永佃权尚处于发育成长阶段，只在局部地区出现。宋代土地产权多元化的发育成长，对于进一步激发产权权能所属各方的经营和生产积极性，提升经济发展的内在动力，以及对明清时期的土地产权关系和中国传统社会后期乡村经济的发展等，都产生了深远影响。④ 再如，宋代的契约在叙述买卖成交关系时常曰"三面评议价钱"，而唐代契约文书在叙述成交关系时却云"两共平章"。"两共"是指买卖双方，而宋代契约中的"三面评议"之"三面"，则包含了中介牙人。"三面评议"自宋作为契约的签订规则以后，一直沿用到清朝。但宋代传世的买卖契约中并无牙人署名画押。戴建国在考察比较了元代的契约文书后发现，由于宋代田宅买卖要先问四邻，牙人议价的内容及其签署画押是落实在买卖契约之外的问帐四邻文书中的，因而宋代传世的买卖契约中看不到中介牙人的签押。⑤

---

① 例如戴建国《宋〈天圣令〉"因其旧文，参以新制定之"再探》（《史学集刊》2017年第5期），戴建国《宋代特别法的形成及其与唐法典谱系的关系》（《上海师范大学学报》2020年第2期），赵晶《试论宋代法律体系的多元结构——以宋令为例》（《史林》2017年第4期），赵晶《论宋太宗的法律事功与法制困境——从〈宋史·刑法志〉说起》（《"史语所"集刊》第90本第2分），孙婧琦、戴建国《民逋与官欠——宋代田赋逋欠问题及其法律处置》（《青海社会科学》2020年第2期），等等。

② 参见戴建国《宋代的田宅交易投税凭由和官印田宅契书》，《中国史研究》2001年第3期。

③ 参见朱瑞熙《宋朝乡村催税人的演变——兼论明代粮长的起源》，《河北大学学报》（哲学社会科学版）2016年第1期。

④ 参见戴建国《从佃户到田面主：宋代土地产权形态的演变》，《中国社会科学》2017年第3期。

⑤ 参见戴建国《唐宋变革时期的法律与社会》，上海古籍出版社，2010，第419~426页。

三　关于宋代鞫谳分司的商榷

宋代鞫谳分司制度（鞫司审讯，谳司检断）被誉为宋代乃至整个中国古代司法史上的光辉创造，经由徐道邻、戴建国、陈景良等学者的发挥，已为学界普遍接受。但由于问题本身的复杂性和重要性，近年仍有不少探讨。著名法制史专家霍存福考察了宋代“鞫谳分司”从听、断合一到分立的体制机制演变。[①] 河北大学宋史研究中心青年学者贾文龙从官制史的角度，考察了宋朝地方鞫谳分司制度的起源与形成，以及宋朝地方司法中鞫、谳、推、移各个司法环节的实际运行情况，认为鞫谳分司是中国传统法律文明的制度顶峰，但在等级授职制的古代中国，却不能促使后代皇帝加强地方司法的人员配置，使得鞫谳分司制度成为宋朝一代之绝唱。[②] 这里主要介绍张正印与戴建国的商榷文章。

张正印认为，[③] 徐道邻、戴建国所谓的“鞫谳分司”并非在一个意义上。徐道邻所理解的“鞫谳分司”基本上是组织意义上的，但这与实际的组织机构有矛盾。因为专门的推鞫和检法机构主要存在于州级司法层次。在州级司法机构中，司理院与检法机构之间是典型的“鞫谳分司”，这两个机构的负责人几乎没有相互兼职。但其他鞫谳机构在职责上没有这样固定明确的划分，其负责人之间相互兼职的现象比较常见，如州录事、司户参军等。因此，戴建国提出“功能”分司说，即“鞫谳分司”是“功能性”的，无论兼职如何复杂，对同一个案件来说，审问案情和检法断刑总是交由不同的官员来处理。所以，有必要区分两种意义上的“鞫谳分司”，即组织性“鞫谳分司”和功能性“鞫谳分司”，前者是州级司理院与检法机构间的职责划分，后者是在具体案件处理流程上体现出来的司法原则。

张正印进一步提出，徐道邻、戴建国的说法都有道理，反映了“鞫谳分司”的不同层面，但二者都有一个问题，即把“分司”定位在官员层次，而忽视了宋代司法过程中胥吏这一群体所处的独特地位及其所发挥的重要功能。张正印认为，正确的看法应该是，宋代的“鞫谳分司”主要体现在胥吏层次，官员之间的分职并不严格。在宋代州级官员层次上，司法流程的分工还很不彻底，官员负责监督检法，并有权力和责任对案件判决提出实质性意见；在胥吏层次上，则要彻底得多。吏人的行为在法律上

---

① 主要有霍存福《宋代“鞫谳分司”：“听”“断”合一与分立的体制机制考察》（《社会科学辑刊》2016年第6期）、《给宋代“鞫谳分司”制度以定位——“听”“断”从合一到分立的体制演化》（《北方论丛》2017年第5期）。

② 参见贾文龙《卑职与高峰：宋朝州级属官司法职能研究》。贾文龙，1974年生，河北围场人，河北大学宋史研究中心研究员，历史学博士，主要从事宋代法制史研究。

③ 参见张正印《宋代“鞫谳分司”辨析》，《当代法学》2013年第1期。

受到严厉的限制，仅限于检出相关法条，不能对案件如何判决发表意见。对胥吏的分工规制不只限于推鞫、检法和录问等重要环节，而是几乎延展到全部司法领域。概言之，胥吏，而不是官员，才是宋代司法分工体制的真正约束对象。[①]

张正印还据此对戴建国文章中一些关键史料的解读提出异议。比如《建炎以来系年要录》卷156南宋绍兴十七年（1147）十二月己亥记载："大理少卿许大英面对，乞令诸州法司吏人只许检出事状，不得辄言予夺。诏申严行下。"戴建国的解释是："司法参军的权力和责任仅限于审案检法，至于检法后案子的判决，则不得参与意见。"但同时又认为司法参军于检法之际，对案件有驳正之权，"录事参军与司法参军同署检法状，狱案有误，当驳正而不驳正，录事、司法参军均得受罚"。张正印认为戴建国的解释前后矛盾，正确理解应该是许大英只是要求限制"诸州法司吏人"这些吏人的权力，作为检法机构的负责人，司法参军并没有被禁止"辄言予夺"。理由是司法参军实际上是议刑官，掌"议法断刑"或者说"检法议刑"，对于有明显疑问的案件有权驳正，即使案件报到主官那里，司法参军如果感觉判决有问题，还是可以提出不同意见。贾文龙也认为，司法参军的驳正是对判决的驳正。[②]

戴建国认为张正印的文章颇具新意，提出了值得进一步探讨的问题，但结论并不正确。[③] 一是关于司法参军即"检法"官的职权。张正印认为主要是一种"议刑官"。戴建国认为，宋代州府的整个审判实际分成鞫、谳、议三个程序（详见下文），司法参军的执掌仅限于其中的"谳"，即将适用于犯人罪名的法律条款检出来予以核定量刑。司法参军掌"检定法律"，其核心职责是一个"定"字，即核定法吏检出的量刑法条。至于议刑，并非法司的职权。张正印以《名公书判清明集》卷11《人品门·公吏·籍配》为证，认为司法参军除检法外，还参与案件判决的书拟活动。戴建国指出，此判词作者蔡杭时任江东提刑，所判的案子是"据州县申"报后，由提刑司再次推勘的。其中所云"检法官"是隶于提刑司的官属，并不是州一级的司法参军。提刑司检法官"职专详谳"，自然是可以书拟的。戴建国还进一步指出，《名公书判清明集》中的类似几件司法文书都是路一级监司属官所作，并非州一级的司法参军的书拟作品。

二是关于司法参军的驳正权。张正印和贾文龙都认为，司法参军的驳正是对判决的驳正。戴建国认为，果真如此，那宋代反复强调的法司"不得辄言予夺"不就成了一条无效的具文了吗？实际上，在鞫、谳、议分司的体制下，司法参军的驳正权，是针对鞫狱官审讯已结案的驳议；法律禁止检法之司"辄言予夺"是就后面的详议程序

① 张正印曾专门研究宋代胥吏问题，出版有《宋代狱讼胥吏研究》（中国政法大学出版社，2012）一书。

② 参见贾文龙《卑职与高峰：宋朝州级属官司法职能研究》，第183~184页。

③ 参见戴建国《宋代州府的法司与法司的驳正权》，《人文杂志》2018年第4期。

而言的，即对检法后案子的覆核判决不得发表意见。戴建国还进一步指出，依法驳正与“辄言予夺”是两个不同性质的司法行为，容易混淆。前者是法律赋予法司的权力，后者属超越权力范围的违法行为。法司官吏在检法过程中发现案子审讯的结果有问题，据法予以驳正，自是题中之义。因此，不仅司法参军有驳正的权力和义务，法司胥吏也有此权力和义务。如南宋《赏格》规定：“入人死罪而吏人能驳正者，每人转一资；吏人推正县解杖、笞及无罪人为死罪者，累及五人，转一资。”

三是关于司法参军和法司吏人的区别。张正印文章一再强调，“鞫谳分司”主要体现在胥吏层次，官员之间的分职并不严格。戴建国认为，宋代州府法司和执掌审讯的推司有大量的吏人，数量相当可观。这些吏人都是司法活动的参与者。宋代的法典法规数量极为庞杂，检法事宜绝非司法参军一人所能完成。实际上是先由法司吏人根据案情和罪名检出适用的相关法律条款，再由司法参军对检出的众多法律条款予以核定。因此，法司吏人是参与检法的，从而容易成为违法者行贿的对象，《庆元条法事类》有专门针对法司吏人失出入罪的规定。但是，司法参军是检法程序的第一责任人。这和鞫狱类似。鞫狱过程不是录事参军一人所为，涉及所有参与审讯的院虞候等吏人，但法律规定录事参军必须对整个鞫狱的结果负责，是鞫狱程序的第一责任人。因此，基本不存在张正印所说的这个区别。针对张正印重点质疑的南宋绍兴十七年（1147）“诸州法司吏人只许检出事状，不得辄言予夺”的解读问题，戴建国指出，在此之前制定的北宋《天圣令》狱官令规定：“诸判官断事，悉依律令格式正文。若牒至检事，唯得检出事状，不得辄言予夺。”后来出台的南宋《庆元条法事类》也规定：“诸事应检法者，其检法之司唯得检出事状，不得辄言予夺。”据此推断，南宋绍兴十七年的规定不仅针对法司胥吏，还应包括司法参军。这样的比证是可信的，但对这里为何将主体限制为“法司吏人”，而不是“法司”，戴建国未予揭示。

戴建国还举了几个具体案例，证明司法参军的驳正权限于前一环节的“鞫”，而不包括后一环节的“议”。一是建隆三年（962），“河南府判官卢文翼除名，法曹参军桑植夺两任官。有尼法迁者，私用本师财物，准法不死，文翼以盗论，寘于极典，故责之”。戴建国认为，这里的法曹参军即司法参军，桑植是检法量刑者，检法量刑有误，而判官卢文翼是案子的实际审判者，负有主要责任，是以受到的处罚重于司法参军桑植。二是景祐三年（1036），“知蕲州、虞部员外郎王蒙正责洪州别驾，坐故入林宗言死罪，合追三官，勒停，特有是命。判官尹奉天、司理参军刘涣，并坐随顺，奉天追两任官，涣曾有议状，免追官；通判张士宗随顺蒙正，虚妄申奏，追见任官；黄州通判潘衢不依指挥再勘林宗言翻诉事，罚铜三十斤，特勒停……蕲春知县苏諲，录问不当，罚铜十斤，并特冲替……录事参军尹化南、司法参军胡揆，不驳公案，各罚铜五斤”。戴建国认为，该案中，司法参军的罪名不是“坐随顺”，而是“不驳公案”。所谓“不驳公案”罪，是针对鞫狱有误、录问不当行为而言的。检法官未能予以驳正，当然要承担责任。从此案例可以得知，司法参军并不参与检法后的集体覆核审议活动，是受到了“不得辄言予夺”法律规定约束的。三是《晦庵先生朱文公文集》卷19《奏状·按唐仲友第四状》载：“据城下天庆观道士祝元善供，与陈百一娘有奸事，发送州院禁勘结录，下法司检断，决脊杖十三，还俗。托曹县丞打嘱，仲友至今不曾科断。”戴建国认为，朱熹说“法司检断，决脊杖十三，还俗”，这一量刑应是司法参军在法司吏人检法的基础上作出的。但他接着又说“仲友至今不曾科断”，显然案子并没有最终判决。唐仲友是知州，执掌最终判决权，谓之“科断”。可见法司“检断”和知州“科断”之间是有区别的。四是真宗景德年间，西门允为莱州司法参军。莱州知州“苛深，尝有强盗，欲寘之死，使（西门允）高赃估，公阅案，请估依犯时，持议甚坚。会使者在郡，守语先入，交以责公，公益不屈，二囚遂不死”。戴建国认为，该案中司法参军西门允在检定法条时，并没有屈从知州旨意，根据案情，依照法律规定实事求是地予以刑罚认定。五是杨汲任赵州司法参军期间，“州民曹浔者，兄遇之不善，兄子亦加侮焉。浔持刀逐兄子，兄挟之以走。浔曰：‘兄勿避，自为侄尔。’既就吏，兄子云：‘叔欲给吾父，止而杀之。’吏当浔谋杀兄。汲曰：‘浔呼兄，使勿避，何谓谋？若以意为狱，民无所措手足矣。’州用其言，谳上，浔得不死”。戴建国认为，这里的“吏当浔谋杀兄”，应是鞫司给案子定的罪名。案情如为谋杀兄长，就是十恶重罪，检法之司检出来的惩处条款必定是死罪。司法参军杨汲在检法时，就鞫司给案情的定性提出了不同的意见，认为当事人不存在谋杀其兄长的用意，从而纠正了案件的错误定罪。这件案例突出体现了司法参军的检断驳正权。

此外，关于鞫谳分司的具体环节，贾文龙认为，宋朝州级审判分为审讯、检法、拟判、定判四个环节，司理参军负责审讯，司法参军负责检法，判官或推官负责拟判，最后知州定判。其中，司理参军的设立最为重要，促使司法参军专职于检法工作，在体制上形成“鞫谳分司”制度。① 戴建国认为，宋代审判分司制度实际上不止“鞫、谳”，还有一个“议”司“详议”的程序。在中央，地方奏案（已鞫）报大理寺、刑部断，再经审刑院详议。大理寺和审刑院断、议如有争执而无法定案时，宋代还设有尚书省集议程序，以解决疑难问题。在地方上，州府推司鞫狱、司法参军检法后，由州府长官、幕职官集体审核进行“详议”。详议是建立在鞫、谳分司基础上的一个更深

① 参见贾文龙《司命千里——宋朝司理参军制度》，《平顶山学院学报》2015年第3期。

层次的制度设计。这一制度充分体现了宋代祖宗家法“事为之防，曲为之制”的宗旨。[①]

关于中央层面是否实行“鞫谳分司”问题，此前由于相关历史文献并无清晰交代，学界尚无明确结论。学界有人把负责天下奏案断覆的大理寺和刑部视作鞫司，把审刑院视为谳司。戴建国认为这一看法忽略了北宋前期大理寺不治狱和元丰改制后设立左断刑的史实。宋神宗元丰改制，大理寺设右治狱，掌京城百官犯罪案、皇帝委派案、官物应追究归公案的审讯；同时设立左断刑，负责详断各地文武官员犯罪被劾案和各地报呈的疑罪上奏案。右治狱推鞫的案子必须送左断刑详断，贯彻了“鞫谳分司”的精神。[②]

四　关于乌台诗案的新发现

案例研究一向是宋代法律史研究的重点，除了著名的阿云案、岳飞案等诏狱外，[③]普通案例也成为学者的研究对象。戴建国通过考察两个普通案例的审理过程，认为北宋前期法律制度比较健全有效，司法程序也较为严密。[④] 这里主要介绍朱刚和戴建国、赵晶关于苏轼乌台诗案的商榷文章。

北宋元丰二年（1079）七月二十八日，苏轼在湖州知州任上被捕，八月十八日押解至京，拘于御史台，就其诗文谤讪朝政之事加以审讯，十二月二十八日结案，贬官黄州。史称“乌台诗案”。历代学者参与讨论甚多，成果也非常可观。但明刊《重编东坡先生外集》卷 86 所录有关“乌台诗案”的一卷文本（简称“重编本”），似尚未引起研究者的足够关注。[⑤]

朱刚撰文提出，重编本是北宋审刑院复核此案后上奏的文本。由于传世的其他记录“诗案”之文本（主要是署名“朋九万”的《东坡乌台诗案》一卷，简称“朋本”），主要源于御史台的案卷，相比之下，这个审刑院的文本略于审讯供状，而相对地详于结案之判词。根据宋代“鞫谳分司”制度来解读这份材料，可以发现，御史台虽加以严厉审讯，但大理寺作出了“当徒二年，会赦当原”，也就是免罪的判决。御史

① 参见戴建国《宋代鞫、谳、议审判机制研究——以大理寺、审刑院职权为中心》，《江西社会科学》2018 年第 1 期。

② 参见戴建国《宋代鞫、谳、议审判机制研究——以大理寺、审刑院职权为中心》，《江西社会科学》2018 年第 1 期。

③ 例如李裕民《宋神宗制造的一桩大冤案——赵世居案剖析》（载《宋史新探》，陕西师范大学出版社，1999，第 30~46 页），戴建国《熙丰诏狱与北宋政治》［《上海师范大学学报》（哲学社会科学版）2013 年第 1 期］，刘猛《宋代司法的运行及其法理：以阿云案为考察对象》（《史林》2019 年第 5 期）。

④ 参见戴建国《从两桩案件的审理看北宋前期的法制》，《历史教学》2017 年第 8 期。

⑤ 参见佚名编《重编东坡先生外集》卷 86，四库全书存目丛书编纂委员会编《四库全书存目丛书》集部第 11 册，据明万历三十六年刻本影印，齐鲁书社，1997，第 565~575 页。

台反对这个判决，但审刑院支持大理寺。在司法程序上，“乌台诗案”最后的结果是免罪，苏轼之贬黄州，乃是皇帝下旨“特责”。[①]

朱刚文章特别强调两点，一是鞫谳分司制度的积极作用。大理寺的初判令御史台非常不满，乃至有些恼羞成怒，御史中丞李定和监察御史里行舒亶公开上书反对，要求对苏轼“特行废绝”，强调苏轼犯罪动机的险恶，谓其“所怀如此，顾可置而不诛乎”。但是审刑院仍向朝廷提交了支持大理寺的判词，体现了北宋司法官员值得赞赏的专业精神。作者感叹，“遭遇‘诗案’当然是苏轼的不幸，但他也不妨庆幸他的时代已具备可称完善的‘鞫谳分司’制度，以及这种制度所培养起来的司法官员的专业精神，即便拥有此种精神的人是他的政敌”。二是皇帝特权的最终影响。与御史台的态度相比，神宗的处置显得宽容；但御史台并非“诗案”的判决机构，既然大理寺、审刑院已依法判其免罪，则神宗的宽容在这里可谓毫无必要。恰恰相反，“审刑院本”使用的“特责”一词，准确地刻画出这一处置的性质，不是特别的宽容，而是特别的惩罚。

朱刚的论文受到学界的高度重视。戴建国撰文认为，[②]朱刚论文“弥补了刘德重和美国学者蔡涵墨等学者先前对此案探讨的不足，纠正了一些讹误”，但综观学界成果，仍有一些问题需要解决。一是朱刚认为重编本《乌台诗案》是北宋审刑院复核此案后上奏的文本，并将其称作“审刑院本”。戴建国认为，这个认定不确，重编本《乌台诗案》应来源于中书门下颁布的政务公文——敕牒。苏轼一案由御史台审讯，经大理寺、刑部和审刑院量刑覆议，皇帝裁决后，由中书门下用敕牒颁布执行。所谓“敕牒”，是奉皇帝之敕颁布的案件执行文书，将苏轼一案的立案、审判作摘要式的叙述，其目的在于惩戒官员，向朝野作交代。重编本收载的《乌台诗案》据中书门下敕牒抄录而成，但抄录者并没有照原样抄录，而是有所改动。二是所谓审判公正、皇帝特责说。戴建国据传世的乌台诗案相关史料，结合宋代司法制度，重新梳理该案的立案和审判过程，认为神宗的特责权是基于皇帝权力而产生的，除苏轼一案外，也常适用于其他诏狱。受苏轼牵连的王诜、苏辙、王巩等人也遭到了神宗的特责。三是刑讯问题。此前，关于苏轼在御史台狱受审是否遭刑讯拷打，不少研究者对此问题或避而不谈，或云根据刑不上大夫的礼制原则，朝廷命官原则上不适用刑讯，苏轼没有遭遇拷打，或说由于神宗的亲自介入，“苏轼得以免遭皮肉之苦”。然而揆诸史籍，这种说法存在疑点。朱熹曾明确说过：“东坡下御史狱，拷掠之甚。”苏轼本人在《御史狱中遗子由》序亦云：“予以事系御史台狱，府吏稍见侵，自谓不能堪，死狱中，不得一别子由。”所言

① 参见朱刚《“乌台诗案”的审与判——从审刑院本〈乌台诗案〉说起》，《北京大学学报》（哲学社会科学版）2018年第6期。

② 参见戴建国《“东坡乌台诗案”诸问题再考析》，《福建师范大学学报》（哲学社会科学版）2019年第3期。

十分婉转，但其背后隐含的或许就是朱熹所说的状况。四是乌台诗案的性质。戴建国认为，苏轼一案，缘起于御史台官员的职守、例行公事的弹劾，是神宗实施新政背景下发生的一起诏狱，是宋神宗维护新政、肃正朝廷纲纪的产物。其间虽有李定等人极力弹劾苏轼，罗织罪名，但其他台谏、司法官员，有的是本于职分，并不一定都属于党派之争。苏轼乌台诗案确实有党争的背景，但不能把涉及案子的所有人都往党争关系上挂靠。比如弹劾苏轼的监察御史里行舒亶，论者将其归为依附王安石的新党。戴建国引用其他学者的研究认为，① 从舒亶的弹劾对象看，既有驸马都尉王诜这样的皇亲国戚，还有所谓同一党派的新党中的重要人物章惇、曾布，还有曾举荐自己的恩公张商英，可见舒亶的弹劾不囿于党派之见，奉职言事，忠贞刚直。五是乌台诗案的法律史意义。有论者以苏轼案为例，认为“宋代法律实践的发展越来越依赖皇帝的诏敕，而这是以损害《宋刑统》中规定的律条为代价的”。② 戴建国认为：“中国传统社会一切法律的重心实际上都是当代法，宋代虽有《宋刑统》，但那是一部修订于宋初，以唐律为主要内容的法典，随着宋代社会的发展，已远远跟不上社会的需要。宋代历朝皇帝根据当代社会治理的实际状况，因时制宜发布诏敕，据诏敕制定成新的法律，亦为题中之义。苏轼一案的量刑判决，彰显了传统帝制时代法治所能达到的一个高度。”

在另外一篇文章中，戴建国对包括乌台诗案在内的熙丰诏狱作了专门探讨，认为这些诏狱彰显了宋代的法制，“治有确证而非深文周内”，③ 但也重创了当时的士风，侵害了优礼大臣的祖制。神宗为推行新政，防范臣僚结党营私，屡屡兴起诏狱，不惜将涉案大臣送入诏狱严加审讯。审讯中，枝蔓株连、过度求治，几乎到了不计司法成本的地步。下狱受审的大臣人数之多，在此前的北宋历史上还没有发生过。身为名流的馆阁、两制之臣纷纷下狱，身处囹圄，与吏对质，对臣僚的人格是极大侮辱。下狱的士大夫受不了狱中的酷刑摧残和人格侮辱，往往以自诬伏罪方式求得解脱。此外，神宗与王安石为推行新政，提拔选用了一些政治上的新人，这些新人担任要职后，急于邀功，为达目的不择手段，对后来的士风影响很坏。但马端临《文献通考》“诏狱盛于熙丰之间，盖柄国之权臣，借此以威缙绅”的说法是不恰当的，因为“无视神宗的存在及其在国家政治生活中的主导作用”。近臣下诏狱受审和“宰相罚金门谢”，这与真宗以来渐次形成的待大臣有礼的祖宗家法是相违背的，反映高级臣僚人格在神宗时期

① 参见孙福轩《北宋新党舒亶考论》，《浙江学刊》2012 年第 2 期。

② 蔡涵墨撰《乌台诗案的审讯：宋代法律施行之个案》（卞东波译，载卞东波编译《中国古典文学研究的新视镜——晚近北美汉学论文选译》，安徽教育出版社，2016，第 210 页）所引宫崎市定、马伯良、彼得·塞得尔的观点。

③ 沈松勤：《北宋文人与党争》，人民出版社，1998，第 130 页。

受到严重挫伤，体现的是君主威权的提升，凸显了唐以来政治体制的变化，及君主独裁体制的逐渐成形。北宋政治氛围的重大变化就是从这时开始的。[①]

赵晶也认为，《重编东坡先生外集》卷86所载乌台诗案的内容可能抄自承载神宗最终裁断的敕牒，而《东坡乌台诗案》则可能摘抄自御史台存档的从弹劾奏状开始至皇帝裁断为止的各个阶段的文书。虽然编者打乱了文书原有的次序，删掉了相关格式，进行杂糅汇编，但依然能够显现宋代诏狱案件审理过程中频繁的文书运作状况。由于苏轼等罪涉犯赃，讥讽诗作的印行又被认为是"情重法轻"，所以能否适用恩赦、能否比附相关敕条而作出徒二年的定罪量刑建议等，皆非大理寺所能擅专，对苏轼的最终处断还是体现了神宗的恩典。[②]

五　关于苏轼法律活动的评价

两宋士大夫的法治理念和法律活动一向是学者研究的重点。[③] 近年，苏轼及其家族的法治理念和法律活动成为热点，本文主要介绍其中有关苏轼法律活动的评价。[④]

苏轼曾有两句诗"读书万卷不读律，致君尧舜知无术"，[⑤] 流传甚广，常作为苏轼自己乃至中国古代士大夫鄙薄法律的证据。清末修订法律大臣沈家本（1840~1913）认为，此诗乃"苏氏于安石之新法，概以为非，故并此讥之，而究非通论也"。[⑥] 近代著名法制史学家杨鸿烈（1903~1977）也以这句话为据，断言苏轼"对于此道（指法律）全是外行"。[⑦] 但也有学者高度肯定苏轼的"以法活人"主张（即依据法律、法令减轻民间疾苦），[⑧] 甚至还有学者称之为"法学家"。[⑨]

近年有学者撰文提出，"读书万卷不读律"云云很大程度上只是苏轼在诗歌中的文学表达，反映他对朝廷片面强调法律的选人用人政策的不满，但并不表明他认为法律

---

① 参见戴建国《熙丰诏狱与北宋政治》，《上海师范大学学报》（哲学社会科学版）2013年第1期。

② 参见赵晶《文书运作视角下的"东坡乌台诗案"再探》，《福建师范大学学报》（哲学社会科学版）2019年第3期。

③ 例如胡兴东《宋朝对士大夫官僚法律知识改善措施、失败及其影响研究》（《思想战线》2016年第2期）、白贤《两宋士大夫法律素养之考量——兼与"两宋士大夫'文学法理，咸精其能'说"商榷》（《河北大学学报》2017年第5期）等。

④ 参见赵晓耕主编《北宋士大夫的法律观——苏洵、苏轼、苏辙法治理念与传统法律文化》（北京大学出版社，2020）、张群《苏轼的行政才干与法政思想——从惠州营房问题说起》（载张志铭主编《师大法学》第4辑，法律出版社，2019）、张群《也谈"读书万卷不读律"》（载张生主编《法史学刊》第14卷，社会科学文献出版社，2019）等。

⑤ （清）王文浩辑注《苏轼诗集》卷7《古今体诗四十五首·戏子由》，中华书局，1982，第325页。苕溪丛话本"知"作"终"。

⑥ 沈家本：《历代刑法考·寄簃文存》卷1《设律博士议》，中华书局，1985，第2060页。

⑦ 杨鸿烈：《中国法律思想史》，商务印书馆，2017，第185页。

⑧ 参见陈景良《试论宋代士大夫的法律观念》，《法学研究》1998年第4期。

⑨ 参见徐道邻《徐道邻法政文集》，清华大学出版社，2017，第389页。

不重要。一方面，事实上，苏轼重视法律在施政中的作用，本人也勤于学习并熟悉法律。例如在讨论高丽使者买书问题上，有人援引《国朝会要》为据，说淳化四年（993）、大中祥符九年（1016）、天禧五年（1021）均曾赐高丽《史记》等书，“先朝尝赐之矣，此非中国所秘，不与，何以示广大?”还有人提出，“高丽买书，自有体例，《编敕》乃禁民间”（《元祐编敕》禁止售书国外）。[①] 苏轼从法理角度指出，“《会要》之为书，朝廷以备检阅，非如《编敕》一一皆当施行也”。[②] 在讨论商旅出境问题上，苏轼熟练征引《庆历编敕》《嘉祐编敕》《熙宁编敕》《元祐编敕》等有关规定，主张加强商旅出境贸易管制。[③] 在讨论五谷力胜税钱问题上，苏轼熟练征引《天圣附令》《元丰令》《元祐敕》等法规文件。[④] 但另一方面，宋代士大夫普遍工于吏事、通晓法律，似乎也不宜因此给予苏轼过高评价，甚至奉上“法学家”的高帽。

在司法上，苏轼主张“慎重刑罚”；热情赞扬坚持原则、依法办案的官员，赞之为“刚者之必仁”；[⑤] 批评转运司在役法中“法外创立式样”、[⑥] 在商税中“法外擅立随船点检”，增加人民负担；[⑦] 反对科举中“法外推恩”，录取关系考生；[⑧] 反对“法外赈济”，不切实际地提高救灾标准，增加财政支出。[⑨] 但同时，他又认为，必要时可以突破法律规定，“事诚无害，虽无例亦可；若有其害，虽例不可用也”。[⑩] 比如，在遇到风灾时，一些地方官吏借口没有法律根据，拒绝救济，理由是“法有诉水旱而无诉风灾”，苏轼严厉批评这种做法，认为法当活人，怎可拘泥条例如此?[⑪] 在关系统治安全的盗贼问题上，苏轼更是坚决主张从权变通、法外用刑。他在元丰元年（1078）《徐州上皇帝书》中，引用汉代丞相王嘉“二千石益轻贱，吏民慢易之”的话，[⑫] 认为宋代亦“郡守之威权”太轻，表现之一就是“欲督捕盗贼，法外求一钱以使人且不可得”，“盗贼凶人，情重而法轻者，守臣辄配流之，则使所在法司覆按其状，劾以失入”，认为“惴惴如此，何以得吏士死力而破奸人之党乎?”他建议“京东多盗之

① 孔凡礼撰《苏轼年谱》卷32，中华书局，1998，第1079页。

② 苏轼：《论高丽买书利害劄子三首》，载《苏轼文集》卷35《奏议》，孔凡礼点校，中华书局，1986，第1000页。

③ 苏轼：《乞禁商旅过外国状》，载《苏轼文集》卷31《奏议》，孔凡礼点校，第889~890页。

④ 苏轼：《乞免五谷力胜税钱札子》，载《苏轼文集》卷35《奏议》，孔凡礼点校，第991~992页。

⑤ 《苏轼文集》卷10《刚说》，孔凡礼点校，第339页。并见《宋史》卷330《谢麟传》。

⑥ 《苏轼文集》卷30《奏议·论役法差雇利害起请画一状》，孔凡礼点校，第853页。

⑦ 《苏轼文集》卷35《奏议·乞岁运额斛以到京定殿最状》，孔凡礼点校，第984页。

⑧ 《苏轼文集》卷28《奏议·贡院劄子四首·论特奏名》，孔凡礼点校，第810页。

⑨ 《苏轼文集》卷36《奏议·乞减价粜常平仓米赈济状》，孔凡礼点校，第1035页。

⑩ 苏轼：《论高丽买书利害劄子三首》，载《苏轼文集》卷35《奏议》，孔凡礼点校，第1000页。

⑪ 《苏轼文集》卷48《书·上吕仆射论浙西灾伤书》，孔凡礼点校，第1402页。

⑫ 《汉书》卷86《王嘉传》，中华书局，1962，第3490页。

郡”，“皆慎择守臣，听法外处置强盗”，并且“颇赐缗钱，使得以布设耳目，蓄养爪牙”。①

对此，苏轼并非说说而已，而是切实付诸行动。在杭州知州任上，曾经一年之内三次“法外用刑”。一是元祐四年（1089）七月，杭州市民颜章、颜益二人带领二百余人到知州衙门闹事。苏轼调查发现，此二人之父颜巽乃第一等豪户，父子一向把持、操纵纳绢事务，此次闹事，就是针对苏轼的纳绢新政。本来州右司理院已“依法决讫”，但苏轼认为，二人“以匹夫之微，令行于众，举手一呼，数百人从之，欲以众多之势，胁制官吏，必欲今后常纳恶绢，不容臣等少革前弊，情理巨蠹，实难含忍”，决定“法外刺配”。判云：“颜章、颜益家传凶狡，气盖乡闾。故能奋臂一呼，从者数百。欲以摇动长吏，胁制监官。蠹害之深，难从常法”，刺配本州牢城，并上报朝廷，“谨录奏闻，伏候敕旨”。② 二是元祐四年十一月，浙江灾荒，社会不太稳定。苏轼鉴于“浙中奸民结为群党，兴贩私盐，急则为盗”，担心“饥馑之民，散流江海之上，群党愈众，或为深患”，请朝廷准许对于“盗贼情理重者，及私盐结聚群党”，皆许“法外行遣”，等到情况好转之后再恢复常态（“候丰熟日依旧”）。③ 三是元祐四年十一月，福建商人徐戬受高丽钱物，于杭州雕刻《华严经》并海舶载去交纳，事毕又载高丽僧人五名来杭州。苏轼认为，“福建狡商，专擅交通高丽，引惹牟利，如徐戬者甚众”，“此风岂可滋长，若驯致其弊，敌国奸细，何所不至？”将徐戬枷送左司理院查办，并上书皇帝，“乞法外重行，以戒一路奸民猾商”。④ 后奉圣旨，徐戬“特送千里外州、军编管”。⑤ 后来，元祐八年（1093），苏轼还“法外支赏，令人告捕强恶贼人”，遭台官弹劾“妄用颍州官钱”。⑥

按照现代法理，在发生外敌入侵、社会动乱、重大自然灾害等紧急状态下，可以允许一定程度的突破法律。因此，苏轼的上述观点不可简单否定，而要具体分析。详言之，苏轼关于救灾可以法外施仁的观点应予肯定，关于私盐犯的法外用刑、关于破格悬赏举报也可以接受，但法外惩处到海外经商的福建商人徐戬似嫌苛刻，其危害和影响似远无苏轼指称的那样严重，这只能从苏轼本人的外交观上去找原因了；至于法外刺配闹事的颜章、颜益更无必要，因当时局势和肇事者均已控制。事实上，“法外刺配”颜章、颜益一事很快就被苏轼的政敌贾易等人抓住把柄，作为攻击他的一大罪状。

① 《苏轼文集》卷26《奏议·徐州上皇帝书》，孔凡礼点校，第761页。

② 《苏轼文集》卷29《奏议·奏为法外刺配罪人待罪状》，孔凡礼点校，第841~842页。

③ 《苏轼文集》卷30《奏议·乞赈济浙西七州状》，孔凡礼点校，第851页。

④ 《苏轼文集》卷30《奏议·论高丽进奉状》，孔凡礼点校，第848页。

⑤ 《苏轼文集》卷31《奏议·乞禁商旅过外国状》，孔凡礼点校，第888页。

⑥ 《苏轼文集》卷36《奏议·辨黄庆基弹劾劄子》，孔凡礼点校，第1015页。

苏轼被迫继续外任。[①] 这是苏轼仕途上的一次重要挫折。以往学界多站在苏轼一边，但苏轼本人“法外用刑”不应原谅。中国古代一直存在“法外用刑”的情况，君主恣意杀人更是史不绝书，宋代也不乏“法外用刑”的记载，[②] 但这种做法一向为舆论所鄙，故对苏轼也不应网开一面。

当然，总的来看，还是应对苏轼的法律活动予以正面评价。苏轼主张“法外用刑”，自己也这样做过，但对在具体个案中是否这样做还是慎重的，在确保效果的前提下，他似乎更愿意依法办事。这从他赞赏滕宗达“无一人死法外者”可见一斑。[③] 而他本人一生作为也不给人严酷的印象，更多还是儒家风范。近代以来，多认为儒家思想阻碍法治进步。但儒家宣扬仁政、爱民、公正等思想在根本上是不违背法制甚至还是有利于法制的。事实上，传统士大夫受儒家思想影响，在施政和执法过程中，会多一些仁慈之心、少一些严刑酷法，多一些威武不能屈的刚毅木讷、少一些趋炎附势的巧言令色，其客观作用是积极正面的。苏轼本人就是一个明证。

此外，针对朱熹认为苏轼不擅治道，[④] 有学者从一个具体问题——惠州驻军的营房修缮——着手，考察苏轼是如何发现和解决施政中的法律问题的，认为苏轼从政期间，不以个人得失荣辱为意，始终关心地方政事，在为官期间均有不错的政绩；苏轼历经宦海沉浮，熟悉官场“潜规则”，说话办事注意把握分寸、讲究技巧，并非不通世故的书生腐儒。苏轼在文化教育以及人才问题上尤多真知灼见。比如他主张改革选人用人制度，因地取才，反对单纯以“文词”（无论是诗赋还是经术）取人。[⑤] 同时代的欧阳修《论更改贡举事件札子》也对科举表示不满，但批评的不过“先诗赋而后策论”这一技术问题，仍然还是在诗赋、策论框架内徘徊纠结。后来的明末清初王夫之《明夷待访录·取士》主张放宽选人途径，但选拔标准和手段仍然以文词为主。比之他们，苏轼的主张似更符合实际，也更有见地。这和他长期在地方为官、接触社会较多是分不开的。

---

① 苏轼：《再乞郡札子》（元祐六年七月六日）、《乞外补回避贾易札子》（元祐六年七月二十八日）、《辨贾易弹奏待罪札子》（元祐六年八月初四日），载《苏轼文集》卷33《奏议》，孔凡礼点校，第930、934、935页。

② 清代赵翼《廿二史札记》卷25《定罪归刑部》举了宋史上7个专杀的例子，认为其中6个涉及军法，不妨便宜处之，“用重典以儆凶顽”，但“舒亶以小吏而擅杀逆子，虽不悖于律，而事非军政，官非宪府，生杀专之，亦可见宋政之太弛也”。舒亶事见《宋史》卷329《舒亶传》：“调临海尉，民使酒詈逐后母，至亶前，命执之，不服，即自起斩之，投劾去。”孙福轩在《北宋新党舒亶考论》（《浙江学刊》2012年第2期）一文中对舒亶持肯定评价。

③ 《苏轼文集》卷15《墓志铭·故龙图阁学士滕公墓志铭》，孔凡礼点校，第464页。

④ 《朱子语类》卷130《本朝四·自熙宁至靖康用人》。

⑤ 苏轼：《徐州上皇帝书》，载《苏轼文集》卷26《奏议》，孔凡礼点校，第761页。

针对有人提出的苏轼“外交家”之说，[①] 有文章认为似有拔高之嫌。苏轼在地方和中央任职多年，经历丰富，历练完整，按理说，他对外交等重大政治问题应该有自己的独立、系统的观点和见解，但事实似乎并不如此。比如，在高丽使者来华乞书问题上，作为礼部尚书的苏轼，片面强调国家安全，主张严格限制乃至禁止，而没有考虑到文化交流互惠共赢的一面。又如，在杭州任职期间，苏轼严词拒绝高丽惠赠给寺院的金塔，[②] 严惩擅自出海贸易的商旅，还建议朝廷恢复国初严禁商旅出境的政策，[③] 均稍嫌偏颇。

六　关于宋代法律人的研究

除了提点刑狱司、司法参军以及苏轼这样的司法官员外，其他法律人也受到较多关注，比如参与南宋基层司法活动的胥吏、为诉讼当事人提供咨询和其他帮助的讼师以及从事维持地方法律秩序的书铺户、茶食人、停保人等。这里主要介绍戴建国近年的相关研究。[④]

关于胥吏在司法活动中的地位。戴建国以私名贴书（款司）为例指出，款司负责整理犯人供词及整个案款，在整个诉讼程序中极为重要。犯罪嫌疑人有罪还是无罪、罪轻还是罪重，是生还是死，往往系于款司之手。此外，虽然案件由州县长官作最后的裁决，但州县长官很少亲理刑狱，案件的审理活动主要由包括款司在内的胥吏具体操作。州县长官的判案书，也是基于款司的鞫狱活动而制作的。

关于胥吏的积极作用。戴建国认为，胥吏是维系南宋基层司法活动正常进行的重要条件。首先，在司法队伍上，宋代限于财力和人力，抓大放小，对中央衙门和州一级吏人的监管较为重视，对县级胥吏的管理和人员的配备显得力不从心，无法充分关注。县衙正式在编人员数量有限，不领重禄的私名之类的贴书就成了各县招纳的对象。他们承担了基层司法的大量事务性工作。其次，在司法知识上，胥吏长期浸淫于州县狱讼事务，有的还是世代相传，对法律规定、制度规则、狱讼审理的法律程序极为娴熟。北宋亡国后，大量法律文书遭洗劫，南宋的法典体系最先是靠胥吏的记忆才得以逐步健全完善起来的，可见胥吏对国家典章制度的熟悉。

① 参见冒志祥《浅论苏轼的外交思想——基于苏轼关于高丽的“状”文》，《河南师范大学学报》（哲学社会科学版）2008 年第 4 期；冒志祥《苏轼对宋代“海上丝路”贸易法规建设的贡献——以苏轼有关高丽的状文为例》，《南京师范大学文学院学报》2017 年第 1 期。

② 苏轼：《论高丽进奉状》《论高丽进奉第二状》，载《苏轼文集》卷 30《奏议》，孔凡礼点校，第 847、857 页。

③ 苏轼：《乞禁商旅过外国状》，载《苏轼文集》卷 31《奏议》，孔凡礼点校，中华书局，1986，第 888 ~ 891 页。

④ 参见戴建国《南宋基层社会的法律人——以私名贴书、讼师为中心的考察》，《史学月刊》2014 年第 2 期。

关于胥吏的弊病。戴建国以私名贴书为例指出，相当一部分胥吏利用制度的缺漏、吏治的腐败，把持州县狱讼，营私舞弊，干扰了正常的司法秩序。款司即私名贴书属私名人，乃编外人吏，与所谓的正名吏人不同，在待遇、素质方面都较低。实践中，县级狱吏无国家的俸禄，不少人的经济来源主要靠敲诈犯人获取钱财。宋代曾经命各县置推吏、给重禄，但很难推行。原因在于，负责狱讼的县吏，俸禄只有州级狱吏的 1/3，远远少于受贿所得。另外，在法律上，私名贴书、受雇家人犯法，可减等处刑。他们的受贿行为一旦被察觉，依照重禄法将受到重惩，但不领重禄时惩处要轻得多。

关于胥吏的管理政策。戴建国指出，宋代注意到了胥吏监管不严带来的弊病，采取了一些治理措施。其一，设有司法纠偏机制以防失误。规定回避制度，法官与被审讯的犯人之间以及审理同一案件的法官与法官之间，如有亲仇、业师、同年关系的必须回避。实施鞫、谳分司，“鞫之与谳，各司其局，初不相关，是非可否，有以相济”。实行“翻异别勘”制，一旦犯人翻供不伏，案子必须移至另一审讯机构重新审理。这些制度对于纠正县级审判之误发挥了积极作用。其二，规范胥吏管理机制。建立民告吏制度，平民百姓即使所告不实，也不会获罪。“天下未闻有因诉吏而坐罪者，明知其带虚不坐，明知其健讼亦不坐，盖诉吏犹诉贼失物，终无反坐也。”这对减少胥吏的审案不公多少可以起到一些积极作用。

关于胥吏的评价。戴建国认为，宋代的吏害，尤其是以州县私名贴书为代表的狱吏之害始终是未能革除的一大弊病。这是我们在评价宋代法制时不能不关注的一个问题。但还应注意，由于政治运作的关系，官员们会对出现的不正常的问题大加渲染和抨击，对于那些循规守法的胥吏通常不会刻意揭示，这样就导致史书中很少有关于下层胥吏工作业绩的记载，于是就给我们造成一种假象，似乎宋代基层社会胥吏世界一片黑暗。如果真是这样的话，宋代基层社会法律秩序还能维持下来吗？事实上，南宋基层社会整体还是稳定的，毕竟延续了一百五十多年。除了奸猾胥吏外，也有很本分的循规蹈矩的吏人。

关于讼师与书铺户、茶食人和安停人（停保人）的关系。有学者将宋代书铺户、茶食人归入讼师之列。[①] 戴建国认为，凡是收徒讲授讼学、教唆诉讼、协助诉讼以及起司法调解作用的第三方人士，都可归为讼师，但不赞成将书铺户、茶食人和停保人认定为讼师。主要理由是，虽然他们把持公事、教唆诉讼，也常参与助讼活动，但从狭义来讲，无论是书铺户，还是茶食人、停保人，从他们本身的职业规定性来讲，是法律人，而不是讼师。书铺户、茶食人和停保人身份是官府认可而固定的，他们的本职

① 参见党江舟《中国讼师文化——古代律师现象解读》，北京大学出版社，2005，第 51、143 页。

是承担公证和“保”“识”业务，是协助官府维持地方司法秩序的，这是他们的主体身份。至于他们中的一部分人受利益驱动，私下转换角色，利用业务之便参与民间助讼活动，实质是身份的异化，是不合法的。

有学者以书铺户为例，认为官府及士大夫与讼师并非全面对立，而是有所交融，宋代讼师活动“有限度合法化”。[①] 戴建国认为，这种看法值得推敲。首先，官府承认书铺的合法性，但给书铺的职业定位仅是个公证机构，“凡举子预试，并仕宦到部参堂，应干节次文书，并有书铺承干”。代写诉状仅是其职责之一。即使为人代写诉状，也只是从规范诉状格式、为没有文化的百姓提供方便出发，他们不得“添借语言，多入闲辞及论述不干已事”，禁止“不写本情，或非理邀阻”，不能作为诉讼代理人参与诉讼。如果说书铺户是讼师，那就等于说宋政府承认讼师的合法性了。正如夫马进所言，“如果承认了讼师，就不得不从根本上改变对诉讼本身的看法”，“也就不得不容忍‘好讼之风’和‘健讼之风’”。这无异将统治阶级长期以来的司法惩讼理念颠覆了。事实上，只有当书铺户违反规则私下里转变角色，为民助讼时，才扮演了讼师的角色。然而这种角色转变是官府绝不允许的。因此，书铺户并不属于严格意义上的讼师之列。其次，从文献记载来看，官府对讼师尚无肯定的评价，有的尽是抨击和打压。基于传统的息讼、惩讼观，官府不可能与讼师交融。陈亮曰：“民病则求之官。”即在官员看来，小民受到豪民恶霸的欺压，只能求助于官府，官府有责任为民做主，纾解民瘼，绝不会允许讼师染指其间。

关于茶食人、停保人与司法的关系。有学者认为，茶食人是书铺里专门负责开雕诉状的人，与书铺营业有关，是书铺里的人。[②] 戴建国认为，茶食人是独立于书铺之外的，是由政府籍定的专门为诉讼人承担保识业务的人。书铺与茶食人的职能区别在于：前者只承担为不识字的老百姓书写诉状，后者的职责是对陈状人承担“保”“识”。“保”“识”体现在两个方面：其一，承担初步审核诉状是否真实的责任，督查书铺是否如实书写诉状，如果投状人“理涉虚妄”，未能核查出而投进官府，扰乱司法诉讼秩序，官府将其连同书铺“一例科罪”，此谓“保”。其二，知晓投诉状的人所在，居住何乡何里，以备官府传唤，此谓“识”。黄震《词诉约束》规定，“不经书铺不受，状无保识不受”，表明官府受理诉状，除了须经书铺书写之外，还要另有人保识，这是两个并列的要件。书铺书写诉状，并不具备自动保识的效力。换言之，这是由两个不同

① 参见陈景良《讼学、讼师与士大夫——宋代司法传统的转型及其意义》，《河南省政法管理干部学院学报》2002 年第 1 期。

② 参见陈景良《讼学、讼师与士大夫——宋代司法传统的转型及其意义》，《河南省政法管理干部学院学报》2002 年第 1 期；刘馨珺《宋代衙门的放告与保人》，载邓小南等主编《宋史研究论文集》，湖北人民出版社，2011，第 21 页。

身份的人办理的司法程序。而茶食人正是负责保识业务的。有学者（例如日本高桥芳郎）认为，茶食人与停保人是同一种职业的人。戴建国认为，停保人也承担保任之责，但茶食人与“词人召保听候”之保人是有区别的，这是两个不同程序的担保人，前者是案件审理程序前的担保责任人，后者是案件进入审理程序后的担保责任人。茶食人之职与停保人的职责虽在担保上有相通之处，但茶食人主要是审核诉状有无虚妄，并知其所在；停保人职责主要是安置被保人、关注被保人，负有常知诉讼人所在的责任，以备官府随时传唤。依据宋代保人法规定，保人负有关注被保人不得让其走窜逃亡的义务。宋《天圣杂令》中规定：“诸以财物出举者，任依私契，官不为理……如负债者逃，保人代偿。”依照此理，如诉讼人因故走失逃亡，承担安保职责的停保人也将受罚。

关于南宋讼师的评价。在中国传统的息讼观的指导下，官府对民间的教讼、助讼行为是严厉打压的。今天所见史料，绝大多数是对讼师的负面记载，几乎找不出宋代基层社会具有正面形象的讼师材料来。学界在论述南宋地方司法制度时，通常也是从官僚士大夫视角看待平民百姓的诉讼行为，关注的是南宋如何息讼，对于民间的法律人角色并未充分注意。戴建国认为，南宋的讼师既有通笔墨、知晓法律、熟悉衙门事务的，也有仅粗识文字即为讼师、教人诉讼者。这些讼师有的专以教讼、助人诉讼为业，有的一身兼有多种身份。他们行为的影响有负面的，也有正面的，或“把持公事”，或逐利营生，但也不乏伸张正义者，整个群体良莠不齐。但是，讼师群体在宋代的存在是不争的事实。讼师虽有消极的一面，但在宋代日益繁杂的社会发展态势下，这些法律人对于无法律知识的平民百姓来说，有其存在的客观必要性。在自耕自织的小农社会，官民常发生矛盾对抗，官吏鱼肉欺压百姓，百姓通常没有良好的司法诉讼渠道，讼师往往能满足他们的利益诉求，维护他们的合法权益。在法官断案层面，平民百姓需要能为他们申冤的清官；在诉讼层面，他们同样需要能为他们出点子、帮助他们打官司的法律人。讼师是民间需求的产物，对于宋代地方社会秩序的构建和维持，从某种程度上说确实起到了重要的作用，应给予充分肯定。

关于胥吏（私名贴书）和讼师的关系。戴建国提出，一是私名贴书和讼师在司法审理程序中扮演着对立的角色。以私名贴书为代表的地方胥吏，行使官府职能，为国家利益行事；而讼师则对诉讼人发挥着持续的影响力，他们并不代表国家利益行事，与官府不沾边，往往与官府发生冲突。两者似乎是一对矛盾的对立体。然而在传统的抑讼、息讼理念的指导下，宋代始终没有能从正面采取扶持讼师的政策来纠正胥吏的违法现象。在传统中国，司法问题从属于行政管理问题，司法责任最终要归结为行政管理责任。基层司法官同时又是行政官，这种双重身份决定了对讼师的排斥。二是私名贴书和讼师之间具有同一性，很容易互换角色。一些停罢之吏，在职时就教唆词讼，一旦失去胥吏身份，有些就转为讼师，活跃在乡间。胡石壁曾经鉴于当地罢吏“人数颇多”，下令将他们押出府城外几十里居住，以免在城里生事。事实上，确实有一些讼师与猾吏相互勾结。这表明两者之间并无严格的界限，胥吏与讼师的法律人身份是相通的，很容易转换角色。三是私名贴书和讼师是宋代基层社会法律人的主体。他们游走于官民之间，具有广泛的民间性，既有坑害民众的一面，又有促进社会秩序发展的一面。他们中有为数众多的科举下第的士人，这些人进不了官僚队伍，于是就利用平日所学，不为狱吏，便为讼师，这应是许多读书人的出路。无论是从谋生的角度，还是从传统儒学政治理念的实践角度来看，他们的活动对地方社会弊病的矫治、法律秩序的维护，客观上都发挥了重要作用。对此，我们应给予足够的重视和应有的评价。南宋地方法律秩序正是在官员、胥吏、讼师的相互作用下维持了一百五十多年。这些法律人在宋代基层社会的法律秩序构建中扮演了不可或缺的角色，对后世法律生活也有重要的影响。南宋的私名贴书和讼师应是明清时期刑名幕友和讼师的历史源头。

七　结语

戴建国教授在2007年曾批评一些法史研究者对史料的掌握“贫乏而单一”，仅依据一部《宋刑统》研究宋代刑法史。[①] 2019年又在谈到一篇题为“从《名公书判清明集》看南宋士大夫的司法实践与政治理念”的文章时说：“该文虽然花了功夫，但没有新意。学术界以《名公书判清明集》为中心，论述南宋士大夫情、理、法司法理念的论文数不胜数，观点大都雷同，翻过来倒过去地写，少有创意，令人乏味。时至今日，类似不成问题的问题还在反复地被重提，这无疑是一种浪费。”[②] 但要注意的是，这里戴老师主要批评的是问题意识陈旧，而不是说《名公书判清明集》这样比较常见的资料就没有价值。事实上，戴老师自己在近年论文中还利用《名公书判清明集》阐释一些重要问题。比如，证明州一级的司法参军无权参加书拟；[③] 平民百姓可以举报不法胥吏，即使所告不实，也不获罪；讼师虽然舞文弄法，但也有帮助民众的一面；等等。[④] 可见，资料的价值，主要还是取决于主题。

最后，温习几位前辈关于史料和学问的名言，庶几有所启发。清代史学家章学诚指出：“王伯厚诸书（指类书《玉海》和考订笔记《困学纪闻》等——引者注），谓之纂辑可也，谓之著述则不可也；谓之学者求知之功力可也，谓之成家之学术则不可也。

① 参见戴建国主编《唐宋法律史论集》，上海辞书出版社，2007，前言。

② 戴建国：《大力开拓宋代文献史料源　不断提升学术创新力》，《历史教学》2019年第1期。

③ 参见戴建国《宋代州府的法司与法司的驳正权》，《人文杂志》2018年第4期。

④ 参见戴建国《南宋基层社会的法律人——以私名贴书、讼师为中心的考察》，《史学月刊》2014年第2期。

今之博雅君子，疲精劳神于经传子史，而终身无得于学者，正坐宗仰王氏，而误执求知之功力以为学，即在是尔。学与功力，实相似而不同，指功力以谓学，是犹指秫黍以谓酒也。”[①] 现代著名历史学家郑天挺说：“我们认为史料只是资料，不是历史，历史要根据资料分析，恢复其时代的代表特征，指出其共同的东西，揭示其规律性。”[②] 著名哲学家冯友兰说：“写一种中国的什么专史以至通史，必须掌握封建历史家所掌握的那些材料，还要有能力对这些材料，做精密的审查，严格的取舍，取精用宏，这是第一层。第二层是需要掌握方法，不是和封建历史家那样，选抄编排，而是要分析史料，并将分析所得，综合地叙述出来。”[③]

① （清）章学诚：《文史通义新编新注》，仓修良编注，浙江古籍出版社，2005，第117页。

② 郑天挺：《及时学人谈丛》，中华书局，2002，第413页。

③ 冯友兰：《三松堂自序》第五章《三十年代》，三联书店，2009，第241页。

论“近代经验”与体制转型*

〔日〕高见泽磨 文　崔　龙 译**

摘　要：在社会主义国家和地区的体制转型过程中，近代法是否被继承以及如何被继承，存在不同的情况。近代法的经验，一般是以法典及其草案、司法裁判以及学说等方式被继承下来，而中国台湾地区的特殊性在于，人对于近代法的体验也存在被继承的可能性。关于中国近代法的经验继承问题，法律用语的翻译和演变及近现代对应，是值得研究的课题，也积累了一定的成果。进而言之，还需要关注，在具体的立法及学说形成的过程中，对于近代法经验的态度是什么这一问题。并且，不仅是个别部门法领域，甚至对近代法的整体印象也可以成为探讨的对象。

关键词：近代法；法律继承；体制转型

序　言

对于如今正处于体制转型过程中的地域来说，“近代”的经验（了解该地区“近代”的方法）在各地的体制转型中具有怎样的意义？本文提倡对此进行思考。但本文只提出了相关问题，并未得出明确的结论。

在《“社会体制与法”研究会事务局通讯》（下文简称《通讯》）10号（2000年8月）的《策划·编辑会议报告》中，刊载了2002年研究总会主题方案《“近代经验”与体制转型》。本文将对该主题方案的核心思想进行说明。

此外，“近代经验”一词并不是固定用语，因此，本文题目的表达本身便存在修改的可能性。对此，恳请读者不吝赐教。

一　主题方案的核心思想

《通讯》第2页中对主题方案的核心思想进行了简要的说明，“我们要探讨，在如今的体制转型过程中，立法、学说的形成以及法的运用，对于各国近代之近代法的形成（或试行）而言，究竟具有怎样的意义？在此基础上，还可以尝试重新追问各国近代的意义，以及社会主义的意义。进而言之，对于近代法与社会主义法之间的断裂与

* 本文原题为“「近代経験」と体制転換について”，载《社会体制と法》第2号（2001年6月）。译文的内容略有调整。

** 高见泽磨，日本东京大学东洋文化研究所教授；崔龙，西南交通大学外国语学院讲师。

继承问题，社会主义法研究会也可以进行新的讨论”。关于笔者研究的中国，提及了民法等法学领域的中华民国时期及台湾地区的立法和学说，是否还存在虽未明确提及却可以作为研究蓝本的资料呢？有必要对这些中国学界的研究进行整理。此外，近十年来，笔者在对中华人民共和国法进行研究的同时，对清末至民国时期的中国近代法史也抱有兴趣（虽然并没有特别的研究成果）。在那段时期，为了中国的生存（“救亡”），也为了宣示政权的正统性，政府做出了废除不平等条约的努力，具体而言，便是进行了近代西方式的法律制度改革。这一风貌与20世纪70年代末以来实施改革开放政策背景下的法律制度改革的风貌（初期是为了吸引外资，之后是为了加盟GATT，最近则是为了加盟WTO，为了更加国际化）叠加在一起，进入了笔者的视野。像这样，一旦建构起问题意识，就会对某地域在其他体制转型（经济转型）过程中的情况也产生兴趣。在说明了这种以兴趣为出发点的目标之后，恳请读者或者听众们在富于兴味的方向上提出各种建议。

1. 目前需要探究的问题

从上述核心思想出发，要探究的问题包括：第一，研究对象地域本身对近代法史的研究及由此产生的对近代法的评价。第二，现行的立法及法律解释是否参考了近代法（包括立法、法律实务和学说在内，下同）？如果有所参考，是如何参考的？如果没有参考，那么为何没有参考？

如果要讨论这些问题的建构方法，首先要面对各个地域的法史研究中关于近代的时代划分问题。而这仅取决于研究者的方法。说到欧洲，既可能将彼得大帝的统治（17世纪末以来）作为近代的开始，也可能将亚历山大二世统治时期的改革（19世纪中叶）作为近代的开端。此外，还可能存在如果不附加括号便无法使用近代一词的情况。[①] 说到中国，一般认为，是从鸦片战争时期开始进入近代，但如果从近代西方式法

① 以往的苏联法入门书、概论书（日文）中，几乎见不到俄罗斯近代法史的介绍。松下辉雄《苏联法入门》（东京大学出版会UP选书，1972），藤田勇、畑中和夫、中山研一、直川诚藏《苏联法概论》（有斐阁双书，1983），藤田勇《概说：苏联法》（东京大学出版会，1986）等著述中，都没有介绍俄罗斯近代法史的章节。之所以会出现这种情况，是因为他们都将重点放在了建构苏联法体系上，而俄罗斯法又与苏联法有很大的区别（例如前揭藤田勇《概说：苏联法》中就提到这一问题），故而不能对没有相关论述提出批判。此外，社会主义法研究会编《社会主义法的动向：1997年3月别册——俄罗斯法、波兰法、中国法的研究方法》（nauka出版社）也将重点放在了现行法的研究方法上，因此并未介绍关于近代法史的研究方法。关于俄罗斯法简史，笔者参考了张寿民《俄罗斯法律发达史》（法律出版社，2000）。此书作为法制史的概说，是十分便利的，但对于俄罗斯与近代、社会主义的意义、体制转型的意义等问题的叙述，仍略少一些紧张感。竹中浩《比较中的近代俄罗斯》（《UP》336号，2000）中，虽然也承认将彼得大帝时期作为俄罗斯近代开端的可能性，但在论述过程中依然将农奴解放视为近代的开端。在此基础上，他指出，失去了马克思主义这一媒介，俄罗斯近代史研究就会变成周边地域研究，从而有被其他领域孤立的危险，对此要加以注意，他还提倡进行比较研究。关于俄罗斯近代法史研究是否能够同一而论，祈盼读者的教示。

律制度改革的角度来看，则也可以认为近代是从清末即 20 世纪初开始的。① 如何划分近代，几乎决定了一半以上的结论。在其他地域，也存在怎样划分“近代”的困扰。

如果“近代”的划分问题得到了解决，接下来面对的课题便是，对社会主义体制下和体制转型下的近代法史研究的整理，以及我们这些外部观察者对这些研究的评价。在这一阶段，社会主义体制下的近代批评，以及体制转型下无法产生经济效益的史学研究，都面临稀缺的现状。我们会遇到徒手抓沙般的困境，还是会发现有趣的问题，还不得而知。

近代法到底是什么？近代法史研究是如何进行的？这两个问题是笔者的兴趣所在。但研究总会的策划所关注的重点则在于，在现在的立法和法律解释中，近代法是如何被参考的？例如，笔者曾在北京大学法学院图书资料室阅览过全国人民代表大会常务委员会法制工作委员会民法起草小组的资料——《民法参考资料》（索书号 D924－114）。全四册，其中，第 1 号的日期是 1979 年 11 月 9 日，第 49 号的日期是 1982 年 2 月 17 日，每号的封面上都写着“内部资料　注意保存”这样令人怀念的文字。这一时期，中国继 1964 年草案之后开展了沉寂已久的民法起草工作，相继拟定了 1980 年草案、1981 年 4 月草案、1981 年 7 月草案和 1982 年草案等。这四册资料可以认为是当时的参考资料之一。各号上都刊载了介绍其他国家和地区民法的内容。② 第 20 号“国民党伪民法”的部分，只以目录的形式介绍了中华民国民法典的构成。第 49 号整册重点介绍了苏联、东欧及中国的现状。

王玉明主编《中国法学家辞典》③ 的目录中，“民事、经济法学类”（包括民商法、经济法、劳动法和环境保护法等。另外，其他法学领域中有所成就的人物也包含其中）列举了 141 名人物。最早的人物是徐谦（1871～1940 年。1904 年考取进士，随后在京师大学堂学习法律和政治学，1908 年正值法部进行法制改革，晋升为清末朝廷的京师高等检察长。1911 年辞去了清朝廷的官职，开始进行政治活动），最年轻的人物是王利明（1960 年生，中国人民大学教授，当今代表性的民法学者之一）。（其中有未记载出生年份的人物）这些人物中，台湾地区的研究者有 27 名，1949 年以前去世的中华民国时期的人物，包括徐谦在内有 2 人。还有一位是谢盛堂（1878～1940 年。曾在清末的

① 木间正道、铃木贤、高见泽磨《现代中国法入门》（有斐阁，外国法入门双书，1998 年初版，2000 年第二版）第一章中，论及了近代法史，认为近代法史大致从鸦片战争开始，近代西洋型法典编纂则是在 1900 年前后开始的。

② 拙稿《立法法及立法相关若干资料的介绍》（《东方》234 号，2000 年）中对这一资料进行了介绍。只从号数来分类的话，关于马克思与列宁的著作在第 2 号，分为国内、苏联、东欧和其他（日法德意美韩等）部分，几乎各用了 1/4 的篇幅来介绍。此外，拙稿还介绍了北京大学法律系曾使用的研究生教科书《民事立法与实践》（有 1987 年的后记）中对五个民法草案的收录情况。

③ 王玉明主编《中国法学家辞典》，中国劳动出版社，1991。

京师法律学堂进行学习，后成为法官，又一直晋升为高等法院院长。同时还从事法学教育和研究工作）。台湾地区的研究者中自然也包含了史尚宽（1898~1970年。曾参与中华民国民法典的起草，也曾出任台湾地区的“司法院”大法官）和王泽鉴（1938年生，台湾大学教授）这样的人物，其学说时常为如今中国的研究者所参考。由于性质不同，所以计算可能并没有意义，但如果仅考虑数字，在前揭《民法参考资料》全49号的第1号（中华民国民法介绍号）中，介绍了上述141人中的29人，按照比例来说大约是10倍。[①] 虽然很难说其中体现了20世纪80年代前后到90年代初这十年间的差距，[②] 但依然能够从中感受到某种变化。另外，除去上述29人后还剩下112人，其中15人是1919年前出生的，1949年时已满30岁，即在他们20多岁的时候经历了中华民国时期（因为人生经历多种多样，所以未必一定熟知民国法律）。除了必须参考的作为历史的近代法（如果不通过历史这一媒介，就不能说具有近代法经验）外，至今依然有经历过近代法的人存在的地域，是近代台湾地区。就存在经历过近代法的人这一点而言，在俄罗斯很难想象存在这种情况，因为1917年30岁的人，到1991年的时候已经104岁了。而第二次世界大战后成为社会主义国家（包括广义的人民民主主义国家）的地区，则和中国是同样的情况。此外，还有留学和侨居欧美的人。台湾地区的情况对于中国来说是特例。关于这一点，东德和统一初期的前东德地区的情况也使人产生兴趣。

近代法的经验以法典及其草案、先例和学说等方式被继承下来（包括用语的继承），此外，人对于近代法的体验也存在被继承的可能性。那么，伴随着自20世纪七八十年代直到不远的将来所进行的体制转型，立法活动和学说的形成会以怎样的方式进行？这是目前需要探究的中心问题。

2. 关于本研究会最近的研究总会主题

1999年研究总会的主题是“体制转型与主权原理的变迁”，2000年研究总会的主题是“社会体制与司法改革”。2001年研究总会的主题是“体制转型过程及转型后的市民生活与法”。

关于主权问题。就主权的对内方面而言，讨论了权力的民主化问题，此外还讨论了权力集中型民主主义下人民代表机关与司法之间的关系。就其对外方面而言，从国际人权保障的视角讨论了传统国家主权的变迁。

关于体制转型与市民生活之间的关系。需要讨论的问题是，由于引进了与世界经济紧密联系在一起的市场经济体制，那些被迫卷入竞争的企业中，人们由于关注雇佣与福利等问题而无法安心生活的情况。

---

① 译者按：1/49≈0.02，29/141≈0.2。

② 译者按：《民法参考资料》出版于20世纪80年代前后，《中国法学家辞典》出版于90年代初。

在这些讨论之中，用于限制权力的法以及民主、人权等近代法上的观点，与今天的很多观点被混为一谈了，比如与世界市场连接在一起的社会中国家主权的变迁，为了被认可为贸易、投资融资的伙伴而进行的法律改革，以及在此环境下市民生活的变化等。因为“普遍”作为价值而言是珍贵的，所以要“普遍”，还是因为符合标准是生存的条件，所以变得“普遍”？因为“固有”作为价值而言是珍贵的，所以要“固有”，还是为了保护既得利益抑或为了达成符合全球标准的结果而争取时间，所以才主张“固有”的重要性？如果设定了这样单纯朴素的问题，至少可以与非西方社会从19世纪到20世纪经历的情况进行比较，[①] 即与为独立、自治和修订不平等条约（根据情况不同，也有可能是为了变成良好的殖民地）而进行近代西方式法律制度改革的历史进行比较。此外，苏联之外的被认为是社会主义国家的地域中，是否形成了苏联式的体系？如果答案是否定的，就要去探究其原因。在这一点上两者是一脉相通的。[②] 从法史的角度观察中东欧地区，由于笔者研究不足，所以对启蒙时期和近代初期的情况并不了解，但其目前正面临的，是继近代和社会主义之后的第三波。所谓第三波，既是学习“近代”的过程（既有重回近代的复习者，也有初入近代的初学者），也是面对难以通用“近代”经验的“现代”（根据个人喜好也可以加上“后摩登”一词）的过程。就探究这样的生存行为这一点来说，休会至今为止积累的讨论，如果都能够发挥作用，应该会取得更丰硕的成果。

3. 相关的论点

如果继续作为一位读者或者一名听众任性地提出要求，我希望能够就以下问题展开讨论。对如今的变化过程以及近代法与今天的关系进行讨论，并尝试对夹杂其中的社会主义法进行新的总括（性的探讨）。如果用19世纪或20世纪初开始的近代化的逻辑脉络来看待今天的话，社会主义（法）可能只是弯路而已。又或许是近代的一种变形，还可能是两者之外的某种情况，甚至也许所谓近代也只是一种宏大的幻想。[③] 对于这种单纯朴素且无所顾忌的问题设定，有必要对曾经讨论过的社会主义革命前后法律的断裂与继承问题进行再探讨，并以此为前提来展开讨论。

---

① 关于法改革支援、法的近代化以及“法与开发”之间的关系，在石田真《法改革支援与“法与开发运动”》（《通讯》6号，1999年）及鲇京正训《何谓“法改革支援”？应如何理解？——〈近代日本范式〉与今日之问题》（《社会体制与法》创刊号，2000年）中都有相关论述。此外，安田信之《东南亚法》（日本评论社，2000）中也强烈地意识到了这一问题。

② 正因为如此，既不是俄罗斯法亦不是苏联法的苏维埃法研究，才能够成立吧。

③ 在笔者对季卫东《超近代的法——中国式秩序的深层构造》（Minerva书房，1999）的书评中也提到（《社会体制与法》创刊号，2000年，相应部分在105页），在王晨、王亚新、季卫东三人的作品中，都能够看出这样的问题意识。梁慧星主编《从近代民法到现代民法》（中国法制出版社，2000）中，以中国法为前提对法的近代性与现代性进行了深入的讨论。

二　中国的情况

笔者并不准备进行很广泛和深入的论述，在此仅对大致的研究方向作一论述。

笔者曾在《新中国的回顾与展望》一文中指出，中国法学领域的问题之一在于对近代法史研究不足。[①] 然而，20 世纪 80 年代仍然取得了一些成果。[②] 到了如今，已经发表了相当多的专著和论文，中国近代法史研究也成为一种潮流。其背景是进入 20 世纪 90 年代，中国正式建立市场经济体制，并与国际接轨。此外，学术上的限制也逐渐减少。这种趋势下的主要成果之一，是李贵连主编的《二十世纪的中国法学》[③]。李贵连是北京大学教授，也是中国近代法史研究的代表性学者之一。该书收录的论文，是北京大学法律系（现法学院）主办的《中外法学》杂志在系列专题中刊载的文章。书中所载李贵连《二十世纪初期的中国法学》及《二十世纪初期的中国法学（续）》等文，以翻译词和法律用语为例，讨论了箕作麟祥翻译工作的历史意义和黄遵宪介绍日本法的意义。此外，鲁纳在《万民法在中国——国际法的最初汉译、兼及〈海国图志〉的编纂》[④] 一文中指出，《海国图志》中收录的瓦泰尔 Le droit des gens 的部分翻译（更正确的应该是英译版的 Law of Nations[⑤]），在此后翻译《万国公法》时并未被参考，《万国公法》的翻译用语也未被中国近代法学参考，而日本译词的输入的影响却非常大。由此看来，瓦泰尔的原文翻译与《万国公法》的出版等中国近代初期的翻译和出版，以及西周和箕作等日本近代初期介绍西洋法的人物的翻译用语，虽然有助于当时人们的理解，但用语本身未必能够一直流传。19 世纪 80~90 年代日本在立法过程中确定了法律用语，应该对中国近代法学也产生了影响。从清末到民国时期使用的术语后来怎样了呢？这是让人感兴趣的问题。一是 1949 年以后的情况，二是 20 世纪 90 年代以后的发展变化情况。例如在中国，伴随着物权法研究的展开，经常可以从法学家口中听到“物”这个词。但是，直到 20 世纪 80 年代末，如果只听到“物”这个中文词，都可能会有一种奇特的感觉。这种概念史的考察是必要的工作之一。

并且，用语的问题不止如此。日本在占领台湾地区后，为了统治，进行了习惯调查，“临时台湾旧惯调查会”编《台湾私法》（1910~1911 年）便是其成果。调查的过程包括讨论提问项目、实际调查和制作报告文书等阶段，每个阶段中，必然存在当地

① 参见拙稿《新中国的回顾与展望》，《月刊中国图书》2 卷 7 号，1990 年。

② 参见拙稿《中国法近况——〈现代中国法入门〉之后》，《书斋之窗》482 号，1999 年。

③ 李贵连主编《二十世纪的中国法学》，北京大学出版社，1998。

④ 鲁纳（Rune Svarverud）：《万民法在中国——国际法的最初汉译、兼及〈海国图志〉的编纂》，王笑红译，《中外法学》2000 年第 3 期。

⑤ 译者按：一般写作 The Law of Nations。

用语（及其背后的观念）与近代西洋法的用语之间的偏差。例如当询问交易中的“所有权”在哪一方的那个时刻，误解便已经产生了。然而，一旦得出调查报告，其框架结构便具有一定的权威性，有些学者会在这一框架下进行理解，也有些学者会直接对框架提出反对意见。中国无论是在清末时期还是民国时期都做过习惯调查，这些调查是在注意到日本对台湾地区所作旧惯调查的基础上进行的，并成为民国编纂民法典（1928~1929年公布）的资料。但是，与其说调查报告直接反映了习惯调查的成果，不如说是学者们将中国的习惯用近代西洋法的概念表现出来，并体现为立法讨论相关的形式。[①] 像这样，用语和习惯调查以立法或者学说的形式，成为更为体系化的成果，其出发点即使并不恰当，但因为其本身具有权威，所以即便是反对的意见，也不得不以其为基础进行讨论。举例来说，正在起草中的物权法，其草案是以梁慧星主持的《中国物权法草案建议稿：条文、说明、理由与参考立法例》[②] 的形式公布的。该书第580页开始是“第六章 典权”，内容包括关于典的条文以及相关说明。

典是很难定义的。假如甲把农地“典”给乙（甲是出典人，乙是承典人。此外，农地之典是如今不被法律承认的用例，当今最为典型的例子是房屋）。乙向甲支付被称为典价的对价，并因此享有对农地进行使用和收益的权利，承典期间不需要支付地租。如果未约定期限，则甲随时可以向乙支付与典价同等的金额并取回农地（无利息）。在约定了期限的情况下，该期限的意义在于，甲在期限届满之前不能取回农地，而不是在期限届满之前必须返还与典价同等的金额。在期限届满之后，甲随时可以支付与典价同等的金额以取回农地。如果对照日本民法的话，这应该属于附赎回条件的买卖（作为债权理解）或不动产抵押（作为担保物权理解），否则的话便属于特殊的用益物权。中国的物权法起草者采取了用益物权说。作为物权来理解的前提，是所有权不发生转移。然而，“所有权”是否发生转移的考虑方式本身就是传统习惯中所没有的。如果这一前提不存在，则可以看作附赎回条件的买卖。这种讨论，实际上继承了民国时期的讨论，并且，在这些议论之下，还存在如何以近代西洋型的法律用语来表达习惯调查及习惯的问题。另外，同样的习惯还存在于江户和明治初期的日本及李氏朝鲜（韩国民法典中也有规定），在现在的缅甸也仍然存在。[③]

此外，前揭梁慧星主编的图书中，不仅参考了德国、法国、瑞士、日本和韩国等

① 关于这些在中国（包含台湾地区及东北地区）进行的习惯调查，西英明（东京大学法学部助手）在完成其硕士论文《〈台湾私法〉成立过程中的一个侧面——以围绕典进行的讨论为素材》（1999年提交，2000年取得硕士学位）后，还在继续推进相关的研究。拙搞中关于习惯调查的部分，是通过与其对谈或在他的指教下撰写的，特此致谢。但其中可能有笔者想当然的部分，文责由笔者承担。

② 梁慧星主持《中国物权法草案建议稿：条文、说明、理由与参考立法例》，社会科学文献出版社，2000。

③ 关于缅甸，可参考高桥昭雄《现代缅甸的农村经济：过渡经济下的农民与非农民》，东京大学出版会，2000，特别是第103页及第121~122页的部分。

地域的立法，还参考了清末草案、民国民法以及清末、民国时期的学说等。这些是体制转型过程中参考近代法经验的典型例证。关于参考个别论点的适当性和模式，以及通过全体来进行参考的模式等，笔者并未进行讨论，近期也并没有真正展开研究的打算。衷心期盼读者能够予以指教。

在具体的立法及学说形成的过程中，对于近代法经验的态度，是讨论的中心问题。

不仅是这种个别部门法领域，对（近代）法的整体印象也可以成为探讨的对象。清末朝廷进行的法制改革，是王朝重建的最后机会。是革命派的活动先结出果实？还是王朝自身的改革先取得成果？或者是在民众暴动的契机下出现新的局面？抑或在此之前列强已经进一步瓜分中国？清朝廷正是在这种紧张的竞争局势下进行法制改革的。另外，进入民国之后，20 世纪 20 年代北京、广东两个政府的对立，1927 年以后共产党根据地的出现，30 年代开始日本正式展开侵略，在这一历史进程中，某个地域的统治者有时会在中央政府、军阀、共产党、日军和日本扶植的傀儡政权之间发生变化。在这一环境下，不仅在与列强交涉时需要调整对外形象，在国内统治方面也需要宣示其正统性，从这个意义上来说，法律无疑是极为重要的。但也会产生这样的疑问，即对于人们的生活来说，法律的重要性究竟有多少呢？将大量时间、人才、资金等资源投入立法、设施和制度运作之中，获得应有的信赖和权威，这是非常奢侈的事情。毋宁说，以这样的背景为前提，对于中国近代法史既可能给出“做得漂亮”的评价，也可能给出最终法律还是未能赢得信赖的评价。这种法印象给中华人民共和国带来了什么？中华人民共和国成立前废止“国民党六法”的具体过程是怎样的？新中国成立初期的司法改革中对于民国法律事务和法学是怎么评价的？这些问题应该综合在一起进行讨论。

小　结

本文论述了对“近代经验”与体制转型进行思考的必要性。虽然仅论述了必要性，但也只是自己的一知半解。此外，本文还兼具研究总会之主题方案的功能。如上文所述，笔者虽然尽力提出了策划，但也深知有所不足。此乃笔者研究不足所致。中国近代法史研究与到清代为止的法史研究或中华人民共和国法研究相比，是很薄弱的领域（在中国、日本和其他地域）。日本对于台湾、香港和澳门地区的法学研究也很薄弱。因为薄弱至今看上去依然有些业余的程度，所以可看作一个研究不足的典型例证。即使对于社会主义法研究会及“社会体制与法”研究会视为研究对象的其他地区，也是将研究重点放在社会主义政权成立之后。此外，在通常的日本法史学中，这些地域也多被边缘视之。

另一方面，伴随着体制转型而进行的法制改革是怎样（不）参考近代法的？这一论题的成立，至多是近二十年来的事情，可以说是崭新的课题。在课题的研究初期，并未使用以前“法与开发”的研究框架，且追问近代本身是何含义这一后摩登的观点也变得十分必要。此外，随着经济、信息、环境等方面的国际化及人权外交的开展，其作为实务（包含立法）与国际战略也变得迫不及待起来。人们在寻求切入点的多样化。

在个体无法处理问题时去寻求同伴的帮助，是社会中的正常行为，而在东亚，将这样的个体联结在一起的存在被称为“会”。世间虽有很多难懂之事，但对其产生兴趣之时，发现现实中有这样一个授业解惑的“会”存在是多么美好的事情。

作为本文未着手的课题，首先需要一个更完善的理论框架。离开论文本身，笔者的课题是，列举关于中国近代法史的具体成果，[①] 并以此为前提分析中华人民共和国法。除了此项需要花费较长时间的工作外，还有推进本次研究主题的课题。恳请各位会员和读者共同努力。

① 笔者所在的东京大学东洋文化研究所从 2000 年度开始举办“中国法研究中的固有法史研究、近代法史研究及现代法研究之综合性尝试”研究班。2000 年度为准备阶段。今后计划以中国近代法史研究的相关资料目录及以此为前提的中国近代法史概况为主要课题进行研究。

法律近代化与女性权利研究：路径与问题

刘楷悦*

摘　要：法律近代化背景下女性权利研究主要呈现三种不同路径。妇女史学者常以女性权利为取径，集中探讨近代社会、文化及思想观念的变迁，关注女性自身的情感、地位与时代背景的关联。法律史学者主要研究权利本身，以法律近代化为背景，阐述中西法律文化的冲突、适应及各部门法的演进。女性法律史研究则取二者交叉之处，以女性为主体、以法律为对象，对女性权利义务、法律地位等问题进行探讨。法律近代化背景下女性权利研究已取得相当丰硕的成果，但仍存在研究内容过于集中、研究材料稍显单一、研究结论较为片面等不足。

关键词：法律近代化；女性权利；学术史

近年来，对性别研究的兴趣使得女权问题逐渐为学者关注，在厘清部门法发展脉络时，学者们发现，许多法律问题与女性直接相关。法律近代化不仅对中国法律转型具有重大意义，在确认女权运动成果方面也发挥着不容忽视的作用。妇女权益保障议题更引发了广泛的现实关注。鉴于此，关于近代以来女性权利特别是法律规定的权利研究因学科区隔大致分为三类。

一　“女性”的权利——妇女史学者的性别关注

随着性别研究的兴起，妇女史从社会史中脱离出来，成为一门独立的学科。顾名思义，妇女史研究的是女性的历史。因为“在中国古代的实际语境中，并不存在一个超越人伦关系和社会身份的‘妇女’的概念”,① 故而中国妇女史研究的对象，既包括生理意义上与男性对应的女性，也包含社会性别中作为社会关系组成部分的女性群体。其范围同时涵盖妇女本身及围绕女性所产生的象征性表述、规范性概念、社会制度与自我认同。妇女史学者在对近代的女性及其权利状况进行研究时，常以女性权利为取径，集中探讨近代社会、文化及思想观念的变迁。因此，他们鲜少将法律作为主要的研究对象，更多关注女性自身的情感、地位与时代背景的关联。妇女史学者往往观照历史，将女性问题置于较广的时空中进行纵向解读，并分析其中暗含的逻辑联系。近

---

*　刘楷悦，《四川大学学报》（哲学社会科学版）编辑、四川大学近代法文化研究所研究员。

①　李志生：《中国古代妇女史研究入门》，北京大学出版社，2014，第3页。

代以来女性由“内”向“外”的空间转变，从无到有的权利生成，是历史比较的结果，而欲研究近代以来的权利变化，便无法剥离帝制时代女性的境遇进行片面分析。因此，妇女史学者对女性问题的研究往往呈现连贯性特点。比如陈东原《中国妇女生活史》（商务印书馆，2015），先论及由古及今的妇女生活，继而阐述近代以来女性在教育、职业、婚姻、性态度等方面的变化。另一类妇女史学者则以清末至民国为大的时代背景，系统论述女性的种种权利内容。民国学者郭箴一所著的《中国妇女问题》（山西人民出版社，2014年重印版）从妇女问题的历史研究、现代中国妇女问题及中国妇女运动三个方面，谈及近代女性在婚姻、职业、教育等方面存在的困扰。罗苏文《女性与近代中国社会》（上海人民出版社，1996）将女性作为观察对象，既描绘了农妇、女工、女学生的生活图景，也记述了女学、女性妆饰和妇女参政情况。杨剑利的同名著作《女性与近代中国社会》（中国社会出版社，2007）以习俗与性别、女性教育、婚姻家庭、经济活动、法制与性别、政治参与情况为切入点，意图展现近代中国社会的女性面貌。以上两类著作所关注的议题正是妇女史学者研究近代女性问题的旨趣所在，区别仅在于论述方式的选择。除了纵向、横向两种宏大全面的叙述方式，在研究内容方面，学者针对女权理论、女权运动和权利内容展开了具体研究。

女权理论研究意指释读“女权”的概念，厘清其含义的产生与变化。传统观点认为，女性权利的获得与革命息息相关，是革命解放了女性。这种解放史观在20世纪80年代逐渐受到冲击。随着琼·斯科特将“社会性别”理论引入史学研究，学者开始关注性别与国家权力相互建构的可能。在对近代以来中国的“女权”概念进行阐释时，国家语境往往成为背景。孙桂燕《清末民初女权思想研究》（中国社会科学出版社，2013）以戊戌维新、辛亥革命等时间阶段为划分方式，进次论述不同历史时期“女权”的主要概念及其在中国的传播情况。日本学者须藤瑞代《中国“女权”概念的变迁：清末民初的人权和社会性别》围绕女权概念的出现、传播、展开三个阶段，以“女权”主体的建构、清末民初“女权”议论的特质、“女权”议论中折射出的西方思想为中心进行考察。须藤瑞代分析了清末民初关于“女权”的主流认知，即“国民之母、与男子做同样事、另辟蹊径、去民族—国家化”后指出，作为这些议论来源的西方天赋人权思想与其国家体制本来就存在矛盾，而这一矛盾在中国关于女权的“议论”中得以浮现，故而中国的“女权”也不可能脱离国家语境。“近代中国的话语建构的倾向不仅仅是将国家之间的权力关系比喻成男女关系而使之正当化，而且是以国家之间的权力关系为理由进而使强化形塑女性身心的言辞正当化。”[①] 沿用这一立场的还有宋少鹏《“西洋镜”里的中国与妇女——文明

① 〔日〕须藤瑞代：《中国“女权”概念的变迁：清末民初的人权和社会性别》，〔日〕须藤瑞代、姚毅译，社会科学文献出版社，2010，第8页。

的性别标准和晚清女权论述》（社会科学文献出版社，2016），书中对于文明的性别标准进行了重新反思，并提出因国族语境的征召，“女权”概念译介时即已发生转化的观点。杨剑利《国家建构语境中的妇女解放——从历史到历史书写》（《近代史研究》2013年第3期）也认为妇女解放必须置于国家语境下解读。美国学者汤尼·白露在其著作《中国女性主义思想史中的妇女问题》（沈齐齐译，上海人民出版社，2012）中对中国的妇女问题进行追问，她提到，从儒家经义中的“妇女”到马克思主义中的“妇女”，这一词汇在不同话语体系中的转换，其实是“再造妇女”的过程。将对“女性”“女权”内涵的释读与近代民族国家背景相联系，逐渐成为近年来女权理论研究的主要倾向。

女权运动研究则是指描述近代以来女性逐步获得权利的过程，梳理女权运动发展脉络。这些著作大多使用铺陈史料的写作方式，以大量翔实的材料填充细节，其论据的参考意义大于论点的启发价值。比如中华全国妇女联合会编《中国妇女运动史：新民主主义时期》（春秋出版社，1989），方祖猷《晚清女权史》（浙江大学出版社，2017），李又宁、张玉法主编《近代中国女权运动史料：1842~1911》（传记文学出版社，1975），刘巨才编著《中国近代妇女运动史》（中国妇女出版社，1989），陈三井《近代中国妇女运动史》（“近代中国出版社”，2000），吕美颐、郑永福《中国妇女运动1840~1921》（河南人民出版社，1991），计荣主编《中国妇女运动史》（湖南出版社，1992），马庚存《中国近代妇女史》（青岛出版社，1995），等等。除了全国性的妇女运动研究，部分地区也整理出该区域内的妇女运动情况，例如《江西苏区妇女运动史料选编：1929~1935》（江西人民出版社，1981）、《广东妇女运动史料：1924~1927》（广东人民出版社，1983）。中国大陆的妇女运动研究脱胎自革命解放运动研究，因而一些结论不可避免受到意识形态影响。这一研究80年代后开始初具规模，只是相较美、日及台湾地区学者，“所长暂时仍在史料的编辑”。[①] 铺陈史料的写作手法利于清晰勾勒女性权利运动的整体轮廓，但在观点提炼上略显薄弱。

权利内容研究则展现了妇女史学者对于女性具体权利内容的强烈兴趣，其中，女性教育权利、政治权利及婚姻权利研究已取得相当成果。面对同一问题时，妇女史学者与法律史学者视域的区别也展现了彼此相异的研究方法与旨趣。

受教育权是中国女性最先获得的权利。“兴女学”作为中国女权运动的肇端，上承帝制时代女性内闱书写之传统，下启近代女性自我意识之觉醒，是中国女性实现自我价值、走向现代化的关键因素。因此，女性受教育情况是近代妇女史研究的热点。万琼华《近代女子教育思潮与女性主体身份建构——以周南女校（1905~1938）为中心

① 桑兵：《近代中国女性史研究散论》，《近代史研究》1996年第3期。

的考察》、张素玲《文化、性别与教育：1900~1930年代的中国女大学生》（教育科学出版社，2007）、谷忠玉《中国近代女性观的演变与女子学校教育》（安徽教育出版社，2006）、乔素玲《教育与女性——近代中国女子教育与知识女性觉醒（1840—1921）》（天津古籍出版社，2005）等书着重从近代女学思潮的兴起、女性受教育权的获得等角度讨论近代妇女特别是知识女性自我意识的生成。与女权理论研究中重视国族背景的倾向相同，除了将女性获得受教育权置于“解放”话语中予以解释，也有许多学者将女性教育与民族主义联系。比如万琼华在书中写道：“‘兴女学’不仅成为民族主义与女权主义互构的标识，也成为建构民族国家与男女主体身份的重要符码”，[①] 并以国族需要来解释女学风潮在晚清民初的盛行。在19世纪末20世纪初的救亡背景中，女性被视作“国民之母”，其质素事关种族兴衰，因而将女性教育与民族国家相联系，不仅是理论背景驱使，也符合中国的实际情况。

妇女参政问题常与女权运动混杂，因为二者的高度重合性而难以剥离。在海外汉学家的推动下，20世纪八九十年代成为独立的研究方向。受题材影响，妇女参政问题研究常与意识形态紧密联系，部分学者以此为路径考察不同党派在女性政治权利斗争中起到的作用。李木兰的论文《以“妇女工作”约束妇女的政治参与：中国共产党与妇女的政治参与》[②] 以及柯临清专著《性别化中国革命：1920年代的激进妇女、共产主义革命与民众运动》[③] 着重讨论了共产主义与妇女参政运动之间的关系。在此种框架下，大多研究结论将妇女参与政治的行动归功于妇女委员会或妇女联合会的领导，而女性自身的发挥空间有限。“大众认为中国妇女并没有为赢得投票权而去斗争，相反的是开明的家长式的政府给予她们这项权利。”[④] 或者认为妇女政治权利斗争“纯粹是妇女所特别运用的，以进一步实现民族主义和民主目标的工具”。[⑤] 李木兰在其《性别、政治与民主——近代中国的妇女参政》一书中驳正了此种观点，她承认女性自身所起到的积极作用，并证明部分妇女游离于党派之外进行活动。“中国妇女参政运动家与左派和右派保持了微妙而复杂的关系，这被证明在动荡的社会环境中是十分有效

① 万琼华：《近代女子教育思潮与女性主体身份建构——以周南女校（1905~1938）为中心的考察》，中国社会科学出版社，2010，第5页。

② Louise Edwards, “Constraining Women's Political Work with ‘Women's Work’: The Chinese Communist Party and Women's Participation in Politics”, *Chinese Women: Living and Working*, edited by Anne E. McLaren, London: Routledge Curzon Press, 2004, pp. 109-130.

③ Christina K. Gilmartin, *Engendering the Chinese Revolution: Radical Women, Communist Politics, and Mass Movements in the 1920s*, Berkeley: University of California Press, 1995.

④ 〔澳〕李木兰：《性别、政治与民主——近代中国的妇女参政》，方小平译，江苏人民出版社，2014，第18页。

⑤ 〔澳〕李木兰：《性别、政治与民主——近代中国的妇女参政》，方小平译，第16~17页。

的。”[①] 此外，罗克珊·威特克《1920 年代作为政治家的中国妇女》[②]、吴淑珍《中国妇女参政运动的历史考察》[《中山大学学报》（哲学社会科学版）1990 年第 2 期] 等论文，也深入探讨了女性参政问题。

相较受教育、参政议政，恋爱婚姻与普通女性的联系最为紧密，涉及的人群最广，因而婚姻权利的扩张对深受儒家思想影响的中国女性而言意义非凡。民国时期，女权主义者就开始对这一问题展开讨论。陈望道的论文集《恋爱　婚姻　女权——陈望道妇女问题论集》（复旦大学出版社，2010）即以此为切入点，陈述了自己的恋爱、婚姻观及由此引发的女性经济、社交、生育等问题。法学家陈顾远《中国婚姻史》（中华书局，1990）对婚姻的缘起、形式等作出详尽的历史考察，其中不少内容涉及近代婚姻与传统婚姻形式的沿革与变迁。[③] 郑全红《中国传统婚姻制度向近代的嬗变》（南开大学出版社，2015）从历史、法律与社会等不同角度展示了婚姻制度在近代的迁衍。余华林《女性的“重塑”：民国城市妇女婚姻问题研究》（商务印书馆，2009）则对女性的恋爱观念、民国的离婚与妇女被抛弃现象等进行了分析。学者们在这一主题下还回溯了近代以来“贤妻良母”“娜拉离家”等有关婚姻观念及女性独立问题的论争，并综述近代学人对“新女性”价值标准的认知。另一部分研究则以民国报刊等史料为依据，讨论 20 世纪以来城市婚姻发展的趋势、离婚情况及女性思想意识。近代以来婚恋形式与观念的变化是妇女史研究中的主要问题，成果也相对丰富，但是囿于材料限制，这些讨论大多围绕城市女性展开，基层农村女性的情感状况及主体话语则相对缺位。与同样关注女性婚姻权利扩张的法律史学者相比，妇女史学者更注重描述近代婚姻的背景与女性情感体验，而非法律史学者关注的婚约效力、结婚条件、离婚规定等法律问题。

此外，性别与身体，媒介与妇女形象建构，传统与现代习俗、观念的转化等议题也是近代妇女史研究的热点。概言之，围绕女性的一切物质、精神现象都被妇女史学者关注，因而其成果多是跨学科且采用不同研究方法的。以妇女史与身体史的交叉为例，身体史学者致力探查人类如何认知和使用自己的身体，以及身体的归属权问题，而研究性别与身体的妇女史学者则将主体设置为女性，讨论女性所拥有的身体自主权能。黄金麟《历史、身体、国家——近代中国的身体形成（1895～1937）》一书通过

① 〔澳〕李木兰：《性别、政治与民主——近代中国的妇女参政》，方小平译，第 14 页。

② Roxanne Witke, “Woman as Politician in China of the 1920s”, *Women in China*: *Studies in Social Change and Feminism*, edited by Marilyn Young, Ann Arbor: the Center for Chinese Studies, University of Michigan, 1973, p. 40.

③ 陈顾远一书在内容上不似一般法学学者全然关注婚姻成立、消灭等法律关系的产生与变更，反而偏重对婚姻的历史考察，与妇女史学者的研究内容相似。

对身体与政治、身体的国家化生成、法权身体的诞生、时间与身体、空间与身体等问题的思索，强调身体的臣属性，并将身体与国势紧密联系，指出“从19世纪末年以后，中国的身体就因为国势的急遽衰落，而被陆续赋予各种新的使命和任务”，① 以此论证身体的生成是政治性的过程和结果。书中特别将女性作为讨论对象，思索近代以来妇女的身体归属权问题。缠足、溺婴等陋习对身体自主权、生育权的戕害，及其引发的近代礼俗变革，也激发了学者更广范围的讨论。近代媒体塑造的标准形象对女性行为的影响、产业女工的出现、女性特殊职业甚或女性体育运动均不乏关注。对于晚清以来女性生活空间、职业变革与社会互动的研究，与其他议题共同勾勒了中国近代史中的女性形象，填充了妇女史研究的版图。

妇女史学者充分挖掘“她”字的内涵与外延。女性自身及其所处环境，“她”所拥有和失去的一切形成了重构近代中国性别图景的前提。权利是其中具有颠覆与区隔性的组成部分。女性的权利获得、自我意识的觉醒是妇女史学者重点考察的对象，因而他们多关注女权运动的发展、女权理论的传播，法律仅被视为权利内容的载体，所呈现的是“怎么变”的列举式描述。

在女性研究的理论层面，以色列学者伊瓦·戴维斯提出的女性主义民族主义理论，即“一种用‘国家大伞’统领民族、将拥有政治权力的人与无权的民众捆绑在一起、视文化传统与国家利益息息相关并以此为理据制定民族主义计划的以国家为中心的‘国家—民族主义’（state-nationalism，或简称‘国族主义’）”② 逐渐取代了原先的“压迫—解放”二元解释模式。越来越多的学者将近代以来女性权利的获得与发展置于国族背景之下予以讨论，将女权主义和民族主义联系。相较革命解放论，国族主义理论更强调妇女与国家的互动，并非单纯将妇女视为等待解放的被动角色，但这一理论同样未完全承认女性的主动性，而认为其主体意识、身份认同也是被塑造、被构建的。性别研究兴起以来，便总是从一种理论框架转移至另一种框架下研究，理论的多元性亟待扩充。此外，关注群体忽视个体、描述上层而下层缺位的现状也局限了妇女史研究的整体性和全面性。

二　法律近代化——法律史学者的背景阐述

如果说妇女史学者在“女性权利”一词中更关注性别因素，那么法律史学者则主要研究权利本身，即法律确认了哪些权利，权利内容发生了怎样的变化，立法过程历

① 黄金麟：《历史、身体、国家——近代中国的身体形成（1895~1937）》，新星出版社，2006，第230页。

② 万琼华：《近代女子教育思潮与女性主体身份建构——以周南女校（1905~1938）为中心的考察》，第5页。

经了怎样的博弈，这些权利是否在司法实践中得以实现。他们以法律近代化为背景，侧重于阐述中西法律文化的冲突、适应及各部门法的演进，其中既有宏观法文化的对比，也有针对具体法律条文的分析。

在宏观法文化的阐述方面，有些学者侧重梳理法律近代化的理论逻辑，如公丕祥《法制现代化的理论逻辑》（中国政法大学出版社，1999）；有些学者研究中国法继受外国法的过程，探讨法律移植和法的本土化问题，譬如何勤华《法的国际化与本土化：以中国近代移植外国法实践为中心的思考》（《中国法学》2011 年第 4 期）；有些学者重述中国法的特征及其转型过程，对法律传统加以文化解释，诸如张晋藩《中国法律的传统与近代转型》（法律出版社，2005），梁治平《法辨：中国法的过去、现在与未来》（中国政法大学出版社，2002）中的部分论文。还有学者注重中西法文化的比较分析，比如张中秋的《中西法律文化比较研究》（法律出版社，2009）。书中虽未直接提及西方法律之于中国法律转型的作用，却通过对法律形成、本位、文化属性、价值取向的比较，阐明中西法律的异同，为了解法律的文化与社会基础置以知识铺垫。孔庆平《改造与适应——中西二元景观中法律的理论之思（1911～1949）》（上海三联书店，2009）一书通过检视民国时期法律理论的中西二元困境、个人本位与社会本位辩难中中国现代法律精神的形成，以及承袭或舍弃“习惯”博弈时中西法律价值的冲突等问题，试图论证西方法律在适应中国社会时与传统法律文化产生矛盾的正当性。蔡枢衡所言“旧道德与新法律孰是孰非，孰善孰恶”[①] 不仅是时人对中西法律的价值疑虑，也代表现代学者重新判断法律近代化得失的方向。从礼法之争隐含的文化之思到“习惯”取舍的规范之义，传统的法律条文、司法方法、价值追求所经受的挑战是否全然由其“落后”性质决定，而西法又是否“先进”仍值得考量。因此，从宏观法文化角度研究法律近代化时，不能止于进行法律被替换和改造过程的事实呈现，中西法律精神与司法方法冲突的场景重构，更应上升至法文化的价值反思。

而黄宗智《清代的法律、社会与文化：民法的表达与实践》《法典、习俗与司法实践：清代与民国的比较》《过去和现在：中国民事法律实践的探索》（法律出版社，2014）等著作从司法实践的角度对清代与民国的法律特别是民事司法的差异进行了对比。书中不仅回应了与滋贺秀三、寺田浩明等日本学者关于传统中国民事审判依据之争，也对法律近代化的得失进行了检讨。

在具体的部门法近代化研究中，学者主要采用两种路径。一种为纯粹的制度转型勾勒，以法律近代化背景下制度的产生、转变，条文的增删为主要内容；另一种通常

① 蔡枢衡：《中国法理自觉的发展》，清华大学出版社，2005，第 80 页。

从司法实践出发，指出制度运行与本土社会对接中的具体问题。制度转型类研究既包括实体法与程序法的变异书写，也有习惯与法典的互动考察，比如张生《中国近代民法法典化研究（一九〇一至一九四九）》（中国政法大学出版社，2004）、张生《民国初期民法的近代化——以固有法与继受法的整合为中心》（中国政法大学出版社，2002）、朱勇主编《中国民法近代化研究》（中国政法大学出版社，2006）、李显冬《从〈大清律例〉到〈民国民法典〉的转型——兼论中国古代固有民法的开放性体系》（中国人民公安大学出版社，2003）、俞江《近代中国民法学中的私权理论》（北京大学出版社，2003）、谢冬慧《中国刑事审判制度的近代嬗变：基于南京国民政府时期的考察》（北京大学出版社，2012）以及何勤华的系列论文《中国近代民商法学的诞生与成长》（《法商研究》2004 年第 1 期）、《中国近代刑法学的诞生与成长》（《现代法学》2004 年第 2 期）等。这些研究多少涉及与女性相关的法律转型，比如民法中的亲属、继承法沿革，刑法中的女性犯罪，诉讼法中妇女的地位。以司法实践为依托的研究或取材于中央大理院、最高法院的判例，或仰赖地方档案，借以考察基层司法情况。以大理院、最高法院判例为代表的中央案例曾是法律史研究的主要材料［如黄源盛《民初法律变迁与裁判（1912～1928）》（台北“政治大学”出版社，2000）］，随着地方档案的挖掘利用与认识深入，学者们注意到，“从中央权力的边缘地带，即地方基层社会来审视法律制度，似乎更能探寻中国法律愈边缘愈模糊的实践特点”，[①] 其观察视角也发生转移。侯欣一《创制、运行及变异——民国时期西安地方法院研究》（商务印书馆，2017）一书运用西安地区的司法档案，铺陈近代法院的创制始末，描述审判机关及司法制度在近代中国变异的表征及原因。刘昕杰《民法典如何实现——民国新繁县司法实践中的权利与习惯（1935～1949）》选择县域司法档案陈述民法典在地方社会运行中遇到的实际阻碍，以证实中央法律与地方实践的矛盾。刘昕杰认为，“立法中原有的中西法律冲突演化为以西方法为基础的中央法律体系与保留传统生活习俗并以传统中国法为基础的地方社会规则之间的冲突”。[②] 因此，该书从财产法、身份法与基层司法运行三大方面论证西方法律概念与中国民事习惯对接的艰难。书中在离婚一节中简要提及妇女的离婚权与权利意识，只是篇幅有限，未展开深入研究。同样利用新繁档案进行近代法律及司法情况研究的还有里赞、刘昕杰《民国基层社会纠纷及其裁断——以新繁档案为依据》（四川大学出版社，2009）以及王有粮《基层司法转变中的徘徊——基于民国时期四川省新繁县刑事案件的讨论（1935～1949）》（四川大学 2012

① 刘昕杰：《民法典如何实现——民国新繁县司法实践中的权利与习惯（1935～1949）》，中国政法大学出版社，2011，第 8 页。

② 刘昕杰：《民法典如何实现——民国新繁县司法实践中的权利与习惯（1935～1949）》，第 9 页。

年博士学位论文）。付海晏在《变动社会中的法律秩序——1929~1949年鄂东民事诉讼案例研究》（华中师范大学2004年博士学位论文）中，“变动社会中的婚姻关系纷争”一章以妇女为主体，从解除婚约、离婚诉讼中妇女的权利，婚姻关系中妇女权利被损害及妇女的发声等角度探讨妇女权利的进退。这些研究结合基层案例，对于架构权利的实践情况更显真实。只是从研究结论来说，档案运用者虽意识到了补足基层女性声音的必要，却仍持有“提出离婚等于女性权利意识觉醒”的固有认知，对于材料挖掘并不充分。概言之，无论是制度还是司法实践研究都或多或少涉及女性，只是因为题材的整体性，相较后述与女性密切相关的具体法律考察，其材料、结论呈现只能浮光掠影。

在部门法研究的基础上，对于具体法律的关注更具针对性。婚姻与亲属同属民法所规范的法律关系，相较帝制时期，其内容的巨大变革寓含法学家期冀中国社会由身份伦理向个人权利转位的导向，因而诸多学术专著与论文围绕民国时期婚姻或亲属法的变化展开。与妇女史学者侧重婚姻史研究的路径相比，法学家更关注法律条文的规定如定婚构成、离婚条件和司法实践中的判决情况，而非主体的年龄、职业、阶层和婚姻观念。王新宇《民国时期婚姻法近代化研究》（中国法制出版社，2006）从清末筹备婚姻法草案开始，述至南京国民政府时期的婚姻法文本流变，并辅以北洋政府时期和南京国民政府时期的司法状况，以阐明近代婚姻法立法之“先进性”、“折衷性”及“保守性”。日本学者栗生武夫《婚姻法之近代化》虽以日本民法为叙述蓝本，但因近代化以来中国法律取范于日，其关于婚姻法的认知仍具有很大的参考性。译者胡长清对于此书的评价“原著言简意赅，而于叙述罗马法与寺院法抗争及其演进，尤独具只眼”[①] 正恰如其分。而以张绅《中国婚姻法综论》（商务印书馆，1936）、胡长清《中国婚姻法论》（法律评论社，1931）为代表的民国著作则对婚姻的性质、种类、我国历代婚姻制度的沿革以及婚约、结婚离婚的条件、婚姻的效力、夫妻财产制度等进行了简明扼要的阐述。这些民国时期的婚姻法研究多具有教材性质，因而在内容上偏重诠释条文。还有一些论文是围绕离婚问题展开的，比如张勤《民初的离婚诉讼和司法裁判——以奉天省宽甸县为中心》（《比较法研究》2006年第5期）、王奇生《民国时期离婚问题初探》（载赵清主编《社会问题的历史考察》，成都出版社，1992）、何树宏《从晚清到民国时期的婚姻诉讼看近代中国的法制转型》（中国人民大学2001年博士学位论文）、艾晶《离婚的权力与离婚的难局：民国女性离婚状况的探究》（《新疆社会科学》2006年第6期）、汪雄涛和曾青未《民初法律冲突中的离婚问题——以大理院解释例为素材的考察》［《云南大学学报》（法学版）2009年第5期］等。近年来，一

① 〔日〕栗生武夫：《婚姻法之近代化》，胡长清译，沈大明勘校，中国政法大学出版社，2003，第1页。

批博硕士论文尤其喜欢以民国时期的婚姻状况为主题进行写作，虽对问题挖掘日益深入，但难免有题材重复缺乏创新之嫌。与婚姻法类似，亲属法研究亦自民国就取得丰硕成果，如史尚宽《亲属法论》（中国政法大学出版社，2000年重印版）、胡长清《中国民法亲属论》（商务印书馆，1936）、罗鼎《亲属法纲要》（大东书局，1946）、黄右昌《民法亲属释义》（上海法学编译社，1934）、钟洪声《中国亲属法论》（世界书局，1933）、李宜琛《现行亲属法论》（商务印书馆，1944）等。这些著作多溯及亲属法的制度沿革，并征引法条，对亲属、婚姻、父母子女、监护、扶养、家、亲属会议等规定予以解释。而现代学者的研究如金眉《中国亲属法的近现代转型——从〈大清民律草案·亲属编〉到〈中华人民共和国婚姻法〉》（法律出版社，2010）则对亲属法及亲属制度进行了古今对比，并述及近代亲属法的生成、改制以及转型。此外，许莉《〈中华民国民法·亲属〉研究》（法律出版社，2009）、戴东雄《民法亲属编七十年之回顾与前瞻——从男女平等之原则谈起》（载《民法七十年之回顾与展望纪念论文集（三）》，元照出版公司，2000）等论文，也谈及近代亲属法问题。

法律史学者的研究厘清了近代以来法律转型的基本脉络，充分挖掘中西法文化与观念的碰撞，展现了深受西方法治精神影响的中央法律与本土实践之间的冲突。这些研究对于了解近代以来与女性相关的法律法规如何转变、其权利内容发生怎样的变化提供了基本的知识背景支持。虽未专以女性为观察对象，但相关部门法特别是婚姻法、亲属法的深入研究对于重构女性在家庭场域所处的位置、体会变动的法律对其生活的实际影响具有重要意义。然而这些研究终究不能替代完全围绕女性所展开的历史考察，女性视角的缺位也无法准确解释近代法律中权利特别是女权的意涵，因此，法律与性别的交叉论述就显得尤为必要。

三　性别与法律——女性主义法学与女性法律史研究

法律与性别的交叉论述是指以女性为主体，以法律为对象，对女性权利义务、法律地位等问题进行的探讨。在法学理论中，女性主义法学是重要流派，该流派以女性视角研究法律确认妇女权利的可能性，正视法律的保障作用，申述法律维护性别利益的权能。

女性主义法学（又称女权主义法学）诞生于20世纪80年代批判法学的研究热潮中，“她们以‘女性—批判’为旗帜，很快就以女性主义法学或‘女性主义法学理论’而驰名”。[①] 一般认为，女性主义法学以自由主义女性主义、激进女性主义、社会主义

① 〔美〕梅·C. 奎恩：《女性主义法律现实主义——法律现实主义与女性主义法学》，王新宇译，《中国政法大学学报》2018年第2期。

女性主义、后现代女性主义等女性主义研究思潮为理论渊源。[①]

女性主义法学的相关研究将法律视为保障女性利益、实现妇女解放的重要工具。比如女性主义法学派称，争取堕胎权是对公私领域划分的一种批判。在传统的公私领域中，外部世界是男性的领域；而在作为家庭的私人领域中，生育是女性的主要功能，同样是实现男性统治的手段。舒勒密斯·费尔通认为，妇女的生育功能是形成男性统治的根源。在性别歧视的社会里，妇女不仅在政治、经济、心理上受到男性的统治，而且在身体上受到男性控制。[②] 因此，争取堕胎权是打破男女不平等地位、实现妇女解放的关键。这一学派的学者不仅呼吁女性的公共权利，也检讨妇女在家庭领域中的地位。女性主义法学经历了由控诉女性被压迫的现状、寻找女性被压迫的根源转而解构性别概念的发展过程，从理论层面指明了妇女权利保护的进路。特别是其意识觉醒方法的使用与性别批判的问题意识使这一理论流派为构建女性权利的法律保护制度奠定了经验基础。

与女性主义法学注重从法学理论层面研究女性权利问题不同，女性法律史学者打破性别研究与法史研究的学科界限，对于性别与法律的历史问题进行专门、集中论述。近代学者赵凤喈《中国妇女在法律上之地位》（山西人民出版社，2014 年重印版）就是一本极具影响力的著作。全书分为在室女之地位、已嫁妇之地位、为人母之地位、女子与公民权、女子犯罪与处罚五章，论及女性的婚姻、财产等诸问题。其中各章不仅回顾中国传统社会妇女的境遇，也对民国以来新近法律颁布后关于女性权利义务的规定作出评述。美国学者白凯《中国的妇女与财产：960～1949》（刘昶译，上海书店出版社，2007）围绕女性继承这一核心问题，集中关注起讫宋至民国，女儿、寡妇两类人群的财产继承情况，并论及部分其他财产权利。因为民国与帝制时代差别明显，白凯将宋至清、民国时期划分为两个时间节点，并将后者的女性财产情况作为全书的主要研究部分。在比较传统与近代女性的法定与实际权益后，白凯认为，新的法律赋予女性财产权利的同时也使得她们丧失了部分原先享有的权利。在女性立场上由对帝制时代的纯粹批判转向反思法律近代化的双面影响。其后，部分研究女性继承问题的学者在这一框架内进行了细节深入与史料填充。比起赵凤喈的写作方式与白凯的观点创新，徐静莉《民初女性权利变化研究——以大理院婚姻、继承司法判解为中心》（法律出版社，2010）在材料的选择上具有可取之处。徐著将大理院司法解释例、判决例作为主要材料，并在此基础上完成了对民初女性诸项权利的梳理。可惜该书虽然材料

① 也有论文认为自由主义女性主义、激进女性主义、文化女性主义和后现代女性主义为女性主义法学的四种学派。参见黄娜《当代西方女性主义法学评述》，硕士学位论文，北方工业大学，2015。

② 参见何勤华主编《西方法学流派撮要》，中国政法大学出版社，2003，第 374 页。

选择系统，其结论仍局限于全面肯定法律近代化并认为新即进步、旧即落后。她的论文《男女平等原则在近代中国民法中的确立——以女性法律地位的变迁为视角》（《妇女研究论丛》2012 年第 4 期）也研究了这一问题。艾晶《清末民初女性犯罪研究（1901—1919 年）》（四川大学 2007 年博士学位论文）及《罪与罚：民国时期女性性犯罪初探（1914—1936 年）》［《福建论坛》（人文社会科学版）2006 年第 9 期］等论文以女性犯罪为切入点，对近代以来女性犯罪的类型、原因、司法制裁措施等情况进行了剖析。还有一些学位论文比如党敏《民国初期法律视野中的女性权益研究（1912—1928）》（南京大学 2006 年硕士学位论文）、王昆《南京政府婚姻法的女性主义法学分析》（河南大学 2009 年硕士学位论文）也采用了类似的研究方法。王昆的论文虽然试图从“女性主义法学”角度分析南京国民政府时期的婚姻法立法及实践情况，但她忽视了“女性主义法学”深受女权理论影响，本身也采取社会性别研究方法，从妇女的角度批判和解构法律，因而其论文内容又落入“女性权益保护”之窠臼，何况此文也缺乏理论层面的分析。所以她的研究虽然引入了法学理论的概念，却没有采用全新的视角与方法。

如果跳出时代的局限，一批对于清代女性法律地位研究的著作对于纵向比较近代女性权利义务大有裨益。诸如赵娓妮《审断与矜恤——以晚清南部县婚姻类案件为中心》（法律出版社，2013）、吴正茂《清代妇女改嫁法律问题研究》（中国政法大学出版社，2015）、杨晓辉《清朝中期妇女犯罪问题研究》（中国政法大学出版社，2005）、海外学者苏成捷《晚清中国的性、法律与社会》（Matthew H. Sommer, *Sex*, *Law*, *and Society in Late Imperial China*, California: Stanford University Press, 2000）以及吴欣的论文《清代妇女民事诉讼权利考析——以档案与判牍资料为研究对象》（《社会科学》2005 年第 9 期）等。其中，《审断与矜恤——以晚清南部县婚姻类案件为中心》一书，以四川南部县司法档案为主要材料，将婚姻类案件作为考察中心，指出基层裁判官在审理“事涉妇女”的案件时往往会从轻处罚，以体现儒家宽宥与矜恤思想的特点。通过档案比较，不难发觉在处理涉案女性时清代与民国基层司法方式的异同。而阿风《明清时代妇女的地位与权利——以明清契约文书、诉讼档案为中心》（社会科学文献出版社，2009）则主要以徽州文书为依据，通过继承文书、土地买卖文书、卖身文书与婚姻文书等材料，分析了同居共财家庭以及民事诉讼中妇女的身份与地位。

相较妇女史和法律史研究的丰硕成果，对于女性法律史的讨论还略显单薄。一方面，较少有学者将兴趣完全投射于此；另一方面，交叉学科对理论背景的全面性要求更高。虽然一些学者的视域集中在性别与法律，却因为知识的欠缺或是对本领域之外研究现状了解有限而导致“性别”或“法律”成为刻板的名词。例如，一些妇女史学者阐述法律背景和对法条的理解时屡屡出现谬误，而另一些法律史出身的学者则忽略了妇女的主动性，只将她们视为木偶，其方法使用和结论得出仍有较大局限。因此，女性法律史研究仍须在理论、材料、方法方面有所突破。

四 既有研究的反思

在既往研究中，性别史学者多关注女权运动的发展及女权理论的传播，鲜将法律作为主要的研究对象，而法律史学者探究法律近代化问题时，所作的又是纯粹部门法的研究，极少将女性视为研究主体，以女性视角观察法律中权利意涵的生成和表达。尽管关于法律近代化与女性权利的研究已取得相当成果，但仍有未尽之处与深入空间。

首先，在研究内容方面，对于女性公共领域的权利研究已较为透彻，家庭领域的权利实践研究则明显不足。因为女权运动与妇女的政治表现难以一分为二地割裂开来，故而关于近代女性政治权利的争取过程是妇女史学者研究的重点。而受教育权作为近代以来中国女性首先享有的权利，自然也被充分关注。相较女性公共领域的权利研究，对于近代中国女性家庭领域内的权利检视集中在婚姻方面，然而这一关注也主要在于婚姻中女性的情感体验而非法律本身。法律史学者则倾向进行宏大制度性研究，描述近代中国对西方法律的继受、本土法律传统及中法在法律移植潮中的改造与适应过程。即便阐述某一部门法的转型，也是对权利内容如离婚权、财产权的单一、零散梳理，而非以女性为对象，研究其权利的立法与司法实践情况。

其次，在材料选择方面，囿于地域和资源限制，民国基层档案的使用并不常见，即便运用民国档案，也因事实陈述过多、理论分析较少，而使得以民国档案为材料的研究较少出现“史论结合”的成果，这一现象在博硕士论文中尤为常见。同样由于材料的限制，学者们所关注的多是城市女性、知识女性，而农村、基层妇女因此失语，其实际生活状况、权利意识尚须探明。近年来，有学者意识到这一问题并以口述史的形式对这些基层妇女进行访谈（〔美〕贺萧《记忆的性别：农村妇女和中国集体化历史》，张赟译，人民出版社，2017），但因为受访者年龄限制，无法进一步提供近代以来特别是民国时期的相关信息。诚如桑兵所论，“中国社会的特殊性之一，是以文化聚合广大区域及人口，大小传统长期并存互渗。不同社会阶层之间作为理想化两性关系的规范虽然接近或吻合，但实际的女性角色地位却相距甚远。特别在基层社会，由于小传统的千差万别，在表面共同的儒教伦理主导下，实行各式各样的规则”。[①] 如果仅以上层知识女性的情况概括近代以来中国妇女的整体境遇，显然不具有说服力。

最后，在研究结论方面，由于大多学者仍依照传统进路，止于客观陈述权利形式

---

① 桑兵：《近代中国女性史研究散论》，《近代史研究》1996 年第 3 期。

和内容的变化，进行罗列式研究，所以其结论仍限于批判传统法律及“封建社会”对于女性的压迫，认为近代女性权利得到完全扩张，肯定法律转型的进步及法律近代化之于女性权利的全面正向意义。以白凯为代表的境外学者虽提出批判性的反思，却因主题限制未能深入展开论述。学界对于法律近代化背景下女性权利特别是一些具体问题的研究已相当深入，因篇幅有限，无法一一罗列，但学术史的回顾证明，无论对象选择、材料运用抑或视角创新，法律近代化背景下女性权利的实践情况都具有深入考察的理论基础与巨大的研究空间。

司法档案研究中材料与史实的区分

——以龙泉、南部县档案为例

谢　超[*]

摘　要： 司法档案材料并不等于法律史实，它是法律史实的必要条件而非充分条件。从叙事的视角看，司法档案材料叙事上有真实的一面，也不缺少虚构或制造情节。寻找档案中的法律史实，除阅读档案里的白字黑字外，还应扩充档案内外材料。从本意的视角看，应给予档案平等地位，让档案开口说话，通过材料本意发现法律史实。从深描的视角看，档案材料是文字媒介转录当事人叙事。阅读司法档案材料，是转录文字的再理解。以深描区分司法档案中材料与史实，除了追踪因文字转录而遗漏信息外，亦应尽量克服想当然的主观构建，通过微观镜头观察当事人对话的细微情节，以发现鲜活的法律史实。

关键词： 司法档案；材料与史实；龙泉司法档案；南部县档案

一　引言

阅读过龙泉司法档案的学者，会看到各类状纸、传票、笔录、判词，及各级法院、检察院等司法机构间往来公函，甚至还有分关书等原始材料。同样，南部县档案保有各类诉状、差票、禀状、堂谕、具结书等材料，也让研究者印象深刻。这些档案材料记录地方诉讼的历史细节，且案件数动辄数万件乃至数十万件。从史料的价值讲，原始材料优于普通再传文献；就村、镇、县层次的法律史讨论，地方档案的运用更弥足珍贵。这些地方档案材料，对于法律制度在地方实践中发生变化，又如何受到地方的限制而作出相应的调试等问题研究，既是十分必要的条件，也是极为难得的资源。由此可知，地方司法档案材料的价值是毋庸置疑的。

司法档案材料本身一般都是当时的真实文字，但是这些真实文字记录的内容未必就是真实的历史事实。① 就法制史研究而言，基于不真实的历史事实，运用演绎、归纳

*　谢超，华东政法大学法律学院博士研究生。

①　关于司法档案材料问题，代表性研究成果有侯欣一《关于中国近现代法律史史料使用中的几点体会》，《环球法律评论》2005 年第 2 期；徐忠明《关于明清时期司法档案中的虚构与真实——以〈天启崇祯年间潘氏不平鸣稿〉为中心的考察》，《法学家》2005 年第 5 期；里赞《中国法律史研究中的方法、材料和细节——以清代州县审断问题研究为例》，《法学》2009 年第 3 期；尤陈俊《批评与正名：（转下页注）

等推理方法，得出结论是不可信的。关于司法档案材料，除了理解材料文字，研究者还必须对真正的历史事实（法律史实）作出判断。历史学者向来注重文献材料的辨伪，傅斯年曾言“官家的记载时而失之讳，民间的记载时而失之诬”。[①]具体到司法档案材料，诉状中讲故事、虚构事实和请求案件受理之间的联系随处可见。案件事实的再现，通过诉讼原被告表述、承案文书的记录。案件的相关参与人在寻求正义、法律责任和司法程序方面存在差异，再现案件常会出现巨大的分歧。这些诉状、辩状、笔录等都可能并非史实。司法档案中有人为虚构材料，也有事、实混淆记载材料。因此，在肯定司法档案材料价值的前提下，应注意其法律史实的真伪辨别。

准确的史实是“揭示历史真相”的前提条件。“我们反对疏通，我们只是要把材料整理好，则事实自然显明了。一分材料出一分货，十分材料出十分货，没有材料便不出货。”[②] 同一起事件、同一位人物、同一个时期，不同的人因为观念和理解不同，形成面相多样的材料。学者寻找历史真相，除了收集翔实材料或构件，“对这些丰富多彩、混杂重叠、真真假假的构件进行鉴别、筛选，去伪存真，去粗取精，再按照自己的思维逻辑把它们拼装在一起，形成一幅图像——也就是历史学家眼中的历史。当然，这幅图像越接近于它本来的面相，就表明拼图者的功力越深厚，他也越有理由感到自身存在的价值”。[③]

简言之，司法档案材料本身并不等于法律史实，它是法律史实的必要条件而非充分条件。

二 从叙事的视角看

从叙事视角看，司法档案大抵属于叙事材料。叙事真假的分辨，属于对材料求其是。就近代法史研究，发现法史真相，尽量寻找一手材料支撑。研究者仔细阅读一手叙事材料，会发现档案材料里隐藏了不少秘密。

例如，民国时期的龙泉司法档案，储藏着丰富的法律文书。这些纸面材料是否真隐藏秘密，为了便于读者比较，我们先看两份龙泉司法档案法律文书。

第一份辩词：

（接上页注①）司法档案之于中国法律史研究的学术价值》，《四川大学学报》（哲学社会科学版）2020年第1期；罗志田《见之于行事：中国近代史研究的可能走向——兼及史料、理论与表述》，《历史研究》2002年第1期；王有粮《司法档案、史料与中国法律史研究：以傅斯年“史料学”思想为基础视角的略述》，《社会科学研究》2012年第3期；吴佩林《〈南部档案〉所见清代民间社会的“嫁卖生妻”》，《清史研究》2010年第3期。

① 傅斯年：《史学方法导论》，雷颐点校，中国人民大学出版社，2009，第34页。

② 傅斯年：《史料论略及其他》，辽宁教育出版社，1997，第47页。

③ 沈志华：《静下心来看档案，踏踏实实做学问》，《历史研究》2004年第4期。

> 盖由劣徒季肇歧好赌好讼，案叠如鳞，又且屡屡唆人争讼，扰害地方，钊则恶而止之，遂至怀恨捏诬，远寄手书于寓在兰溪之项应铨，重付以资斧，嘱其上控。应铨为肇歧之堂妹夫，为徇私徇利，遂由兰赴省禀控……①

第二份供词：

> 因氏夫正义后娶一小老婆，看氏不起，常常打氏。氏经控前县主断氏夫给氏每月九斗米、一块钱，后氏夫又骗氏回家。在氏总想夫有回心，不听妾言，氏当回去。回去后，又仍虐待打氏，苦打，氏曾又逃往娘家。氏夫前是开设店业，因其好赌亏空。现家境不甚寒苦，亦有得吃，氏愿意跟从回去，不作别想。倘回去又要虐打，承当不去。求恩断。②

通观这两份文书，其篇幅较简短、字数有限，但案件的经过都有所记载。第一份辩词，被告辩称，项应铨赴省控告，为徇私诬告。在龙泉，被告曾阻止季肇歧兴讼扰害地方。因为怀恨，季肇歧嘱咐堂妹夫项应铨赴省控告自己。辩词叙事是针对原告控告，被告反以徇私诬告攻讦对方，为自身脱罪的诉讼现象。第二份供词，原告控求断离婚姻。常遭受其夫虐待殴打，痛苦不堪，原告希望法断离婚。其理由有四：丈夫娶妾后，看不起她且殴打她；丈夫常听妾言，虐待或殴打妻子；前县主断离后，曾复合仍遭受虐打；丈夫仍有财力供养自己，但回去后可能继续被虐打，不得已控求断离。这份供词叙述被丈夫不断虐打的妻子，不得已求断离。供词叙事是当时妇女控求断离的诉讼活动。

在材料叙事了解的前提下，也应注意叙事使用的措辞或修辞。第一份辩词讲述季肇歧徇私诬告。辩词描述他使用“好赌”“好讼”，借助“案叠如鳞”修饰其好讼。值得指出的是，赌与讼相互关联，显然是指季肇歧常通过讼谋取钱财。文本上将季肇歧塑造为典型的地方讼棍。诉讼修辞构造地方讼棍为图谋钱财，会教唆民人争讼的背景。讼棍季肇歧长期“扰害地方”，被告曾阻止其施害，被其怀恨而遭到诬告。第二份供词是长期被其夫虐打，控求断离。叙述纠纷事实时，原告采用“看不起”其妻、“听妾言”、“好赌”、“虐打”其妻、“开设店业”、“有得吃”描绘其夫。同时，运用“曾有回心”、“回去后，又仍虐待打”、“愿意跟从回去”、担心“又要虐打”描绘自己。文书塑造了好赌、有家业、听小老婆话而虐待妻子的男人形象，也构造了愿意回去、期

① 龙泉市档案馆藏，档案号：M003-01-9747。

② 龙泉市档案馆藏，档案号：M003-01-948。

望丈夫回心转意的弱女子画像。

读者看到这些文书，它描绘的具体人物，都深嵌了道德措辞。法律纠纷事实充满人物修辞，制造道德化诉讼语境。在辩词语境里，季肇歧实际是地方讼棍，长期危害地方安宁。被告钊是他捏造事端，恶意指使他人诬告的受害者。供词制造三重语境：原告是无助、愿意回去的妻子；丈夫长期虐打原告；丈夫好赌、听信小老婆话会继续虐打原告。显然，文书营造了坏丈夫与弱妻子的诉讼语境，通过这种叙事与文本修辞获得审断者的共鸣，从而作出对自己有利的裁断。

司法档案材料叙事案情，塑造两造的人物形象，甚至制造诉讼话语。通过以此触动文书的阅读者，影响他或她对纠纷的判断，从而使诉讼朝向有利于自己一方发展。读者可能会发现这些法律文书，事实上有真实一面，也不缺少虚构或制造情节。因此，就发现司法档案的史实而言，除了阅读档案材料，还需要了解材料叙事的虚实或真伪。

在近代法史领域，司法档案作为新的第一手材料，也可能存在材料的虚构问题。以司法档案研究法律史，特别是有争议的问题上，应坚持孤证不立尽量减少结论的偏差。通过搜集不同时段、不同层次、多方面档案材料，验证档案史实，保证立论的不失真。

有学者依靠113件有明确判词的南部县档案案例，发现“其中仅三案的判词能够在《大清律例》中找到明确的依据，此外均未严格依《大清律例》裁断”。[①]“从这些案件看，州县在审断纠纷时并未以《大清律例》作为首要的考虑，而常囿于地方习俗和人伦亲情，考虑更多的是律例之外的因素。”[②]

以往，学界认为晚清时期社会力量在基层政治中发挥重要功能，但从南部县正堂清全宗档案中发现，词讼案件在档案中占有相当大比例，而琐碎非法律问题案件在州县准理词讼中占有重要比例。[③] 从南部县档案看，很难得出社会力量在基层政治中发挥重要功能的结论。

以龙泉司法档案中供词、笔录为材料，杜正贞通过梳理晚清公堂的女性供词、民初的女性供词、笔录出现后女性的庭审笔录、律师辅助下女性的庭审笔录，回应民国庭审中女性地位问题时，发现“尽管男女平等是中华民国法律和诉讼程序改革的原则之一，但更加专业化的司法程序、法律语言，使男权以微妙的形式继续潜藏于诉讼过程中，由此导致女性在法庭上可能处于另一种强势话语的威胁之下，而无法表达和坚持自己的诉求”。[④]

---

① 里赞：《司法或政务：清代州县诉讼中的审断问题》，《法学研究》2009年第5期。

② 里赞：《司法或政务：清代州县诉讼中的审断问题》，《法学研究》2009年第5期。

③ 参见里赞《晚清州县审断中的“社会”：基于南部县档案的考察》，《社会科学研究》2008年第5期。

④ 杜正贞：《晚清民国庭审中的女性——以龙泉司法档案供词、笔录为中心的研究》，《文史哲》2014年第3期。

地方司法档案自然是司法实践重要的历史记录，但只阅读档案纸面叙事有时让读者不知所云。梳理司法档案材料时，除了坚持孤证不立外，扩充材料对史实的发现也可以起到重要作用。

从史学研究的视角，学者向来依靠史料展开立论。这就要求学者尽可能占有与研究对象相关的材料，增强史实的可验证。故而，史学研究一个重要取向是材料的尽量扩充。就材料的扩充，王国维提倡“以地下之新材料补正纸上之材料”。[①] 傅斯年提出：“若是我们不先对于间接材料有一番细功夫，这些直接材料之意义和位置，是不知道的；不知道则无从使用。”[②] “必于旧史史料有功夫，然后可以运用新史料。”[③] 简言之，为避免新材料的片段化，新材料与现存文献应平等重视。

回到法律史领域，通过司法档案材料研究近代法律史是近些年法史研究的重要趋向。对于中国近代法史，一些司法档案“以其基层性、完整性、原始性，确立了其极高的学术研究价值，为研究者探究那个时期中国法律变革和基层社会的实况，提供了最大的可能”。[④] 但司法档案的整理中，仍应注重传统文献等材料的运用，尤其要通过扩充材料，让档案史实尽量接近地方真相。

例如，研究地方司法史时，除了搜集充足的司法档案材料外，近代国家的法令、诉讼制度等现有文献是解码地方史实的密匙。此外，地方官的回忆录、日记、书信等材料，民间保存的故事、家谱、碑刻记载，中下层民众、无名氏的个人记述等材料的扩充，对档案史实发现无疑会起到重要作用。

总言之，只阅读司法档案材料里的白纸黑字，不一定能发现法律史实。除了阅读司法档案，还应多层面、整全性梳理档案材料，尽量扩充档案外材料，让档案史实尽量接近真相。

三 从本意的视角看

从中国近代法律史研究现状看，不论是面向地方还是国家，司法史多落在档案实证之上。在肯定档案价值的前提下，也应注意不直接以虚实取舍其材料。或许仍需考察的是：档案在多大程度上能使现代读者认识司法真相。

考证近代司法史，离不开司法档案支撑，理解其本意同样重要。若能给予档案平等地位，让档案开口说话，顺其本意而用之，或许能激活档案，使现代读者认识史实。基于此，就司法档案研究中的材料问题，结合龙泉、南部县档案及其他史学研究，本

① 王国维：《古史新政》，清华大学出版社，1994，第52页。

② 傅斯年：《史料论略及其他》，第5页。

③ 傅斯年：《史料论略及其他》，第6页。

④ 杜正贞：《浙江龙泉司法档案的学术价值》，《中国档案报》2013年10月24日。

节尝试从直引与转述、史事与旁情、今人与远人、识事与论理等视角讨论司法档案的本意。

从直引与转述的角度看，转述史料，不失其本意则无不可；转述若丢失本意，直引材料可能更合适。直接引述，通过材料说话，有效保障史料真实。经中间转述，史料的时代风格、约定共识、特定习惯有可能失真。文字虽有历史共性，但中间人可能囿于成见而出现无意识的走样。

就司法档案中的材料问题，直引与转述仍有值得关注的地方。地方司法档案内保留了大量的法律文书，例如各类诉状、辩状、供状、笔录等一手司法材料。从司法史出发，清末已经开启司法改革，新的法律、诉讼程序等进入内地。就地方司法程序变迁，龙泉司法档案中的供词等文书可以作为直接引述材料，让读者看到地方司法转变的部分真相。

从法社会史出发，就地方民众对新法律、新诉讼程序的适应问题，司法档案中的各类法律文书，大多是由第三人转述制成。例如，诉状材料可能由地方撰状人、官代书所写；其他供词、笔录等多通过文书完成。司法档案的法律文书，不再作为直接引述材料，更多是转述材料间接让读者看到当事人的诉讼态度。针对不同的法律史问题，材料的证据力发生相应变化，直引或转述也许不能一概而论。

从史事与旁情的角度看，地方司法档案多保存了从收案、传票、庭审、裁断、上诉、执行的完整司法过程。就地方司法实践，这些档案材料作为史事确实可靠。然而，司法档案所记载的诉讼过程可能是地方司法实践的部分真相，档案外因素不可忽视。例如，自上而下诉讼制度变革，地方民众对新执法机构、诉讼程序的适应过程；再如，人情因素对地方司法的影响，地方复杂的社会关系网络对司法实践的介入，往往不太容易被察觉。司法档案所记案件更多是提供线索，尚需要前后左右搜集旁情，才可能发现一个更接近真相且动态的司法原貌。

以继承案为例，龙泉司法档案里存在不少继承案，特别是异姓继承纠纷。例如，民国八年（1919）孀妇吴毛氏控吴有煋兄弟案，其诉状叙事：

> ……氏夫名下原又绝嗣。兹合族纂修家谱，氏邀同本支叔侄等，议择女婿朱文彩之次子名明爱，聪明忠厚，入继世侄有招名下，为嗣子，以接氏夫之禋祀。蒙族叔侄均为赞成，立仰接嗣书为凭。讯日呈电族内叔侄，俱亲见押。讵料有吴有煋、有澄兄弟谓氏将明爱入谱，要索氏钱洋不遂，竟来闭谱，不准明爱入名。[1]

① 龙泉市档案馆藏，档案号：M003-01-04580。

关于吴毛氏控吴有煜兄弟案，只看档案材料，读者可能难以理解本案争议。查《大清现行刑律》民事有效部分中承继法，吴毛氏的做法并不合立嗣规则。吴毛氏争取族内宗亲的画押，同意其外孙承嗣上谱。档案材料告诉我们，因索钱不遂，吴有煜兄弟闭谱而引起吴毛氏控诉。民初法有同宗承嗣的明文规定，但异姓子若能获得该宗族亲同意，族内会默许其继承资格。宗族族亲同意，体现在允许异姓子入其宗谱。习惯上，入谱需要逢纂修家谱时，各房房长将其所保管的族谱统一带入修谱馆。在宗亲见证下，将异姓子接入每房族谱。吴有煜兄弟却以闭谱阻止明爱入谱，从而引发吴毛氏的控诉。

龙泉地处浙西南，该邑“山多地少”，[①] 宗族祭田是族内重要的财产。明爱顺利成为吴毛氏夫的接续子，将能继承该氏夫的祭田利益。入谱争议背后，还有生计资源的争夺。吴有煜兄弟向吴毛氏索要钱财，或许是该祭田轮值权益的对价。吴毛氏认为，既然明爱接续成为吴氏子孙，那么就有资格轮值宗族祭田。因生计资源抢夺，两造发生冲突，导致吴毛氏呈控至县衙。档案后面所见，县知事批示：

> 状悉。继承系人事诉讼，应遵章纳诉讼费方准受理。且查呈词以入赘而争继承，理由不尽充分，勿庸起诉，候族议可也。[②]

司法档案材料，不论常见抑或罕见，多是有意制成。例如，原告呈上诉状，其意希望案件被准；被告辩状，多有意反驳指控；裁断书，除回应原告诉求，意在说理平息纷争。但是，以今人视角推测文书本意，不免丢失原意。因历史变迁，今昔语境难免发生改变。语境一变，本意可能不太容易理解。即使与远人读同一份文书，今人对材料难免会生歧义。关于今昔歧义，在《〈醒世姻缘传〉考证》中，胡适认为：“他的最不近情理处，他的最没有办法处，他的最可笑处，也正是最可注意的社会史实。”[③]

就司法档案而言，今昔歧义也值得关注。例如，南部县档案关于转房案件，“兄弟之间若有身故，则生者可娶兄嫂或弟媳为妻”，[④] 现代读者可能与清律一样将转房视为应禁止的恶习。但南部县档案所呈现，当时地方官对该类案件多从轻处理。依律可能处以极刑，但南部县官多“姑念乡愚无知，均免深究”，[⑤] 审断从轻。

再如，在龙泉司法档案里，出现以妻招赘，“夫妻同议，不合乏嗣，未可分枕。共

---

① 龙泉市档案馆编《龙泉民国档案辑要》，中国档案出版社，2009，第 140 页。

② 龙泉市档案馆藏，档案号：M003-01-04580。

③ 胡适：《胡适论学近著》，山东人民出版社，1998，第 258 页。

④ 光绪二十一年，目录号 12，档案号 963，南部县正堂清全宗档案。

⑤ 光绪二十一年，目录号 12，档案号 963，南部县正堂清全宗档案。

议立志择勤俭之招夫，入赘帮家。恳托媒人择得招夫董志有入赘帮家，是日凭媒妁言，礼金英洋一十三元正。其洋即日收讫，并无短少厘”。[①] 依据档案材料，事实上，它是一妻二夫的婚姻家庭关系。与现代婚姻习惯存在较大歧异，却让读者看到了当时地方婚姻的部分实相。

从识事与论理的视角，龙泉司法档案记录本国的地方司法史；但晚清以来，西洋法理对本国司法的深刻影响，让司法档案里的中西界限比较模糊。就近代司法史而言，至少在制度层面，通过移植西洋法制和诉讼程序构建了晚清后法制。西洋法概念与司法术语，辗转写进司法档案。在学术层面，有学者以西学解读中国法律史，如《中国法律与中国社会》等精品。当然，也有以西洋标准判断本土法史现象，如将清代地方审断现象视为西洋司法范畴。这可能无意识陷入“西洋中心主义”陷阱。

就司法档案研究看，以新方法解读档案材料不一定非落在中西二元对立之上。借助西洋镜看档案里叙事现象，远距离观察到事实的梗概，可能忽视档案事实的重重细节。从本土角度看材料，可能看到的是各种杂乱无章的社会事实。晚清以来，不少文书作者较擅长将西洋术语和本土情理结合起来，为其争取诉讼优势。外来法律术语逐渐为地方所吸收，留存在司法档案中。

故此，欲识别档案本意，倒不如打破中西对立的藩篱。借助中西视角转换，或许柳暗花明；以前忽视的细节或现象又重回到研究视野。例如，注重西法术语与本土事实在地方层面的互动与交流，或者普通民众对新法术语的认识、理解或运用，甚至观念转变等，这些司法术语的迁徙过程，及其对地方社会产生的影响，都可能加深读者对地方司法史进一步理解。

四　从深描的视角看

司法档案记录的案件，当事人是案件第一讲述人；档案本身是以文字转录第一人叙事；读者阅读司法档案，是对转录文字的再理解。将司法档案视为转录文字材料，并不是认为它们是假的、非真实的历史，而是意识到这些事实本来存在于当事人叙事里，后转到司法档案文本中，再出现在今天档案读者的阅读世界。就近代法律史研究，以司法档案为直接材料加以证成法史命题，已然是近年来学术研究的新趋向。但是，司法档案材料本身的问题，尚需要进一步思考和讨论。

学者研究司法档案材料，通过第三人以其对转录文字的阅读、理解再现案件当事人叙事。这个事实反过来又会威胁法律史的客观地位，它暗示读者档案再现的法律史不是史实而是学者的构建。如何通过司法档案接近法律史实，从深描的视角看，通过

① 龙泉市档案馆藏，档案号：M003-01-03018。

区分眨眼与挤眼、假挤眼与挤眼、模仿挤眼与挤眼，格尔茨提出“浅描与深描、假深描与深描、模仿深描与深描”[①] 等思考进路。今日，通过该思考进路区分司法档案中材料与史实，除了追踪因文字转录而遗漏的信息外，亦应尽量克服想当然的主观建构，让材料尽量接近真相。

从眨眼与挤眼的角度看，只是现象地观察两个动作，其差别几乎不存在。但是，对挤眼的人而言，他是在有意向特定人传递特殊信息；且传递过程并没有被其他在场人察觉。眨眼人虽然也在做同一件事，但是没有传递特殊信息的挤眼示意。浅描只是快速捕捉到正在做的眨眼动作；深描则是发现挤眼储存社会存在的通行密码。这个通行密码，也是挤眼的社会基础和含义。就司法档案材料而言，阅读档案材料而知道它是简单的浅描；而它是什么，在它发生时，通过档案记录媒介，所要说的是什么，是档案材料的深描。研读司法档案材料，知道它，并不等于知道它是什么。为便于读者阅读，以道光二十五年（1845）五月二十八日《南部档案》一则案件材料为例，展开讨论。

> 为禀明存案事。情自幼凭媒说娶张氏为妻，数年未育子女，不意去今岁饥荒，蚁不但恒业俱无，栖身莫所，且而身染疾，父母早亡，并无叔伯弟兄相伴，欲贸无本，辗转无路。蚁不忍张氏青年，与蚁困毙。蚁思难已，夫妇商议，自行请媒家族及张氏家族等相商，将张氏放一生路。奈人言生妻，不敢说娶，是以赴案禀明存案，伺获觅得张氏生活之路，不致后患，沾恩不忘，伏乞大老爷台前施行。[②]

通过阅读档案，读者能知晓当时南部县存在卖妻现象。本案叙述转卖生妻的法律事实，当事人甚至希望能得到官府的背书。同时，档案里出现以下参与人，妻子、丈夫宗族、妻子家族、官府、媒人、买妻方，或许还应通过他们理解转卖行为。这些当事人如何参与共同产生了一种法律事实。当各方参与人出现认识误解或者行为混乱，都能让转卖行为成为诉讼个案。从法律的角度看，妻子犯七出而被嫁卖，因法律规定为官府所认可。其他类情形的嫁卖生妻，多会离异归宗、财礼入官。在本案中，当事人不仅不回避嫁卖行为，还主动到衙门备案。

阅读本案叙事，读者发现材料表达含糊不清、前后不一致，甚至带有倾向。但是，档案以转录记载当时的情形，多以当地社会约定的通行方式传递信息。理解材料中凝练的话，回到材料文本的细节，通过这些细节发现其社会含义。“奈人言生妻，不敢说

① 〔美〕克利福德·格尔茨：《文化的解释》，韩莉译，译林出版社，2002，第3~39页。
② 道光二十五年，目录号4，档案号289，南部县正堂清全宗档案。

娶”，从官府审断的角度看，嫁卖生妻行为，民众大致知晓律令的禁止态度。但官府审断该行为时，不只考虑律令的一致性，可能会考虑到地方民众实情或者审断的实效。因此，当事人明知律令不许，还敢于“禀明存案”，一定程度上等于再现嫁卖生妻的一种地方约定，针对迫于生存而嫁卖生妻，官府就该情形可能保持某种容忍。

从假挤眼与挤眼的角度看，如果不知道挤眼的含义，或许不能成功挤眼。挤眼是作为社会通行密码传递并被领会，或者遇到挤眼信号后出现反馈。理解挤眼的主要障碍，在于人们以生来就知晓的挤眼习惯理解另一种挤眼，从而出现假挤眼现象。发现真挤眼含义，并不是要求复制挤眼行为，而是把它放入其本身的情景，以深描的方式在具体的社会、制度或行为过程里予以观察。以司法档案研究为例，若将档案材料视为法律史实，实际是将假挤眼当作真挤眼。发现档案史实，或许可以深描视角理解当事人叙事，从当时地方日常系统出发，依据当事人叙事判断它是什么以及不是什么。具体以龙泉司法档案中继产案件中供词为例，继续探讨司法档案中材料与史实的区分。

> 洪大支（原告）：士芬（被告继父）元年四月二十一日亡故，临终遗嘱过的，七年后再另择嗣承继。从前，未立有遗书。此遗书显系捏造，若非伪造，何以洪姓人俱无一画押。
>
> 洪士温（证人）：洪士芬系民叔伯兄弟。士芬自置产，归抱养子执管，其有二代清明祭业应归民等轮值。大珍不能轮流洪姓产业。
>
> 洪大珍（被告）：民四岁抱养与洪家，听闻是姓叶的生的，身之父名唤叶柯。有此遗书，养父士芬于宣统二年正月间写民的。
>
> 管以修（证人）：洪士芬民国元年世故，从前立有此遗书，民见过，押是实的。
>
> 潘五妹（证人）：洪士芬是民姑父。宣统二年，伊作生日，民祝寿。大众都在他家里，伊说：“我今年老衰弱，洪大珍很勤快，唤叶马生写此遗书，将产业遗留给大珍，免得日后争生端。”是此，民见押是实的。
>
> 叶正胥（证人）：士芬是民的岳丈，遗书他自己令我写的。士芬花押，是他自己打实在的，民系伊女婿，岳丈叫我如何写，民不敢不从的。[①]

本案从民国八年（1919）五月十四日收案，于民国八年九月三十日结案。以诉讼两造以及相关证人的供词考察当事人叙事的真实含义，并投射到更广泛的地方民众对异姓继承的态度。关于异姓继承，本案证人洪士温认为养子可以继承养父的自置产业，

① 龙泉市档案馆藏，档案号：M003-01-04080。

但不能接续其养父承继本宗共产，即“大珍不能轮流洪姓产业”。被告洪大珍认为养父生前留有遗书，将其产业留给自己，其中当然包括轮值的洪姓族产。就异姓子能否接续轮流宗族的共产，部分宗族成员与异姓家庭存在意见分歧。此外，两造的供词就是否真有遗书，将财产留给被告发生争议。在原告洪大支看来，由于遗书没有洪姓族人见证，“何以洪姓人俱无一画押”，认为大珍所出示遗书证据显系伪造。原告提出遗书真实疑问，立遗书时的在场人，例如管以修、潘五妹、叶正胥通过供词确认其真实。证据争议的背后，当然是遗产方面的纠纷，原告洪大支认为洪姓的遗产没有本宗成员参与而发生异姓继承，实际是不合法的继承。

在民国八年的龙泉县观察异姓继承，不能简单只看当时国家法律，例如禁止异姓承嗣，异姓继承酌分部分遗产。当然，也不能以今天遗嘱继承模式理解异姓子财产继承问题。从本案当事人叙事，关于龙泉县异姓继承的史实，有民众接受异姓子继承，通过继子传宗接续香火，并继承其财产。有民众通过将异姓子载入本宗族谱，获得本宗成员的承认。当然，也有民众坚持本宗成员财产应由本宗成员继承；至少本宗共产，不能让异姓子继承。还有民众在生前以遗书的方式传递财产。简言之，龙泉县异姓继承，实际呈现复杂多元的情形。

从模仿挤眼与挤眼的角度看，通过挤眼观察地方通行的信息密码，并非将挤眼视为面具带回来，而是取决于是否说清实际发生什么，并减少因陌生背景而出现的行为困惑。从深描的视角看，模仿挤眼并不等于挤眼；能否实现深描，主要是看能否将挤眼与眨眼区分，以及能否将模仿挤眼与真挤眼分开。浅描只是通过模仿挤眼对陌生行为建构想象的联系，很难产生说服力。

就司法档案中材料与史实的区分，模仿深描的情形在研究档案时也有所表现。模仿深描通过档案叙事，捕捉材料中出现的原始事实，进而寻找地方历史上所发生的事实。从深描的角度，不只是关注档案材料呈现的原始事实，重要是说清事实在地方实际发生了什么；通过梳理它所呈现档案史实，减少今人对档案材料的困惑。

以龙泉司法档案中继承诉讼裁判书为例，具体展开讨论。原告季马炎是已故季有用之侄，以亲族会议议定其为季有用嗣子，并供称被告季永成其母季叶氏并非季有用之妻，难证季永成为季有用之子，控告至龙泉县知事公署，请求恢复其继承资格。县承审员吴载基于民国十一年（1922）十二月二十七日作出裁判，“原告之请求驳回，诉讼费用原告负担”。主要裁判理由如下：

> 该亲族果认季有用等婚姻不正，应立原告人为嗣子，何不于其生前责以大义，劝其照办。该季马炎具有利益关系，亦何然无一语直至今日……当叶氏私合之初，

其年尚轻，有人出而干涉，可另为计，此际年逾六十衰老待养；彼将马叶氏前夫，虽与季有用同族冒然改嫁有违伦理，然维持风化不在此时。今咎死者之既往，夺生者之衣食，恐目的不在维持风化，而在争夺遗产，穷其害之所至过于已远之风化，维持徒托空谈。现在，孤子之安全破坏实可悯。季马炎年近五旬非其家自有产业，即其能力足以谋生，何可别存希冀利己损人而鹊巢鸠占之计。①

这样一种实际的诉讼状态出现在裁判文书中，原告以被告“婚姻不正”为由，赴县公署控告，不一定是完全由于被告“违法”，而更可能是因为她破坏地方伦理，伤害地方风化。控告方以妨害地方风化为由，要到县衙讨个说法。就材料叙述龙泉地方事实，不只是涉及继承纠纷问题，本案多次出现地方伦理或风化话语，成为纠纷一方的兴讼理由。同时，龙泉县承审员在裁判理由开释中，也不主要以诉讼两造较少涉及的法律说理，更多通过具体道理，例如“今咎死者之既往，夺生者之衣食”等驳斥原告指控被告的说辞。从本案裁判书理由看，就继承纠纷，承审官通常以地方民众理解的表达方式取得当事人对判决的认同。

通过深描视角区分司法档案中的材料与史实，从内容上，档案材料记录或者试图记录的，并非没有加工过的社会性对话。由于学者可能并非档案中的当事人，无法直接亲临庭审中对话，能接触到的档案材料只是对话内容很小的部分。当然，并不因此认为对话本身是不真实或基本虚构的，且没有必要阅读这些对话材料。但是，通过观察材料当事人部分叙事记录，分析记录背后的社会含义，或许能发现比档案材料更深刻的档案史实。

从方法上，通过深描理解司法档案，实质是从微观视角看档案材料。从曾经消失的历史对话中，发现案件当事人所说过的话并将其固定下来。通过发现对话呈现极端细小的事情，达到更广泛的解释及其抽象的分析。当然，深描的方法也并非没有问题，例如，试图将深描呈现的局部视为普遍图景的努力。就档案中发生诉讼历史的微观描述，过高或过低估计它们，都会歪曲材料本身。

五　余论

本文想要呈现的司法档案图景是，档案材料本身不是法律史实，档案材料为接近法律史真相、发现法律史实提供线索。在司法档案研究过程中，阅读档案不只囿于材料文字，而是应将其视为历史叙事，综合叙事真实、叙事本意、叙事理解来发现材料真正表达的意思。南部县、龙泉档案中部分法律文书，当然不能视为代表全国，档案

① 龙泉市档案馆藏，档案号：M003-01-07657。

本身受到地方环境及历史条件等多因素的影响，甚至也不排除地方个案的呈现。可以明确的是，司法档案本身不是法律史实的原型复制，而是借助文字媒介转录的法史材料。

因此，阅读司法档案材料时，就当事人叙述案情，除了了解其内容有真实的一面，也不能忽视可能存在的虚构问题。就叙事真相的发现，坚持孤证不立的立场，还应尽量扩充档案内外材料，让材料叙事接近其本来的面相。当然，想真正把握当事人叙事，还需要激活档案本身，让其自己开口说话，减少第三人转述或翻译过程中无意识的曲解或原意遗失，让现代读者能够重新认识档案呈现的材料本意。就理解档案叙事，可能需尽量克服想当然的主观建构，阅读材料文字并不等于理解材料所叙事实。就档案中的当事人叙事，应尽量避免以现代人的行为模式去理解，而是将其放置在当时地方日常系统中观察，判断其叙述是什么及不是什么。就其叙事内容，不只局限在档案所呈现的案情事实，而是讲清楚案件当时实际发生什么，并减少因背景差异而出现的法史困惑。

需要指出的是，通过司法档案材料观察、认识和分析法史问题，当然可参考社会科学概念工具。要明确的是，社会科学概念多有其附带的条件或假设。在知晓概念前提条件下，依据准确的档案史实展开论证，应该是发现法史真相的有益尝试。就司法档案材料，尽量回到当事人语境，梳理其中的是非或曲直，或许能达至同情后理解。

书　评

英格兰宪政史的典范：读《英格兰宪政史》

王　栋*

梅特兰的《英格兰宪政史》是一本讲义，既是高深学理知识的系统化和通俗化，又是英格兰宪政史写作和学习的典范。同时又因为梅特兰英年早逝，《英格兰宪政史》中存在诸多新的却又未能深入展开论述的原创性观点，这一定程度上启发了之后的研究者。该书中译本由李红海教授于2010年译出。作为英国宪政史和英国法的入门文献，该书对当代英格兰宪政史的研究和写作仍有典范意义。

一　承继与批评：宪政史写作的学术传统

《英格兰宪政史》是梅特兰1887年秋季学期和1888年冬季学期在剑桥大学讲授“英格兰宪政史”课程的讲义。对于年轻的梅特兰来说，《英格兰宪政史》并非原创性作品，更多的是对已有学术研究的继承。梅特兰继受的学术理路是宪政史或者宪法史（Constitutional History），[①] 在该领域中梅特兰主要受到亨利·哈兰（Hallam）、威廉·斯塔布斯（Stubbs）、艾尔伯特·戴雪（Dicey）以及威廉·雷内尔·安森（Anson）的影响。[②]

19世纪是现代学科的成型时期，现代历史学也逐渐发展起来。现代史学的主要研究内容是政治史，而政治史的主要研究进路就是宪政史。最早的宪政史研究著作是哈兰1818年出版的《中世纪欧洲国家掠影》，他在第八章“英国宪政史”中系统讨论了英国宪法。哈兰认为宪法是一种“治理体系”（system of government），欧洲诸国有不同的治理方式以及宪法，英国宪法是最为自由的管理方式，[③] 英国因而享有人类历史上最为悠久的繁荣。哈兰在此比较视野中力图证明英国和英国宪法的独特性。哈兰的这种尝试在其《英国宪政史：亨利七世到乔治二世》（1827年出版）中得到了更为系统的

* 王栋，深圳大学法学院助理教授。

① 为了行文统一，下文一律使用“宪政史”的表述，虽然宪法史在某些情况下可能更为准确。

② F. W. Maitland, *The Constitutional History of England*: *A Course of Lectures Delivered*, Cambridge: Cambridge University Press, 1908, p. vi. 本文的中文译文大体采用了李红海教授的相关翻译，为注释简洁，只标注了英文版的页数。〔英〕梅特兰：《英格兰宪政史》，李红海译，中国政法大学出版社，2010。

③ Henry Hallam, *View of the State of Europe during the Middle Ages*, Vol. 2, New York: W. J. Widdleton, Publisher, 1866, pp. 255-256.

阐述，该书认为英国宪法保障了民众的自由和财产，作用远大于代议制。[①] 哈兰开创了宪政史的研究路径，被认为是辉格史学的开创者。[②]

哈兰的《英国宪政史：亨利七世到乔治二世》是断代的宪政史，分为3卷18章。全书主体是按照国王分期书写，如第一章是“亨利七世到玛丽女王时期的英国宪政”，涉及立法、征税、显贵和机构。但是在分期中也夹杂着其他论述，如对这一时期宗教问题的关注。第二章是“亨利八世、爱德华六世和玛丽女王时期的英国教会”，第三章是“伊丽莎白女王统治时期涉及罗马天主教的法律”，第四章是“伊丽莎白女王统治时期涉及非国教派的新教的法律”，第五章才是“伊丽莎白的内政治理”。在此之后哈兰重新回到各国王的统治，并对其中的法律发展和政治事件进行了详述。值得注意的是，该书还在第17和第18章专门讨论了苏格兰和爱尔兰的宪政。总体来说，哈兰虽然力图以宪政史阐述英国历史，但仍然受到叙事传统的较大影响。

斯塔布斯是哈兰开创的宪法史研究的集大成者，他也由此成为牛津学派和辉格史学的开创者之一。斯塔布斯的《英格兰宪政史：起源与发展》是3卷本，完成于1874~1878年。该书视野宽广，从罗马时期一直讲到1485年，涵盖国家、法律、教会、司法、行政与财政等诸多方面。斯塔布斯不惟在论述方面更具条理，并试图用民族性、外部历史和制度三个因素来综合解释宪政史。斯塔布斯从日耳曼自由传统中发掘出了英国宪政的根源，贵族和教会也成为自由的天然捍卫者。总体上牛津学派注重研究政治制度、政治思想和法律学说，认为存在“日耳曼自由传统”。英国的历史也是恢复古代自由与建设宪政的历史。[③]

梅特兰深受斯塔布斯影响，梅特兰1901年在剑桥大学里的演讲中叹息，1485年是一个悲伤的年份，因为斯塔布斯的英格兰宪政史于此时停笔。[④] 梅特兰像斯塔布斯一样娴于史料考辨，大量援引了斯塔布斯的《英国早期宪政史特许状及案例选》。梅特兰同时吸收了斯塔布斯宪政史的写作方法，他的《英格兰宪政史》在解释诺曼征服时，与斯塔布斯有很大的相似。梅特兰认同盎格鲁撒克逊国王滥授司法权力，诺曼征服则促

---

① J. H. Morgan, “Introduction”, Henry Hallam, *Constitutional History of England: Henry VII to George II*, Vol. 1, London: J. M. DENT & SONS, 2012, p. x.

② 参见高全喜《麦考莱和他的〈英国史〉》，《读书》2014年第1期，第59页。

③ W. Stubbs, *The Constitutional History of England*, Vol. 1 - 3, Oxford, 1874 - 1878; W. Stubbs eds, *Select Charters and Other Illustrations of English Constitutional History from the Earliest Times to the Reign of Edward the First*, Oxford: Clarendon Press, 1900; J. Campbell, *Stubbs and the English State*, Reading: Reading Press, 1989.

④ 参见〔英〕弗雷德里克·威廉·梅特兰、约翰·汉密尔顿·贝克《英格兰法与文艺复兴》，易继明、杜颖译，北京大学出版社，2012，第47页。

进了专制主义的发展，抵制了无政府主义。[①] 梅特兰也有意避开了斯塔布斯的研究领域。他在《英国法律史》中不愿再次叙述斯塔布斯说过的东西，认为“不会指望能够叙述他留下未说的任何真理”。[②] 当然，事实上，这种避免是无法全然做到的。梅特兰在斯塔布斯逝世时甚至感慨：“我们感觉曾有位国王，而今没有了。”[③]

牛津大学法学院大师辈出，1885 年戴雪写出了典范性的《英宪精义》(*Introduction to the Study of the Law of the Constitution*)，不同于梅特兰的《英格兰宪政史》，这本导论性质的著作致力于分析当时英国宪法的原则和精神。戴雪反思了已有的政治学、法学和历史学三种研究路径以及代表作品。概而论之，布莱克斯通的《英国法评论》使用法学方法，并未使用“宪法”一词，拘泥于法律形式。戴雪的同事弗里曼教授 1872 年出版了《英格兰宪法的生长》一书，该书采用了宪法史的书写模式。[④] 戴雪批评弗里曼的历史研究路径，认为宪法并不是古代自由的简单恢复，而是现代司法发展的成果。戴雪还批评政治学家贝吉和赫恩拘泥于政治惯例，未能知晓政治惯例被遵守的原因。[⑤] 总体上，戴雪的研究既不是法律家的技术分析，也不是历史学家的宪政史写作，亦不是政治学家对政治实践的讨论，而是探究当时宪法的性质和功能。戴雪坚称最为重要的是议会主权和法治原则，强调普通法对英国宪政的关键作用。戴雪还特地批评了之前的宪政史研究，认为都是史料的堆积，没有发现值得珍视的法律原则。梅特兰强烈推崇戴雪对宪法性质和功能的分析，[⑥] 尽管梅特兰对史料的关注显然不会为戴雪所认同。

安森爵士生于 1843 年，求学于牛津大学，并于 1874 年担任牛津大学瓦伊纳英国法讲师。安森致力于创建牛津大学法学院，并在 1886～1898 年于剑桥大学三一学院教学。他 1886 年出版了《宪法的法律和习惯》(*The Law and Custom of the Constitution*)，全书分为两卷，分别分析了“议会”和“王权”。[⑦] 安森在下议院的经历使他对现代政治的解释更富启发，如白芝浩认为内阁独立性的增强在于扩展特权，而安森将之归因于单人选区的创设和政党组织的发展。总体上安森试图探究现存制度的起源和发展，但遗

---

① John Hudson, “Maitland and Anglo-Saxon Law”, in John Hudson ed., *The History of English Law: Centenary Essays on* “Pollock and Maitland”, Oxford: Oxford University Press, 1996, p. 23.

② 孟广林：《英国封建王权论稿——从诺曼征服到大宪章》，人民出版社，2002，第 27～28 页。

③ George Peabody Gooch, *History and Historians in the Nineteenth Century*, London: Longmans, Green and Co., 1913, p. 346.

④ Edward A. Freeman, *The Growth of the English Constitution*, London: Macmillan and Co., 1872.

⑤ Albert Venn Dicey, *Introduction to the Study of the Law of the Constitution*, Indianapolis: Liberty Fund, 1982, pp. 71-86.

⑥ F. W. Maitland, *The Constitutional History of England: A Course of Lectures Delivered*, p. 342.

⑦ Sir William Anson, *The Law and Custom of the Constitution*, Oxford: Clarendon Press, 1908.

憾的是该书的历史细节多有错漏之处，又因为与现代政治过于密切而需要不停修正。[①] 也因此，相较以上三位，安森的研究已较少被提及。

梅特兰的《英格兰宪政史》一方面吸收了安森的分析，如特免权和中止法规权；另一方面大量引用了安森编辑出版的令状，涉及上议院、郡治、贵族、自治市，展现了不同时期的宪制运行。当然，梅特兰也对安森进行了商榷（如贵族特权期限问题），纠正了安森的错误，补充了他的疏漏（如按照普通法，女性没有当选议员的资格）。[②] 安森更为长久的贡献还是对于合同法的研究，即他 1884 年出版的《英国合同法原理》。

二　框架与方法：梅特兰的写作

梅特兰的研究虽然采用了诸多原始文献，但总体上还是对上述诸人研究成果的总结整理。梅特兰以宪政史为研究路径，对各家观点皆有扬弃，作品整体呈现极深的学术涵养。《英格兰宪政史》分为五部分，分别是（Ⅰ）1307 年以前【爱德华一世驾崩时】、（Ⅱ）1307~1509 年【亨利七世驾崩时】、（Ⅲ）1509~1625 年【詹姆士一世驾崩时】、（Ⅳ）1625~1702 年【威廉三世驾崩时】、（Ⅴ）1887~1888 年五阶段。值得注意的是，梅特兰为了略述事件，没有选择编年史路径，而是选择了四位国王死亡之日。相较之下，现代宪法史家更倾向于采用编年史写作，[③] 编年史写作很大程度上回避了英格兰宪政史的分期困境。

《英格兰宪政史》在每一阶段又对法律、机构和制度进行了细致分析。如第一阶段是到爱德华一世驾崩时的英格兰公法，分为“A. 英格兰法的总体特征和对立法的评价”、“B. 土地法”、“C. 王国的行政区划与地方政府”、“D. 中央政府”和“E. 司法”五部分。在“A. 英格兰法的总体特征和对立法的评价”中，梅特兰又采用了时间编年记叙，分别是“1066 年之前，1066~1154 年，1154~1215 年，1215~1272 年，1272~1307 年”这五个时期的主要立法。而在“C. 王国的行政区划与地方政府”中则采用了郡、百户区、村邑和镇区、自治市几个专题来论述。这些划分并非自然形成，而是体现了梅特兰的取舍。如“1066 年之前”被视作一个单一的单元，1272 年之前的发展只是略述，这些反映了梅特兰对英格兰宪政史起源的考量。总体上该书编写体例以时间为主线，以专题为脉络，同时专题之中又杂以时间叙述和专题论述。如此横纵交织，

---

① N.，“The Law and Custom of the Constitution by William R. Anson”，*The English Historical Review*，Vol. 24，No. 94（Apr.，1909），pp. 354-356.

② F. W. Maitland，*The Constitutional History of England：A Course of Lectures Delivered*，pp. 89，167，302，349，364，377.

③ Ann Lyon，*Constitutional History of The UK*，London，Sydney，Portland：Gavendish Publishing Limited，2003，p. xlii.

既显脉络清晰，又不遗漏要点，确实是宪政史入门的典范之作。

在写作中，梅特兰显示了深厚的历史知识和法学理解。英格兰并没有一部宪法典，梅特兰选择从土地法开始讲述宪政史，即强调诺曼征服将土地封建化，亨利二世通过法令将所有自由土地保有人对土地的占有（possession，seisin）纳入了王权的保护之下。梅特兰依据封建制度的法律化，把保有细分为六类，即（1）自由教役保有；（2）骑士役保有；（3）大侍君役保有；（4）小侍君役保有；（5）自由农役保有；（6）农奴保有。其中着重分析了骑士役保有，涉及骑士役封地；臣服，效忠；协助金，继承金，初始占有金，对未成年继承人的监护权、婚姻指定权，土地转让费和土地复归。

对此梅特兰也明白读者的疑惑，"通过考察地产权制度来开始我们对于公法的探讨看起来有些奇怪，因为财产性的权利显然属于私法的范畴"。[①] 梅特兰从三方面解释了这一宪法史的研究路径。首先，土地保有体制为国王提供了军队和财政收入。民众因为保有土地而向国王履行军事义务，也因为保有土地而向国王支付协助金、土地继承金和免服兵役税，国王则因土地保有获得了财源丰厚的监护权、婚姻监护权和土地复归权。其次，土地保有影响了司法制度和议会制度。例如，每一位领主都主张享有为其封臣主持法庭或主持由其封臣参加之法庭的权利。但亨利二世时期规定，没有权利令状，任何人无须就涉及其自由保有地产的诉讼出庭应诉。这样，司法管辖权可能源自封建保有，却不能超出国王的控制。最后，土地保有取代人身自由成为享有政治权利之前提。诺曼征服之后，出席民众大会的资格变得更为确定，自由地产保有人有权利也有义务出席郡民众大会。这并不是按封建原则组织的，古老的民众大会的延续在议会史上具有非常重要的意义。总体上，"大部分或所有属于'公共'范畴的权利和义务与土地保有不可分割地纠缠在一起，而全部的公共管理制度（财政的、军事的、司法的）都只是私有财产权法律的一部分"。[②]

土地对公法的形塑一直延续到近代。以现代民主制度的基石——选举权为例。诺曼征服之后，实践中出现了一种将土地短期出租的做法。签有租约的承租人（lessee，termor）起初并不被认为对土地享有不动产性权利（real right），或者说物权（right in rem）。他仅仅享有一种针对出租人（lessor）的动产性权利（personal right）——出租人已经规定，承租人在支付地租的条件下可以在一段时间内使用土地。承租人只有一种对人的动产性权利，因而并非自由地产保有人。到爱德华一世时期，王室法庭已在很大程度上（虽然还不彻底）给予了承租人对世性的保护。但原有的法律分类仍产生了深远的政治影响：承租人不是自由地产保有人，因此无权出席郡民众大会，也不能

① F. W. Maitland, *The Constitutional History of England: A Course of Lectures Delivered*, p. 23.

② F. W. Maitland, *The Constitutional History of England: A Course of Lectures Delivered*, pp. 23-24.

推选郡骑士，这种情况一直延续到 1832 年。相同情况的还有公簿地产保有人，虽然到 15 世纪中期公簿地产保有人已和自由地产保有人一样，几乎变成了土地的完全所有人，但直到 1832 年公簿地产保有人才有权参与郡骑士的选举。此外，土地保有也是贵族爵位的重要基础。

三　理论反思：比较法视野下的封建制度

梅特兰对诸多制度和事件都给予了十分有启发的论断，其中许多论断至今仍对学术界具有启发意义。如“诺曼征服所带给我们最有价值的东西，是那种促成王国统一的强大的王权”（这一点上他同意了斯塔布斯），“孟德福召集的议会则几乎不能被称为先例”（这一点上他批评了斯塔布斯）。[①] 其中，颇为有趣的是他在比较法视野下对封建制度的研究梳理。梅特兰首先追溯了封建制度的学术史。17 世纪之前英国的法律家将英国法理解为一种孤立隔绝的法律，对外国法律和罗马法无所知晓。亨利 · 斯佩尔曼爵士（Sir Henry Spelman）采用比较法学的方法将封建制度引入英格兰，视封建法为中世纪的万民法（jus gentium），封建法是一种适用于西方所有民族的制度。梅特兰俏皮地说，如果学生问谁把封建制度引入了英格兰，正确的答案是斯佩尔曼。[②] 此后，马丁 · 赖特爵士（Sir Martin Wright）在英国的法律家中传播了这一新知识，布莱克斯通使这种知识大众化和正统化。封建制度被定义为一种社会形态，其中主要的社会关系是领主与封臣之间的关系，封建制度为古代法律提供了一般的和清晰的原则。不过梅特兰也清晰地意识到了封建制度的时空差异，法国的封建主义与英国差别明显，而 13 世纪的封建主义又迥异于 11 世纪。

在梅特兰的时代，法律家首先将封建法看作地产法，即作为私法一部分的不动产法。梅特兰认为，封建主义如果只是这种保有的法律理论的话，英格兰就是封建化最为彻底的欧洲国家。因为诺曼征服使所有土地都纳入封建制度中，所有与土地有关的法律都与封建保有相关，英格兰的普通土地法就是封建法。不过梅特兰也强调，封建法同时也是普通土地法，是关于土地权利的一般性法律。因为封建法避免了最为危险的结果，并没有建立一个等级制度。

梅特兰进一步追问封建主义的观念在英格兰于多大程度上得到了实现，并指出封建主义的政治影响从一开始就是有限的。（1）强制要求进行效忠宣誓。（2）除国王外民众从未被法律要求为任何其他人而出征；私人之间的战争从未被视为合法。（3）无论何种保有形式，所有人都要服军役的做法被保留了下来。（4）税收不受封建主义的

① F. W. Maitland, *The Constitutional History of England: A Course of Lectures Delivered*, p. 95.

② F. W. Maitland, *The Constitutional History of England: A Course of Lectures Delivered*, p. 142.

影响。(5) 封建司法只限于很狭窄的范围；地方性的社区法庭得以保留且未被封建化。(6) 王室法庭和咨议会未被明确封建化。法国式的封建主义从未在英格兰实现过。综合而言，梅特兰通过封建主义的法律理解，提出了私法封建化和公法非封建化的理论，在比较法学的视野下较为清晰地展现了封建主义的历史事实和性质定义。不过也应注意的是，梅特兰并不喜欢用封建主义来写作，他更青睐普通法上的保有，[①] 他之后对封建主义的评价更低了。[②] 梅特兰的立场可以从普通法在英格兰的发展来理解。[③]

四　余论：著译俱为典范

《英格兰宪政史》的写作史论兼重，历史性地展现了英格兰宪政的独特脉络，如人身保护令与 17 世纪的政治斗争。该书背后也有深刻的理论思考，如选取不动产法作为宪法理解的核心。总体上本书不是简单地继受已有的写作思路和综合已有的知识，而是进行了精心的组织和细致的考辨。就宪政史的写作脉络而言，梅特兰吸收了哈兰和斯塔布斯对于制度史的关注，并大量引用斯塔布斯的观点，如斯塔布斯对议会起源、贵族认定、平民意义和封建化的梳理。在某些问题上，他也提出了自己的见解，如郡民众大会骑士代表选举人问题。梅特兰在此基础上对政治制度进行了深入而精准的体系归纳。同时，他还发扬了辉格史学对史料的关注，如他大量使用了斯塔布斯编撰的《英国早期宪政史特许状及案例选》一书。不过他放弃了辉格史学的民族主义解释，并不认为英格兰的宪政源自日耳曼精神。如梅特兰批评弗里曼认为每位自由民都有权参加贤人会议的观点，认为这贤人会议只是一个小范围的贵族团体。[④]

在研究理路上，一方面，梅特兰更为尊重历史事实，他认为盎格鲁撒克逊时期废黜国王不是民众自由的标志，而是宪政暗弱和封建主义危险。诺曼征服前宪政真正积极的因素是，没有国王未经贤人会议同意就自行立法或征税，这使英格兰不至于滑入纯粹专制主义。不过强大的国王可以决定贤人会议的组成和性质。[⑤] 另一方面，梅特兰更为内在地理解法律，如他对诉讼程式和令状的细致讨论。梅特兰也吸收了戴雪的观念，强调司法和法律实践的影响。同时，他在诸多历史分析中强调古今分野。如在对议会工作的讨论中，他强调千万不能从议会主权的理论开始，后者是政治斗争的结果。

① S. F. C. Milsom, "'Pollock and Maitland': A Lawyer's Retrospect", in John Hudson ed., *The History of English Law: Centenary Essays on* "Pollock and Maitland", p. 246. 梅特兰之后更为不喜封建主义。

② Sir Frederick Pollock, Frederic William Maitland, *The History of English Law Before the Time of Edward I*, Vol. I, Cambridge: Cambridge University Press, 1898, pp. 66–67.

③ J. H. Baker, *An Introduction to English Legal History*, Cambridge: Cambridge University Press, 2019, p. 242.

④ F. W. Maitland, *The Constitutional History of England: A Course of Lectures Delivered*, p. 58.

⑤ F. W. Maitland, *The Constitutional History of England: A Course of Lectures Delivered*, p. 60.

而现代极具价值的政治权利在古代可能是很重的负担，如出席王廷和参加议会。[①] 也因此他在中古英国王权与法律关系的讨论中总是提醒读者奥斯丁理论的不适用。总体上，就像他后来就任剑桥大学唐宁讲座教授时所讲的那样，他既吸收了法律家的分析技术，又关注了历史本身的情境。[②]

《英格兰宪政史》得到了同时代学者的赞誉。戴雪、考特尼·伊尔伯特爵士（Sir Courtenay Ilbert）和弗莱彻（C. R. L. Fletcher）协力促成了该书的出版。1908年剑桥大学出版社出版第1版，到1963年时已重印14次。[③] 迄今该书仍是英格兰宪政研究入门的典范之作，一直为宪政史家所关注。20世纪40年代，S. B. 科瑞斯认为梅特兰的著作主要采用法学的观点，对G. B. 亚当斯的《英格兰宪政史》某种程度上构成了补充。不过他也认为梅特兰的《英格兰宪政史》在许多议题上有些过时。[④] 相较之下，20世纪60年代M. M. 纳本则满是推崇，他在《英格兰宪政和法律史》中不停提及“伟大的法律史家梅特兰”，坦陈“像许多凡人一样，我对F. W. 梅特兰的天才处于交替的陶醉和敬畏之中”。[⑤] 布赖斯·里昂也认为梅特兰此书对英国制度有大多数著作中未有的解释的直接性和清晰性。[⑥]

20世纪90年代，乔治·加内特认为本书充满了“富有启发的观察”，“90年来基本上未受打扰”。[⑦] 近来，安·里昂也认为：“F. W. 梅特兰的《英格兰宪政史》是唯一的单卷本宪政史，是由既是历史学家也是法学家的学者专为本科生读者写作的。”[⑧] 这既反映了梅特兰的伟大，某种程度上也反映了，相较梅特兰开创的英国法律史研究路径，[⑨] 英格兰宪政史的研究路径发展不大。

---

① F. W. Maitland, *The Constitutional History of England: A Course of Lectures Delivered*, pp. 179, 62.

② F. W. Maitland, “Why the History of English Law is Not Written”, H. A. L. Fisher ed., *The Collected Papers of Frederic William Maitland*, Cambridge: Cambridge University Press, 1911, pp. 483-492. 梅特兰认为中世纪欧洲大陆有丰富的法律文本和实践，并不逊于英国。

③ 即于1909、1911、1913、1919、1920、1926、1931、1941、1946、1948、1950、1955、1961和1963年多次重印。

④ S. B. Chrimes, *English Constitutional History*, London, New York and Toronto: Oxford University Press, 1947, p. 191.

⑤ M. M. Knappen, *Constitutional and Legal History of England*, Hamden: Archon Books, 1964, pp. vi, 52, 186.

⑥ Bryce Lyon, *A Constitutional and Legal History of Medieval England*, New York: W. W. Norton & Company, 1980, p. xvii.

⑦ George Garnett, “The Origins of Crown”, in John Hudson ed., *The History of English Law: Centenary Essays on “Pollock and Maitland”*, p. 171.

⑧ Ann Lyon, *Constitutional History of The UK*, London, Sydney, Portland: Gavendish Publishing Limited, pp. xxxvii-xxxviii.

⑨ 参见王栋《建构大宪章的现代性：学科分立视野下的19世纪大宪章研究》，《杭州师范大学学报》（社会科学版）2016年第2期。

中国学者也深受梅特兰的影响，[①] 如侯建新先生的权利研究广泛吸收了梅特兰《英国法律史》的成果。近来孟广林先生出版了《英国“宪政王权”论稿》一书，[②] 在中世纪议会和王权关系的理解上明显吸收了梅特兰的制度史研究成果。[③]《英格兰宪政史》最大的不足是该书写作于 1887~1888 年，如今英国的情况已经发生了诸多变化。不列颠不再是世界性的帝国，殖民地也已消失殆尽。[④] 显然梅特兰进步主义的宪法史写作难以全然展现当代英格兰宪政发展的复杂性。此外，随着学术研究的整体进步，在细节上也有可提升之处，如重估《大宪章》的文本、制定以及渊源在英格兰宪法史中的影响。[⑤]

《英格兰宪政史》的翻译也堪称当代译著的典范。译者深谙文本的整体结构和具体细节，在文本逻辑的把握上真正达到了游刃有余。译文从古典学的逻辑、文法、修辞三方面来看，都值得称赞。在句子处理中，译者力图保有原有的英文文法，以呈现英文的表达面貌，保持文本本身独特的英国经验。在专业词汇的理解中，译者也极为渊博，如“法兰克的习惯法汇编（capitularies）就与我们英国的法律汇编（dooms）非常相似”的处理。此外，译者并不满足于准确，而是尽力在准确的基础上探索更多词句的表达，这些表达不惟扩展了已有的经验，更呈现了汉语本身词汇和音韵的魅力。可以说，译本是当代中国学人信达雅翻译的典范。

---

① 参见王栋《“王在法下”抑或“王在法上”：中西学术视阈下的王权与法律关系研究》，《史学理论研究》2018 年第 3 期，第 59 页。

② 参见孟广林《英国“宪政王权”论稿：从〈大宪章〉到“玫瑰战争”》，人民出版社，2017。

③ 参见王栋《中世纪英国宪政史研究的新理路：读〈英国“宪政王权”论稿〉》，《古代文明》2019 年第 4 期，第 34~35 页。

④ 如对国务大臣的讨论显然已不合当代实际。F. W. Maitland, *The Constitutional History of England: A Course of Lectures Delivered*, p. 409.

⑤ 参见王栋《〈大宪章〉文本考：版本、正本、副本及译本》，《法律科学》2020 年第 3 期；王栋《〈大宪章〉渊源：罗马法还是蛮族习惯法》，《经济社会史评论》2021 年第 2 期；王栋《〈大宪章〉制定考——从男爵方案到国家特许状》，《古代文明》2021 年第 1 期。

“奸胥蠹役”的新画像
——《爪牙：清代县衙的书吏与差役》评介

黄骏庚*

由于地方上的案件无论轻重均由州县层级的地方官先予审理，传统中国的基层政府一直是法律史学者的关注所在。这种关注一则呈现为对州县官如何裁判案件的探讨，二则围绕地方政府的行政运作展开。对于后者最为全面精到的论述，是由瞿同祖先生的名著《清代地方政府》作出的。《清代地方政府》以人员和职能为基本线索，对清代的州县政府予以概览式的勾勒：一方面，州县官作为“一人政府”，其职责的履行必然重度依赖由书吏、衙役、幕友和长随组成的辅助集团；另一方面，受到行政经费的限制，州县政府的运转又催生了名目繁多的“陋规”与难以约束的贪赃。[①] 此种重在揭示其低效与违法的负面刻画，大致构成了学界对清代州县级政府的一般印象。

美国弗尼吉亚大学历史系白德瑞副教授的专著《爪牙：清代县衙的书吏与差役》[②]（以下简称《爪牙》），所欲挑战的正是以瞿同祖的论述为代表的经典看法。该书的雏形是1994年作者在美国加利福尼亚大学洛杉矶分校完成的博士学位论文，英文原著出版于2000年，由尤陈俊、赖骏楠合译的中文版，于2021年在广西师范大学出版社推出。如其书名所示，《爪牙》选取了清代县衙中的书吏和差役这两类群体予以集中讨论，其目标则是“要超越那些将书吏和差役们简单地视为反面人物的描述，从而更好地理解他们在清代县衙当中所扮演的角色，并思考他们的活动是如何可能影响清代的国家与地方社区之关系”（“英文版序”页1）。

《爪牙》共分七章。第一章梳理了既有的学术成果，并对研究对象所处的巴县进行了必要的介绍。第二章探讨了书吏的内部组织情况、人员类型、人数、出身状况和内部规矩，指出书吏将其工作视为一项正当的营生方式。第三章则考察了书吏之间的亲族关系、庇护关系和派系联盟，这些体现特殊主义的人际关系被用于垄断各种资源，同时也确保了县衙的顺利运转。第四章与第二章相似，聚焦于县衙内的另一群体差役，

---

* 黄骏庚，中国人民大学法学院博士研究生。

① 参见瞿同祖《清代地方政府》，范忠信、何鹏、晏锋译，法律出版社，2011。

② 〔美〕白德瑞：《爪牙：清代县衙的书吏与差役》，尤陈俊、赖骏楠译，广西师范大学出版社，2021。下文对《爪牙》的引用，均依据此版本以括注的形式作出，不再另行说明。

对其组织、职责、人数等展开分析，这些被描述为贪婪腐败之辈的差役，同样致力于将自身的角色正当化。第五章继续分析了人际关系对于差役内部的惯例性程序的意义，并进一步将衙役放置在与当地社区的复杂互动中予以讨论。第六章着重讨论了吏役收取规费的做法。规费为衙门吏役提供了常规的收入来源，也引发了吏役之间围绕案件管辖展开的争夺，而地方士绅则借由打着抑制贪腐之名义的行动来扩张自身的权势。第七章作为全书的总结与提升，以吏役群体为切口，重新思考在县衙这一场域中吏役、县令和士绅的三方互动，乃至国家与社会之关系。

既然超越对吏役形象的传统描述是《爪牙》的首要目标，那么回应诸如“奸胥蠹役”（清人屠守仁语）之类对吏役的负面刻画，进而勾勒一幅与之不同的新画像，则成为其论证任务所在。从全书来看，作者的尝试可以总结为两个方面：一是对吏役群体的违法特征加以重新解读；二是以更平衡的眼光审视衙门内外盘根错节的人际关系。因此，作为对《爪牙》的简要评介，本文将以这两方面为线索重述该书的核心观点，最后再从法律史研究的视角评估该书的可能启示。

一　惯例性制度与非法的正当性

将衙门吏役描绘为贪腐成性、自私自利之徒的负面刻画，首先出自以官员为代表的社会精英之口。后世的历史学家之所以轻易接受了这类描述，与史料的匮乏有莫大的关系。据《爪牙》一书作者总结，既有研究主要利用的文献为地方志、官箴书和中央层级的公文书（“英文版序”页 2），这些无一例外地都出自社会精英之手的史料，为寻求对衙门吏役更为全面的描述蒙上了阴影。由是，对巴县档案的运用，成了作者得以实现突破的关键所在。

从巴县档案中，作者挖掘出了前人少有关注的大量信息，包括但不限于招募与任用吏役的流程、吏役们的承充情况、向上级呈交的载有吏役人数的报告、对吏役加以惩戒的各种程序、吏役们内部的各种规矩、来自上级衙门的指示、当地百姓向知县控告衙门吏役的文书、关于衙门吏役之间纠纷的案卷记录（“英文版序”页 4）。尤其重要的是最后一种，在这些因争夺资源而引发的内部纠纷中，不仅同样充斥着上述针对吏役的负面说辞——它们成为吏役们用来互相攻击的话语武器，而且可以看到吏役们如何为自己的所作所为提供一种正当合理的说明。虽然因为出自吏役本人之口而未必可信，但这些全然相反的正面描述，与为人熟知的负面说辞之间产生的巨大张力，无疑为作者提供了重新诠释的空间。

不过，能否为衙门吏役提供一种新的描述，亦不完全取决于史料。原因在于，即使基于巴县档案所提供的丰富信息，也仍然无法否认衙门吏役身上甚为明显的违法特征。这种违法体现为两个方面：一是大量吏役的存在超出了法律所规定的编制人数，这便是书中所称的那些“非经制吏役”；二是吏役通过收取官方所禁止的各种惯例性费用来维持其生计。也正是源于此，非但以官员为代表的社会精英倾向于视吏役为必须严加管束的无赖之徒，包括瞿同祖在内的历史学家也顺理成章地将其置于理性化的行政运作的对立面（页8~12）。作者敏锐地洞察到，历史学家的此种判断背后，屹立着德国社会学家马克斯·韦伯有关官僚制的经典论述。

在韦伯的经典区分中，政治权威包括卡里斯玛型、传统型与法理型三种，其中法理型权威代表着理性化的长足发展，其正当性（legimitacy）奠基于实在的成文法规。具体而言，法理型权威所采行的支配结构正是官僚制，在官僚制下，官吏的权限由法律所明确赋予，其业务执行亦须以规则为凭。[①] 可见，对于以官僚制为核心的法理型权威，正当性与合法律性（legality）是一枚硬币的两面。而问题在于，官僚制作为韦伯基于欧洲经验所提炼的理想类型，将其用于分析中国历史时的困难（页13）。如果想要挑战自韦伯以来根深蒂固的对官僚行政的想象，《爪牙》势必需要为吏役群体身上的非法性（illegality）提供一种辩护。换言之，非法的如何是正当的？

处于朝廷所定吏役额数之外的非经制书吏的大量存在，被19世纪的清朝官员视作书吏群体贪腐营私、滥用权力的象征。通过分析巴县知县呈送上级衙门的有关书吏的报告，作者则指出，一方面，巴县衙门的书吏人数，确实在19世纪后期出现了大幅的增长，但另一方面，书吏人数的增长与地方行政事务的日益繁重密切相关。作者注意到巴县衙门各房书吏人数的不同变化，这种差异恰好可以有效地归因于外部环境的变迁，尤其是重庆作为一个内陆港口城市的发展（页78~82）。对于数量更为庞大的差役群体，这一解释也同样适用（页243）。尽管作者也强调，吏役人数的增长不能单纯归因于行政事务的加重，因为对吏役本人而言，其工作也被看作一项具有相当吸引力的营生方式，但如果县衙的行政运作无法借由正式制度实现，而必须依靠大量非法的吏役，那么这种非法至少具备了某种意义上的正当性。

更为重要的是，大多数衙门吏役虽因身处经制额数之外而无法可依，却受到了形成于吏役内部的惯例性做法的约束。作者在第二章第五节指出，书吏群体内部已经形成了一套以议事会议为中心的解决争端与施加惩戒的程序，在招募新人、内部晋升等事项上也存在一系列非正式的做法。不仅如此，这套惯例性规则还得到了知县的承认。如同在书中所举的关于典吏任命的例子中，我们看到知县在面对这些与朝廷法令相冲突的内部规矩时，因为书吏群体的一再坚持，而不得不选择让步甚至

① 韦伯对官僚制的集中论述，参见〔德〕马克斯·韦伯《支配社会学》，康乐、简惠美译，广西师范大学出版社，2010，第二章“官僚制支配的本质、前提条件及其开展”。

是给予认可（页 112~114）。在差役群体的内部，也同样“自发形成了一套私底下奉行的办事规矩与标准化做法，以用来维持他们的生计与达到减少衙门内部各种竞争的效果”（页 204）。由此，这群不受法律约束的衙门吏役，实际上受到了一套具有相当理性化程度的内部规矩的管控，这些规矩“以一种惯例性行政法的独特方式发挥着作用”（页 19）。

在对陋规这一富有争议的话题的讨论中，上述非正式制度的意义进一步凸显。既有对陋规的讨论往往与腐败相联系，但在作者看来，何为腐败从来没有被恰当地界定过（页 34~35）。如果以现代的眼光将吏役们收取规费的行为一概视作贪腐，那么将可能错失对规费的实际作用的认识。作者在书中反复强调，规费不仅是吏役个人获取必要的常规收入的方式，而且对于县衙而言也为诸多行政事务的开展提供了经费来源。既然简单地贴上贪腐的标签并不可取，那么是否还可能在常规性的规费收取和贪腐之间划清界限呢？非正式制度在此提供了解答。作者以案费为例指出，与其他事项相似，规费的收取与分配，受到衙门吏役的内部规矩的制约，并且因此产生的纠纷也在知县那里获得了审理（第六章第二节）。以这些惯例性的规则为标准，我们才可能区分哪些规费的收取对衙门吏役乃至县衙而言是理所应当甚至是不可或缺的，而哪些费用则因超出此范围而丧失了正当性。

概言之，在既有的负面描述中，违反法律是衙门吏役饱受诟病的原因之一，而《爪牙》则力图揭示，吏役们遵循着一套不同于法律却胜似法律的惯例性制度。用作者自己的话说，“在日常的实践领域，那些非正式的行政措施所构成的，并非对规范的一种偏离，而正是规范本身”（页 419）。正如“非法的正当性”（illict legitimacy）这一具有题眼意味的词组所传达的，此种规范多元的立场，意味着对法律以外的非正式做法的认可，因为以违反法律的方式生成的非正式制度，反而填补了正式规范因结构缺陷而无法满足的县衙行政的实际需要。

二　特殊主义关系与县衙的社会性世界

无论是正式的还是非正式的制度，都必须依靠人的行动和联结才能发挥作用。尤其在中国这样一个“关系本位”（梁漱溟语）的社会，县衙中的各种惯例性做法，更是运行于错综复杂的人际关系网络中。然而自韦伯以来，中国社会对个人关系的强调即被认为是理性化的障碍，特殊主义也成为中国式人际关系的一个难以揭去的标签。[①]

① 参见〔德〕马克斯·韦伯《中国的宗教：儒教与道教》，康乐、简惠美译，广西师范大学出版社，2010，第 312~313 页。有必要指出，“特殊主义”（与“普遍主义”相对）并非韦伯的表述，而是来自美国社会学家帕森斯对韦伯的总结。

在中国法律史学界，以特殊主义为特征的人际关系也引起了学者的关注，例如梁治平考察了这种关系对于习惯法发挥作用的贡献，但他也难免落入俗套地指出，特殊主义的关系结构有碍客观化、普遍化和理性化的法律的形成，从而无助于资本主义的发展。① 具体到清代地方政府的行政运作，无论是历史学家还是清代官员，都将私人关系视作腐败和滥用权力的根源（页 130~131）。

毋庸讳言，巴县衙门内部交织着各种不同类型的盘根错节的人际网络。《爪牙》利用巴县档案中关于吏役内部纠纷的记载，分别考察了吏役之间的亲族关系、庇护关系与派系联盟，其中亲族关系来自以血缘为基础的宗族，庇护关系凸显的是通过保举新人建立的纵向关系，而派系联盟则是基于共同利益结成的横向联盟（第三章第一节、第二节）。在作者重点考察的一起发生于巴县衙门工房书吏内部的纠纷中，上述三种类型的人际关系共存其间，为了争夺工房典吏的位置，一系列指控与反控在人际关系的牵引下于书吏之间反复上演（第三章第三节）。那么，应该以何种眼光看待这些特殊主义的关系呢？

不同于上述理论家的设想，巴县衙门中的人际关系显现了双重功能，“它既是一种用来确保巴县衙门各房能够顺利运转并从中持续获取各种资源的方法，又可被用作为垄断上述资源的一种手段”（页 198）。也就是说，在作者看来，人际关系确实可能造成资源垄断、相互勾结等负面效果，却也是使惯例性做法发挥作用、县衙正常运转的必要条件。诸如班规、房规这样的内部规矩的形成，以及对违反这些非正式制度所作出的内部惩戒，往往需要以各种人际关系为基础的集体性支持。换言之，恰恰由于这些规范及程序是非正式的，其运作才无法借助来自法律明定的正式的行政机制得以实现，而必须依赖人际关系的联盟（页 276）。正如书中不少案例所直观呈现的，作者亦未掩饰人际关系被用于争夺资源时造成的恶果，但毫无疑问，相比给特殊主义的人际关系简单地贴上负面的标签，《爪牙》实现了以更为平衡的眼光来看待人际关系的实际作用。

不过，最重要的或许并非争辩人际关系与理性化二者间的关系为何，而是超越既有的分析框架，看到“县衙不仅是一个行政机构，而且还是一个社会性世界”（页 132~133）。因此，对《爪牙》而言，要真正理解巴县衙门的实际运作，恰当的做法不是将以西方工业国家为模板的理性化的官僚组织结构作为参照系，而是将县衙比喻成一个村庄（页 131~132）。如同我们在村庄中所看到的，自发形成的非正式的规矩而非法律，才是真正支配着人们生活的规范，人与人之间的社会互动，也发生于由不同的人际关系交织成的关系网络中。当然，在以此种方式描绘的县衙中，有正直之人，也

① 参见梁治平《清代习惯法》，广西师范大学出版社，2020，“再论习惯与习惯法”“习惯法与社会变迁”。

会有贪腐之徒，有基于人际关系的良性互动，也有借此牟取不当利益的举动，在稳定的常态下也发生着冲突与失序。无论如何，运用此种更具包容性也更为微观动态的视角，有助于更恰切地理解人际关系的意义与县衙自身的运作逻辑。

如果将眼界放宽，那么不仅县衙内部构成一个社会性世界，而且县衙与当地社区之间的互动也可以相同方式加以解读。《爪牙》在两个层面上展现了衙门吏役与当地社区尤其是与作为地方领袖的士绅之间的关系：其一，基于领役对其手下差役的权力，寻求与前者的合作显然对地区领袖有利，这促使后者与知县对话，尝试影响衙门内部高级别差役的接充（第五章第三节）；其二，面对当地民众受到衙门吏役盘剥的潜在风险，士绅群体运用各种方式实现对案费数额的控制，更借此机会扩张其在行政领域中的权势（第六章第三节）。由此可见，县衙是一个知县、吏役与士绅三方在其中展开复杂互动的场域，不同的惯例、制度和资源汇聚于此，不同行动者基于其位置而对资源展开利用，由此也产生了多样化的利益（页 27~28）。此种具有布迪厄意味的解读，更加契合清朝县级层面的错综复杂的社会政治关系，可以帮助我们在更宽广的意义上重新反思国家与社会二分的传统框架。也就是说，与其以国家与社会的结构性视角理解县衙的地位，毋宁将后者视作不同的人群、制度、利益与资源交汇的场所，一套高度本地化的行政实践模式也从中衍生（页 323）。

作者通过揭示县衙内部实际运行的惯例性制度，淡化了吏役群体身上那种以往被简单处理的非法性特征，再将县衙还原为一个社会性世界，重新解读其中具有特殊主义特征的人际关系。至此，《爪牙》的工作大致完成，一幅不同于“奸胥蠹役”的传统描述的全新画像已然清晰可见。

三　对法律史研究的启示：档案运用与理论对话

《爪牙》的主译者尤陈俊曾经以“新法律史”来概括以黄宗智教授为核心的 UCLA 中国法律史研究群的学术风格。[①]《爪牙》无疑是“新法律史”的代表作之一，尤其在运用司法档案和社会科学理论方面，足以成为具体观察“新法律史如何可能”的样本。作为法律史领域的研习者，笔者将围绕这两个方面略作探讨，以期在更为一般的意义上揭示《爪牙》对法律史研究的可能启示。

构成《爪牙》一大亮点的档案运用，是以黄宗智教授为代表的学人群体的鲜明特征。如该书所载的“实践社会科学系列”丛书总序所言，黄宗智教授提倡的“实践社会科学”强调从实践而非理论出发。这种对实践的特别关注，在法律史研究中的表现

① 参见尤陈俊《“新法律史”如何可能——美国的中国法律史研究新动向及其启示》，《开放时代》2008 年第 6 期。

之一，就是影响甚广的表达与实践的二分框架。① 虽然作者未曾言明，但表达与实践的二分也隐然浮现于《爪牙》的论述中。无论是关于县衙应如何运作的法律明文，还是对衙门吏役贪腐成性的形象刻画，皆可被视作一种表达，而作者亦指出，“我在这里所关注的，并非地方政府应当如何运转，而是地方行政事务实际上是怎样运作的”（页7），显示了其对实践的重视。正是在此意义上，档案由于更为贴近实践，成了包括《爪牙》在内的“新法律史”作品尤为青睐的史料类型。《爪牙》运用巴县档案考察吏役人数、内部规矩乃至案费多寡等“实践”问题，亦给读者留下了深刻印象。

不过，在运用档案这一点上，《爪牙》既呈现了区分表达与实践的旨趣，又实现了对这一框架的超越。作者意识到，档案本身充斥着主观建构的说辞，也具有鲜明的话语性（“英文版序”页6）。要言之，档案是表达与实践的杂糅。这典型地体现在档案中有关贪腐的那些说辞中。作者屡次提醒我们，无论是衙门吏役还是地方士绅，都将此种说辞作为一种话语资源加以利用，而未必是在进行具有针对性的现实描绘。倘若无法从中直接解读出关于实践的可靠信息，则研究者又该如何利用档案呢？作者的回答是：“探究某种说法究竟是否属实，最终还是不如将此类说法本身作为研究对象来得更有意义”（“英文版序”页7）。

因此，我们不仅仅要考察这些说辞的内容是否真实，更应去追问这些说辞本身意味着什么。对此，作者在序言中有极为精到的提示：例如当吏役之间关于陋规收取的纠纷被告到知县那里加以裁决时，这首先意味着收取规费的做法具有一定的正当性；对于那些真假莫辨的表述，则至少表明，纠纷双方相信这类说辞有可能被知县采信；进言之，这类说辞亦非凭空捏造，而是必须符合特定文化中的规范与期望（“英文版序”页7~8）。正是在如此转换视角的基础上，从充满虚假夸大之辞的档案中，《爪牙》看到了惯例性制度所具有的正当性面向，也揭示出吏役如何运用立足儒家正统观念的话语来为自身辩护，致力于将其工作打造为一项正当的营生方式，以及这些话语又如何为县衙内外的不同主体所利用以实现自身的特定目的。

比较之下，《爪牙》对司法档案的运用颇具借鉴价值。一方面，较之将档案直接等同于实践，《爪牙》的处理因注意到档案的话语特点而更具反思性；另一方面，《爪牙》又不至于陷入将档案完全视作虚构的另一个极端，而能够以审慎批判的态度，最大限度地利用史料。近年来，对司法档案的利用在国内法律史学界已经蔚为风潮。如何从海量的材料中甄别出有用的信息，如何面对档案中的真实与虚构，如何从不同的

① 表达与实践的区分，是黄宗智教授在《清代的法律、社会与文化：民法的表达与实践》中首先提出的，该书旨在透过清代民事法律的实践来检验其表达，以实现对清代法律的真正理解。参见〔美〕黄宗智《清代以来民事法律的表达与实践：历史、理论与现实》卷1，法律出版社，2014，“导论”。

角度作出富有新意的解读，成为研究者必须面对也急切关心的话题。[①] 就此而言，《爪牙》提供了一个值得我们不断揣摩并学习借鉴的范本。

熟练运用社会科学理论并与之对话，堪称本书的另一大特色。除去前述韦伯与布迪厄的相关理论外，《爪牙》还援引了社会学对职业（profession）和营生方式（occupation）的区分，与政治学学者对话何为腐败，借鉴了起源于人类学的恩庇—侍从关系（patron-client relations）理论，不一而足。对不同学科的理论进行如此广博的征引，并未给读者留下生搬硬套或是卖弄学识的印象。相反，这些理论被恰当地安插在《爪牙》的不同章节，使作者在基于对档案资料进行细致描述后，能够有的放矢地对相关史实展开理论阐释。

《爪牙》对理论的恰当援引，既得益于作者个人对社会科学的熟稔，也源自作者能够以务实灵活的态度面对理论，在对经验的解释中自觉反省其适用边界。这种立场最为鲜明地反映在作者对韦伯的态度上。如同上文所呈现的，《爪牙》的目标之一在于挑战韦伯奠定的有关官僚制的解说，但批判韦伯不妨碍利用韦伯学说中的有益部分，作者毫不掩饰地指出“韦伯为我们提供了很多非常强有力的分析工具”（页 18）。在与经验的对照中检视理论的解释力，剔除其偏颇的成分而吸收其启发性，反映了“新法律史”将解释经验而非验证理论作为其最终目标的研究立场。黄宗智教授将此总结为，“从实践出发，也就是说从紧贴真实世界的经验出发，而后由此概括/抽象，再凭借推理来发现特定经验现象间的逻辑关系，最终再返回到经验中去检验”。[②]

加强与社会科学理论的对话，正在日渐成为法律史学界的共识，但如何面对西方理论，仍令中国学者深感棘手。西方社会科学理论的先发优势，使其自然成为中国学者青睐与摹习的对象；但与此同时，学者们又尤为警惕这些理论中隐含的西方中心主义倾向，也担心中国学术因此丧失其自主性。在笔者看来，《爪牙》的作者白德瑞虽然不是华人学者，但其对待理论的立场与方法，或许值得我们效仿。具言之，若将解释经验设定为最终目标，则重要的是理论对经验的解释力，而非理论产自西方还是中国。无论是韦伯还是其他西方学者，其理论但凡对理解中国经验有所助益，都不妨为我所用。而且，其中潜藏的西方中心主义论调，亦会在与经验的不断对话中自然被剔除或

① 从研究方法角度对这些问题的讨论，参见徐忠明《关于明清时期司法档案中的虚构与真实——以〈天启崇祯年间潘氏不平鸣稿〉为中心的考察》，《法学家》2005 年第 5 期；徐忠明《台前与幕后：一起清代命案的真相》，《法学家》2013 年第 1 期；陈利《史料文献与跨学科方法在中国法律史研究中的运用》，载苏力主编《法律和社会科学》（第 17 卷第 1 辑 ·“法律和社会研究的历史进路”专号），法律出版社，2019；尤陈俊《批评与正名：司法档案之于中国法律史研究的学术价值》，《四川大学学报》（哲学社会科学版）2020 年第 1 期；吴佩林《明确边界：清代地方档案研究的若干问题》，《南京社会科学》2021 年第 4 期。

② 〔美〕黄宗智：《中国的新型正义体系：实践与理论》，广西师范大学出版社，2020，第 161~162 页。

修正。正如其师黄宗智教授通过考察清代民事法律的实践完成了对韦伯法律社会学的反省，指出中国法是一种不同于西方的形式理性的实体理性法，① 白德瑞在《爪牙》中则深入韦伯的支配社会学理论，以巴县档案提供的经验为基础，细致辨识了其中源自西方历史的不具有普遍性的部分，进而同样实现了对韦伯的超越，提供了更合乎中国历史实际的对官僚行政与正当性的解说。

由于《爪牙》所涉内容与话题的丰富，本文的介绍与总结难免有片面狭隘之嫌。至于学术书评的撰写，亦至少应与作者处于相近的境界水准，方有底气下笔，所以也绝非笔者所能胜任。因此，推荐诸位读者亲自翻阅本书，是本文的唯一价值所在。读者或许会对《爪牙》所提供的吏役群体的新画像保留不同意见，抑或对清代地方行政与衙门吏役的话题兴致寥寥，但笔者也深信，《爪牙》凭借其扎实的条分缕析与宽阔的学术视野，将使不同专业及偏好的读者，皆能在阅读的过程中有所获益。

① 参见〔美〕黄宗智《清代以来民事法律的表达与实践：历史、理论与现实》卷 1，第 179~184 页。

《散佚与重现：从薛允升遗稿看晚清律学》序*

〔法〕魏丕信 文　〔法〕梅凌寒 译**

在这本名为《散佚与重现》的新书里，我的朋友孙家红向我们讲述了他之前意外发现的清末法学名家薛允升的几份遗稿的相关内容。这些遗稿带有不同程度的编辑修改。更重要的是，这些资料绝大多数并不完整，一些还处于糟糕的保存状态。他凭借对该学术领域和相关资料的多年积累和深入理解，从这些零散的、乍看起来有些枯燥的文本中，为我们详尽提取了所能获取的有趣且有价值的信息。

各种史料表明，1900 年义和团运动兴起，八国联军占领北京，薛随后离开北京，返回西安故乡，那里也是清朝廷的避难地。据说当时他几乎已经完成至少是初步完成了他希望出版的几本书，包括《唐明律合编》、《读例存疑》、《汉律辑存》、《汉律决事比》、《定例汇编》和《服制备考》。据沈家本言，1900 年变乱前夕，上述著作中有四部——《汉律辑存》、《唐明律合刻（合编）》、《读例存疑》和《服制备考》业已成书，并且已经由其刑部同仁筹备了出版资金，但是因为庚子事变，项目停摆了。

沈家本先是在保定被西方军队逮捕，随后被释放，当他在西安与薛允升重逢，向薛询问了原稿情况。薛回答说，在上面提到的四种著作中，只有《汉律辑存》留在北京，其他三种安然带在身边。据说薛允升将《汉律辑存》稿本托付某位同事，但该同事在薛去世后拒绝交还，多年之后部分稿本才被找回，现收藏于台湾地区傅斯年图书馆，北京大学图书馆也藏有一册。

薛允升扈从返京前，曾在西安将其他三种稿件委托沈家本。然而，1901 年 11 月薛在返京途中逝世于河南开封。此后不久，只有《读例存疑》经过以沈家本为首的刑部同僚整理，上奏朝廷，最终于 1906 年出版。另外两部著作则被和薛允升关系亲密的前刑部同事，时为安徽官员的方连轸携往任上。方计划在那里整理和出版这些著作，但他并没有能力为之。1922 年，徐世昌将《唐明律合编》从其当时的拥有者（董康）手中借出，并加以出版。最后，一个并不完整的《服制备考》遗稿经过数人之手，最终庋藏于上海图书馆，迄未出版。

---

* 本文为魏丕信为孙家红所著《散佚与重现：从薛允升遗稿看晚清律学》（社会科学文献出版社，2020）一书所作序言。

** 魏丕信（Pierre-Étienne Will），法兰西学院院士；译者梅凌寒（Frédéric Constant），法国尼斯大学法学院教授。

这些大致是家红基于所掌握的大量史料，倾其所能告诉我们的历史细节。然而，我们能在本书中看到的远不止此。事实上，今天只有两个现代版本的薛允升著作——《读例存疑》和《唐明律合编》，广泛为学者所用。这两部书蔚为巨制，广收博览，大家经常援引采用，成为了解中国法律历史的重要知识来源。家红不辞辛苦，从《读例存疑》中摘取一切有关清律演变的历史信息，并且通过清晰的统计形式展现所得到的结果，同时论及法律发展和社会演变的关系——最后这个方面值得进一步展开讨论。不仅如此，他还论及薛允升许多其他作品，特别使我们清楚地知道薛允升的著述理念，以及他对各类文本的不同处理方式。

其中大致可以分成两类。第一类包括一系列薛允升亲自编辑并计划出版的作品，也就是前面提到那些不同名字的著作。很明显，薛试图通过这些著作对他所处时代——同光之际，包括律例在内的清代全部成文法律进行详细的批判论列。《大清律例》在 1870 年经过最后一次系统化修改，薛曾参与其中，但在他看来，修改效果并不理想。然而这不是一项纯粹的学术工作，薛允升对清律有很多批评，且公开为之。在此家红打破了以往的神话，反驳了薛允升因为政治谨慎的态度，采用通过批评明律的方式来间接暗示清律的缺点。清律其实也并不像大家所说的那样，是对明律的简单复制，家红向大家展示了 1646 年和后来颁布的清律版本与明律是多么的迥然有别。

薛允升的目的在于发现清律的内部矛盾，追踪它们的历史由来，鉴识那些无用或过时的条款，以及某些条款刑罚的适当性，等等。在此，和唐律的比较很重要。所有这些都是为了将来重启修律的时候，使清律更为严谨客观，制度上更为完善。惜天不假年，薛允升并没有亲眼见证 20 世纪初期清政府为了应对外国压力，不仅改进刑事法典，更进行大张旗鼓的法律改革和现代化，以使中国法律兼容于国际标准，并不失其中华属性（Chineseness）。众所周知，这场运动由沈家本领导。但本书告诉我们，薛将其全部思想倾注于他为《读例存疑》律例条文所作的按语，这些按语极大影响了新政法律改革者的工作。

至于方法论方面，我们借由本书可知，薛允升在刑部工作数十年，点滴积累和记录了他的考证结果。据说——家红的研究和系统化比较也确认了此点，薛允升最终积累了卷帙浩繁的著述原稿百余巨册（又说百数十册），像是某种数据库（a kind of database），因为没有完整保存下来，我们无法确知其样式和内容。可以想见，正如薛允升的陕西同乡李岳瑞在回忆文章中所言，与从中辑出的《唐明律合编》《读例存疑》比较类似，该数据库以《大清律例》的律例格局为底层结构，附录了薛允升深入研究中所能发现的历史理论文献、对比文本、注按之语，等等。与此同时，它也可能按照主题——或更好地按照历史时期进行分类，因为家红曾经提及“唐律部分”出现在遗稿中的可能性。我们知道，薛允升的关注点在于研究全部时代的法律衍变，进而评估它们的当前状况，并提出未来修律建议。无论如何，这种鸿篇巨制显然不能以当时的形式出版，所以薛决定精简删削，尤其重新整合或部分整合为几部专门主题的著作。正如我们所知，前述四部著作在1900年底之前足够完整，并已考虑出版。

这不是一项单打独斗的工作。比如，沈家本曾提到时而参与薛允升原始数据库的研究和编辑工作，很明显他不是唯一的例子。推而广之——家红征引多种史料告诉我们，薛允升在刑部任上主持和引领了刑部的很多集体项目。种种迹象表明，凭借其博大深湛的学术研究、法律专业的权威地位，以及勤勉谨慎的做事风格，薛允升在刑部获得了独一无二的空前影响，很多门生故吏向往跟随其研习法律，并以助手、编辑者或单纯的文稿抄写者等身份，参与他的伟大律学工程。家红从北京、东京、上海三地幸运发现的一些《读例存疑》稿本，作为其引入崭新证据的重要组成部分，使此类律学合作行为尤为凸显。

该书第一章致力于精准描述和分析这些约占《读例存疑》全书1/5的著述遗稿。这些遗稿显示了著述循序渐进的过程：薛允升委托年轻同僚抄写他的部分作品，然后插入自己的编辑意见，划掉或删改句子，补充新的按语，用“剪刀加浆糊”方式重写局部内容，指示将某些内容抄成其他正在计划的著作，乃至给未来印刷出版加入指令。

薛允升自己对著述文本进行的修改显得非常有实效。这些修改告诉我们，在长期准备《读例存疑》过程中，他的部分法律观点难免发生变化，而将批判矛头日益对准清律文本。与此同时，他的合作者（部分名字为我们所知）也会加入自己的编辑意见，以签条或其他形式阑入新观点和新内容。薛允升遗稿的整理和筹备出版，便是其门生故吏的一次集体行动，在随后上奏朝廷的奏疏中详细列举了他们的名字。家红发现的崭新史料也显示，在《读例存疑》最后整理出版阶段，沈家本主导了该项计划，他的介入和影响尤为突出。在他所作的一篇序言里，沈毫不讳言自己“实任编纂之役”。事实上，我们可以看到沈家本在很多地方并不认同薛的处理方案，他加入自己的评论意见，或将某些问题留作未来讨论之用。总之，沈家本对于《读例存疑》的贡献最终为刊印本所接受，并表现十分突出。

家红书中利用整整一章篇幅，讨论薛允升在刑部任上从其大量数据文献中抽绎而成的一部大型文献汇辑——《定例汇编》。与《读例存疑》及其他各书相异的是，该书于薛允升去世前大致完成，但准确的创作背景并不明晰。在《读例存疑》的“凡例”中对之有所提及，据以可知该书更像是薛氏主要作品的一项附属，收集讨论清例创制修改的各类奏折和谕旨原本。通过家红对《读例存疑》稿本的分析可知，至少在《读例存疑》原稿中已经包含《定例汇编》的内容，经过指示抄录，该书尚在制作当中。事实上，我们难以确知薛允升是否能够完成《定例汇编》。他之所以渴望编纂这些原奏，不但尝试为读者提供条例创制和修改的全面背景——这一点与《读例存疑》只提供年份不同，而且更坦白说，是想避免这些奏折和谕旨散失。薛允升言，当时只有1750年以后的内容保存在刑部，经过努力找回的其他原奏不过一半左右。

今天我们至少可以接触到这些丢失文本的部分内容。一部以“汇编”简单命名的手稿，在1998年为我的已故朋友田涛（1946~2013年）购得，并于2002年以《唐明清三律汇编》之名整理出版（我们不知道该稿目前下落，家红也无法检视）。这里要讨论的问题是，当年田涛和他的合作者马志冰在“点校说明”中误解了该文本，认为是对唐、明、清三代律典进行的某种比较，因而将其视作《唐明律合编》的续编，并以此给整理版命名。然而，正如家红所论证的一样，该文本性质完全不同。在所谓《唐明清三律汇编》中约有3/4内容，是与条例创制或修改有关的原奏和谕旨——也就是《定例汇编》资料，部分文本也可以在北京和东京保存的《读例存疑》原稿中找到。家红就此认为：田涛抢救性出版的这部稿本更准确的命名应该是《定例汇编》。

薛允升的第二类著作——其中一些明显经过他人编辑，更加难以捉摸。它们似乎是由技术性更强的文本组成，或牵涉司法尤其是秋审文牍的撰写，或是薛在刑部任内制定的本部规章和其他制度性篇什。有些文牍可能是为了薛自己的工作参考，其他则是为了他的同僚起草，被同僚在日常司法实践中奉为“圭臬”。然而，薛允升并不将之视作值得出版的重要作品，而是允许这些著作以抄本形式流通，同时也没有刻意掌控内中知识的准确性。显然，这些就是沈家本欲在《薛大司寇遗稿》名义下汇辑的文本实例。沈为《薛大司寇遗稿》撰写了序言，但事实上无法确定该书业已完成。家红得出的结论是：沈家本最终放弃了这项出版计划。

其实，我们并不清楚薛允升撰写的这些并不准备出版的司法指导用书的确切名单，薛任由这些著作以并不确实可靠的抄本形式在刑部同僚间流传。近年一些抄本再次浮出水面，诸如关于秋审术语和短句的《秋审分类批辞》和作为“秋审略节”撰写的教本——《秋审略例》。在本书最后，家红提及几种不同地点和不同条件下的《秋审略例》，以及一些奏折。这些内容在沈家本看来，也理应属于计划出版的薛允升遗稿。

对于缺乏实务经验的官员而言，这些遗稿显然就是为他们专门准备的指导用书。事实上，家红这部分讨论也涉及进入刑部的官员如何进行法律培训的问题。总的来说，这本书的引人入胜之处在于，它提供了19世纪末刑部的内部日常生活，刑部人员的行为和能力水平，团体和派系的存在，诸如此类。

据光绪版《大清会典》，刑部17省清吏司包括郎中、员外郎和主事在内，共有各级官员111名，负责审理各类法律案件。此外，还须增加一个未知却可能很庞大的数字：额外主事、试俸官员，以及京小官。同样，还有纸面上大约100名但实际上更多的部内属吏。对此，本书并未言及。换句话说，这是一个庞大的官僚系统。可以想见，如同任何官僚机构那样，各位刑部职员的能力和贡献并不均一。人们并非因为在法律方面具有特殊才能进入刑部，相当多的刑部新职员——包括薛允升在内，都是在随机抽签的“签分刑部”过程中，派赴刑部学习行走。法律事务处理能力和知识智力上的真正投入，只有在他们来到刑部后才能显现出来。理论上，新职员被委托给经验丰富的官员，学习法律和司法程序的基础知识。但当他们获得新任命前，有人也可能没有学到多少法律知识。相比之下，那些成为权威法律专家的人当中，有的在部里工作了相当时间——长达二十年甚至更久，不断获得升迁，直至他们中有人被任命为知府或者御史。

本书介绍了一些刑部专家的传记片段。他们的职业生涯依循上述模式，并成为薛允升的亲密合作伙伴和崇拜者。家红征引了大量关于薛允升的评价，但仿佛所有这些刑部专家都强调薛允升在刑部里面的崇高声望，凭借其精深的法律知识和丰富的司法实践，不断向门生故吏施加影响。通过现有资料我们可以鉴识出来至少25名刑部职官，成为薛允升律学作品的积极合作者。但其他人士散佚不传，家红估计总数应该超过50人。换句话说，这些人可以看成刑部精英之代表，但只占当时刑部全体实职和额外刑官的一小部分。

某些要求严格的刑部堂官认为，绝对有必要对属员进行培训、考核和提升。家红旁征博引地提醒我们，事实上刑部官员的平均能力远非足够，法律事务公认比较繁难，一般官员常常对此缺乏兴趣。因此，有时会出现一些比较积极的刑部尚书或者郎中，试图补救此弊。就像光绪初年发生的，在薛允升和其他人士强烈推动下，提升下属官僚对于律例细微之处的理解。本书征引的一个文献表明，1882年薛允升如何命令每位刑部司员将《大清律例》内的“妇女实发”——女性是否应该实际执行流刑的法律条文，以说帖形式，指摘其中难点，并提出相应修改建议，以便考核他们的能力。在薛允升看来，结果不容乐观，因此他从自己的角度汇总大家意见，以便给同事们提供参考。

另外一位作出类似努力，力求强制教育司员，让他们恪尽职守的刑部尚书是赵舒翘。他也是陕西人，1898年接替薛允升出任刑部尚书。后来，1900年薛又在西安再次接任此职。赵全面系统地和每一个司的司员会面，询问他们有关清律的细节问题（通常很少有人能够回答），并鼓励他们努力学习。

在19世纪末和20世纪初，尽管许多人明显对此抱以冷漠和无知，甚至有些人不在其位，不司其职，但杰出而博学的官员们发挥的领导作用无疑提高了刑部人员素质和智识合作精神，也为在沈家本等人监督和启发下开展法律改革创造了有利条件。由此来看，晚清数十年似乎是刑部历史上的一个特殊时期，甚至是中国法律史上的一个特殊时期。清朝前期是否也有类似行为和创造悸动，尚无法确定。我倾向认为，这个晚清律学的“黄金时代”虽然引人注目，但除了发生在第一次彻底改革中国治理方式的尝试前夕，事实上它并不唯一。

很明显，19 世纪末这些提升法律知识的努力主要围绕秋审进行。秋审不仅调动了刑部最优秀人才，而且发展出特定的知识体系和司法程序。我们通过本书得知当时有两个学派——陕派和豫派，他们皆以秋审处为中心，并由著名的法律专家领导。两个学派在知识上的具体分别，我们还不是很清楚，似乎陕派在培训和挑选官员方面更为严格，但我们并不知道更多细节。不管怎样，薛允升被公认为陕派领袖，尽管他的门生和紧密合作者的圈子远远超出了这个范畴。实际上，这两个学派与争权夺势的地域性派别有很大区别。恰恰相反，属于这两个学派的官员来自多个不同省份，绝非仅凭同乡关系而互相支持。据说，他们的唯一目的在于法律知识的提升。来自浙江的沈家本好像保持中立，即便不能准确将之归为薛氏门生，但毫无疑问，他也是薛允升的紧密合作者。

刑部当然也有地域性派别。显然最有势力的派别来自直隶。不知何故，来自直隶的刑部官员数量最多。1897 年薛允升受到攻击，导致其降为宗人府府丞，这样的迁官被视作职业上的耻辱。一方面，这场攻击便来自直隶一名颇有势力的官员——李念兹。李对薛允升怀恨在心，因为薛曾否决他对某一职位的营求。在李的阴谋下，两名御史弹劾薛允升犯下几项严重罪行，包括管理部务有所偏倚，收受生日贺礼，受财枉法，但薛最终由吏部查清免罪。另一方面，他被降职的理由其实是他的侄子牵涉案件腐败，薛则企图包庇。

薛彼时在刑部的地位似乎有所减弱。或许因为他独裁专断，偏向陕西同僚，以及某些人认为的恃才自傲，在他的同僚——至少一部分人中间已经积累不满。此外，1896 年一名宫内太监杀死京城治安兵勇，尽管皇太后和光绪皇帝当时都主张从轻处罚，但薛坚持将之处以极刑，因而惹怒了慈禧太后。

无论如何，一位如此声名显赫的大臣，专业能力、知识才华和法律水平受到一致赞扬，却未能免于嫉妒，亦无法免受政治迫害。发生这样的事情，反而赋予他一些人性色彩，至少我是这样认为的。人物的另一面，是他对 19 世纪末中国社会日益严重的问题——所谓“矛盾”——的深层焦虑，这增加了他作为法律专家的思想深度。这是家红在《读例存疑》的一些按语里找到的，薛允升在此用“世变”揭示罪名条例繁复如何损害清律的一致性。对于这种通常只针对特定一省的条例繁复，最终导致失去协调性，薛允升感到痛心。由此必然导致法律日益与社会脱节。然而，薛允升是否意识到他毕生奉献的神圣的中国法律机构此时已经临近家红所谓的“黄昏”，却很难说。

面对同僚堆积如山的正面评价，薛允升自然也有其缺点。一方面，一旦他成为全权的刑部尚书，甚至领导满族刑部尚书，他所获得的主导地位很可能最终使他与世隔绝，而不去在意那些本不属于他所偏爱的小型精英团体的僚属们的不满和沮丧。另一方面，亲密合作者和崇拜者的圈子组成这个小型精英团体，依然完全忠诚于他。不仅如此，家红所引用的材料使我们对于他们与薛允升始终保持的亲密关系，凝结这个团体的同志友谊，彼此之间的互动，乃至刑部以外的社会生活，多了几分了解。如何获得这种职业环境更为具体的影像，本身就很值得研究，而这不过是家红这部博大精深的著作为未来研究所开辟的众多道路之一。

人 物

记革命根据地法制史学者方克勤教授*

刘全娥**

摘　要：方克勤教授对西北政法法律史学科有创建之功，其在发展教师梯队、创建课程体系、明确科研方向、营造努力奋发的氛围、争取硕士学位招生及授予权、致力教书育人等方面贡献良多。作为革命根据地法制史研究领域的著名学者，方克勤教授在陕甘宁边区法律史研究领域有丰硕成果，对革命根据地法制史研究起了正本清源、开拓领域的作用。

关键词：方克勤；法律史学；陕甘宁边区法律史

一　方克勤教授与西北政法大学法史学科

方克勤教授是1950年成立的中国人民大学法律系第一届毕业生。据方教授的大学同班同学林榕年教授回忆，“人民大学法律系的教学计划就是按照莫斯科大学法律系的教学计划进行的，人民大学法律系的教学体制也是模仿莫斯科大学法律系的体制”。① 因此，方教授大学时的法学课程主要是以维辛斯基“阶级斗争范式”为核心的苏联法学理论及法律体系，法律史方面的课程主要有“苏联国家与法权历史”“中国国家与法权历史”等。从人大毕业后，方老师被分配至西北大学法律系任教，1963年调入刚成立的西北政法的前身——西安政法学院。自此，从图书资料、教师梯队、课程体系、学科发展到硕士招生等，从无到有，从薄弱到壮大，方老师不仅与西北政法的法史学科一起成长，还立了奠基之功。

（一）发展教师梯队　建设课程体系

西北政法学院的前身西安政法学院正式成立于1958年8月，由西北大学法律系与中央政法干校西北分校合并而成，1963年8月经国务院批准命名为西北政法学院。西北大学法律系的方克勤、杨永华、李文彬等老师均转入西安政法学院任教。方老师说，他们把该系存放于生物楼地下室的图书资料用大卡车全部转到西安政法学院，加之首

---

* 本文为陕西省“三秦学者”创新团队支持计划“西北政法大学基层社会法律治理研究创新团队”项目、西北政法大学教改项目“‘陕甘宁边区法律史’研究生教学研究与实践——以学位论文为重点”（XJYY202007）的研究成果。

** 刘全娥，西北政法大学法治学院教授。

① 黄树卿、林晶晶：《曼曼求索六十年——林榕年教授访谈录》，载曾宪义主编《法律文化研究》第4辑，中国人民大学出版社，2008，第437页。

任图书馆馆长任林到各地买来的一些线装书，其中包括南京临时政府成立时期的一些文献等，学院的图书资料在当时已经算是很丰富了。[①] 这些书刊成为政法学院法律资料的最初基础。

法制史教研组的成立。1960年，中国人民大学毕业的赵文润被分配至西安政法学院任教。据其回忆，1962年下半年，法制史教研组成立，方老师为组长，教师包括西北大学历史系毕业的林剑鸣、张永禄、屈玉祥、高景明等，法制史教研组与法理教研组合在一起，马朱炎老师为主任。不久，“文化大革命”开始。1971年8月，政法被解散。[②] 1978年8月，政法复校，法史教研室除方老师外，还有杨永华、李文彬、张继孟、林剑鸣、[③] 齐力任、韩凯等诸位教师。当时方老师已52岁，最年轻的是杨永华老师，时年42岁。

复校时，法制史教研室教师的平均年龄超过50岁。为教研室的长远发展考虑，方老师开始着手师资力量的补充和年轻化。1981年2月，申请调入毕业于陕西师范大学、时在甘肃某中学任教的胡留元、冯卓慧老师。之后，胡老师夫妇很快成为教学和研究的骨干力量。嗣后，法制史教研室先后补充了王宝来（1982）、王志刚（1982）、陈涛（1982）、张飞舟（1982）、周健、李迁西[④]、侯欣一（1983）、蒙振祥（1984）、李淑娥、许晓瑛（1991）等一批毕业于兰州大学、北京大学、西南政法大学、西北大学及西北政法的年轻教师，虽有进退，但十多年的发展，至方教授1993年退休时，教研室已形成一个平均年龄40余岁的老中青结合的教师梯队。

方教授积极支持年轻教师外出参加学术研讨，开阔眼界。冯老师回忆说：“很感谢我们西北政法学院法制史教研室的方克勤老师，她那时任教研室主任，听到我每次参加完外法史年会激动慷慨滔滔不绝地说着我们年会的讨论，她和她的先生周柏森老师立即明白了，这是一个真正的纯学术的研究会，于是那年她力挺让我们三位讲外法史的老师：张继孟、我、张飞舟全去参会。”[⑤] 方老师对教研室年轻教师外出进修亦全力支持。王宝来日记中提到，他在北大进修期间，方老师为其寄钱寄信，经常沟通。周健、李迁西等外法史教师也同时获得在北大、人大法律系进修的机会。

---

① 参见邱春艳、倪建军《红色摇篮里孕育的法律梦想——西北政法大学建校七十周年记》，《检察日报》2007年10月12日，正义网，http://www.jcrb.com/n1/jcrb1442/ca643297.htm。

② 参见赵文润《求学读史生涯　圆梦陕西师大》，载王双怀、贾云主编《汉唐史论：赵文润教授八十华诞祝寿文集》，三秦出版社，2015，第16~24页。

③ 参见《中国法律史学会成立大会文件》中的会员名单，中国法学网，http://iolaw.cssn.cn/xx/200406/t20040605_4590916.shtml。

④ 王宝来日记中提到“周健、李迁西为我室外法史老师”，参见褚宸舸整理《1980年代西北政法学院青年法史教师的教学研究生活——王宝来教授日记摘编》，载霍存福、吕丽主编《中国法律传统与法律精神——中国法律史学会成立30周年纪念大会暨2009年会论文集》，山东人民出版社，2010，第44页。

⑤ 冯卓慧：《一九八四年厦门大学年会琐记》，载何勤华主编《外国法制史研究》第17卷《罗马法与现代世界》，法律出版社，2015，第61~63页。

西北政法法律史课程体系的建设步履维艰。西北政法的渊源之一为政法干校，以干部培训为主，课程突出政治与政策，法史专业资料缺乏。为讲好法制史课程，方老师曾专门去人大备课。赵文润教授回忆说，他当时教中国法制史，1964 年又停课下乡一年多，1965 年 4 月才复课。当时林剑鸣、赵文润等讲授先秦法制史、汉唐法制史、宋元明清法制史等。但很快，教学活动又被“文化大革命”再次打断。

1978 年复校后不久，方老师立即着手课程体系的建设和课程质量的提高。当时的主要课程为中国法制史、外国法制史。相对中国法制史，外法史师资力量较为薄弱，仅有张继孟老师讲授。冯卓慧教授回忆说：“教研室主任方克勤老师看了她的大学成绩单后，发现她俄语成绩很高，便说‘你们夫妻二人不能都教中法史，你的俄语好，你教外法史吧！’”[①] 王宝来日记中提及，初到教研室时，方老师也曾安排其教外国法制史，但随后根据其意愿调整为中国法制史。为尽快提升青年老师的教学能力，方老师安排新进的年轻老师听课学习、撰写提纲、准备讲稿、辅导答疑、反复试讲等。冯卓慧教授回忆中提及，她凭着张继孟老师从会议上带回的一份外法史大纲，遍搜西安各高校及当地图书馆，准备外法史讲稿，注重在丰富史实的基础上剖析并得出结论。方老师曾把冯老师的讲稿拿给北大由嵘教授评阅，得到由教授的高度肯定，“这样的人北大都很需要”。王宝来日记记述了他教学的起步，在教学中非常注重学生的反馈，与学生及时沟通交流，不断提高自己的教学能力。可以说，教研室中外法制史课程的平衡及扎实认真的教学风气，是与方老师的严格要求和努力促动分不开的。

方教授在学科建设思路上既兼顾学科体系的完整，又突出学科特色。法律史课程设置中，除中国法制史、外国法制史两门法制通史课程外，还开设有罗马法、中国刑法史、考古与法制、陕甘宁边区法制史、中国狱政史、蒙元法制史等课程，深受学生欢迎，曾求学于西北政法的著名法学家谢晖教授在 30 年后的回忆中还提及法史对他的影响。[②]

方教授先后开设、讲授过多门课程。王宝来教授曾提及，方先生为法律系本科生、刑法专业研究生开设《中国刑法史》选修课、专业课，尤精通近现代部分。《中国高级专业技术人才辞典》中亦载，方教授开设的课程有“苏联法制史，中国法制史，中国

① 冯卓慧：《从罗马私法到中国古代民法——我的法史研究之路》，载何勤华主编《孤寂的辉煌》，商务印书馆，2012，第 469~470 页。

② 参见谢晖《母校萦怀无绝期》，载西北政法大学校友总会组编《青春都在西北政法》（第一季），知识产权出版社，2017，第 9~16 页。另见谢晖《我心目中的严存生先生——在严存生先生法社会学思想研讨会上的发言》，“第十届全国民间法、民族习惯法学术研讨会暨严存生先生法社会学思想研讨会”，https：//m. sohu. com/a/200029745_800146。该文曾被转载于“陇籍法学家”微信公众平台。

刑法史，中国近代法制史，中华民国法制史，陕甘宁边区法制建设”等。[①]

方教授任教研室主任期间，教研室弥漫着追赶岁月、努力奉献的浓厚氛围，不仅杨永华、方克勤、胡留元、冯卓慧四位教授的科研成果突出、享誉全国，教研室其他教师在教学方面亦成绩斐然，独立或参与编写了多种教学资料。1980 年，方教授、杨教授参加了司法部组织的全国高等学校法学教材《中国法制史》的编写，方教授撰写了第十四、十九章。[②] 该著 1988 年 6 月获司法部颁发的“优秀教材证书”。杨永华教授、王志刚教授主编有《中国法制史教程》，冯卓慧教授主编有《外国法律制度史教程》（方立新、周健副主编，陕西师范大学出版社，1990）、专著《罗马私法进化论》（陕西人民出版社，1992）等。李文彬副教授著有《中国古代监狱简史》（1985 年西北政法学院科研处编印，后于 2011 年由法律出版社出版），杨永华、方克勤老师著有《边区狱政》（西北政法学院科研处编印，1982 年 11 月），韩凯副研究员编写有《唐律疏议（名例篇）注释》（西北政法学院教材科编印，1985），陈涛老师编辑有《中国法制史资料选辑（1—3 辑）》（西北政法学院法制史教研室编印，1985）等。20 世纪 80 年代堪称西北政法教学研究的繁华时期，编写的教材与教参门类丰富、体例新颖、史论结合。以《中国法制史教程》为例，该著采用纵横结合的体例；改变了“以刑为主”的传统编写模式，增设民事、经济、诉讼专章，丰富了中华法系的内容；下限延至 80 年代；增设台湾地区法制一节；突出了陕甘宁边区法制内容；等等。该著不仅创新了体例，且将中国法制史课程的地域特色与学科优势凸显出来。[③] 这一编纂方法和严谨态度，对于当下中国法制史教材的编写亦具有启示价值。

（二）明确科研方向　营造努力氛围

方教授说，她走上陕甘宁边区法制的研究之路与朱婴的影响有关。1954 年毕业后，作为优等生的方老师原本有机会留在北京，她的兄弟姊妹六人都在北京或河北，但为支援大西北，她跟周柏森老师一起到刚恢复的西北大学法律系任教。毕业于朝阳大学、曾为陕甘宁边区政府审判委员会秘书的朱婴时任西北大学党委副书记兼法律系主任，教授中国法制史，方老师作为助教协助朱婴写板书。方老师说：“朱老当时住在一个独立的小院，我们老去他家。他常跟我们谈到陕甘宁边区，印象深刻，接触得多了，觉得陕甘宁边区很值得研究。”此外，与杨永华老师的建议不谋而合。杨永华老师有次曾跟笔者谈，他“很长的时间就想搞。在北大时，对根据地法制感兴趣，可是没有机会。

① 参见段展样主编《中国高级专业技术人才辞典》（下），中国人事出版社，1996，第 857 页。

② 参见张晋藩主编《中国法制史》，群众出版社，1982。另参见张晋藩《但开风气不为先：我的学术自述》，中国民主法制出版社，2015，第 5～6 页。

③ 参见杨永华、王志刚主编《中国法制史教程》，陕西人民教育出版社，1988，序，第 1～7 页。

科学的春天到了，去找方老师。【陕甘宁边区法制】[①] 是一个大项目，个别人，一两代人都完不成，方老师也乐意合作”。随后，经王云院长介绍，方老师与杨永华老师一起到陕西省档案馆抄录尚未整理的边区司法档案资料。他们早上骑着自行车去，中午随便在外面吃点，也没地方休息。因为复印太贵，只能靠手抄。历经数年，积累了丰富的资料。1979 年在中国法律史学会成立大会上，方老师与杨永华老师、李文彬老师合作提交了西北政法第一篇关于陕甘宁边区法制研究的论文。随后两年，方老师与杨老师合作连续发表了四篇以档案文献为基础的研究论文，在革命根据地法制史研究领域崭露峥嵘。正是这一影响，催生了方老师关于学科发展的思考。

关于学科发展，方老师提出了教学与科研并重、教学与科研相长的思路。她说，“搞好教学，提高教学质量，必须进行科学研究，确定研究方向，才能提高教学水平。当时就是这样做的。跟当地的文化传统与资源优势结合起来”。她的考虑是，“既然是在西北，就应当因地制宜。一是要研究一下边区的法律，一是要研究出土文物中的法律思想。我们这边出土文物特别多，过去的考古学家很少研究出土文物中的法律”。[②] 据冯卓慧教授回忆，1982 年有次教研室会议上，“方老师说，每位老师要选定一个自己长期的、稳定的科研方向，科研与教学并进”。胡留元老师将中国古代法制史尤其是出土文物中的先秦法制作为研究方向。因为胡老师的缘故，冯老师选定了中外法制史比较兼中国古代法制史方向，因为她具有扎实的古汉语及民法（罗马私法）知识，认为从比较的视野出发，才能“洋为中用”，同时可以在研究中与胡老师相互切磋、共同成长。冯老师说，这是她“30 年未变的方向”。[③] 不仅冯老师如此，当初的选择，也是方老师、胡老师、杨老师 30 年未变的方向。

那时的教研室亦弥漫着互相关心支持、努力奋斗的浓烈氛围。王宝来日记中记述，1982 年 9 月 8 日（周三）下午，例会学习并与教研组老师见面。有两位老教师都表示“生命不止、战斗不息”；李文彬老师建议他“及时订出规划”，不能仓促上阵，免得被学生轰下来；段秋关老师则建议史学出身的他，“第一要尽快地补法学课，第二要尽快地上讲台。如果不补就永远是法盲，课堂上必然笑话百出，讲得再绘声绘色，也是历史加法制，而不是法制史。写讲稿、上讲台的过程也是学，不要等学好了再上，那样太慢。不要指望一鸣惊人，第一次讲不砸锅就是成功”。[④] 胡老师、冯老师提醒他尽

---

① 【】内文字为笔者补充。

② 方堃、张伟：《方克勤　周柏森》，载何勤华主编《中国法学家访谈录》第 1 卷，北京大学出版社，2010，第 25 页。

③ 余涛：《“教师身后有座无字碑”——冯卓慧教授访谈录》，《法学教育研究》2014 年第 2 期。

④ 褚宸舸整理《1980 年代西北政法学院青年法史教师的教学研究生活——王宝来教授日记摘编》，载霍存福、吕丽主编《中国法律传统与法律精神——中国法律史学会成立 30 周年纪念大会暨 2009 年会论文集》，第 42 页。

快申请科研课题、确定科研方向等。

方老师注重教学与科研并进的学科发展思路，确立中国古代法制史尤其是先秦法制史与陕甘宁法制两大科研方向，不仅深藏底蕴和远见，而且对西北政法法史学科的发展影响深远。因为科研方向直接影响到课程体系的特色，进而影响人才培养与学术梯队的发展，而前辈学者们的扎实作风、奉献精神、学术成就以及教研室努力奋发的浓厚氛围，影响了一代又一代的年轻教师和研究生，奠定了西北政法法史30年发展的基础和西北法史的重镇地位。

（三）争取学位授权　致力教书育人

方老师任职期间，经过教研室教师的共同努力，尤其是方克勤、杨永华、胡留元、冯卓慧诸位教授的突出成就，西北政法法制史专业在1985年获得硕士学位招生权，次年开始招生，方向为中国法制史、中国刑法史及中外法制史比较。[①] 1989年获得硕士学位授予权，是经国务院学位委员会评审批准的我国第四批学位学科授予权学科之一。[②] 至方教授1993年退休时，法制史学科已经培养了14名研究生，有魏秀玲、蒲忠发、贺嘉、雷玉波、刘国正、汪世荣、孔璋、许晓瑛等，其中不少人成为著名学者或政法部门的骨干。方老师亲手指导硕士论文的有魏秀玲、孔璋、汪世荣、许晓瑛等。

从1954年大学毕业到1978年复校，除了断断续续的法制史教学之外，方老师的青春年华也在岁月的动荡中流失了，但复校之后，方老师将全部精力用于教书育人，如她自己所言，“全部心思都扑在学生身上了”。

汪世荣教授1988~1991年在西北政法学院的法史专业攻读硕士学位，他在《我与西北政法大学的三十年》（2017年10月31日）中专门讲述了方老师培养硕士研究生教学能力的方式，让他“受到了扎实的教学训练”。研三时，方教授带他到她的本科生课堂听课，两周后开始讲课，方教授和学生一起听课，长达三个月之久，课前课后经常一起讨论教学的方法、技巧和评价教学的标准。有一次课后讨论完，他回家了，方老师继续与学生讨论。两天后，方老师向他介绍了讨论情况。方老师组织同学们归纳出他讲课的几个特点，把书面的记录原汁原味地读给他听，并转达了同学们希望他继续授课的愿望，并不无幽默地说“你一定要满足同学们的要求哦”。汪教授说，方老师对于学生成绩的欣赏、成长喜悦的分享、进步的点点滴滴的关怀，成为他永不停息的动力。[③]

方老师慈母般的爱护与严师般的教诲在对待年轻教师身上同样体现出来。1982年，

① 参见国家教委高校学生司编《全国研究生招生专业介绍》，1990，内部资料，第831页。

② 参见《中国法律年鉴》编辑部编《中国法律年鉴1991》，中国法律年鉴社，1991，第107页。

③ 参见汪世荣《我与西北政法大学的三十年》，搜狐网，https：//www.sohu.com/a/201381821_800146。

毕业于兰州大学的王宝来进入西北政法学院法制史教研室，他的日记可谓 80 年代西北政法法史教师生活的真实写照。他说，“方老师热情、认真，像个老妈妈”。1984 年底至 1985 年，王宝来立志考研，方老师先后两次向上级打报告争取。1985 年 9 月，王宝来被西北政法刑法专业录取，方老师夫妇为其指导教师，其毕业论文题为《试论元朝惩治官吏犯赃》（1988）。王宝来说法史教研室对他事业与生活上的支持，让他深感“春天对我如此厚爱”“爱，是不能忘记的”。[①]

对学生无私的爱，在学生心目中留下无法磨灭的深刻记忆，也铭刻在西北政法的历史上。1986 年，方克勤教授获评校优秀教师。[②]

二　方克勤教授与陕甘宁边区法律史研究

（一）学术历程

西北政法复校的 1978 年时，方老师已经 51 岁了，岁月的动荡耗去了她那一代人的黄金年华，但年逾 50 岁的她开始追赶岁月，开启学术历程。1979 年 9 月，“全国法制史、法制思想史学术讨论会”在长春举行，方老师率教研组 5 位老师远赴长春参会，并作为第一作者提交了论文《抗日战争时期陕甘宁边区的选举制度》。[③] 后该文发表于《人文杂志》1979 年第 1 期，并被收入曾宪义教授主编的《百年回眸：法律史研究在中国》一书。[④] 这是方老师也是西北政法法史学科在复校后的第一篇学术论文。

不久，中国法学界开展关于人治与法治问题的大讨论，拉开了法学界思想解放的序幕，方老师夫妇积极参与了这场讨论并撰写了《谈谈法治与人治》一文，主张摒弃人治、健全法制。该文 1981 年获得陕西省社会科学优秀成果奖。[⑤]

同时，方老师与杨老师开始查阅、摘抄档案，研究陕甘宁边区法制。方老师跟杨老师首先关注到马锡五审判方式与黄克功案件，1980 年发表了《陕甘宁边区审判方式的一个范例》一文，阐述了马锡五审判方式的特点与产生土壤；[⑥] 围绕黄克功案件及毛泽东复信，发表了《当年延安一件凶杀案的审理》一文，为当时社会各界关于法律面

① 参见褚宸舸整理《1980 年代西北政法学院青年法史教师的教学研究生活——王宝来日记摘编》，载霍存福、吕丽主编《中国法律传统与法律精神——中国法律史学会成立 30 周年纪念大会暨 2009 年会论文集》，第 47、48、49 页。

② 参见陕西省高等教育局编《陕西地区高等学校高级知识分子人名录》（1），西北大学出版社，1989，第 35 页。

③ 中国法学网，http：//iolaw. cssn. cn/xx/200406/t20040605_4590916. shtml。

④ 参见曾宪义主编《百年回眸：法律史研究在中国》（第 2 卷上册　当代大陆卷），中国人民大学出版社，2009。

⑤ 参见《法治与人治问题讨论集》编辑组编《法治与人治问题讨论集》，群众出版社，1980，第 187 ~ 198 页。获奖信息参见陕西省高等教育局编《陕西地区高等学校高级知识分子人名录》（1），第 35 页。

⑥ 参见杨永华、方克勤《陕甘宁边区审判方式的一个范例》，《现代法学》1980 年第 3 期。

前人人平等的大讨论增添了新的重要史实，[①]《读者》1981 年第 2 期转载了该文的删节版，7 月 11 日《人民日报》公开发表了毛泽东给雷经天的复信。自此，黄克功案及毛泽东复信成为新中国法制史上常谈常新的话题。该文获 1981 年陕西省社会科学优秀成果奖。[②] 1982 年，两位老师合作发表《指导陕甘宁边区民主法制建设的光辉文献》一文，揭示了毛泽东复信对总结工农民主法制建设的经验和教训、奠定革命根据地民主法制的理论基础及法制建设方向的重要历史价值。[③] 该文获当年陕西省社会科学优秀成果奖。[④] 相关的论文还有登载于《法律史论丛》上的《陕甘宁边区民主政权的刑法原则》和《陕甘宁边区严于执法一例——谈谈黄克功案件的处理》，[⑤] 前文阐述了陕甘宁边区的刑事立法与司法实践体现了法律面前人人平等、镇压与宽大相结合的轻刑原则、反对威吓报复实行感化教育、保障人权四项原则；后文阐述了黄克功案件审理及其历史意义。

和睦乡邻、看重调解是中国久远的传统。方老师跟杨老师在陕甘宁边区司法档案文献的研究中发现了边区在调解制度方面对传统的继承与创新，1984 年连续发表了《陕甘宁边区调解原则的形成》[⑥]、《陕甘宁边区调解工作的基本经验》[⑦] 两篇论文，对边区调解制度的法律地位、法律原则及经验进行了理论总结。同年，撰写并发表了《抗日战争时期陕甘宁边区司法工作中贯彻统一战线政策的几个问题》一文，指出："陕甘宁边区在总结根据地法制建设经验的基础上，批判地吸收国民党政府某些法治经验和立法技术，对于逐步建立日趋完善的新民主主义法律制度，也是有益的。"[⑧] 这是最早且迄今为止寥寥无几的讨论根据地法律与"六法全书"关系并揭示其积极价值的论文之一。

1987 年，方老师独立撰写并发表了《陕甘宁边区惩治贪污罪的立法与实践》一文，从贪污罪的主体、客体、主观、客观四方面阐述了陕甘宁边区惩治贪污罪的法规与司法实践，指出厉行廉洁政治、严惩贪污行为是中国共产党领导的人民政权的优良

---

① 参见方克勤、杨永华、马朱炎《当年延安一件凶杀案的审理》，《民主与法制》1980 年第 10 期。《读者》1981 年第 2 期转载，有删节。

② 参见陕西省高等教育局编《陕西地区高等学校高级知识分子人名录》（1），第 35 页。

③ 参见《西北政法学院学报》1982 年第 1 期。

④ 参见《1982 年以来西北政法大学人权研究获奖成果目录》，载贾宇主编《人权论衡特刊》（2016 年特刊）总第 1 期，中国民主法制出版社，2016，第 446 页。

⑤ 该两文作者均为杨永华、方克勤。分别见中国法律史学会主编《法律史论丛》第 2 辑，中国社会科学出版社，1982，第 116~129 页；中国法律史学会主编《法律史论丛》第 3 辑，法律出版社，1983，第 285~293 页。

⑥ 参见《西北政法学院学报》1984 年第 1 期。

⑦ 参见《西北政法学院学报》1984 年第 2 期。

⑧ 参见《西北政法学院学报》1984 年第 4 期。

传统之一。[①] 此外，1997 年，与丈夫周柏森教授合作发表了《正当防卫立法的修改与完善》一文（《法律科学》1997 年第 5 期）。

从 20 世纪 80 年代开始，方教授还参与了国家哲学社会科学规划小组批准的“六五”社会科学规划基金项目《中国革命法制史》的编写。该著采用专题史结构，方教授撰写了第二章“政权机构及其组织法的创制和发展”，约 11 万字。该著为新中国成立后第一部关于中国革命法制史的专著，1999 年 9 月获国家社会科学基金项目优秀成果二等奖。[②] 方教授与杨永华教授在革命法制史领域的成就，带动和影响了教研室的年轻教师，陈涛、侯欣一、蒙振祥等诸位老师均参与了《革命根据地法制史》（1994）、《中国法制通史》第 10 卷“新民主主义政权”（1999）的编写，侯欣一教授后来亦成为陕甘宁边区法制史研究领域的重要人物。

方教授最著名的成果当属与杨永华教授合著的《陕甘宁边区法制史稿（诉讼狱政篇）》。该著的交稿时间是 1986 年 4 月，但他们的前期积累是从 70 年代末开始的，无论寒冬酷暑，一有空就前往档案馆抄录资料，坚持了六七年，积累了大量资料。方老师说，他们对抄录的资料进行“分类，整理，研究。我与杨老师面对面坐着，一边商量一边写，我执笔，意见一致就写上去”。1982 年 11 月，初步成果由西北政法科研处编印，名为《边区狱政》。[③] 历经 8 年，终于完成了《陕甘宁边区法制史稿（诉讼狱政篇）》。该著于 1990 年 10 月获陕西省第三次社会科学优秀成果二等奖；1995 年 12 月 15 日获国家教育委员会颁发的“全国高等学校人文社会科学研究优秀成果二等奖”；2008 年 11 月 15 日获第一届中国法律文化研究成果二等奖。该著梳理、阐述了陕甘宁边区的诉讼与调解制度，尤其是边区法制的辉煌之处——狱政制度的发展历史和经验。该著的出版，被认为是“开拓了新的研究领域”“填补了革命根据地研究的空白”，日本学者坂宏教授在日本法制史学会上介绍了该项研究成果，并给予高度评价。[④]

随后，方教授与杨教授对边区狱政成就进行深入挖掘，撰写了近两万字的长文《陕甘宁边区的狱政建设为改革旧中国的狱政管理奠定了基础》，总结了边区狱政建设的突出成就，指出这一成就是“以毛泽东思想为指导……充分贯彻群众路线，不断总结群众创造的新鲜经验，找到了马列主义与中国革命实践相结合的新民主主义法制建

① 参见《西北政法学院学报》1987 年第 4 期。

② 该著初版分上下册，上册 1987 年出版，下册 1992 年出版，2007 年再版时合为一册，共 719 页，计 72.5 万字，方克勤教授撰写部分为第 62~172 页。参见张希坡、韩延龙主编《中国革命法制史》，中国社会科学出版社，2007，“再版说明”及版权页。

③ 参见赵建学《中国劳改法学总论》，附注：本文依据的主要文献和参考资料，陕西人民出版社，1987，第 522 页。

④ 参见李永兴《对我院复校以来科研成果的分析与思考》，载西北政法学院科研处、西北政法学院学报编辑部编《西北政法学院科研论文集》，陕西人民教育出版社，1992，第 443 页。

设的规律，创立了符合中国国情的法制，形成了一整套优良的法制传统，标志着新民主主义法制到了成熟阶段”。①

1993年，66岁的方教授退休了，但一直心系陕甘宁边区法制研究。2009年中国法律史学会在长春召开30周年纪念大会及学术年会，82岁高龄的方克勤教授应邀出席并提交了论文《陕甘宁边区三三制政权建设的主要经验》，② 为她的学术岁月画上了圆满的句号。

（二）学术贡献

从1979年发表第一篇学术论文，到2009年的最后一篇学术论文，方克勤教授的学术生涯持续了30年，其中绝大多数著述集中在20世纪80年代，参与了国家“六五”社科基金项目、国家教委“七五”重点科研项目，发表论文20余篇，③ 前后获得国家教委、司法部、陕西省政府等颁发的科研奖项七项、教学奖一项。其学术贡献大致可归纳为如下方面。

首先，正本清源，从实践出发认识革命根据地法制的历史与价值。新中国成立后频繁的政治运动导致学术停滞，关于根据地法制的研究更是一片空白，也让一些学者产生了根据地没有司法的错误认识。根据地法制史上极为重要的文献——毛泽东关于黄克功案件给雷经天的复信，直到80年代初由于杨、方两位老师的发现和研究才重新被认识，就是最为典型的例子。在笔者与方教授的接触中，无论是访谈、会议发言，还是短至一两分钟的视频寄语，方教授话题的主旨都在阐明陕甘宁边区法制的重要价值。20世纪90年代初期，方教授就从自身的研究感受出发，指出“抗日根据地的民主政治与法制建设，是共产党领导的民主革命时期民主与法制建设最好的时期，较之建国后30年，也有其独到之处，应予重视研究”。④ 20年后，她自己仍然坚持她的看法：“改革开放了，去看陕甘宁边区的司法档案，就觉得那简直好得很，比建国30年强多了。因为群众运动跟法制是对立的。我的感觉是从工作30年的亲身经历中来的，而且我是学法律的，教法律的。”⑤ 这一认识，是她不仅基于亲身感受，还基于对陕甘宁边区司法档案资料的长期研究所得出的结论。在谈到《新中国司法制度的基石》书稿时，方教授说这样的书可以起到正本清源的作用。她认为，我们应当从史料、从事实、从实践来看待陕甘宁边区以及革命根据地的法律，认识其价值。

① 全文详见中华人民共和国司法部编《中国监狱史料汇编》，群众出版社，1988，第393~425页。

② 全文详见霍存福、吕丽主编《中国法律传统与法律精神——中国法律史学会成立30周年纪念大会暨2009年会论文集》，第603~608页。

③ 参见段展样主编《中国高级专业技术人才辞典》（下），第857页。

④ 王玉明主编《中国法学家辞典》，中国劳动出版社，1991，第83~84页。

⑤ 方克勤口述、刘全娥整理《方克勤教授谈〈新中国司法制度的基石〉》（未刊稿），2010年6月21日。

其次，开辟了陕甘宁边区法制史这一新的研究领域。方教授与杨永华教授合作了十多年，致力于陕甘宁边区法制的研究，慧眼独具，抓住了边区司法史中的重大问题和闪光点，即由黄克功案件所确立的法律面前人人平等原则、马锡五审判方式的创举、调解制度的提倡、廉政法制建设、以人为本的狱政制度等，发表了数十篇厚重而有创见的学术论文，尤其是在1987年出版了《陕甘宁边区法制史稿（诉讼狱政篇）》，开辟了陕甘宁边区法制史这一全新的研究领域，并使陕甘宁边区法制成为革命根据地法制研究中具有领先作用、占据中心地位的研究领域，为后辈学者的研究奠定了扎实的基础，为正确认识革命根据地的法制历史起了重要作用。

最后，史料扎实，文风质朴，观点信实，影响深远。方教授的研究结合了“论从史出”的史学规训与法学理论，以史料扎实、文风质朴、观点信实为特点。方教授最重要的学术成就是与杨永华教授合著的《陕甘宁边区法制史稿（诉讼狱政篇）》。这本1987年2月出版的专著，25万余字，32开本，不太厚，灰紫色基调的封面上有木刻画风的太阳、云彩、宝塔山与延河，装帧十分朴素，却影响深远。仅据知网的部分检索看，从王立民教授1994年《试论抗日根据地的人权法》一文的征引开始，[①] 该著迄今仍不断为期刊论文及学位论文所征引。一部专著的生命力逾30年而不衰，正是由于其选题独到、资料丰富、文风质朴沉稳以及结论信实。

（三）方教授与法律史学界

从参加中国法律史学会成立大会迄今，方教授情系法史、贡献法史已逾40年。1979年8月，中国法律史学会成立大会在长春举行。马朱炎老师带队，方老师率法史教研组的林剑鸣、杨永华、张继孟、李文彬老师参加。其间，方老师参加了中国法制史、法律思想研究会章程的起草，并作为第一作者提交了论文。1983年8月14~17日，“中国法律史学会首届年会”由西北政法学院主办，在西安空11军招待所召开，方老师参与了会议的筹备组织工作。会上就中华法系的特点、儒法思想、法史教学等进行了热烈的讨论，胡留元、冯卓慧、王宝来等老师都有发言。[②] 会议上提交的专著、论文共88种，反映了当时最新的研究成果。大会委托西北政法学院科研处编辑会议论文集《法史研究文集》（上中下三册），在多位法史法理教师的协助下完成编辑，方老师是其中之一。论文集中收入了其中的55篇论文，分为中国法制史、外国法制史与法律思想史、中国法律思想史三部分，其中收入西北政法冯卓慧、胡留元、陈涛三位老师的

① 参见王立民《试论抗日根据地的人权法》，《政治与法律》1994年第3期。

② 参见褚宸舸整理《1980年代西北政法学院青年法史教师的教学研究生活——王宝来教授日记摘编》，载霍存福、吕丽主编《中国法律传统与法律精神——中国法律史学会成立30周年纪念大会暨2009年会论文集》，第42~43页。

论文。[①] 1984年12月，在西北政法学院召开了有20余人参加的全国法制史研究会西北西南片会，方老师、杨老师参与筹备并参加了讨论。[②]

1986年5月，司法部在西北政法学院举办“全国法律专业师资进修班”（第七期），来自全国各高校的30余名法史教师参加。院长穆镇汉兼任班主任，方老师为副班主任。师资进修班专门邀请了张晋藩先生讲授《中国法制史》。[③] 张先生还专门作了一次关于中国古代民法问题的报告。[④] 方克勤教授说，课程内容安排中，民国法史部分无人承担，她自己承担了。

1987年8月，方老师参加了边区政府成立50周年学术讨论会。1990年3月参加了在湖南长沙举行的中国法律史学会第四届年会。2009年中国法律史学会成立30周年之际，方克勤教授作为法律史的“一大代表”受中国法律史学会执行会长霍存福教授特邀，以82岁的高龄出席了在长春举行的年会及纪念会，并提交了论文。

2010年6月，笔者等撰写的《新中国司法制度的基石——陕甘宁边区高等法院（1937—1949）》书稿出版前夕，曾邀请方老师座谈。方老师认真阅读了书稿，谈了她的看法。方老师说，该书稿“内容新颖、丰富，资料扎实，特别需要，花了很多心血”“这本书非常好，如果商务能出版，能把一些认识正本清源”。方老师详细回忆了新中国成立后30年间法制遭破坏的沉痛历史，“这个大跃进的时候，实行教育大革命，法律专业的所有课程取消了，就只剩下了‘大跃进中的政法工作’，政治课的教学占百分之六十。我是学法律的，关心法律，但教不成法律，实际上用不上。文革中，砸烂公检法，政法学院的院系撤销”。谈到陕甘宁边区法制，方老师认为有许多值得研究，她指出“中国的调解有传统，尤其在农村”“边区时提倡调解，李木庵最主张调解”。方老师还指出了一些对“马锡五审判方式”过于简单化、公式化理解的片面性，“对马锡五审判方式，我有一点看法，说马锡五审判方式就是‘就地审判’，我觉得没有解决它的实质，只是形式上的，马锡五审判方式重视证据，能够确实为民。还是王子宜的总结比较好……我的总结是‘一心为民，公正执法’”。[⑤] 寥寥数语，展现了一个学者的真知灼见。

---

① 详见西北政法学院科研处编印《法史研究文集》（上、中、下），1983年12月。

② 2009年4月24日，笔者翻拍了方老师提供的照片（后面备注时间为1984年12月），照片的人们穿着棉衣，女士们多戴着围巾。

③ 张中秋、李鸣主编《未已集：张晋藩先生教研五十周年纪念》，南京大学出版社，2000，第395页。

④ 徐忠明教授文章中曾提及，参见徐忠明《建国以来中国法制史研究的主流范式——张晋藩〈求索集〉读后》，载徐忠明《思考与批评：解读中国法律文化》，法律出版社，2000，第18页；徐忠明《从西方民法视角看中国固有“民法”问题——对一种主流观点的评论》，“期间，张晋藩先生曾经专门作过一次中国‘古代’民法问题的报告”，载何勤华主编《法的移植与法的本土化》，商务印书馆，2014，第624页。

⑤ 方克勤口述、刘全娥整理《方克勤教授谈〈新中国司法制度的基石〉》（未刊稿），2010年6月21日。

中国法律史学会成立40周年之际，方教授已92岁高龄，应学会执行会长吕丽教授之邀，在杜平老师的帮助下，为大会制作了短视频，殷殷嘱托中仍是对陕甘宁边区法制研究的挂念。2019年元旦，方教授因其对西北政法法律史学科的创始之功及对革命法制史领域的突出成就被授予“西北政法大学功勋教授”荣誉称号，以永志方先生的贡献。

《法律史评论》稿约

《法律史评论》创办于2008年，是四川大学法学院、四川大学近代法文化研究所等机构主办的法律与历史跨学科学术集刊，前10卷在法律出版社出版，第11卷起在社会科学文献出版社出版，2019年起改为半年刊，每年春秋两季出版。本集刊被中国知网（CNKI）、北大法宝、维普数据库、超星期刊数据库等知名数据平台全文收录，是中文社会科学引文索引（CSSCI）来源集刊。

为全面贯彻落实习近平总书记对哲学社会科学工作提出的“深入理解中华文明，从历史和现实、理论和实践相结合的角度深入阐释如何更好坚持中国道路、弘扬中国精神、凝聚中国力量”重要指示精神，本集刊特向学界征集以下主题稿件：

中华法系的形成、发展与域外传播；转型时期的中国法律与社会；边疆民族法律治理的历史经验；地方档案文献与地方法律史；革命根据地法制建设与新中国法律史；法学学术史与法史方法论；部门法史；法政人物；中外法史书评。

学术价值是论文采用的唯一标准，本集刊对作者职称、学历均无限制，并通过“法史本硕论坛”为年轻学子提供发表平台。限于全书总体篇幅，来稿以1.5万字左右为宜。来稿请注明作者姓名、单位、联系电话、电子邮箱等必要的个人信息。注释请采用Word自动生成的脚注形式，并以必要为限。译文应为近作，并请附原文及版权授权证明。书评请附书籍详细出版信息。本集刊提倡独立署名，如确系合作成果，请在作者简介处详细说明分工情况。

来稿请以Word电子版发送至：legalhistoryreview@163.com，本集刊不接受纸质投稿。本编辑部初审编辑均由在读博士生兼职担任，由于稿件日益增多，限于人力，无法做到每稿必复。如投寄稿件三个月（寒暑假不计）未收到初审结果通知，可自行处理。本集刊不反对一稿多投，但坚决反对一稿多发，若论文已被他刊录用，请务必在未进入复审前来邮撤稿。

若来稿无特别说明，视为作者同意本集刊以非专有的方式向第三方授予其论文的电子出版权及汇编、复制权利，以及文摘刊物对论文的转载、摘编等权利。来稿一经采用，出版后即寄送作者样书。

《法律史评论》编辑部

2021年10月

图书在版编目(CIP)数据

法律史评论. 2021年. 第2卷 : 总第17卷 / 里赞, 刘昕杰主编. -- 北京 : 社会科学文献出版社, 2021.10
ISBN 978-7-5201-9274-3

Ⅰ. ①法… Ⅱ. ①里… ②刘… Ⅲ. ①法制史-中国-文集 Ⅳ. ①D929-53

中国版本图书馆CIP数据核字(2021)第220017号

法律史评论 (2021年第2卷 · 总第17卷)

主　　编 / 里　赞　刘昕杰

出 版 人 / 王利民
责任编辑 / 芮素平
责任印制 / 王京美

出　　版 / 社会科学文献出版社 · 联合出版中心 (010) 59367281
地址: 北京市北三环中路甲29号院华龙大厦　邮编: 100029
网址: www. ssap. com. cn
发　　行 / 市场营销中心 (010) 59367081　59367083
印　　装 / 三河市东方印刷有限公司

规　　格 / 开　本: 787mm × 1092mm　1/16
印　张: 18. 25　字　数: 345千字
版　　次 / 2021年10月第1版　2021年10月第1次印刷
书　　号 / ISBN 978-7-5201-9274-3
定　　价 / 149. 00元